Elena Poniatowska: La noche de Tlatelolco

エレナ・ポニアトウスカ

トラテロルコの夜

メキシコの1968年

オクタビオ・パス＝序

北條ゆかり訳

藤原書店

（上）トラテロルコ広場の一画には、事件の記念碑が立てられている。碑には「運動は続く」として、犠牲者の名前の一部と、以下のロサリオ・カスティジャノスの詩「トラテロルコを心に刻んで」の一節が刻まれている（本文288頁参照）。毎年10月2日には追悼集会が開かれ、多くの人がこの広場に集う。　　（写真は Lic. Julio Derbez del Pino 氏提供）

誰？　どこの誰なのか？　誰もいない。翌日には痕跡もない。
翌朝、広場は掃き清められていた。新聞が／重要なニュースとして
報道したのはなんと、天候だった
ラジオもテレビも、映画館でも／番組の変更も、臨時ニュースもなく
祝宴では一分間の黙祷もなかった／（宴は予定通り続けられたのだから）

←憲法広場「ソカロ」占拠を実現。国立宮殿の大統領に向かって抗議のシュプレヒコール。
（政治週刊誌 *Proceso* 提供）

広大な大学キャンパスが学生のシェルターだった。総会を開き、チラシを印刷し、運動のビラを保管していた。教室にはカミロ・トレス〔コロンビアでゲリラとなった有名なカトリック司祭〕やチェ・ゲバラといった名前が冠された。立て看板（左）には、「今や、恥を知る学生は皆、革命を志す」とある。

←（上）ポリテクニコのバスで市中を回る学生たち。（下）ソカロに学生を侵入させまいとする装甲車の機動隊。（共に政治週刊誌 *Proceso* 提供）

RTICULO 129
empos de paz,
una autoridad milita
de ejercer mas
iones que las que
gan exacta conexion
la lina militar.
CONSTITUCION
POLITECNICO
YA OLVIDASTE

「そら、これでおまえらもお陀仏だ」……そう言って、まるでピニャタ割りのように兵士は我々に殴りかかってきた。

「ＣＮＨの連中は反逆罪で銃殺してやる」

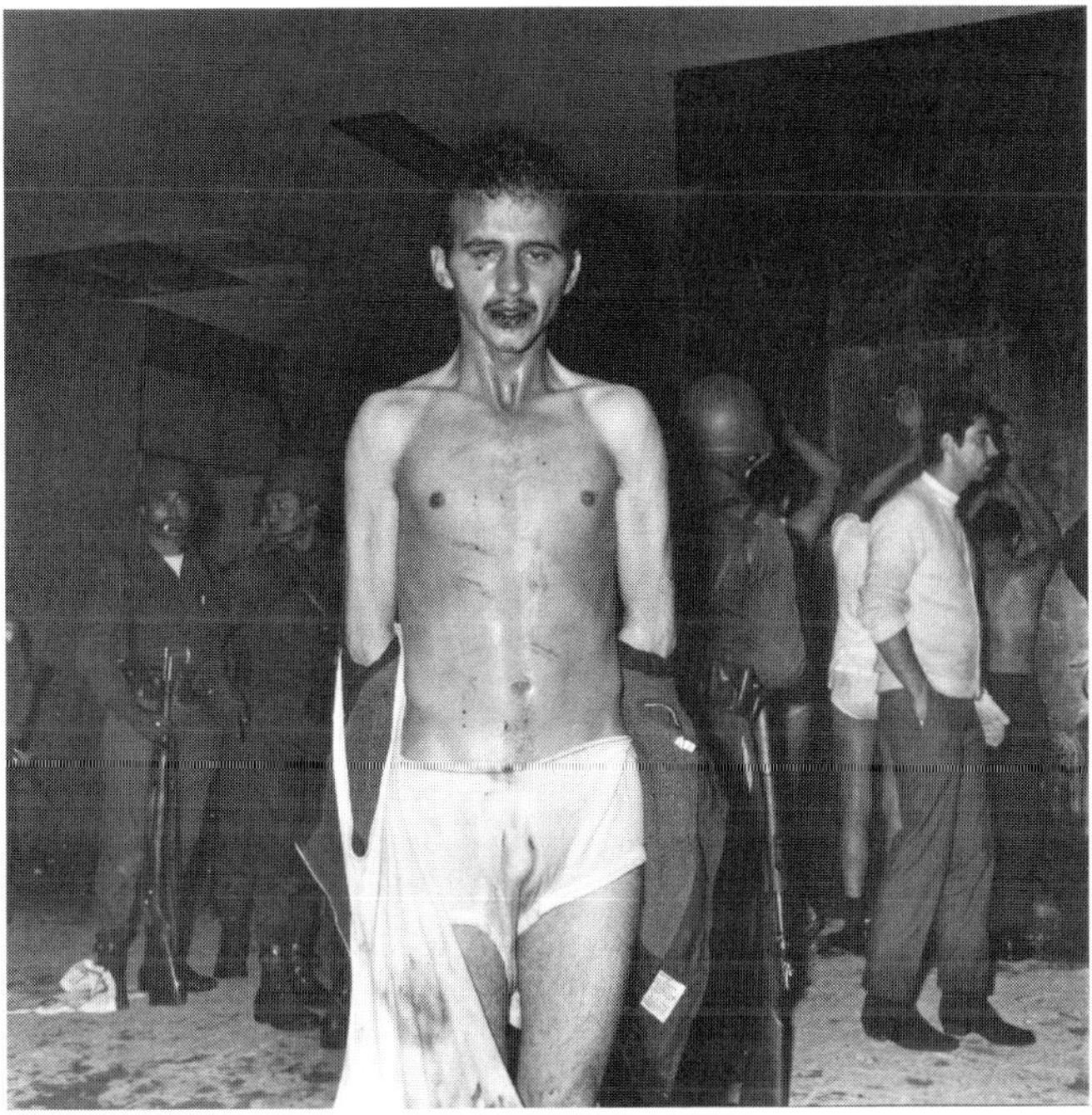

学生運動幹部のひとり、ＩＰＮのフロレンシオ・ロペス=オスナ。「過去の社会・政治運動に関する特別検察室（Femospp）」が開設された直後の2001年12月、所持していたこれら弾圧の証拠写真を公開したために、11日後不審死を遂げた。

（政治週刊誌 *Proceso* 提供）

現在のトラテロルコ広場周辺。手前がアステカの神殿跡、その向こうに立つのがサンティアゴ・トラテロルコ教会。教会とその奥に見えるアパート（チワワ棟）とに囲まれた部分がトラテロルコ広場。（Lic. Julio Derbez del Pino 氏提供。22頁地図も参照）

←10月2日の犠牲者たち。

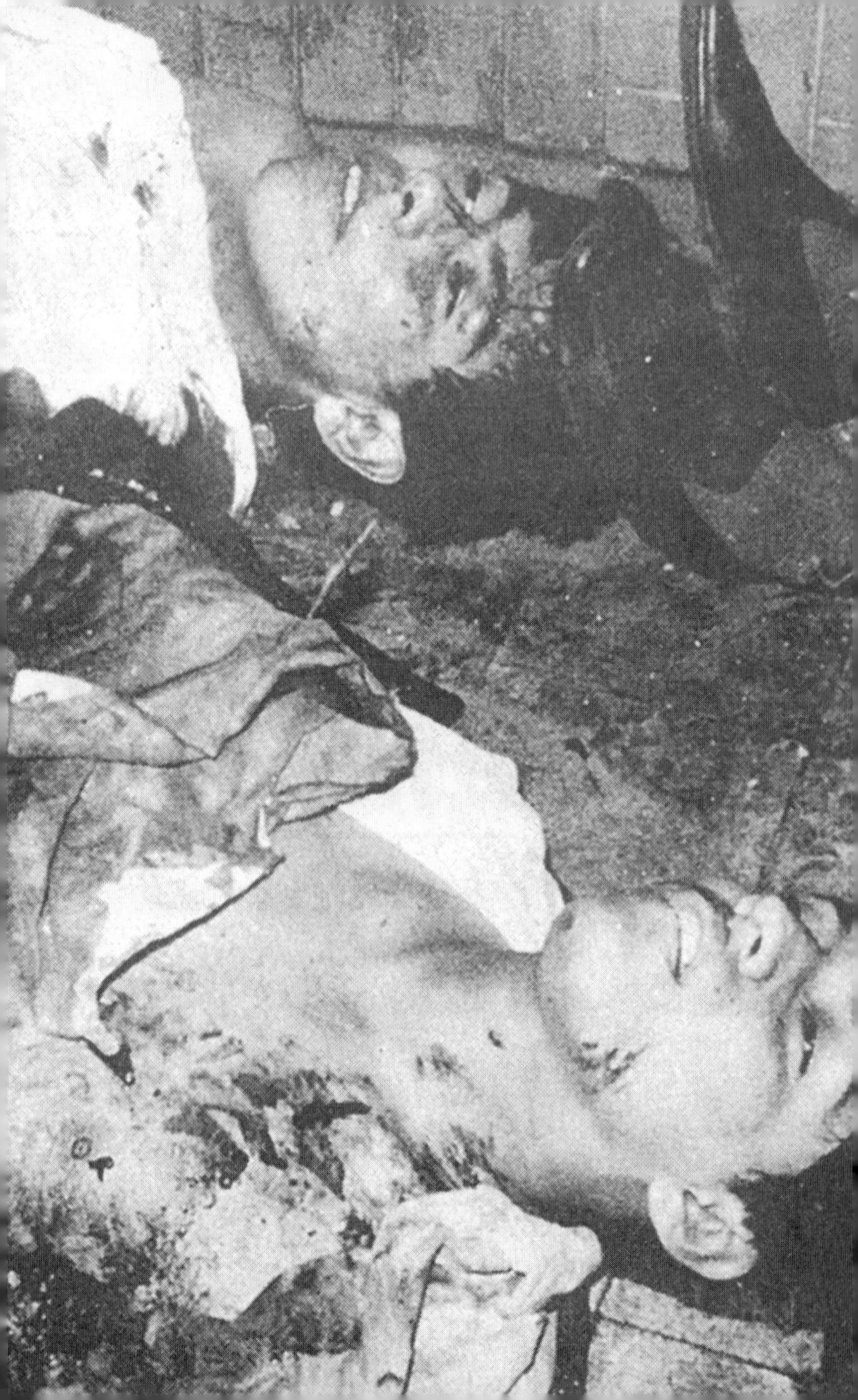

日本の読者へ

本書は、一九六八年十月二日にメキシコで起こったとても悲しい出来事についての証言記録《クロニカ》です。その主役たちは――本書を読み進めるにつれてどんな人物たちであったか、おわかりになるでしょうが――明るく、希望に満ち、国のため善かれと思えば行動する意欲に駆られた若者たちでした。「平和の下では万事可能である」というメキシコ・オリンピック大会のために選り抜かれたスローガン、それを皮肉をこめて読み上げることはあったにしても、まさか政府が尊大にして残酷な反撃に出るとは思いもよらず、ましてや、民主的変革の夢が命と引換えになったり、何年間もの獄中生活や流浪という代償を払わねばならなくなるとは、彼らも私たちも予想だにしませんでした。

私たちの国は恐怖と落胆の底に沈み込みました。そんななかで、ガブリエル・サイードはつぎの詩（一九六九）を発表しました――

「平和を失くすなんて」

大統領閣下、
まだ御機嫌ななめなのですか？
たかがあれっぽっちの死体のせいで
蛆虫どもにすら
胃もたれのアクビを強いている死人たちのせいで
平和を
失くすなんてつまらんことです
　　万事
平和の下では可能なのですから

サイードほどの勇気を、あるいは後年、「汚い戦争」の名で知られるようになる事態の下、軍の放った獰猛きわまりないイヌどもに対し武器をとるしかないところまで追い込まれた若者たちの、あれほどの大胆さを持ち合わせる人間は、数えるほどでしかありませんでした。

今日私は、生まれ来る孫の、その誕生を手助けするため、この国をいま一度駆け抜けます。途中横切る土地ごとに、私は思い出に沈み、また長年の懸念が浮び上がってもきます。すなわち、国内唯一の原子力発電所、ラグーナ・ベルデの荒廃した状態はメキシコのチェルノブイリさながらであり、ベラクルス州を流れるコアツァコアルコス河、全国一、二を争う豊かな水量で知られるこの河ではまたも石油が垂れ流され、汚染を許していることが新たに発覚しました。電力と石油の両産業分野における積年の要求――労働者たちが組合民主化を目指し執拗に繰り広げてきた闘い――を尻目に、ごくごく近年の選挙まで、PRI《プリ》＝政府《ゴビエルノ》と呼ぶにふさわしく「党は政府なり」を地でゆくメキシコの政府は、労働組合を扇動行為や違法な選挙資金調達の道具として利用してきたのです。

　旅の目的地は、ユカタンの州都メリダでした。孫娘ルナ〔「月」の意〕をとりあげた後、母子に付き添う日々の合間に新聞を読んでいた私は、再び希望を見出しました。チアパスのサパティスタ共同体が維持する、日常的闘いの現実と再会したからです。数ヶ月の沈黙、もはやサパティスタの習癖にすらなっている何度目かの沈黙を破り、その一連のコミュニケが久々に掲載されていました。その飾らないユーモアと風刺精神のおかげで、読者はこんにちのメキシコで唯一懸けるに足るオプティミズムに、たちまち染まるのです。それは、もっとも貧しい人びとの粘り強い、長く、困難で歩みののろい闘いのたまもの。政府と、国政を制せんがための選挙マシンに堕した政党とにむなしい期待を抱くことなく、自分たちの力で共同体を組織しようとする人びとの。

　チアパスの民は歴史的に最たる困窮状態に追いやられてきましたが、レイシズムが嬉々として断言するような、無気力で悲観的な像とは実は似ても似つかない民なのです。ただ、彼らはきわめて困難な状況に立ち向かって来なければなりませんでした。最近では、NAFTAの大統領〔北米自由貿易協定を発効に導いた張本人）サリナス（在職一九八八―九四）が、国有財産の民営化・私物化を断行し、その結果、国内総生産は毛ほども増えていないのに、国内の億万長者の数は実に二名から二四名へと大躍進したのでした。同政権初年度だけで約四十億ドルが国外に流出し、その額は政権末期の九四年までに二百億ドルに達していたといわれます。大統領の実兄がスイスの銀行口座に一億ドル以上の預金を保有しているというのに、メキシコの中間層は自分たちの預金資産価値が国内総生産の二一パーセントから一一パーセントに下がるのを目のあたりにしたのです。九五年を通じ最低賃金は分刻みに下がってゆき、年頭には日給五ドル二五セント（米ドル換算）だったものが、年末には二ドル五九セントにまで落ち込んだのです。国内総生産も六・九パーセントの減少を見せました。牧畜業は八一パーセント、林業は六七パーセント、農業は三一パーセントもの生産減少となりはてました。（一九九五年十二月二十九日付「IPS（インタープレスサービス）」）

チアパスのサパティスタ共同体とその内からの闘いは、サカテカス、ミチョアカン、プエブラ、オアハカの民が外から挑んでいるような闘い――米国に移民し、粘り強く時間をかけ結束を強め、相互扶助の強固なネットワークを編み出すとともに、その仕送りを国の主要な外貨収入源にまでに育て上げたメキシコ人たちの闘い――とみごとに対をなしています。二〇〇四年中、移民からの送金額は一六六億一三〇〇万ドルに達し、前年の額を二四パーセント上回ったとメキシコ銀行（中銀）が認めています。この額は、数十年間にわたり腐敗が進み、政府の非効率な経営下に置かれてきた石油産業の稼ぎをも、観光収入をも上回るものでした（二〇〇五年二月二日付『ラ・ホルナダ』紙）。今や、メキシコの元来の住民、すなわちアステカ文明をもたらしたナワ人の末裔、そしてマヤの人びとまでもが、NAFTAと父《パパ》ブッシュ－サリナスコンビのもたらした現実が彼らにのしかかってからというもの、自分たちの大事なものを守るために国境越えを開始しているのです。

公正な社会を生みだすためには、おそらくメキシコでも、あなたがたがゴミを扱うときの手法を取り入れるべきなのでしょう。まずは分別――麻薬密売、免罪、汚職などなどの。より分け、根元から処理し撲滅したうえで、雇用創出と国民への教育を通じ、より清潔な環境の下にリサイクルすること。メキシコには箒も塵取りもふんだんにあります。あとはゴミ箱を確保するのみです。

その日が近いことを願いつつ。

二〇〇五年七月

エレナ・ポニアトウスカ

英語版『トラテロルコの夜』序文

オクタビオ・パス

「歴史の目撃者が発した声」のコラージュ

一九六八年の学生運動と、それを突如として終わらせた、政府による凄惨な弾圧は、メキシコの人びとを深く動揺させた。その結果生じた政治的、社会的、倫理的危機はいまだに解かれてはいない。エレナ・ポニアトウスカの『トラテロルコの夜』は、これらのできごとを解釈しようとしたのではない。理論あるいは仮説という類のものをはるかに越える何かである。すなわち、並外れた取材の成果、あるいは筆者が呼ぶように「歴史の目撃者が発した声」の「コラージュ」なのである。一編の歴史記述《クロニクル》――それも、歴史が凍りつき、生の言葉が文章化される前に、我々に歴史を示してくれるクロニクル〔スペイン語ではクロニカ〕である。

歴史記述家《クロニスタ》にとって、耳を傾ける術を弁えていることは、筆が立つことよりさらに重要なことですらある。こう表現するほうがよいかもしれない。書くことの技は、その内に、聴く技をすでに会得していることを含んでいる、と。それは、繊細にして至難の技である。なぜなら、鋭い耳を要するばかりか、偉大な倫理的感性、つまり他者の存在を認め、受容できるかどうかが問われるからである。作家には二通りある。自分自身の内なる声に耳を傾ける詩人と、周辺世界の数多の声つまり他者の声に耳を傾ける小説家、ジャーナリスト、歴史家と。エレナ・ポニアトウスカはまず、メキシコで最も優れたジャーナリストのひとりとして名を成した後、まもなく完璧なまでに劇的な短篇と、すぐれて独自性あふれる小説の書き手として、広く迎え入れられた。彼女の描く世界は、突飛な諧謔精神と幻想によって支配されており、そこでは、ごく普通の日常の現実と不気味で思いもよらない現実とを切り離している境界が曖昧でぼやけたものとなる。ジャーナリストとしての著作とフィクションの作品いずれも、その語法と筆致は古典的な文学的言語としてのスペイン語より、もっぱら話し言葉に近い。本書において氏は、話を聴き、歴史を刻むために他者が語らなければならないことを再生するうえで、並外れた能力を発揮している。本書は歴史の物語であると同時に、きわめて想像力に富む、言語の妙技なのだ。

　本書は熱烈な証言録である。しかし、一方に傾いたものではない。熱烈であるのは、不公正を前にして冷淡な客観的姿勢を保ちうるとしたら、それは一種の共犯となるから。本書の最初から最後まで隅々にみなぎる激情は、公正さを求める激情、学生たちのデモと抗議を奮い立たせたのと同じ、燃えるような理想なのである。学生運動そのものと同様に、本書は特別の命題に支えられているわけではない。変更を許さぬ厳密な思想的方向性を提案しているのでもない。それどころか、その底に脈打つリズムは、鮮明にして抒情詩的かと思えば、薄暗く悲劇的でもあり、命そのものの律動である。

冒頭の雰囲気からは楽しげな熱狂と陶酔が伝わってくる。学生たちは街頭に打って出ると、集団行動、直接民主制、同胞愛の意味を発見する。こうしたものだけを武器に、彼らは弾圧と闘い、短期間で民衆の支援と忠誠を勝ち取ってゆく。ここまでのところ、エレナ・ポニアトウスカのこの物語は、若者世代の市民としての覚醒を語っている。ところが、上り調子のこの集団的白熱状態のストーリーは、ほどなくして陰惨な含みを帯びはじめる。すなわち、これら若者が象徴する希望の波と高邁な理想主義は、屹立する権力の壁を前に砕け散り、政府は残虐で暴力的な軍勢力を放ったのである。ストーリーは大虐殺に終わる。学生は為政者との公開対話を求めていたのに対し、後者は抗議の声を悉く黙らせるまでの暴力で応えたのである。それはなぜなのか。この虐殺の裏にあった理由は何なのか。メキシコ人はこのことを一九六八年十月以来自問しつづけてきた。その疑問が解かれたときはじめて、この国はその指導者と政治システムに信頼を取り戻すことができるのだろう。そうでなければ、メキシコは国としての自信回復を望めまい。

一九六八年メキシコ——目隠しの男たちが作った歴史

あらゆる歴史的大事件と同様に、一九六八年にメキシコで起こった出来事のストーリーは、不明瞭な事実と不可解な意味からなるもつれた蜘蛛の巣のようなものである。これらの出来事は現実に起こったのだが、その現実の感触は日常のそれではない。しかもその現実には、フィクションの作品に見出せるような、想像上の現実特有の夢幻的な首尾一貫性もない。これらの出来事を象徴しているものは、矛盾した歴史的現実である――あらゆるタイプの現実の中で、最もわけのわからない、つかまえどころのないもの。二つだけ例を挙げるとするなら、学生リーダーたちの態度と、政府のそれのように――。ごく当初から学生たちは政治行動に特筆すべき才能を顕した。その運動に新しい息吹をもたらす方法として直接民主制というものをすぐさま発見した一方で、それを根本的源泉であるメキシコ国民全体との緊密な接触のもとに維持した。舞台裏での権力者間の取引と、政府重鎮の間で腐敗し共謀するリーダーによる陰での糸引きに慣れきった国で、学生は政府と公開対話を持つことを主張した。彼らの要求の控えめにして穏健な本質は、「民主化」という言葉で要約することができようが、それは〔メキシコ革命が勃発した〕一九一〇年以来メキシコの民が心の底から切望してきたことだった。こうしたことすべてが、学生たちの成熟と政治上の直観的英知の証拠なのである。しかし、これらの長所と才能が戦術レベルでは実に明白だった一方で、あるときを境にそれらは消散してしまったように見える。運動の前に横たわる見通し、その目標、メキシコの歴史と今日の世界情勢の二重のコントラストの中でのその意味を、学生たちが熟考しはじめたと言われだしたときから。戦術上の重要な現実に代わって、この重大時に我々が見出したものは、無意味な決まり文句、硬直した綱領、教義・信条の単純化、空虚で誇大な成句やスローガンであった。しかし、これら若者のほぼ全ては、自分たちが実際に加わっていたものとは現実にはかなり異なる運動に参加しているのだと思い込んでいた。一九六八年のメキシコは、あたかも「パリ・コミューン[1]」あるいは「冬の宮殿[2]」の攻撃の隠喩のようだった。つまり、メキシコはメキシコ以外の何ものでもなかったが、しかしこのときのメキシコはべつの時代の、べつの場所の話――べつの現実でもあった。彼ら学生が歴史のページに刻んでいた芝居じみた脚本は、彼らが読んでいたのと同じものではなかった。彼らの行動は本物の現実だったが、解釈は想像上の産物に過ぎなかった。彼らの多くは、一九五八年の鉄道員の運動と十年後の自分たちの運動の間には、直接の関連があると信じ込んでいた。しかし、そのために両運動間の目的と戦術の違い、そしてとりわけ、異なる階級構造を見落としていた。それゆえ、二つの事件の全く相異なる意味を認識していなかったのである。学生の中には、中間層の学生運動の次に、労働者や農民の運動が続くと信じて疑わない者もいた。いわゆるリレー競技としての歴史のごとく。しかし、メキシコの労働者階級は彼らに差し出された松明をつかみ損なった。体制変革へのよく似た訴えと願いに対して、西欧諸国や米国の労働者階級と同じくらい無関心だったのだ。

（1）一八七一年三月、パリに成立した民衆的革命政権。ヴェルサイユに脱出した政府と戦いつつ民衆の要求に応える施策を展開したが、「血の一週間」と呼ばれる市街戦の後、五月に鎮圧された。史上初の労働者政権と評価された。

（2）歴代ロシア皇帝の住居であった「冬宮殿」前広場での労働者のデモを軍が弾圧し、二千人を超す死者を出した「血の日曜日事件」（一九〇五年一月）を発端としていたロシア革命は、一九一七年十月革命時にレーニンの指揮下、冬宮殿占拠により最終局面に達した。

メキシコ政府の態度は、さらに面食らわせる——そして、許し難いものですらあった。それは信じ難いほど盲目的で、聞く耳を持たぬものだった。見ようとも聞こうともしない態度はいずれも、事態に大胆に立ち向かう能力の欠如に由来していた。それは、政府の役人が盲目で聾者なのではなく、まさに、見たり聞いたりすることを拒絶していたということだった。彼らにしてみれば、学生運動の存在を単に認めるということだけで、自己への背信に相当することになってしまうと思われたのだろう。メキシコの政治システムは、絶対的で不変にして唯一たる信念に基礎を据えている。すなわち、メキシコ国の大統領および正式な権限を擁する政権党は、メキシコ全体の権化なのである。わが国の大統領や政府高官は、雲のごとく身を覆い隠す高尚な美辞麗句に酔いしれて、モノローグしかしないことに慣れきっており、彼らのものとは違う願いや見解もあるということすら、ほとんど信じることができない。彼らこそがメキシコの過去、現在、未来なのだ。制度的革命党（PRI）は多数派政党なのではなく、満場一致そのものなのである。大統領は最高の政治的権威であるばかりか、メキシコの歴史すべての化身であり、最初のトラトアニ（アステカ王国内で都市国家《アルテペトル》を治めていた領主）から歴代スペイン人副王を経て、今日の各大統領まで、途切れることなく世代から世代へ継承し伝えられてきた魔術的実体の形をとる権力そのものなのである。スペインおよびラテンアメリカに見られるカウディージョ（十九世紀前半の独立以後、ラテンアメリカに輩出した、カリスマ的資質と軍事力を備えた政治的ボス）による独裁政権の型とは異なり、メキシコの権威主義は法律尊重的である。この律法主義の根は本質的に宗教的な性格のものだ。これこそが、学生の身に降りかかった凄惨な暴力の、真の説明である。彼らに対する軍の攻撃は政治的行動であっただけではなく、いわば宗教的な天罰の性格を帯びていた。神の復讐、懲戒罰、激怒した父なる全能神の教訓だったのである。この姿勢には深い歴史的ルーツがある。その起源は、この国のアステカ時代と植民地時代の過去に求められる。ただの人間たることを止め、崇拝されるべき偶像に転じる、国家の長《おさ》という公的表象の、一種の石化にまで遡ることができる。それはさらに、男性優位主義《マチスモ》のべつの表現、とりわけメキシコの家族およびメキシコ社会における父親の卓越性の表われでもある。一口で言えば、一九六八年のメキシコでは、男たちがいま一度、目隠しされた状態で歴史を作ったのである。

一六九二年の民衆反乱

現代メキシコを曲がりなりにも理解するためには、わが国の植民地時代の歴史を回顧することが必要である、と私は常々考えてきた。そうすることで、全ての疑問に解を見出せるわけではもちろんない。しかし、ヌエバ・エスパーニャ〔植民地時代メキシコ〕は今日我々の生きる世界にとって直接の先行例であるため、植民地時代の過去を通じて我々は現在とのある程度の比較を行うことができる。一九六八年の事件を考えるとき、いわゆる「一六九二年の暴動」を思い起こさずにおれようか。メキシコの歴史上、この二つの事件のあいだにある類似点は、その相違点に劣らず意味深いのである。

十七世紀末期は、わが国の歴史上、比較的繁栄した時期だった。〔宗主国の〕スペイン〔スペイン語ではエスパーニャ〕が以後二世紀ほど続くことになる政治的・社会的退廃の淵へとますます沈みつつあった一方で、ヌエバ・エスパーニャは繁栄していた。概して、地方での散発的な暴動や、首都の当局の完全な支配下にはまだ納まっていなかった北部辺境地帯の勇猛な先住民による時折の反乱が見られただけで、この広大な領土のほぼ全域で平和が保たれていた。農業と、そしてそれ以上に顕著な鉱業の発展によって、富裕な「クリオージョ」〔メキシコで生まれたスペイン人の子孫〕階層が生まれ、栄えていた。彼らは野心的で、進取の気性に富み、敬虔な社会層であり、繁栄ぶりをしきりに誇示したがっていた。彼らの気前のよい寄付金のお蔭で、聖・俗双方の壮麗な建築物が全国各地の都市の街路に軒を連ねて建立された。この植民地文化は十七世紀後半にその極致に達した。この時代の生んだ多くの才人の中で、ふたりの傑出した人物を挙げることができる。すなわち、世界的にその天才ぶりが認められている詩人フアナ＝イネス・デラクルス尼と、歴史家・数学者のカルロス・シグエンサ＝イゴンゴラである。ヌエバ・エスパーニャの住民がメキシコ市を「アメリカ大陸の首位首都」とみなしていたとしても不思議ではない。シグエンサ＝イゴンゴラもそのように描写し、〔ニュー・イングランドの中心都市〕ボストンの市民が〔一六三〇年の都市建設から〕一世紀半後に抱いた感情と違わぬ自尊心から、彼はメキシコ市を「新ローマ」と呼んだ。外国からの訪問者もメキシコ市の姿に印象づけられた。十九世紀初頭になっても、アレクサンダー・フォン・フンボルトはこう記している。「……新大陸のいかなる都市も、米国の諸都市を含めて、メキシコ〔市〕ほど大規模な学術拠点を有してはいない。……あるいは、パリ、ベルリン、サンクト・ペテルブルクの最も優雅な街並みの中にあってもまったく場違いには見えないと思われる美しい建造物が多い」。クリオージョ社会は、自らの建てた教会や宮殿に、己の繁栄の輝きと堅牢ぶりが投影されているのを自覚していた。黄金の祭壇と豪華な客間、重厚なセメントの土台と石壁。それにもかかわらず、結果的にこの社会はその建造物よりも脆いことが判明したのだった。

一六九二年、〔主食の〕トウモロコシ不足が引き金となって、民衆――先住民、メスティソ、そして困窮化したクリオージョら――の間で暴動が起こった。メキシコ市は植民地史上初めての貧困層による街頭での騒乱に見舞われ、深刻な動乱の舞台と化したのである。この大胆な挑戦行為に政府は驚いた。当局が異議申し立てを受けることなど目にしたこともなかったからである。人びとは貯蔵庫を襲撃し、市の中心広場に押し寄せた。公文書を焼き払い、スペインの植民地権威の座そのものである副王宮に今にも火をつけようとした。暴動はトウモロコシ不足に対する抗議以上のものに発展し、破壊的な政治的含意を呈していた。〔植民地政府〕当局は、ひとたび最初の衝撃から立ち直ると、容赦なき弾圧の軍勢を放ち、十七世紀末のメキシコに暗い影を落とした。副王領の輝かしい夢は、突然の炎の地獄で幕を閉じた。めらめらと燃え上がる炎の中で、植民地社会はそのもう半分の、隠れた顔を見出した。先住民の、メスティソの顔、怒りに満ち、血しぶきの降りかかった顔。民衆の暴動は、それまで地方での局地的反乱に限られていた。北部での暴動は、いまだに征服されておらず、キリスト教化されていない先住民部族による治安妨害的な行動だった。メキシコ市の暴動は、しかしながら、メキシコ社会のまさに心臓部を突き刺した不和だった。これらの暴動を目撃したシグエンサ゠イゴンゴラの証言は、エレナ・ポニアトウスカのそれに劣らぬほど印象的である。「群衆が私の立っていたその通り(そして広場に通じる他のすべての通り)を猛進してきた。スペイン人たちは剣を抜き放ったが、その地点に根が生えてしまったかのごとく、私をそこに立ち尽くさせたと同じ理由から、その場に立ちすくんだ。黒人、ムラート他あらゆる下層民が『副王とその従者は死ね！』『我らのトウモロコシを食い尽くしているスペイン人は死ね！』と叫んでいたからである。そして今回は、その場には、彼らを征服しようとする〔エルナン・〕コルテスがいなかったため、勇気を奮って騒動に加わるよう互いに声を掛け合いながら広場に押し寄せ、他の連中に合流し、石を投げた。『ほら、あんたたち仲間！』と先住民女性らはそれぞれの土地の言葉で叫び合った。『この闘いに喜んで加わりましょうよ。神の思し召しにかなえば、私たち、スペイン人の支配から逃れられるかもしれない。だから、最後の告解をせずに死んだとしてもまったく構わないのよ。ここは私たちの国じゃないの。それなら、こいつらスペイン人はどのみち、ここで何してるというの？』」

歴史家はほぼ誰しも、これら一六九二年の騒乱を百年後の独立戦争の前兆とみなす。しかしながら、メキシコ史の一章をなすようなこの重大事件の、最も際立つ特徴であると思われる、ある事柄に気づいた人間は果たしているのだろうか。　六九二年の蜂起は、副王の権力とスペインの支配に対する反乱だった。この反乱はしかしながら、真に革命的な行動だったのではなく、本能的な爆発にすぎなかった。その拒絶の動きには何の主張も含まれてはいなかった。副王権力が排除された暁にはメキシコ社会はどのようなものになるはずだったのか、これらの反逆者たちにいかなる類の計画があったのか、それを明らかにしようとしてこの反乱を分析してみても、それは実りのないことであろう。スペイン人の征服に先立つ世界に戻ることは不可能だった。それは君主や僧侶とともに、神々やピラミッド神殿もろとも、完全に破壊されてしまっていたのであるから。別世界がその廃墟の上に立ち上げられていた。副王に向かって蜂起した人びとは、抗議の叫びをスペイン語であげていた。そして彼らを抑圧する人間と同じ神を崇めていた。いかなる原理も、植民地社会の基礎として貢献した二つの普遍性――スペイン帝国とローマ・カトリック教――のいずれも、改革の原理として役立ちはしなかった。植民地社会は突然、袋小路につき当たったのである。植民地社会の土台として貢献した宗教、哲学、政治の構造物の中には有効な解はなかった。カトリック信仰と君主制という普遍主義と、反乱に立ち上がった先住民・メスティソの独自主義との間には、和解不能の矛盾があった。もしくは、より厳密に言えば、解はヌエバ・エスパーニャという観念の中ではなく、その外にあった。しかし、メキシコ人が別種の普遍主義の原理をゆっくり、ためらいがちに、おずおずと探し、これらの原理を我々の社会が抱える現実に適用しようとしはじめるまでには、一世紀の時の経過を待たねばならなかった――そのうえ、それもほとんどうまくは行かなかったのである。[*] 外国から借用されたこれらの原理は、スペイン領アメリカの独立運動のための模範となった二つの革命――フランスと米国――で具体化したように、啓蒙精神に由来するものだった。

＊（原注）スペインおよびポルトガルを旧宗主国とする国々が、民主主義の原則を採用し、それらを自国の状況に適合させようとして味わってきた、そして今も味わいつづけている困難は、ラテンアメリカ、スペイン、ポルトガルにおける歴史学と社会学の研究で中心的テーマたるべきものである。しかし、実情はまったくそうではなかった。信じ難いかもしれないが、なぜ民主主義制度が我々の諸国の大部分で育ち得なかったのか、我々はいまだに解明できていない。我々の国々の経済的低開発に関する話ならたくさんある。近年で

は、この低開発と従属関係〔の概念〕が我々の破綻と欠乏の都合のよい言い訳となっている。我々の国々に低開発と従属関係がたしかに存在することを、私は否定するわけではない。しかし、低開発と政治のあり方との間に何らかの関係があるのかどうかを問いかけ考える人間が少ないことにも、私は気づいている。一国の近代化は単に、あるいは主としてすら、所有する工場と機械の数などで測られうるものではない。本質的な判断基準は、知性と政治の面での批判力の発展の度合いである。おそらく、我々の科学的、哲学的伝統の乏しさには、民主主義の伝統の浅さと同じ原因があろう。メキシコ湾の海中にリメがはびこっているのと同様、我々の歴史はカウディージョで溢れかえっているのである。

露呈したもうひとつのメキシコ

一九六八年のメキシコの動乱と一六九二年のそれとの間には、疑いなく確かな類似点がある。いずれの場合も、夢からの、本物の繁栄と社会的調和という幻想からの、突然の目覚めがあった。一九五〇年頃、経済と政治の領域で権力の手綱を握っていた集団——専門職の大部分と多くの知識人も含めて——が、ポスト革命体制の地固め〔一九三〇年〕以降達成されていた発展に、自己満足の確かな感覚を覚えはじめた。すなわち、政治的安定、高い人口増加率にもかかわらず絶え間ない経済成長、目を見張る完璧なまでの公共事業プロジェクト、層の厚い中産階級の誕生、定職就業人口の増大と労働者階級の生活水準上昇、そして極めつけは十七世紀と同様、社会を覆う安穏の雰囲気。あたかも各々の階級の社会層にも、労働運動家から銀行家、制度化した革命〔＝ＰＲＩ〕のボス層〔＝カシーケ〕、巨大多国籍企業の植民地総督〔＝現地代表〕まで、完全なる意見の一致をみているかのような雰囲気が充満していた。一六九〇年当時、クリオージョ社会は、バロック様式の絢爛たる宮殿や修道院や私立学校に、自らの権勢の権化を見ていた。それに対して一九六〇年には、ポスト革命社会が、その工場や農場、ハリウッド並みの豪邸や、栄えある革命の勝利と英雄を祭る巨大な記念碑に自画像を映し出していた。しかしながら、十七世紀のバロック芸術をポスト革命期メキシコの誇大妄想的様式と比較するのは酷というものであろう。前者は、倒錯的なほど過度の、奔放な気まぐれの産物においてすら、この上なく優雅な芸術であったが、後者はスターリン体制で奨励された特有の様式に想を得て制作された作品群だったのであるから。わが国は外国からの称揚を十分に博していた。最も声高な賞賛の辞はケネディ大統領からのものだった。氏は、メキシコの体制はラテンアメリカ全体にとっての模範であるとためらうことなく公言した。我々の革命運動家たちの継承者らは、ついにワシントンの祝福を受けたのである。ところがそれは、メキシコ革命にとって死後の凱旋を象徴していた。実は、我々の革命は不幸にも、ずいぶん前から二つの意味で歪曲されてしまっていた。すなわち、革命は政治の面では、政府を司る政党と、東欧の共産主義官僚政治に複数の意味で類似している官僚機構によって牛耳られていたし、経済と社会の面では、米国の巨大企業と緊密な結びつきのあった財界の寡頭支配層の思いのままになっていたのである。

一九六八年、この見せかけの合意は粉みじんになり、突如メキシコのもうひとつの顔が現れた。憤慨する若者男女の世代と、四十年間国を支配していた政治システムに激しく反対を唱えた中間層である。一九六八年の騒乱は、発展した社会層と称されうるメキシコ社会のあの領域の中で、あの主に都市に住む社会層、換言すれば、全国人口の半分近くを占め、過去二、三十年間にますます急速な近代化の進歩を遂げた層の中で、深い亀裂を突如として暴露した。しかし、近代的で発展したメキシコの内部危機は、学生運動がその裏に隠れていたものを露わにしたとき、いっそう劇的で決定的な重大性を呈したのである。つまり、露呈したのは、もうひとつのメキシコ、ぼろぼろになったメキシコ、何百万人という絶望的なまでに貧しい農民と、都市に移住し今日の新・根無し草——都会の砂漠をさまよう放浪者——となった失業者の大群だった。

一六九二年と同様に、一九六八年運動は厳密に定義された、いかなる種類のイデオロギーにも欠けていた。しかし一六九二年の騒乱とは異なり、それは下層階級の運動ではなく、学生、中間層、そして知識人集団の運動だった。他方一六九二年と同様に、異なる理由からではあったが、国民全体の総体的な不満の直接的表現でもあった。メキシコ革命の動乱期が終息した後（ＰＲＩは一九一九年に結成された）、根を下ろしていた政治システムの麻痺に直面したための深い不満。そのうえ、革命運動家らの社会プログラムがわずかの少数特権階級にしか恩恵を与えない「開発」政策に変質してしまっていたことによる深い不満。これが、国を「民主化」しようという呼びかけに都市住民層の大部分が即座に支援を寄せた理由である。一六九二年と同様に——ここでも異なる理由からであったが——最大関心事となったのは、政治的要求だった。しかし、一六九二年と一九六八年の二つの騒乱の間の最大の違いを示しているのはまさに以下の事実であった。つまり、植民地社会が基礎を置いていた原理は、一六九二年の危機に対して何の解決をもたらすことができなかったのに対して、現代メキシコ社会が依拠している原理は、我々の諸問題に対する解決はもたらせないとしても、少なくともその端緒なら用意することができる。「民主化」は最終的な解決たるにはもちろん程遠いが、我々の抱える諸問題を公然と吟味したり、それらについて議論したり、解決策を提案したり、これら解決策が効果的に施行されるよう保証するために我々自身が政治的に組織化する、そういったことのためにたどるべき正しい道なのである。性急な人間は、官僚的社会主義によって人びとに課された強制的な行進のような形の発展が過去に何を意味したか、および今日も何を意味しつづけているかを思い起こすべきである。不自然に速度を速められたそのような発展は、測り知れない物質的苦悩と精神的堕落の犠牲の上に達成されてきたのである。メキシコにおいて民主主義の伝統を構築してゆくことは、経済発展や、真の平等に到達するための闘いと同じくらい重要かつ緊要な課題である。

民主化への第一歩

一九六八年にメキシコの政治システムは危機に突入した。以来七年が経過したが、依然として、わが国が直面している巨大な諸問題に真の解決をもたらすことのできるような、独立した民主主義運動が形作られるには至っていない。一九六八年の自発的で健全な反体制論の後には、いかなる類の肯定意見も続かなかった。筋の通った、実現性のある改革計画を起草し、国をあげての機構を形成することが我々にはできないことが明らかとなった。実のところ、一九六八年の出来事によって、主として、そしておそらく唯一利益を受けたのは、体制そのものだった。その体制は最近の二、三年間、自由主義化を目指した改革計画に乗り出している。これらの改革を無視したり、その重要性を軽視したりするのは、道義上間違っているだろう。しかし同時に、それらが必要とされている改革のすべてだと主張するとしたら、それもまた虚言であろう。否、真の方策は上意下達の改革ではなく、下から上への、独立した民衆の運動によって強力に裏打ちされた改革の中に見出されるべきなのである。行われるべきことは、PRIとは全く違った、他に選ぶべき道を生み出すことである。しかし、今までのところ、わが国の伝統的な野党にはそれが達成できていない。メキシコの左派は、知性の麻痺に取り憑かれ、一面的な雛形と権威主義的イデオロギーに目下囚われてしまっている。その事態は、PRIの官僚的硬直化と、党からの被指名者にすぎない大統領の手に政治権力を集中させてしまうシステムより、さらに有害ですらある。右派に関して言えば、長い間メキシコのブルジョワには信念がなく、自己の利益のみを心にかけてきた。こうしたすべての理由により、学生たちが一九六八年に求めていた「民主化」は今も、正当な要求、かつ差し迫った課題なのである。それはメキシコにおける真正なる改革の企てにとって、絶対的に必要なことである。民主主義は、批判が行われる自由な闘争の場として概ね定義されようが、しかし他者の批判は自己批判を伴っていなければならない。他者と対話するにはまず、己と対話することを学ばねばならない。メキシコで変革を熱望する集団は、自らの民主化、すなわち自由な批判と討論を自らの組織内部で常習化するよう、一歩を踏み出すことから始めるべきであろう。そのうえ、己の意識を吟味し、自身の姿勢とイデオロギーを批判しなければなるまい。我々の中には、尊大な神学者と頑固な狂信者が大勢いる。彼らの信条は、変化に対して石のように抵抗力を発揮する。左派の知的刷新は、彼らがその信条の多くを放棄し、メキシコがほんとうに要求していること——我々の過去の歴史と現在が言っていること——に謙虚に耳を傾けてはじめて可能となろう。もしそうできれば、左派はその政治的想像力を回復するであろうし、そうでなければ、わが国は一六九二年と同様に、さらに一世紀間、前進するのを待たねばならないだろう。

（一九七三年執筆、七五年刊行）

目次

メキシコ連邦区（メキシコ市）北部拡大図
国立工科大学（ＩＰＮ）サカテンコ・キャンパス
DELEGACIÓN AZCAPOTZALCO
トラテロルコ広場
ＩＰＮサント・トマス・キャンパス
レフォルマ大通り
軍第一キャンプ
ソカロ
レクンベリ拘置所（現AGN）
国立人類学歴史学博物館
国立宮殿（大統領府）
国立芸術院
CIUDAD DE MEXICO
チャプルテペック公園
DELEGACIÓN BENITO JUAREZ
インスルヘンテス通り
DELEGACIÓN IZTACALCO
DELEGACIÓN ALVARO OBREGÓN
アステカ・スタジアム
（オリンピック競技場）
DELEGACIÓN COYOACAN
DELEGACIÓN MAGDALENA CONTRERAS
メキシコ国立自治大学（UNAM）
DELEGACIÓN TLALPAN
0
5 km
アメリカ合衆国
メキシコ
ベリーズ
メキシコ市
エルサルバドル
グアテマラ
ホンジュラス
N
0
500 km

トラテロルコ広場周辺図

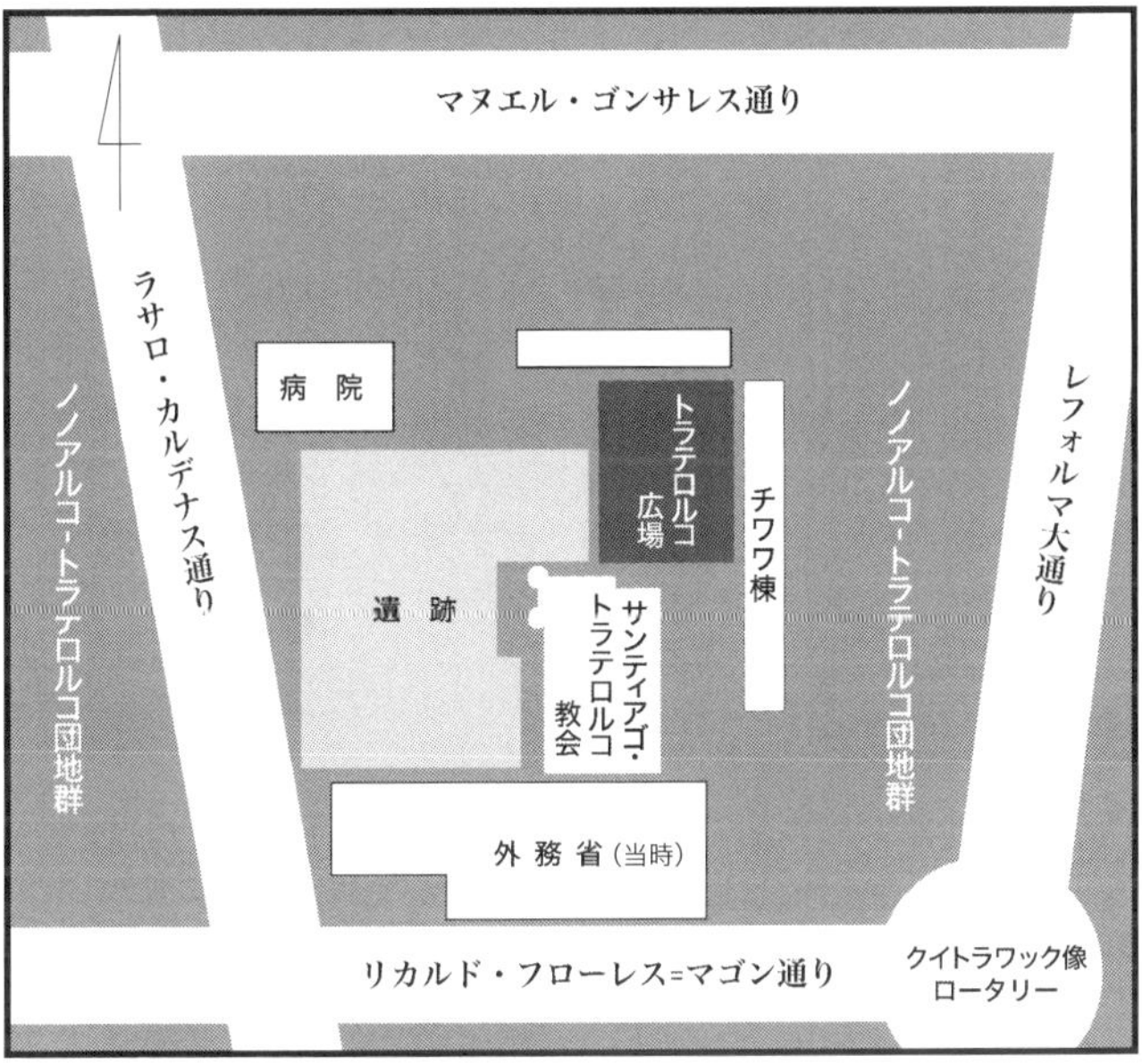

現在のトラテロルコ広場の様子（チワワ棟側から南向きに撮影）。手前が広場、その向こうが遺跡、左端に見えるのはサンティアゴ・トラテロルコ教会。噴水の右手には、トラテロルコ事件の記念碑が立つ。

（写真提供 Lic. Julio Derbez del Pino 氏）

本書のためにとくべつに詩を寄せてくださったロサリオ・カステリャーノス氏に感謝します。

ホセ＝エミリオ・パチェコ、ホセ＝カルロス・ベセラ、ファン・バニュエロス、エドゥアルド・サントス各氏の詩篇は、オクタビオ・パスの範にならった、芸術家による最初の抗議でした。

六八年当時、〔メキシコ国立自治〕大学の広報部長だったマルガリータ・ガルシア＝フローレスさんは、大学情報局の得難い『大学通信』を数号献呈してくださいました。最後に、名を明かし、証言を提供してくださったすべてのかたがたに心からの謝意を表します。

トラテロルコの夜

メキシコの一九六八年

弟ジャン（一九四七―一九六八）に捧ぐ

第Ⅰ部 街頭に打って出る 1968.7–10

団結せよ《ウネテ》、同胞《プエブロ》よ 我々を見放すな《ノーノス・アバンドーネス》
一九六八年八月十三日のデモ行進垂れ幕

大勢いる。歩いてやって来る。笑いながらやって来る。「メルチョール・オカンポ」、「レフォルマ」、「ファレス」、「五月五日」の通り[1]を、ほんの数日前縁日に出かけたときと同じように楽しげに腕を組みデモ行進する学生男女。明日あるいは二日後、四日後には自分たち自身が「縁日」の射的小屋の標的になって、腫れ上がった身体を雨に曝していようなどとは露知らず、屈託のない若者たち。標的となったまだ子どものような年若い彼らは、あらゆるものに嬉々とする子ども、毎日が祭りのようなもの。しかしそれは、クリッ、クリッと音を立て列をなして進む銀めっきのひよこのように「くっついて並べ」と射的小屋の主人が彼らに命じるまでのこと。目の位置にさしかかると「構え、撃て！」、そして赤いサテンの幕をかすめながら後ろに倒れる。

　小屋の主人は警官に、兵士に銃を与え、「撃つんだ。的に命中させろ」と命じたのだ。そしてそこにいたのは、目に困惑の色を浮かべ、銃口を前にして唖然とした銀色の人形さながらの若者たち。「撃て！」銃口から緑色の閃光が走った。「撃て！」的はいっせいに倒れたが、もはやバネの反動で一気に起き上がることも、ひと回りして次の順番で再び撃たれることもなかった。その縁日のゲームの仕掛けは違っていた。バネは針金ではなく血。あたりに溜まっていく、まったりとした血。三文化広場②一帯でのこの虐殺で踏みつけにされた若い血。

若者たちがやって来る。こちらに向かってやって来る。大勢だ。威嚇され両手を挙げている者はひとりもいない。ズボンを足元まで降ろされ、もろ肌をひっぱたかれる者など誰もいない。突然の殴打も、棍棒で打ちのめされることも、愚弄も、拷問による嘔吐も、靴の山も、ない。皆、深呼吸しながらしっかりした足取りで大地を踏みしめ、主張を曲げる気配などない。三文化広場をとり囲むようにやって来る。そして、広場の地面が二、三メートル窪み、先スペイン期の遺跡が見渡せる縁で立ち止まる。また行進を再開する。大勢だ。手にプラカードを掲げてこちらに向かって来る。その手は子どものようだ。死は手を子どものように小さくするから。皆、ひしめき合って列をなし、嬉々としてやって来る。顔色はたしかに青ざめて一人ひとりの表情ははっきりしないが、楽しそうだ。もはや彼らを激しくはねのける銃剣の壁はない。もう暴力は止んだ。激しく降る雨の向こうに私は彼らを見つめている。いや、それとも膜が張ったようにぼやけて見えるのは、トラテロルコ広場に激しく降る雨と同じ、私の止まらない涙のせいか。学生たちの傷口がどこなのか私には判別できない。できなくて良かった。もはや開いた傷口も、銃剣で切りつけられた痕も、ダムダム弾もない。彼らの姿は涙で曇って見えないが、声は聞こえる。沈黙のデモ行進のときのように足音も。生涯その足音は私の耳を離れないだろう。ミニスカート姿で日に焼けたみずみずしい素足をさらす若い娘たちが、ネクタイをはずした教師たちが、腰や首にセーターを巻きつけた青年たちが、歩いてやって来る。笑いながらやって来る。

大勢だ。皆でいっしょにこの通り、私たちの通りをソカロ(3)、私たちのソカロに向かって歩いているという感慨で狂喜乱舞してやって来る。こちらへやって来る。八月五日、十三日、二十七日、九月十三日、ヘスス・ペレス神父は大聖堂の鐘を連打して彼らを迎えた。憲法広場全体が無数のセンパスーチトルの花(4)と献灯で照り映え、星を散りばめたようだ。若者たちはオレンジの芯にいる。見たこともないほど空高く打ち上げられた花火の炸裂のようだ。メキシコは悲しみに沈んだ国ではなかったのか。それがいま、陽気な国に見える。それも狂ったような明るさ。若者たちは五月五日通りを、そしてフアレス通りを進んでいく。沿道から割れんばかりの喝采を受けながら、レフォルマ通りに出る。誰にせっつかれたわけでもなく三十万人が集結していく。メルチョール・オカンポ通りからラス・ロマス地区の山手へ、森へ、山へと登っていく。「メ・ヒ・コ、リ・ベル・ター《自由》、メ・ヒ・コ、リ・ベル・ター、メ・ヒ・コ、リ・ベル・ター、メ・ヒ・コ、リ・ベル・ター、メ・ヒ・コ、リ・ベル・ター」と叫びながら。

E・P

学生運動に「入った」んじゃない。もうずっと前から当事者だった。何せ僕はポリ(5)の出身なんだから。あの近くに家もあるし、仲間も近所づきあいをしている人たちも仕事もあそこ。子どもたちもあそこで生まれた。妻もポリの卒業生だ。この運動は何年も前から僕たちの一部なんだ。この運動には即興もなければ、「気の利いた冗談」も「軽妙さ」もない！　そんなこと問題にしちゃいない。信じ

これほど大規模の自発的なデモ行進は、いまだかつてメキシコで起こったことはなかった。「学生運動」の最も栄えある黄金期はその年の8月から9月にかけてだった。

手前のプラカードには「軍は国民を守るためにある、襲うためではない」とある。

ること一切を守り抜く、それだけのためにいつも闘ってきたし、僕たち以前に父やその父の代もそうだった……僕たちは労働者家族の出身だ。いつもいつも懸命に働いてきた人びとのね。

ラウル・アルバレス＝ガリン（IPN出身の物理・数学者、同大学生物学科教員、CNH《セー・エネ・アチェ》(6)代表。レクンベリ(7)に勾留中）

メ・ヒ・コ、リ・ベル・ター、メ・ヒ・コ、リ・ベル・ター、
メ・ヒ・コ、リ・ベル・ター、メ・ヒ・コ、リ・ベル・ター

デモのシュプレヒコール

学生運動に加わったのは、ある日、〔警察の〕機動隊員が警察犬と鎖を準備して、理由もなく芸術学院の建物に踏み込んできて全員を捕えたから。それもこんなふうに後ろ手にして連行してしまったからなの。INBA《インバ》(8)はこの運動を支持するかどうかさえ公言していなかったのよ！　むしろ支持なんかしてなかったと私は思ってるわ。この横暴で独断的な乱入劇のおかげで、私たち多くの俳優は事態に目覚めたの。そして学生たちと団結し応援することに決めた。ほんとに文字通りよ。腕を組んでデモに参加したり、集会で叫んだりしただけじゃなくて……当時、舞台俳優ばかりの分隊を作ったの。

マルガリータ＝イサベル（俳優）

団結せよ《ウネテ》同胞《プエブロ》、団結せよ同胞、団結せよ同胞、団結せよ同胞……

デモのシュプレヒコール

僕たちにできる決断は運動に加わるかどうかじゃなくて、残るか抜けるかだった。はじめから僕たちはどんな結果になるか、およそわかっていた――弾圧、大量勾留、棍棒による殴打はすぐに始まった――、そこで二者択一となった。「地下活動に入る」、つまり飛行機なり鉄道なり何でもいいから切符を手に入れて姿を消すか、それともここに残って何が身に降りかかるのか見てみるか……仲間は皆、学生だった。ラウルは物理・数学科、僕は哲文学部というように。僕たちには前から学生が中心になって提起する問題に関わった経験があった。たとえば、僕の学部の具体的な問題はというと、〔労働者層の子弟のための〕政府無認可の自主運営高校《ラ・プレパ・ポプラール》のこと、大学入学試験成績不良者の問題、バジェホ[9]の釈放、カリキュラム内容とその他の学務上の問題、心理学科の独立なんかがそうだった。一九六七年から僕は学生会の会長だったんだが、今は終身会員。……七月二十六日以降すべてが変わった……僕は以前と同じ人間じゃない。皆、変わった。学生運動以前のメキシコと、一九六八年以後のべつのメキシコがある。トラテロルコはメキシコを二分した分水嶺なんだ。

ルイス・ゴンサレス＝デアルバ
（UNAM《ウナム》[10]哲文学部のCNH代表。レクンベリに勾留中）

「地下に潜ること」は何もしないに等しい。

ヒルベルト・ゲバラ=ニエブラ（UNAM理学部のCNH代表。レクンベリに勾留中）

学生運動にパワーと重要性を与えたのは弾圧だと思う。どんな政治的言説よりも弾圧の事実そのものが人びとの政治に対する意識を高めたし、大規模な群衆を集会に積極的に参加させることになったんだから。大学のどの学部でもストライキを打つことが布告され、その場で即座に、学部ごとに分隊と闘争委員会を結成する構想が生まれた。分隊員は学生支持組織の男女成員で、彼らが資金集めから、市の最周縁部や下層居住区などでの街頭臨時集会の開催まで、ありとあらゆる活動を行っていた。大規模のデモ行進が、この運動のもっとも有効な政治的武器のひとつだったわ。

カロリーナ・ペレス=シセロ（UNAM哲文学部）

メキシコで、今回の学生デモほど大規模かつ並外れて活発な自発的デモがあったことはかつてない。一度、何年も前にキューバ革命を支持するデモがたしかあったけど、それほどの規模じゃなかった。実際、学生運動はメキシコの社会全体を揺さぶった。だから政府はあれほど恐れを抱きはじめたんだ。

フェリックス=ルシオ・エルナンデス=ガムンディ（IPN機械電気工学科CNH代表。レクンベリに勾留中）

それまでメキシコ市で起こったデモの参加者はせいぜい1万5000人だった。しかしこの時は、あらゆる職種部門のとりわけ若者たちの中から60万人の参加があった！前代未聞の状況だった。独立記念塔の「天使」の下で、群集が我々に連帯してくれた。

メキシコ[11]での行進は、それまではせいぜい一万五千人のデモ隊員からなっていた。それなのに今度は、あらゆる住民層から六十万人、それもとくに若い連中が加わったんだ！　こんなことは起こった試しがない。政府が黙って見ているはずがないじゃないか。道理でばかなまねにでたんだ。

サルバドール・マルティネス＝デラロッカ、通称「ピノ」
（UNAM理学部の闘争委員。レクンベリに勾留中）

三十万から六十万というまさに群衆が、「当局の原理」を愚弄する垂れ幕やプラカードを掲げて、レフォルマ大通り、ファアレス、五月五日といったメキシコの目抜き通りを行進するなんて、許容できることじゃなかった。現状つまりPRI《プリ》[12]体制、パトロンに牛耳られた組合体制、「ミイラ《モミ》のごとき長老政治家《シンディカリスモ・チャロ》[13]」を揺さぶる学生たちの抗議は、断固押しつぶさなければならなかったというわけだ。

エドゥアルド・バジェ＝エスピノサ、通称「梟《ブオ》」
（UNAM経済学部CNH代表。レクンベリに勾留中）

あんなふうに街頭行進することで、僕たちは、先に弾圧されていた地方の学生たちの復讐をしているつもりでもあったんだ。プエブラ、タバスコ、チワワ、シナロア、ゲレロ、ソノラ各州の学生たちのために、そしてある意味ではモレリア、エルモシージョ、モンテレイの各都市で断行された蹂躙に対しても。

エルネスト・エルナンデス＝ピチャルド（ＵＮＡＭ経済学部）

兵士よ引金をひくな、おまえも国民同胞だ

八月二十七日のデモの垂れ幕

メキシコ〔全国〕の人口は現在四千八百万人に達しているが、二百万平方キロメートルの領土に万遍なく分散しているのではない。人口は年三・六パーセントの率で増加しているので（少なくともこれがロジョ博士の見解だ）、九〇年には全国で九千万人にのぼり、しかもその七〇パーセントは二十三歳以下ということになるだろう。

なんでこんなことを言うかというと、若い農民や工員、学生にはその人生にふさわしい展望がほとんどない。働き口は特定の人間の利益のために創出されるのであって、不特定多数のためではない。「君たちは国の将来を担っている」と僕たちはしょっちゅう聞かされる。だけど、今の政治の意思決定では、主体的に行動したり参加したりするためのいかなる機会も、システム上、僕たちには閉ざされている。……僕たちはまさに今、政治に参加したいのだし、またそうできるのであって、六十歳になるまで待つ気なんてないんだ。

グスタボ・ゴルディィージョ（ＵＮＡＭ経済学部ＣＮＨ代表）

国民同胞よ、我々を見捨てるな。団結せよ同胞！

八月十三日のデモでのシュプレヒコール

私は運動に加わったんじゃないんです。生まれたときからすでにその中にいたんだと思ってます。それは私の生まれ育った環境であり、呼吸する空気であって、私にとってはあの運動は家や妻、子どもたち、仲間を守ることを意味していました。

エルネスト・オルベラ
（ＵＮＡＭ付属第一高等学校《プレパラトリア》[14]数学教員。レクンベリに勾留中）

政治犯を釈放せよ《プレソス・ポリティコス、リ・ベル・ター》！　政治犯を釈放せよ！

八月十三日のデモでのシュプレヒコール

一九六八年の学生運動はその年に生まれたのではない。自発的な世代によってあるとき突然生まれたのでもない。その掲げた要求は、革命を求める無数の政治組織や主要な学生集団によって以前から提起されていた。政治犯釈放の要求には、メキシコでは政治犯の存在そのものと同じだけの歴史がある。社会的風紀の攪乱を問題にしている刑法第一四五条[15]撤廃のための闘いも、機動隊解体のための闘いも同じことだ。一九六八年運動はあらゆるこうした要求を拾い上げたのであって、この運動が掲げた要求事項の解決のためだけに決起したんじゃなく、メキシコの学生、労働者、知識人がもっとも強く求める諸要求を代弁する役割を果たしたんだ。

以前から、内容が一九六八年運動と深い結びつきのある国内各地での闘争では、学生たちが大衆の代表となっていた。この種の運動で一番重要だったのは、一九六四年のプエブラ〔市〕、六六年のモレリア〔市〕、六七年のソノラとタバスコ各州での運動だった。これらに加えて、キューバやベトナムやドミニカ共和国との連帯表明デモによって主にメキシコ市の学生の大集団が動員され、他国民の抑圧を認識することで学生の政治的覚醒が深まり、持てる力を自覚するようになった。その代表例が、六二―六三年のモレリアでの学生闘争、六二年のプエブラでの大学改革運動、六六年のUNAMでのストライキ、国内各地で行われた経済面と教育面の要求をめぐる絶え間ない学生ストライキ（なかでも農村部の初等教育教員養成学校のストが際立っている）、チワワ州シウダー・ソアレスの農業専門学校学生運動――国内の他の農業専門学校生とIPNの学生に支援されていた――、そしてその他多くの学生闘争だ。

これらの闘いは互いに孤立したものではないと思う。それどころか、五六年四月の全国ストライキ以降、メキシコでは学生闘争高揚のプロセスが始まった。それは五八年の教員運動、五八―五九年の鉄道員スト、キューバとの連帯表明デモによって加速度を増したのであって、その頂点がまさに六八年にある。いまや学生運動は、労働運動および農民闘争との「交代」を待っている段階にあるんだと思う。

パブロ・ゴメス（UNAM経済学部・共産党未成年部会。レクンベリに勾留中）

僕たちは共産党の組織するそのデモには参加しないことに決めていた。それは例によって年に二回、ベトナムとキューバの政権を支援するために行われていたもので、SCOP〔通信・公共事業省〕前の広場を出発点とし、ニーニョ・ペルディード通りからサン・ファン・デレトラン通りにかけて行進することになっていた。そして、鉄道員労働組合事務所の前を通るとき、デメトリオ・バジェホへの歓呼と「チャロども」(16)への野次が必ず発せられるのだ。

ルイス・ゴンサレス＝デアルバ『一九六八年の日々と囚われの歳月』エラ社刊、メキシコ、一九七一年

ディア《対》・ロ《話》・ゴ、ディア・ロ・ゴ、ディア・ロ・ゴ……

八月十三日のデモでのシュプレヒコール

鉄道員たちは一九五八年のあの時、孤立無援状態だった。僕たちはそうじゃない。

ルイス・ゴンサレス＝デアルバ（CNH）

初期大規模デモのひとつ、8月27日には30万人が集まった。プラカードをかざし、チラシを配った。これほど多くの人びとが自主的に連帯してくれるとは我々は思いも寄らなかった。〔垂れ幕には「学生の希望は憲法条項の遵守に立脚している。〔刑法〕第145条を廃止せよ。大嘘で大問題を解決することはできない」とある。〕

1958年当時の鉄道員たちは孤立していた。我々は違う。

大衆よ、目を覚ませ

街頭の張り紙

これはフランスで五月に生じた闘争とは大いに異なるものです。メキシコでは学校教育に関する、あるいは学問的な権利要求は、事実上起こりませんでした。政治的要求に限られていました。政治犯の釈放、機動隊の解体、メキシコ市長[17]〔ママ〕と〔連邦区〕警察庁長官の罷免などです。

事実上たったひとつしか政党がないというのに、堅固な民主政の伝統などが問題にされうるでしょうか。議会では他の政党の候補が認められなかったり、野党が存在するかのように見せかけるためにだけ数人が受容されるということでしかなかったりするのに。ましてや「極秘大統領候補《タパード》[18]」の揺るぎない伝統、つまり、ときの大統領とその取り巻きが〔大統領選候補者告示直前の〕最後の瞬間まで、誰が大統領候補になるべきか、政権党のPRIを通して公示されるまで謎として伏せておく密室主義については何をかいわんやです。公表されるそのときまでほとんど名も知られていないことすらある指名された候補者が、数週間のうちに最たる能力のある人物に変貌する、ということはメキシコでは誰しもが知っています。その肖像はあちらこちらの塀のポスター、国旗の三色で彩られた電球で照らし出される掲示板に——正面、横、斜めのさまざまなポーズで——出現し、その名の頭文字はありとあらゆる山の斜面に刻まれます。山は元に戻せないほど丸刈りにされ、地肌に痕跡が残されるのです。無知で信じやすい大衆がPRIの推す候補者の稀有な徳性を鵜呑みにするよう、この宣伝活動には数百万ペソが浪費されます。PRIによるこの票田制圧に対して、莫大な資金を前に、野党に何ができるというのでしょう。野党間で同盟を組むか、あるいはせいぜい地味な宣伝や風にかき消される演説止まりか……。

こうした政治のからくりが若い学生たちに吐き気を催させた原因であり、彼らが「同調」したり「権力者の側につい」たりしないかぎりは、彼らにとってあらゆる扉は閉ざされ、あらゆる地位はPRIの政治家に約束されているのです。

M・マヤゴイティア教授の『ル・モンド』紙（一九六八年十月七日付）への投書

オリンピックは要らない！革命を望む！

いくつかの集会での学生のアジテーション

ミイラ族は引退せよ《アバホ・ラ・モミサ》！

学生の叫び

UNAMとIPNの学生たちが、街頭や大学構内での行き過ぎ行為によって、警察当局に介入させる理由を与えてしまったことはたしかです。学生による強盗が頻発していました。懲罰をほのめかす警告も威嚇も効力を失ってしまっていました。学則は事実上無効でした。学生の一部がイグナシオ・チャベス学長を辞任に追い込んだことによって叶ったその「勝利」[19]は、UNAMの中に「学生には道理がなくともごもっともと言っておけ」という暗黙の、しかし明白な駆け引きが支配する、どろどろした衆愚政治のような雰囲気を引き起こしました。最高裁の判事であり、輪番制によってときのUNAM運営評議会会長でもあったホセ・カソ＝エストラダが、――学生の中のマフィアのような古株集団のことを指して――勝利者には（敗者はチャベス学長だった）歴史的につねに報奨が与えられるものであると宣言していたことは、我々の多くが憶えています。この場合の報奨は実際、大学の支配であるべきとされていました。新しい大学当局は、――無差別に――学生セクターの心をつかもうとしていると思われました。大学改革は万能薬であるかのごとく宣伝されていました。魔術師の見習いどもが試験管と鍋を温め、魔法の混合物を作っていました。学生を基盤として民主的に大学は運営されるのだと宣言していました。カリキュラム、授業改善計画、教官・部局長選抜において知恵を出すよう若者に呼びかけがなされました。学生が学長であってなぜいけないのかとまで提起されるようになりました。あらゆる懲戒規則は頭から反教育的であると考えられました。教師は若者たちに対して理解があり、腰が低く、従順であるべきだというんです。若者に欠点や方向錯誤があったとしても、それは年配者たちの罪と思慮のなさの結果にすぎないのでした。私たちは自身の咎をキリスト教徒らしく償わねばなりませんでした。悔恨の時を告げる鐘が響いていました。親は自分に似つかわしい子どもをもっているものなのです。メア・クルパ《我が過ちによりて》、メア・クルパ、メア・クルパ。[20]

ヘラルド・エルナンデス＝ポンセ
（UNAM付属第二プレパラトリア教員）

僕の父は、自分はとても良い息子だったとか、そんなことばかりいつも僕に言っている。それで僕は思うんだ、「畜生！　僕は変人でノイローゼだとでも言うのか」。大人は僕たちに対して理想像を作り出したくてしょうがないから、まるっきり完璧な机上の模範をつきつけるんだ。するとそこでプッツリと対話が途切れてしまう。僕は考えてみる、「おやじの言う通りだとするなら、おやじは何もかもうまくやってのけたことになる。だけど僕はおやじに言わせれば何をしてもだめというわけだ」。だから、いくら努力しても父とは話ができない。父が「私がおまえの歳の頃は……」といつもの口癖でつっかかりはじめると、僕は寝そべって眠り込んでしまいたくなる。

グスタボ・ゴルディージョ（CNH）

若者は怒っている。彼らには自分たちの世界を構築する権利がある。彼らの激怒は正当です。このことを我々は謙虚に認めなければなりません。それは我々の欠点や不備を償う方法のひとつにすぎません。我々の遺したものは邪悪で、我々の人生に対する態度は最悪です。反抗的で誤解されていて、主体的に選び取った自由な現在も未来も持たない若者世代を生んでしまったのは我々です。我々自身が若返り、若者たちから受け入れてもらえるよう懇願し、化粧品で白髪と皺だって隠さなくちゃならないでしょう。若者の風潮に合わせつつ、新しい踊りを少し踊っただけで息切れしてしまうのも隠さなくては。物分かりの良さと悔恨の気持ちを装うことも必要、そして何よりも地位を維持し、できれば良くするために細工を行わなくてはなりません。若者の間での人気を得、受け入れられることが心底からのもっとも強い願望です。ぜひとも達成したいものだが、どうすればいいのでしょうか。

ペドロ・タマリス（「IPN系」エラスモ・カステジャーノス・キント高等専門学校教員）

おい、おまえ。そのひどい髪ボウボウ、床屋に行くよう金をやったはずじゃないか。

ファン・ロペス＝マルティネス（父親）

それぞれが自分の世界に閉じこもっている。大人は若者のどんな点をも自分たちの原則や道徳的基盤に対する攻撃と見る。そうして大人の理不尽な、たとえば長髪に対する攻撃が正当化される。長髪は品位や人間の善悪とどう関係しているというのか。僕は長髪でいるのが気に入っているが、だからといって同性愛者や女っぽい男になろうとしているんじゃない。大人は毛の長さで性や品位を測ろうとしている。

グスタボ・ゴルディージョ（CNH）

私の周囲の「年寄り連中」は自分たちの原則が不変だと思っている。

ガブリエラ・ペニャ＝バジェ（哲文学部）

なぜそんな短い丈の服装をしているの。そのうえ座り方も知らない。そんなスカートを履くくらいなら、私だったらその前に死ぬわ。

メルセデス・フェルナンデス＝デセルバンテス（母親）

そのスカートに一五〇ペソも払ったって！　長さ三十センチもないっていうのに！

エルサ・トレビーニョ＝デソサヤ（母親）

いっそのこと裸で外へ出たらどうなの。

ソフィア・アレチガ＝デトスカノ（母親）

UNAMとIPNは圧倒的な勢いで人規模化しつつあります。この二つの教育機関での就学人口はすでに――相対的に言って――世界中のどこより限界を超えています。学問的効率は悲惨な数字を示し、IPNとUNAMの質と生産性はこれ以上低水準にはなりえないほどです。

もちろんこの状況は――現在も続いており、悪化してさえいるのですが――、たったひとつの明白な原因の結果生じたものなどではありません。原因は数多く複雑であって、列挙してみるとして、序列化することも限定することもできません。挙げてみるとするなら、いわば公娼制のごとく政府が労働者と農民を支配するためにその代表者たちを買収する、有効な統制手段、水準の低い学生とそれ以下の教師、家庭生活における相互の働きかけと模範の不足、奥深い知的生活の欠如、独立した市民としての態度を奨励する魅力的な政党の不在、極端にして侮辱的な貧富の格差を伴う社会的不平等、わが国の発展のあらゆる側面を貫き堕落させ歪曲する、植民地時代からの非情な従属関係、混沌として不当で血腥《なまぐさ》い世界情勢の暴力的イメージ。

要するに、何もかも曖昧であり、わずかながら有益なことすら遅々として進まず、しかも不十分な、複雑な社会環境。悲痛なまでに厳存する悲惨な現実の焼印によってつねに潰される希望。老いも若きもそれだけが日々の糧だったのだし、今もそうです。そんなわが国の若者から何が期待できるのでしょう？　彼らに我々は何を思い切って要求できるでしょうか？　我々年寄りは何を差し出し、何を受け取っているのでしょう？

もちろん、メキシコの一九六八年学生運動は方向を誤っていました。その爆発ぶりは、起源となった街頭での事件には不釣合いに見えました。しかし、混乱していない人間などいたでしょうか？　何が優先されるべき真実なのか？　我々が差し出すものと求めるものは何なのか？　たとえ近いうちに何らかの良い解決法を見つけることができなくとも、少なくとも我々が誠実に言明すべきことがあります。それは、十月二日のトラテロルコの三文化広場でのような悲劇は、目隠しの包帯を分厚くし、ただでさえ欠如している希望を血まみれにしてしまうということです。

ペドロ・ラミレス＝アルテアガ
（ソノラ州立エルモシージョ大学教授、哲学専攻）

私の両親はもったいぶったロバ、教師連中にしても同じだわ。

ベラ・ポマール＝ベルムーデス（UNAM歯学部）

私が両親とうまくやれるのは唯一、いっしょに映画館に行く時だけ。だってそこじゃ誰も話さないから。

ビクトリア・ガルフィアス＝マドリガル（UNAM工学部）

なぜ俺がヒッピーなのか、もうわかっただろう。

エドゥアルド・パラ＝デルリオ（ヒッピー）

今どきの若者が私は好き。彼らのファッション、歌、自由奔放さ、偽善とは無縁なところ、恋愛との向き合い方、生き方、どれも大好きです。私はベートーヴェンよりビートルズのほうが好き。ジョージ・ハリスンの「アイ・ミー・マイン」やポール・マッカートニーの「ザ・フール・オン・ザ・ヒル」

は、私が若い頃の感傷的な曲とは比べようもなく素敵です。私は小さな足で針入れの筒のように身を硬直させて小さなクッションにもたれ、アグスティン・ララ(21)の曲風の、ロマンチックなチュールの白い長いすに腰掛けて過ごしたものでした。「君よ、すてきな君よ」と私にララの曲を捧げる男たち。私は午後の陽射しに退屈した孔雀ほどうんざりしていました。「そして君は怯え、臆病者になってしまった」と詩を朗読される代わりに、「またね、ワニちゃん。またあとで、ワニちゃん」と軽口を叩かれたり、失恋が「バイバイ、恋よ。バイバイ、幸せよ。ハロー、淋しさよ。きっと泣いちまうだろうな」で済んだりしていたなら、何でも捧げたでしょうね。

ルス＝フェルナンダ・カルモナ＝オチョア（母親）

私たちは死んだ蚊みたいなものでした。「○○がしたい、でもできない」と言ってるばかりの煮え切らない女の子でしたね。誰か好きになった男性がいても、そんな気はないようなふりをしてました。心配、伝言、陰口、テーブルの下での足の突つきあい、寸劇、「口をはさむな」、そんな意味のない生活を送っていました。何ごとも隠れてしてたし、そんなふうにこそこそと生きていたっていう感じが今でも残ってます。望むことをこっそりとしか実行できなかったですね。子どもの頃、食料品戸棚のジャムを盗み食いして、誰かに見られたんじゃないかという恐れから棚を勢い余って閉めてしまうことがあったように。……だから私は今の若者の生き方が好きなんです。自分の若い頃の生活より娘の生活のほうがはるかにいいと思います。娘は私に嘘をついたりしないってわかってますもの。

イボンヌ・ウイトロン＝デグティエレス（母親）

僕は工員の息子です。夜になると両親はそりゃあ疲れていて話もしません。僕たちは食事を済ませて寝るだけです。僕が話をするのは夜間学校の級友だけ。

エルピディオ・カナレス＝ベニテス（アヨトラ織維工場の雑用係）

両親はお互いの間ですら話しません。私の家では会話がないんです。そんな親が私たち子どもと話をするはずがありません。

エルメリンダ・スアレス＝ベルガラ（「エスペランサ」美容室勤務）

家にはテレビがあるさ。〔それで十分。家族の会話はない。〕

ロドルフォ・ニエト＝アンドラーデ（IPN付属第一高等学校《ボカシオナル》(22)）

親と対話するだって？　何だ、それ？

ハビエル・ガルサ＝ヒメネス（UNAM政治学部）

「ミイラのような、精神が硬直して古びた人間《モミサ》」「規範や法に逆らおうとはせず、良い子ぶること《フレシサ》」「状況や流行に合った態度や行動をとる若者《オンデロス》〔ロック音楽やドラッグ体験など〕」といった中産階級みたいな言葉遣いはポリじゃあ聞いたことがなかった。「サンドイッチ世代」、つまりサンドイッチの具のハムみたいに、自分の子と親の間に挟まれ押しつぶされている僕らの親世代のことなんて話題になったことがなかった。たぶんUNAMではこういう表現が使われているんだろうけど、僕にはむしろインテリたちの使う言葉か、六八年運動に接近して「当事者」たろうとした諸々の小規模集団の語法のように思える。僕らはもっぱら下世話な話し方だし、内輪で議論するときはむしろ日雇い人夫のような話しっぷりなんだから。

ラウル・アルバレス＝ガリン（CNH）

頭を殴られたり集団逮捕されたりすることは予想していた。投獄は覚悟してたんだ、ある程度はね。でも死者が出るとは考えもしなかった。

ヒルベルト・ゲバラ＝ニエブラ（CNH）

バジェホを釈放せよ、バジェホを釈放せよ！　バジェホを釈放せよ……！

八月十三日のデモでのシュプレヒコール

突如こう決心した。政府との交渉開始に際して事前のやりとりがあろうがなかろうが、誰かがばかげた論法でそれに反対しようが、クエト(23)が辞任に追い込まれたり、逮捕者たちが釈放されたりしようがしまいが、そんなことは僕にはどうでもいい、と。君は当事者でもないし、ここで何が起こっているのか熟知してもいないはずだ。僕だって君と同じ立場を取って、君のようにしていられるだろう。自分の専門職、通暁している特定の狭い分野に専念する生活を送っていられるだろう。専門の学術誌に掲載される最新の研究や発見に没頭していられるはずだ。この数年間でもっとも重要だった僕の生活の領域が、崩れ去っていくように感じた。あの頃聞いた曲の最後の調べが終わったが、僕の耳はまだそれを聴き続けていた。この優しい鐘の響きを背景にしてじゃなくて、あの夏の間じゅうそうしていたように。日中、海が凪いで万国旗をはためかせた白い船が入港するとき、陽光の下で歌われるその旋律を僕は君とともに聞く。夜も君と並んで歩きながら聞く。すると大熊座が地平線からのぼり、波が砂の上にキラキラと煌く不思議な光を残すと、暗がりの中で君の肩に塩がまだ残っているのに僕は気づく。鐘の音が止んで、今その旋律が聞こえる。君と離れてしまったこと、君が僕にとってどれほど大切だったかということを痛いほど感じる。世界が、君がいたあの夏の、あの太陽の降り注ぐ僕の世界が沈みゆき、何もかもがあの頃の若さと同じで取り返しのつかないものであるのを感じ、震えながら僕は立ち上がった。

ルイス・ゴンサレス＝デアルバ（前掲書より）

もうこれ以上あいつらの言いなりの子犬になるのはうんざりだ！〔僕らがこんなふうに運動しているのは〕何もかも、憲法が定めていることを現実にしたいだけのことだ。抗議することが許され、誰もが学校に通うことができ、母に連れられて行く故郷の村で目にする貧困が終わりを告げるように、そう望んでいるだけなんだ。

トラテロルコ事件以来、僕たち仲間は石と棍棒を持ち歩いていて、機動隊員だろうが普通の兵士だろうが一人でいるのを見つけると袋叩きにすることにしている。

ロドルフォ・トーレス＝モラレス（十一歳、中学一年生）

私にとってこのトラテロルコの事件は、文明社会が死、不合理、投獄のようないかにひどいことを引き起こしうるか、ということに気づいた恐ろしい体験でした。でもその反面、人間が誰かに対する愛のために自らの内から振り絞ることのできる力にも気づかせてくれました。

アルテミサ・デゴルタリ（母親）

そんなに若くして死ななければならないなんて悲しすぎるぜ！　扇動者として首を突っ込んでなんかいなけりゃ、おまえだって今ごろは自由の身で安泰だったろうに！

チャピンゴ農業学校[24]CNH代表ルイス＝トマス・セルバンテス＝カベサデバカに対する、ある士官の言葉（軍の第一キャン

プで)

メ・ヒ・コ、リ・ベル・ター、メ・ヒ・コ、リ・ベル・ター、メ・ヒ・コ、リ・ベル・ター……

八月十三日のデモでのシュプレヒコール

僕はUNAMの学生だ。あそこでは内輪だけの学者言葉を使うやつらがいる。この国じゃあ、教育は階級によって分断されている。僕は子どもの頃からいつも、エンジニアである父の、雇い人二人の息子たちといっしょに、不良の集団に入っていた。学生運動を説きに繰り出すときは、僕は人びとにわかってもらえるように話したものだ。しかし、ほどなく気づいたんだ。例えば政治学部のパコ・タイボのような学生たちは、農村部の人びとと接触するとき、とくに初めのうち、階級闘争、ブルジョア階級の所有する生産財、権力の座にある階級なんていうようなことについて話すものだから、誰も彼らの言うことがわからなかった。対話がなかった。それどころか逆に、不信感の壁ができてしまったんだ。人文系の学生にしても同じことだった。哲文学部の女子学生たちは宣伝活動から戻ってきては意気揚々とにこやかに僕らに言った。「みんな聞いて、今日私たち、工員に会いに行ったんだけど、感激ものだったわ。彼らのために作ったチラシを手渡したの。『工員さん、はいどうぞ、はいどうぞ』って」。工員たちのほうでは「こいつら、いったい何しにきたんだ?」という反応だった。彼らには学生はたわけものとまではいかなくとも、ふざけているように見えたのさ。学生の言葉遣いが変わっていった、というより労働者たちとの共通の言葉を見出していったのを僕はまのあたりにした。それがこの運動から引き出した一番素敵な経験だ。貧しい人びとは、少しずつ僕らに彼らの話し方を教えてくれはじめた。聴衆の拍手は、僕らの話をわかっていることを示すサインだった。そんなふうにして、僕らは自分たちの国メキシコの悲しい現実を認識しはじめた。これをすべて、毎日の宣伝活動で味わっていたんだ。あるとき、イスタパラパの近くの公設市場へ「ビラ配り」をしに行った。そのあと僕が演説を担当したんだけど、話し終わったとき老婆がひとり、すごく年取ってるんだけど、ハンカチというか布切れに包んだ小銭を僕にくれたんだ。感謝したよ。ただ、お金は返した。だって僕らよりお婆さんのほうがよほどそのお金を必要としてるんだから。だけどあの皺だらけの手も皺くちゃの布切れも、僕の方を向いたおばあちゃんの顔も、僕は一生忘れないだろうな……。またべつの機会に、〔IPNの〕物理・数学科と僕ら〔UNAMの〕理学部の学生がソチミルコで集会を開いたことがある。皆、人びとの反応を前にして感激してたよ。六千人も集めたんだ！

サルバドール・マルティネス＝デラロッカ、通称「ピノ」
（UNAM理学部闘争委員会）

　私たちは自分たちのできる唯一のこと、つまり芝居に訴えることにした。「この運動とは何なのか、学生は何を望んでいるのか、要求事項の六点とは何か、それを人びとに理解させる試みをしてみよう。学生は文化の破壊者でも野蛮人でもないことを示してみせよう」と考えたわけ。どんなふうにしてかというと、芝居を通して。運動が始まった最初っから、国立芸術院の劇団では皆でこう決めたわ。「腕組みしてただ見ているわけにはいかない。この運動を広く知らしめなければならない」って。そこで私たちは、ラ・ラグニージャ、ラ・メルセー、ハマイカなどの〔メキシコ市の代表的な〕市場へ出かけた。その他にも広場、公園、二、三の工場（たしかにこれはわずかだった）、喫茶店、大衆食堂で宣伝活動を組織した。そういう場所で、私たちは何の準備もなく単刀直入に、人びとと憑かれたように話を交わしたわ。バス、市電、トロリーバスの車中でも、人びとに聞こえるよう大声で話すようになった。「寸劇」って、わかります？　ハプニングを演じたのよ。例えば、私が新聞の販売スタンドにやってきて新聞を買う。そこへイヤリングに真珠のネックレスで着飾った見るからに金持ちの婦人、二週間分まとめて食料の買出しに行くような婦人が、やはり新聞を買いにくるの。でもそれは同僚の女優にすぎないのよ。その人は棚から新聞を一部取って、そういうときにたいていの人が何かコメントするように、大声で言うの。「このばかな学生たちは明けても暮れても騒ぎを起こすだけなんだから。見てごらんなさい。メキシコでだって私のようにこんなに穏やかに、何のもめごとも起こさず、誰のことにも首を突っ込まず、生きてる人間もいるっていうのに。いったい、彼らの望みは何なの？　面倒を起こす、それだけよ。め・ん・ど・う、それよ。私から見れば、彼らは共産主義者よ。それが彼らの正体にちがいないわ」。するとブーツとミニスカート姿の私が食ってかかって言うの。「奥さん、あなた、言葉の意味をはっきりしてもらわなくちゃならないわ。だっておかしなことをおっしゃってるんですもの。どうなんですか？」私は声を荒げる。すると、彼女も大声を張り上げる。私は声をもっと大きくして二人とも終いには絶叫するの。誰しももめごとには興味があるでしょう。だから、人が集まりはじめる。そのうえ、言い争いが白熱してきたので、引っ叩き合いが始まるかに見える。事実ついに二人は頬を引っ叩き合う。いつも最初のうちは観客は黙って見ているだけなんだけど、思いも寄らずこちらの味方につきはじめて、ご婦人に向かって言うの。「奥さん、ちょっと。この人の言う通りですよ。だってあなたは学生の要求している六つの項目を知りもしないんでしょう。それはこれこれしかじかですよ……」。

この人は仲間の役者でも何でもないのよ。ただそこを通りかかって、きっと何らかの理由で学生運動の問題に自身も心を痛めていたために、立ち止まっただけなの。そこで私たちはこの同志、そうとは知りもしないその人が、話しだすままにする。口論の中に割って入ったそんな有志のほうが私たちよりずっと政治問題に精通していて、私たちより効果的な役割を果たしてくれることが多かった。ほとんどいつも、最後は皆が私の側について、「有閑マダム」は罵詈雑言を浴びて退散させられるんだった。実のところ、その彼女も私たちと同じ考えだったのに、私たちの演じる「ハプニング」の殉教者を引き受けていたわけ。

マルガリータ＝イサベル（女優）

分隊活動が運動の核だったんだ、わかります？　人びとは分隊に触発されたおかげでデモ行進に出かけていた。なぜ、誰もが学生に従ったか？　分隊の活躍によるんだ。前々からバスやトロリーバスの中、市場、デパート、工場、臨時集会を開いた街角などでビラ配りをしてあったんだから。そんなとき、機動隊員の気配がしようものなら、すぐ散らばったもんだ。まったくあの分隊活動のことといったら、つぶさに覚えているよ。

サルバドール・マルティネス＝デラロッカ、通称「ピノ」
（UNAM理学部闘争委員会）

僕は八月から運動に身を投じて活動しはじめました。ポリの第七ボカシオナルのCNH代表者と親しくなったので、男十人と女六人の合計十六人からなる分隊の隊長に任命されたんです。「チェ・ゲバラ」[25]と称するよくまとまった小隊でした。壁書きをしたり、臨時集会を開いたり、バスの中や街頭や市場で募金集めをしたり。学校にはほとんど行かず、外で分隊活動をしていましたね。いやいや、僕は学生じゃありません。でも同じ若者です。僕は商売をしていました。衣料を売ってたんですが、この学生運動にすごく惹かれたんです。請願書の内容やら、警察の弾圧、誰もが直面している横暴が止むかもしれないという可能性にね。はじめて集会を打ったのは、タクーバにある大きな市場でした。三千人を集めることができたんですが、まん前に第九警察分署があったので、警官に攻撃されてしまいました。でも市場の商人たちが皆、棍棒や石、トマトやレタスで撃退に当たってくれました。これにはものすごく感激しましたよ。

アントニオ・カレアガ＝ガルシア（衣料商）

八月十三日火曜日、僕らがソカロに入ったことで、そこで集会を開いてはならないというタブーが破られ、街頭を占拠することができた。……誰もが僕らはソカロに到達できっこないって言ってたんだよ。

サルバドール・マルティネス＝デラロッカ、通称「ピノ」
（UNAM理学部闘争委員会）

チエ、チエ、チエ・ゲバラ、チエ、チエ、チエ・ゲバラ、チエ、チエ、チエ……

八月十三日のデモでのシュプレヒコール

警官のいないデモや集会は平穏そのものである。

一九六八年八月十二日付日刊紙『エル・ディア』に掲載された、CNHおよび「民主的自由を守る中・高等教育教員連合」の署名声明文

政府の言うように予め僕らが運動の各段階を仕組んでいたとしたなら、初期のデモにあれほどの意義を持たせることはできなかっただろう。つまり、まず〔UNAMを起点として〕市の南から中心部へ、次に〔IPNを発して〕北から中心部へ、そうすると三番目には必然的に、両者の中間地点あたりを出発

し、国の政治の心臓部たるソカロに到達するコースを取ることになった。ソカロに向かうと口にするだけで、僕らは恐怖と身震いの戦慄を覚えた。ソカロなのだから！　世界屈指の威容を誇る広場のひとつを占拠して、大統領府のバルコニーの下で、ありとあらゆる要求事項を大声で叫ぶのだから。歴史上の記念すべき日にだけ、大統領がその姿を国民の崇敬のまなざしの前に見せるその場所の下で、である。そしてもちろん、憤慨した大衆の口々に浮かぶあらゆる罵倒の言葉をも、我々はいっしょになって叫びまくる。当局はまさか花を手向けてもらえるとでも思ったわけではあるまい。人びとが叫び、建物の壁に落書きし、ビラに印刷し、考えたことすべてが当局にはぴったりだ。もっと批判されたってよかったほどだ。サン・イルデフォンソ（のUNAM付属第一プレパラトリア）やIPN付属第二、第五高等学校《ボカシオナル》、その他の占拠された学校で、当局は英雄的行為に出たんじゃない。第五ボカシオナルでのように、学生、教員、そして学校の中まで追い込められた単なる通行人までをも殴打し、校舎の廊下でその職務を止めどなく続行していた。警官たちの執拗さは、どう見ても公徳心の表れなどではなかった。凄まじい侮辱行為から明らかに見て取れた憎悪はしかし、そのとき始まったものではなかった。それまでの数年間にすでに、軍はミチョアカン、プエブラ、ソノラ、タバスコ各州の大学に乗り込んでいたし、僕らはシナロア、ドゥランゴ、ヌエボ・レオンでも学生や一般民衆の要求が軍によって踏みにじられるのをまのあたりにしていた。その要求の多くは最小限のものだったにもかかわらず、である。

ルイス・ゴンサレス（前掲書より）

われわれ教員は恐怖政治を理由に政府を落第とする

八月十三日のデモでの「民主的自由を守る中・高等教育教員連合」の垂れ幕

団結せよ《ウネテ》同胞《プエブロ》、団結せよ同胞、団結せよ同胞、……

八月十三日のデモでのシュプレヒコール

メ・ヒ・コ、リ・ベル・ター、メ・ヒ・コ、リ・ベル・ター、メ・ヒ・コ、リ・ベル・ター、メ・ヒ・コ……

同右

本はよし、銃剣は許さない

同右プラカード

人間は手なずけるものではなく、教育を授けるべきもの

同右

分隊活動では毎日1000–2000ペソを集めるにいたり、60万枚のビラを配っていた。

八月十三日のデモの日が来た。首都じゅうに知れわたっていた。分隊活動を通じて、デモが挙行されることを知らされていたんだ。デモはそれまでで最大の政治的成功を収めた。五万人は集まるだろうと期待していたところ、ソカロは二十五万人で埋め尽くされた。その集会でCNH代表が締めくくりにこう語った。「ソカロに再び集まろう。次は今回の二倍になって戻って来よう」。この宣言はわれわれ分隊員にとっての新たな責務を意味していた。それは骨の折れる仕事となると予想されたから、もちろん分隊の数は大幅に増えた。二百―四百名の学生からなる集団が街頭に出現しだした。先生たちが僕ら生徒に合流して引率していた、前からそうしてはいたんだけどね。それによって僕らは安心と責任感を感じることができた。学校で僕らはこんなふうにして組織化していった。つまり、総会が終わると三つの部屋に分散して集まって、各分隊が向かうべき地点について相談し、活動に必要な募金入れの容器とビラを配布しあった。驚くことに、その頃毎日約六十万枚を配って、日に千―二千ペソを集めてたんだ。それに、街頭の臨時集会では演説をするのはもう僕らだけじゃなくて、聴衆にも勧誘して意見を述べてもらうようになった。彼らは皆、明確でわかりやすい、きっぱりした口調で僕らを支持してくれると言ってくれた。それが運動の黄金期だった。八月十二日から二十七日のことだ。あるとき、著名なアナウンサーまでもがフアレス通りでの臨時集会で発言した。もちろん僕がそいつの首根っこを抑えていたんだけど、奴はこう言ったよ。「私はこの運動に賛成です、人道的ですから」とか何とかね。僕は注意して聞いてもいなかった。だってアナウンサー連中の言うことなんて信じちゃいないもの。そのあと、そいつをバスから降ろすとき――というのは、僕らはバスの屋根の上で喋っていたから——言ってやった。「言いたいことを言わしてやったんだから、百ペソ出せよ」。そしたら出しやがった。

サルバドール・マルティネス＝デラロッカ、通称「ピノ」
（UNAM理学部闘争委員会）

バルコニー《サル・アル・バルコン》に出ろ、大口男《オシコン》(26)　バルコニーに出ろ、大口男……

ソカロで二十五—三十万人が参加した八月十三日のデモでのシュプレヒコール、あるいは怒りの「野次《ポラ》」

集会が終わると僕たちは国歌をうたい、変わり果てた街を通って帰って行った。それまでとは違う僕たちの街へ。壊された電話、焼かれたバス、ひっくり返された路面電車など、七月から十月のあいだに起こった何もかものために、いま僕たちは裁かれているのだけれど、どのデモの後にも警察の調書には破壊、盗み、またいかなる暴力行為の記録もない。我々三十万人のデモ隊は市の中心部のありとあらゆる通りに分散したが、今までのところ、商店主からはどんな苦情も出てはいない。市民生活を唯一撹乱したのは交通だった。デモ行進は指定されたルートで行われても、帰路はそうはいかなかったから。何の目的で公共の照明装置を消していたのかは知らないが、確かなことは、このデモ行動以後はいつも僕らは暗闇の中にいた。それもちょうど市の中心部に限ってのことだった。それは夢の中の別世界のような光景だった。

ソカロに抗議行動に出かけたときに、ただの一度でも大統領がバルコニーに出てきて、侮辱的な野次や揶揄、暴力、「死ね」の叫びをものともせず群衆に立ち向かっていたとしたら、群衆を分断し、多くの味方を勝ち得たことでしょう。若者は思われているよりずっと柔軟なので、大統領のそんな行為に印象づけられたでしょう。この国では身振り手振りがつねに重要なんです。大統領が学生に歩み寄るために差し出す手や、半旗によって表される弔意のようにね。でも、大統領はバルコニーに出てきはしなかった。大統領にはいつも一番の敵が忠告者となっているんだと、私には思えてなりません。

ルイス・ゴンサレス＝デアルバ（前掲書より）

「私の胸に恨みは宿らない」とか「いくら攻撃されても衝撃を被りはしない」などと言う代わりに、大統領はバルコニーから学生たちに話しかけたほうがよかったのではないでしょうか。

レオノール・バルガス＝パトロン（初等教育教員養成学校教員）

アリシア・サルミエント＝デゴメス（母親）

分隊活動で丸一日過ごした後、大学に戻って総会に出ると、グループ間の不和を聞かされ、仲間がひとつの解決策をひきだすのに五時間もかかるのを見て、僕はおかしいやら腹が立つやらだった。僕らは分隊活動で大学の外へ出て人びとに話しかけ、賛否両論の反応に遭っていた。けど、理論家たちは分隊活動はしなかった。閉じこもって話し込むばかりで、時間を無駄にしていた。例えば、政治犯について話し合っていた。僕たち活動家は、何も違法なことはしていないのに迫害されるようになってはじめて、政治犯とは何かわかりはじめた。……末端組織のレベルでは皆、友達同士だった。ポリ、ＵＮＡＭ、チャピンゴの関係者ばかりだった。ところがＣＮＨでは、やれ自分は毛沢東主義者《マオイスタ》だの、トロツキー主義者《トロツコ》だの、スパルタクス団を名乗る急進派だ、共産党員《ペセ》だと主張して、やたら衝突する。僕は分隊に属していて、僕らなら相手が誰でも対話を受け入れただろうけれど、ＣＮＨはそうじゃなかった。弾圧に加わっているような役人の誰とも対話に応じようとはしなかった。政府全体が弾圧にまわっていたんだから！　彼らは総会でアルチュセール[27]、マルクス、レーニンについて一時間以上も長広舌を振るったものだが、「明日は何をしようか」というような、人びとが関心を抱いていることについては何も言わなかった。理屈ばっかり！　彼らは理論家であって、政府がなぜ我々の請願書の内容を解決できないのか、その理由を僕らに説明するのに終始していたから、原理主義に徹するがあまり初めっから敗北者だったんだ。ＵＮＡＭは学部や学科ごとに独自色があるから。政治学部にはＰＲＩ支持者がたくさんいる。あそこの連中は外交官か国会議員になるつもりでいる。大統領にすらなりうると思ってるんだ。そんなことほざいてないで、行動に出ろってんだ！　法学部じゃあ、誰もが未来の大統領さ。初めのうちは革命家精神旺盛の若者なんだが、見せかけだけさ。信じられないような言葉遣いをするようになるんだ。テクノクラシー、学問の人格化、国民のための芸術・科学・技術、とか何とか。最初はとことんマルクス＝レーニン主義的な教えを受けるんだが、最後は一握りのつまらない小役人にすぎなくなる。なぜなら、経済、法学、政治学、哲文学のどの学部にしたって、国の具体的な問題を解決できるわけじゃないから。……そんな学問を身につけたリーダーたちは多弁で、僕は連中の舌を抜いてやりたい気がしていた。彼らはあの運動でマイナスの役割しか演じていないと思えたから。

サルバドール・マルティネス＝デラロッカ、通称「ピノ」
（UNAM理学部闘争委員会）

僕はシウダー・サアグン(28)に住んでいて、毎日二等バスで通学している。メキシコ市からテオティワカン、オトゥンバ、アパン、カルプラルパン、その他の村々を通って帰路につく。ペルケロス通りとオルフェブレリーア通りの交わるところにある、ポリ付属第一ボカシオナルに朝七時に着くために、五時に家を出る。毎日、両親がバス代として十二ペソくれる。往復五ペソずつ――一等バスなら六ペソ五十センターボするから――と、メキシコ市での移動のために二ペソだ。初めて学生運動のことを知ったのは、数学、物理、化学、電気技術実習、図画、技術その他の期末試験を受けられなくなったからなんだ。準備万端だったから頭にきたよ。ストライキのせいで学校が閉鎖されたんだもの！　僕はすぐに学校に戻れると思った――なぜって、これは何もかも八月の第二週ににわかに起こったから――。でも父さんは僕をサアグンからこっちへ来させてくれなかった。「反逆児たちめ！」父はすでにラジオで学生たちがばか騒ぎを起こしたと聞いていた。交通費をくれなくなったから仕方なかった。友達は皆、ボカシオナルの集会に行って、二人が死んだ。僕の同級生——ボカシオナルの二年生——のうち四人ほどが監獄に入れられたんだ。そのうちのひとり、ルナが後で話してくれたのによると、棍棒で何度も殴られたそうだ。……父さんは僕に言った。「おまえがメキシコ市へ出かけて浮浪者みたいなまねをするために、わしはこんなに苦労してきたんじゃない！」父は鉄道車両製造公社の工員なんだ。

アンドレス・モンターニョ＝サンチェス
（IPN付属第一ボカシオナル、物理・数学系学生）

政府が運動の要求に回答を出すなんて考えられません。政府はいつも「圧力をかけないように。そうすれば、こちらにも正当と思われる要求はのむのだから」と言いつづけてきました。これと同じことを六五年に医師たちにも言いました。「病院に戻ってください——病人を診察しないでいるのは罪です——。昇給の請願に関してはあなたがたの言うとおりですから、職務に戻ってくれたら給与を上げましょう」。そう聞いて医者たちは病院に戻ったけれど、それでどうなったかというと、リーダー格たちは投獄され給与の支払いが停止されました。大量解雇が断行され、病院に対する警察の監視と統制強化が始まりました。ではバジェホはどうなるのか？　ハンガーストライキをやめたら釈放される可能性もある、と政府は言います。レクンベリ刑務所での六九年十二月からのハンガーストライキは？

政府によれば、中止すれば六八年の紛争による逮捕者は釈放されるだろう、とのこと。圧力をかけても無駄である。圧力を受けたからといって政府は反応しない。集会やデモが行われたからといって譲歩したりしない……気長に待ちなさい。そうすれば、たぶん……可能性はある……おそらく……政府はひたすら待つ人びとに対しては寛大になりうるのだから……それが政治家としてのキャリアを積んで成功したい人間に対してアドバイスされることでしょう？　忍耐強くありなさい……何でも甘受して……がまん、がまん……ってね。

イサベル・スペリ＝デバラサ（小学校教員）

政府は、UNAM、IPN、その他この問題に関係している教育機関の教員および学生の代表者と会って意見を交換し、表明された要求事項や提案を直接聞き、そのうえで、この数週間にわたって首都で発生し、あらゆる住民に大なり小なり実質的影響を与えた紛争を全面的に解決する用意が十二分にあります。

ルイス・エチェベリア（内務大臣、六八年八月二十二日）

〈世論に告ぐ〉

六項目の要求事項達成のためにストライキ中の我々二十五万人の学生と教員は、全国民、特に学生と教員自身にこれほどの影響をもたらしているこの紛争を解決するための大統領の発意を知りました。

当初から我々が主張してきた公の場での対話は、もはや再び回避されることはなく、そのために大統領は、学生と教員の唯一の代表者集団である、CNHと「民主的自由を守る中・高等教育教員連合」との対話を行うのに適格であると判断される役人を任命されることと確信しています。
政府にはできるだけ速やかにこの問題を解決する義務があり、それには、公開であることを唯一の条件とした対話を開始するための場所と日時を政府は定めなければなりません。

（IPN付属第一、二、三、四、六、七技術専門学校、同第一、二、四ボカシオナル他、UNAMの諸学部、イベロアメリカ大学[29]、ラ・エスメラルダ美術学校、国立音楽学校、カルロス・セプティエン＝ガルシア新聞学校、国立芸術院付属舞踊学院、ベラクルス州立大学が署名している。）

『エル・ディア』紙、一九六八年八月二十三日付

電話一本での通話が公開対話だとみなせるというのか？

CNH幹部と下部組織との間での、哲文学部講堂における五時間にわたる討論

ディア《対》・ロ《話》・ゴ、ディア・ロ・ゴ、ディア・ロ・ゴ……

さまざまなデモでのシュプレヒコール

五十年前から政府は独白を続けている。

ロベルト・エスクデロ（哲文学部CNH代表）

どんな会合でもUNAMの学生は、自分たちにはポリテクニコの学生の政治意識を高める義務があると思っていた。哲学の最新傾向、革命の手法、説得方法なんかを説明していた。次のデモのことじゃなく、レーニン、マルクーゼ(30)、中ロの確執、帝国主義などについて話し、出席者の大部分はそうしたテーマに今にも爆発せんばかりに激昂していた。ポリテクニコの学生は要求の達成を望んでいただけだったのに対して、UNAMの中でも特に哲文学部の学生は、政府は頑迷で反動的であり、CNHの使命は学生運動の担い手にこの現実を直視させ対峙させることだ、と示そうとしていた。

グスタボ・ゴルディージョ（CNH）

もうすることがなくて寝室に行き、服を脱いで本を一冊手にして少し読もうと思った。ベッドは柔らかすぎた。しかもいくら捜してもパジャマが見当たらなかったので、身体はなかなか温まらなかった。『一次元的人間』を開き、五ページまで読んだ。『エロスと文明』にうんざりしていたのに、またマルクーゼの別の本を読まなくてはならないなんて、それもこれもディアス＝オルダスが「社会を破壊する哲学者たち」などと口走ったからだった。

ルイス・ゴンサレス＝デアルバ（CNH）

ごく具体的なことを言わせてもらいたい。

ラウル・アルバレス＝ガリン（IPN物理・数学専攻）がUNAMの哲文学部、政治学部、法学部の学生らの際限なき演説に対して業を煮やして発したことで有名になった懇願の言葉。


「おとといの晩、なんであんなに帰りが遅かったの？」

「壁書きしてたから」

「どこで」

「パラシオで……」

「パラシオ・デ・イエロ（百貨店）？」

「いや、あそこじゃない」

「じゃあ、どのパラシオなの？」

「パラシオさ」

「まさか、パラシオ・ナシオナル(31)？」

「そう」

「何てこと！　あなたたち、とことんおかしいわ。殺されるかもしれないわよ。どうしたっていうの。完全に頭が変よ……」

「僕らは不死身さ……それに何時にやるか、誰が水をかけるか、車の手配、ペンキの量、何もかも調べ尽くしてある。壁書きにかけては僕らは専門家なんだから心配しないで」

「そんなの嘘よ。信じないわ。それにしてもあなたたちはいったい誰にやれと言われたの？」

「まあ、いいじゃないか……」

「で、ゆうべは何をしてたの。ゆうべも帰りが遅かったじゃない……」

「ああ、ゆうべは〔ナイトクラブ〕カプリに行ったんだ……」

「カプリに？　何しに？」

「ただの気紛れさ。あれは墓場だ。死人同然の年寄り連中ばかりが楽しんでるふりをしたり、乾杯したりしてさ。ショーは古くさくてつまらないし……オズワルドとハビエルとで女の子三人を連れてって、勘定を払わないで逃げてきた。間抜けたちめ、いい気味だ……」

「まあ、ジャンったら。若い子たちがたくさん死んでいってて、行方不明者が出てて、ひどいことが起こっているっていうのに、あなたは壁書きに出かけるかと思ったら、次の晩はカプリにくり出してお金も払わずに逃げてくる。あなたたちはどうなってるの。ほんとうにおかしいわ……」

「ちがうよ、姉貴。これはね、正しいと思ってやってることなんだ」

ジャン・ポニアトウスキ＝アモール
（アントニオ・カソ高等学校）〔著者エレナ・ポニアトウスカの弟〕

十一月十七日、十九歳の学生――ルイス・ゴンサレス＝サンチェス――が、環状道路《ペリフェリコ》近くの壁に運動の宣伝文句を落書きした廉により警官に殺される。

『エクセルシオル』紙、一九六八年十一月十八日付

学生の象徴や旗印としてサパタ(32)のことを考えたことなんて、私はないわ。サパタはもはやブルジョワのイデオロギーに組み込まれている。PRIが専有してしまったもの。だからたぶん、運動を始めた当初、私たちのデモではチェ〔・ゲバラ〕を選んだの。私たちはパンチョ・ビジャ(33)のことも考えたことはなかった。頭をかすめることすらなかった！

クラウディア・コルテス＝ゴンサレス（UNAM政治学部）

チエ、チエ、チエ・ゲバラ、チエ、チエ、チエ・ゲバラ……

デモでのシュプレヒコール

ソ連がチェコスロバキアに侵攻したとき、僕は足もとが崩れて宙に浮いてしまったような感じがした。いったい誰を信じたらいいんだ。

オスカル・イダルゴ＝エストラダ（UNAM法学部）

本はよし、手榴弾は許さない

一九六八年九月十三日金曜日、「沈黙行進」の垂れ幕

ソカロに到達しなければならなかった。ソカロを聖域ではなくしてしまわなければならなかった。そしてそれができたんだ、三回も。

サルバドール・マルティネス＝デラロッカ、通称「ピノ」
（ＵＮＡＭ理学部闘争委員会）

我々を駆り立てるもの、それは無知、空腹、貧困

一九六八年九月十三日金曜日、「沈黙行進」の垂れ幕

運動が始まったとき、いちばん急進的に見えたのはＵＮＡＭの政治学部、経済学部、哲文学部、エル・コレヒオ・デ・メヒコ[34]、チャピンゴ農業学校の五カ校だった。……ＣＮＨでは彼らを「強硬派」と呼んでいた……しかしポリの連中こそみんな、もっと徹底した強硬派だったんだ。

グスタボ・ゴルディージョ（ＣＮＨ）

物理学では——とピノが応えた——、あらゆる概念が絶えず変化する。ひとつの理論が完璧だと考

「我々はソカロを『脱聖域化』する必要があった。そして三度それを実現した」40年間で初めて、メキシコ市民の怒りの群衆が、憲法に保障されている権利を認識しつつ、憲法広場〔ソカロの別称〕の大統領府のバルコニーの下で声をあげた。

CNH三大リーダーたち。〔左から〕チャピンゴ農業学校のカベサデバカ、IPNのフェリックス＝ルシオ・エルナンデス＝ガムンディ、UNAM哲文学部のルイス・ゴンサレス＝デアルバ

えられることは絶対にない。ましてや誰かの私見が絶対だと考えるなんてあり得ない。

サルバドール・マルティネス＝デラロッカ、通称「ピノ」（理学部闘争委員会）の言葉。ゴンサレス＝デアルバの前掲書より。

運動はとりわけ中産階級に大きな共感を呼んだ。なぜなら、学生とくにUNAMの大学生たちは主に中産階級の出身だから。

フランシスコ・レンテリーア＝メルガール（経済学部卒業生）

全国的に重要な労働組合に属す労働者たちこそが、強い支持をもたらしてくれる可能性があったから、僕たちは彼らに向かって力を注いだ。毎日、分隊員には「労働者階級を説得しに行け」との指令が出された。しかし、近づこうとすると、組合を操る黒幕が労働者の動員を妨げようとするので、真っ向から激突した。そこで、僕たちはその実情を変革し、独立した同業者組合を労働者たちが組織するようしむけることにした。

ヒルベルト・ゲバラ＝ニエブラ（CNH）

労働者は何も知りません。朝から晩まで働くのみです。何か読むとしたら日刊スポーツ紙の『これだ《エスト》』くらいなもので、政治に関しては一切読みません。ですから請願書が彼らの興味を引くはずがないじゃありませんか。

カルロタ・ロペス＝デレオン（初等教育教員養成学校教員）

要するに労働者というものはすごく反動的なのよ。

レベカ・ナバロ＝メンディオラ（UNAM哲文学部生）

何のためにごまかすのか。労働者を味方につけることはできなかったと、なぜ正直に言わないのか。

エベルト・ポルティージャ＝ポサダ（UNAM政治学部）

しつこい人たち！　労働者の政治意識を高めるなんてどういうつもり？

ラケル・ヌニェス＝オチョア（イベロアメリカ大学）

工場や組合において政府の統制を崩すなんて無理な話だ。

フロレンシオ・ロペス＝オスーナ
（IPN経済学科CNH代表。レクンベリに勾留中）

労働者には決まった就労時間帯と交替制があるのに、どうやって集会に行くというんでしょう？　農民は？　どうやって出て来るんですか？　ソカロまで出かけていって、大統領に向かって学生たちといっしょにブーイングを飛ばすよう、ＰＲＩが農民をけしかけるとでもいうんでしょうか？

マリア・サラサール＝デオブレゴン（母親）

私は工員です。梱包係でした。サンボーンズ・チョコレート工場で、お菓子のパッケージを作ってたんです。名前はフェリックス・サンチェス＝エルナンデス。年齢二十九歳。当初から運動に好感を抱いていた、というか関心がありました。カベサ＝デバカやら他の大勢と知り合ってデモに誘われたので、ほとんどのデモに参加しました。チョコレート工場でも街頭でもビラ配りをして協力しました。工員もデモのいくつかには加わりましたが、個人的、つまり個人名ででした。全体では五百名ほどでした。私たちは沈黙行進に参加したし、その前には二十七日のデモにも行きました。タクバヤから——というのは工場がベンジャミン・ヒル通りにあるので——チャプルテペックまで歩いて、そこで他の連中と合流してレフォルマ大通りをまっすぐソカロまで行進しました。二十七日のデモでは、私は電気工たちといっしょに五、六百人で行進することになりました。そこへ、途中加わった仲間たちでさらに増えていきました。大勢の工員が運動を応援していましたが、ほとんどは報復を怖れたり、無気力、無抵抗のためにそのことを表に出そうとはしませんでした。それは職場を出るときは仕事で疲れきっていたからだし、とくに職を失うことを怖れたからです。サンボーンズ・チョコレート工場の労働組合は経営者に買収されている組合です。そんな工場に運動の宣伝ビラが届いて、工員に配布されたわけです。

釈放されたら何をするか、まだ決めていません。工場にはもう戻れないでしょう。義妹は、妻と私との三人で結託して昇給を要求し会社に問題を引き起こそうとしていると噂されたために、解雇されました。私は日給三十二ペソで朝五時半から午後二時まで就業していました。

なぜ自分が今レクンベリにいるのか、わかりません。私はただの工員なんですから、学生運動に参加できる形は唯一、学生の政治行動に同行することで連帯意識を示すことしかありませんでした。それも傍観者として八月二十七日のデモと九月十三日の沈黙行進を見に行っただけのことでした。それとも、私が逮捕されたのは、レクンベリ拘置所のN房群にいるオアハカ州の同郷の人物、フスティーノ・ファアレスさんを何度か訪ねていったからでしょうか。あの人が逮捕されたと新聞で知って、友人ですから会いに行ったんです。今となってわかったんですが、拘置所当局は政治犯の訪問者リストの写しを連邦司法警察と連邦公安部に提出し、警察はそれを利用して政治犯の家族に脅しをかけていた。あるいは僕の場合のように名簿上の何人かを無作為に逮捕し、本人の身に覚えのないような罪を負わせたりしていたんです。

一九六八年十月一日のこと、いつものように働きに出ました。午後十二時四十五分、手にピストルを持って警官の服装をした男が四人、工場に入ってきて即座に僕を殴りだし、持ち場から引っ張り出しました。「いったい誰なんだ。どこへ連れて行くんだ」と聞くと、返事の代わりに殴られて、その間にべつの男に両手を後ろ手に縛られました。乱暴に手荒く僕は車に押し込まれて、乗り込むとすぐさま布で目隠しと猿轡をされました。この屈辱の現場には職場の同僚たちが居合わせていましたから、目撃証人となってくれる人を何人でも立てることができます。連邦司法警察の司令部で私は服を脱がされ、殴られ、電気ショックをかけられたうえ、所持品を何もかも奪われました。警官は、私が「指令を受けるために」フスティーノ・ファアレスに会いに行っているのだと言いました。ありとあらゆる拷問を受け、供述書に署名するよう脅されました。「いいか、うすのろ。もうここへ来た以上、たとえ何もしていなくとも、おまえはその通りだと言わなくてはならないんだ。自分は有罪だと言明しなければならんのだ。ここに来た者はすべて、やったかどうかなんて関係なく、監獄へ連れて行かれるんだから。署名するんだ。でなければ殺す」。

私は自分が供述した内容すら、結局わからず終いでした。一九六八年十月九日、このレクンベリ刑務所に入り、それ以来ここにいるままです。

フェリックス・サンチェス＝エルナンデス（サンボーンズ・チョコレート工場工員。レクンベリに勾留中）

メ・ヒ・コ、リ・ベル・ター、メ・ヒ・コ、リ・ベル・ター、メ・ヒ・コ、リ・ベル・ター……

デモ行進でのシュプレヒコール

メキシコは、一千万人の飢えた人間と一千万人の読み書きできない人間を抱えた国だ。権力の座にある少数者集団だけが、自分たちの真実と法を押しつける。我々を支配するのは、「腐敗した家父長的《チャロス》」指導者の法、銀行家や実業家や革命によって財産を築いた政治家たちの法だ。さらにひどいことに、そんな連中の代弁者たる学生、たとえばポリのFNET(35)やUNAMのPEFIとMURO《ムーロ》(36)のような団体を我々はがまんしなくちゃならない！　こういうあやしい組織を一掃しなければ。

ホセ・タイデ＝アブルト
(国立チャピンゴ農業学校卒農学士。レクンベリ勾留中)

八月のこと、トピレホ村に到る旧街道で、トピレホ行きのバスが横転して、その事故で大勢の死傷者が出た。バスを所有し営業許可を得ていた会社は、それまでの慣習どおり、死者の家族に対しわずか五百―二千ペソしか支払おうとしなかった。しかしその頃には、メキシコ市ばかりか全国の大半で共感を呼んでいた本格的な大衆運動が、アフスコ山の麓のあの辺鄙な村にまで反響をもたらしていた。住民は憤慨して争おうとした。新車両の導入を要求してバスを奪取しだした。村への道を補修し、死傷者の家族への賠償金を引上げるよう求めた。会社との交渉が始まったとき、委任を受けたCNC〔全国農民連合〕の代理人がトピレホの住民を代表していたが、腐敗したマフィアのようなこの農民組織の指導者らは公権力のまさに腰巾着だから、まもなく裏切りが起こった。CNCの代理人は会社と共謀して、問題を長引かせはじめたんだ。そこで、村は総会を開いて学生に助けを求めることに決め、U

NAMの経済学部へ事態を陳述しに行った。手短に議論した後、学生らは可能な限りトピレホの住人たちを助けることに決めた。運休されていた輸送サービスの肩代わりをするよう、大学のバスを農民のために運行させた。トピレホには「ソビエト」という名のキャンプが設営されたので、看護、農学、社会福祉、医学などの学生が自分の専門分野に関して指導をはじめた。住民の持っている権利について説明や話し合いを行った。その頃までには村の総会で、CNCの代理人を村の代表として認めないこと、交渉のための新しい委員会を学生を含めて任命することが決まっていた。そんなふうにして圧力をかけられた会社は引き下がらずを得ず、死者ひとりにつき五千ペソの賠償金支払いを約束した。ところが、バスを新車に替えることは会社が拒否した。つまり、事故は引き続き起こるという意味だ。交渉は一時中断されたが、その間に何百もの分隊がその地域の集落に限なく到着して、農民に援助の手をさしのべた。農民のほうも質素ななりにも厚いもてなしでこれに応えた。そこでは、数日前まであれほど遊離しているかに見えた学生と農民の相互間に、兄弟愛的感情が芽生えたようだった。共通の願いが双方を結びつけていた。不公正に対する闘いだ。そのようにして民衆のなかに入っていくことで、学生は闘いの動機に対する信念を再確認し、勝利を手にするために一段と強い意気込みで事に当たろうとしていた。CNHはトピレホに全面的な支援を提供する決定を下し、九月初旬にはバス会社は、死者の各家族に対して二万五千ペソの賠償金を支払うとともに、バスの車両を新しいものと交換するよう、譲歩せざるを得なくなった。当局側もトピレホへの街道の整備に同意した。こうして極めて意義深い勝利が勝ち取られた。これに応じて協力関係を互角にしようと、トピレホの農民協力団は運動の間ずっと、学生集会に出席したんだ。

ヒルベルト・ゲバラ＝ニエブラ（ＣＮＨ）

農民との唯一の本物の接触はトピレホの一件だった。とはいえ、トピレホは連邦区から三十キロメートルも離れていないので、農村部とか「田舎」とは見なされない。

ラウル・レセンディス＝メディーナ（ＵＮＡＭ政治学部）

あるとき、ポリテクニコの機械・電気工学科とその他の学科の学生が、ラ・ビジャ区にあるいくつかの市場の店子二百人が逮捕されたと知って、そちらへ向かい、釈放を求める集会を組織した。当局は機動隊員の出動で脅そうとしたが、学生たちの意志は固く、ついに当局が譲歩し商人らを釈放しなければならなかった。そうして学生たちは、民衆との間に築いた信頼関係を守っていること、これからも守るであろうことを示したんだ。……そのときから多くの労働者が学生の掲げる訴えに共鳴するようになった。学生が労働者のことも心にかけ、闘いの同志と見なしていると気づいたから。

フロレンシオ・ロペス＝オスーナ（ＣＮＨ）

武力では何も解決しない、すべては理性によって

八月二十七日のデモ行進垂れ幕

労働者よ、自分の属す御用組合を潰せ

同右

学生は孤立していて、労働者は何の手も差し伸べなかったというのは本当じゃありません。一九六八年九月十三日、『エクセルシオル』紙に声明を掲載して支援を表明した連邦電力公社の労働者がいたし、独立労働組合団も、『エル・ディア』紙が明らかにしているように、同年同日、学生の大運動に賛同表明しました。「教員革命運動」をめぐって、署名者名簿の冒頭にオトン・サラサール[37]が名を掲げていました。三十七名の国内の聖職者も（彼らはキリストのための労働者と自称している）一九六八年九月十一日付『エル・ディア』紙上、若者たちの昨今の政治的覚醒に連帯の意を表明しました。さらにヌエボ・レオン大学の職員労働組合の反応はどうだったか？ 「総合」、「ファアレス」、「婦人科」、厚生省の「イシドロ・エスピノサ・デロスレジェス産院」の各病院や、ＳＣＯＰ〔通信・公共事業省〕の病院の研修医はどうだったか？ それら多くの病院の勤務医は？ 現在投獄中のアルマンド・カスティジェホ氏の指導を受け、学生の六つの主張を支持した陶器工場「エル・アンフォラ」の「労働者革命組合」は？ そして「電話交換手組織委員会」は？ ……彼らのすべてが何らかの形で学生運動への支援の立場を明らかにしました。それに、労働者の大群衆を結集するには至らなかったけれども、こうした賛同はある程度は一九六八年の学生の勝利を物語っているんです。

エルネスト・オルベラ

労働者はたしかに「学生運動」で我々と共にあり、11年間獄中にある自分たちのリーダー、バジェホをはじめとする政治犯の釈放を乞うていた。

（UNAM付属第一プレパラトリアの数学教師）

私たちの運動の歴史を通じてもっとも刺激的な一章は、トピレホで始まったのだと私には思える。

エステル・フェルナンデス（UNAM理学部）

ミチョアカン州のビジャ・ヒメネスで、人民生活物資供給公社《コナスポ》理事長(38)を前にして、フランシスコ・アンブリスという農民が次のように断言した。エヒード(39)農民は学生の騒動には同調しない。学生が勉強したくないのなら、農村で不足しているのはまさに公共事業の資金なのだから、教育にせっかく投資されているというのに学生が無駄にしようとしている何百万ペソもの予算は農村の労働者に回すべきだ、と。このフランシスコ・アンブリスの言葉は、サカプー郡での地元エヒードのものとなる穀物貯蔵庫の完成式典でなされた演説の一部である。

『大学雑誌』第二十三巻第一号「事実の記録——一九六八年七月、八月、九月、十月」、より八月二十四日（土曜日）の一部

現在の運動に認められる特徴のひとつは、不公正を改善しようという若者の熱意です。この問題には、弾圧によって攻撃するのではなく、若者の衝動の方向づけと誘導によって対処するべきです。こ

の運動は政府に対して向けられているのではなく、職務上行き過ぎた行為に出た一部の役人に対してなのです。

イフィヘニア・M＝デナバレテ（UNAM経済学部長。一九六八年八月二十一日水曜日にテレビ放映されたホルヘ・サルダーニャの企画番組『解剖』での談話。当時UNAMの教授陣だったエベルト・カスティージョ[40]、ビクトル・フローレス＝オレア[41]、フランシスコ・ロペス＝カマラ、イニゴ・ラビアダらが同席していた）

憤怒のかけ声はもうやめよう。侮蔑や暴力は放棄せよ。赤旗をかざすのはやめよ。チェ〔・ゲバラ〕の肖像プラカードで行進するのもやめよ。毛沢東もだ。批判の材料を与えないために、これからはイダルゴ[42]、モレロス[43]、サパタの像を掲げよう！ 彼らは我々の英雄だ。サパタ万歳！ 万歳！

CNHの指令文

団結せよ同胞　団結せよ同胞　団結せよ同胞……

八月二十七日のデモ行進でのシュプレヒコール

我々は三色旗[44]とともに、前面に大きな赤旗をもかざしていた。セルマはそれを持ちたくてたまらなかった。そこで、行進が独立記念碑の塔を過ぎたところで、最初からずっと旗を持ち歩いていたマリア＝エレナからもぎとり、ソカロに着くまで手放そうとはしなかったのだが、実際は疲れで息絶え絶えだった。僕は彼女といっしょにその後もその場に残った。レフォルマ大通りは道幅いっぱいに車やバスで埋まり、その屋根の上で人びとが叫んだり拍手喝采したりしていた。独立記念碑脇を通過したときは興奮を覚えた。歩道の縁から塔の基壇の最上部まで人びとが溢れ返っていた。どこを向いても目に入るのは、海のような人の頭、拍手喝采する手、急いで分隊の列に加わろうとする人びとの姿だった。ファレス通りも抑制不能の騒乱状態だったが、五月五日通りへの到達のシーンはもっと感動的だった。サン・フアン・デレトラン通りとの十字路は歩道がとても高くなっていて、そこに身なりからたぶん教師だと思われる女性の大群が我々を待ち受けていた。「権力を民衆の手に！」というかけ声を聞き、赤旗のかたまりがなびくのを見るやいなや、立ち上がって拍手喝采を始め、鳴り止む気配はなかった。彼女たちは皆、目に涙を浮かべ、なかには抑えきれず涙が頬を伝っている人もいた。どこの誰だかわからず終いだったが、あれほど感動している人たちを見たことがなかった。……そして五月五日通りに入ろうとして角を曲がると同時に、最高の場面に出くわした。大聖堂の鐘が打ち鳴らされ、あらゆる電光が煌々と灯されていた。我々は夢見心地でソカロに入った。前回のデモ行進は約二十五万人とかとても大規模だったが、それでも巨大な広場であるソカロを半分も満たすことはできなかった。それが今度は完全に満杯だった。そのうえ、哲文学部の連中はまだ全部は到着していなかったから、隊列の半分はまだ欠けていた。我々は国立宮殿と向き合うまで前進した。……すぐ近くのグアテマラ通りの方を振り向いてみると、レクンベリに向かってやはり大量の人間が流れて行っていた。刑務所前での集会のためだった。……夜の十時だった。四時間あるいはそれ以上にわたって、ソカロに詰めかける人の流れは止まらなかった。

ルイス・ゴンサレス＝デアルバ（前掲書より）

僕らはレクンベリにいて、群衆の叫びを聞いていた。五百名ほどが正面玄関の前で「政治犯を釈放せよ」とかけ声を発していた。「UNAM、ポリ、チャピンゴ」と叫んでいた。しかし、ひときわ響いていたのは「政治犯を釈放せよ」の繰り返しだった。

僕らは彼らに応じようとして、やはりかけ声を送り返した。僕らは皆、運動に熱狂していた。その日、理学部の女子学生代表らが刑務所の監督局に入り、ビクトル・リコ＝ガラン[45]に面会し対話した。彼女たちを通じて、学生たちは僕らに慰問と激励の言葉を送ってきた。政治犯の釈放を求めるその政治集会はあらかじめ計画されたものにはちがいなかったが、一旦CNHの一団が来ると、その中の何人かが激昂して通りから中にいた僕らに向かって叫びはじめたんだ。「同志よ、君たちには我々がついている！」「同志よ、君たちには我々がついている！」午前二時のことだった。車のクラクションを鳴らし、それは小気味よい大騒ぎとなった。僕らは外の大支援を実感していた。監房から、運動のあらゆる動きとその勝利の様子を逐一関知していた。無性に自由になりたいと思った——まあ、その気持ちはいつでも抱いていているんだけど——。運動に参加し、デモ行進に出かけるためにね。運が悪すぎたんだ！　この運動はもっと勢いを増す、と僕は思っていた。僕らのメッセージはソカロで二回読み上げられた。一回は八月二十七日、もう一回はバジェホも手紙を送ったとき……

僕は一九六八年七月二十六日からここに囚われている。ファレス大統領(46)を称えて建造された半円形広場で、キューバ革命支援のデモをしたあと逮捕された。その場で捕まったんじゃなくて、インスルヘンテス通りのラス・アメリカス映画館前にあった喫茶店「ウィーン」――もうないと思うけど――でのことだった……。僕らはまず警察の留置場へ連行されて、その後レクンベリのN房群へ連れて来られたんだ……

アルトゥロ・サマ＝エスカランテ(47)
（UNAM法学部CNEDリーダー。レクンベリに勾留中）

僕も最初の紛争の翌日、七月二十七日に投獄された。レクンベリの前で大きな政治集会が二つ行われ、僕らは息を呑んだ。屋外で発せられる途切れ途切れの叫びは僕らにははっきり聞き分けることができなかったけれど、エールは聞き取ることができたし、それにはものすごい衝撃と感激を覚えた。「政治犯に自由を。政治犯を自由を」。これにとても元気づけられた。僕らは釈放されるんだ、かつてないほどの闘いが外では繰り広げられている、僕はそう思った。そのときは、十月二日の後にも先にも刑務所を出られないいばかりか、レクンベリの壁越しに僕らにエールを送っていた仲間たちも投獄されるなんて予想だにしなかった。もちろん、その頃の数ヶ月間にも大勢の仲間が検挙されてはいたんだけれど、僕らには何となく自信があった。いずれ全員出られるだろう、釈放されるべきなんだ、とそう思っていた。ところが、十月二日以降、出獄の希望すら失せた。〔政治、社会を変革する運動を追求するという〕べつの希望はおろか……今、僕らは獄中で勉強を続けている。僕らの間には政治信条の上で違いがあるけれど、分裂することはない。逆に皆で総合的な学習をしている。十二の授業を行っているんだ。ドイツ語（レコードを使って）、リマによる英語、フランス語（これもレコード使用）、ルイス・ゴンサレス＝デアルバはスペイン文学、ラウル・アルバレス＝ガリンとフェリックス・ガムンディとピノ（サルバドール・マルティネス＝デラロッカ）は数学、ウンスエタは政治経済、「梟《ブオ》」（ミゲル＝エドゥアルド・エスピノサ＝バジェ）は地理、「エル・チャレ〔中国かぶれ〕」ことサウルは世界史を講義してくれる。それに、これから『資本論』の勉強会を始めるつもりだし、それにはピノも入ることになっている。

フェリックス・ゴデー＝アンドレウ（UNAM建築学部・共産党未成年部会。レクンベリに勾留中）

僕が捕まったのは、間抜けだったのと、妻の言うことを聞かなかったためだ。七月二十七日、ヘラルド・ウンスエタとアルトゥロ・マルバンといっしょに、警察に占拠された共産党の事務所（メリダ通り一八六番地）を奪回しに行ったんだ。僕らは憲法に訴えたら警察は退散するだろうと考えた。ところが、事務所から出る羽目になったのは僕らだった。それもレクンベリへと。僕らは逮捕されて、武装を理由に投獄された。そこから先は――多くの仲間がたどった道――H房群の次にJ房群、そこには性犯罪者が集められている。最後にC房群で政治犯の多くがここにいる。残りはM房群にいる。

エドゥアルド・デラベガ゠アビラ

（共産党員。レクンベリ勾留中）

刑務所の日常生活に、我々は政治問題を持ち込もうとはしない。

ルイス・ゴンサレス゠サンチェス

（共産党未成年部会。レクンベリ勾留中）

僕らはピューリタンでもカトリックでもない――左派の福者なんかじゃない――。人生を楽しむことが大好きな人間だ。……ただ問題は、古いミイラの評判をいまだに引きずっていることだ。包帯で全身を巻かれた荘重なツタンカーメンのごとく誕生した共産党のミイラだ。

エドゥアルド・デラベガ゠アビラ（共産党員）

房群でピノと並んで――こう言うと言い過ぎかもしれない、ピノに勝る人間なんていないんだから――いちばん下卑た人間が共産党のデラベガだ。ドイツ語の授業にも出ている。万一ドイツに旅行にでも行くときがあれば、土地の言葉で猥談を教えてもらうためにね。

パブロ・ゴメス（UNAM経済学部）

米国人一人、メキシコ人二人の係官に僕らは事情聴取された。尋問の内容は具体的には、「おまえたちは共産党員か」「共産党未成年部会のメンバーか」「米国の査証はあるか」「米国に親戚はいるか」「CNEDとはどんな関わりがあるか」。

この尋問を受けたのは、僕の他にアルトゥロ・サマ、ルベン・バルデスピノ、ペドロ・カスティージョ、サルバドール・ペレス＝リオス（偶発事だと思うが、後に出獄した）とプエルトリコ人のウィリアム・ロサドだった。

フェリックス・ゴデー＝アンドレウ（共産党未成年部会）

ソカロで、二十七日にリーダーのソクラテス・カンポス＝レムスがある自警団にその場に残るように頼んだ。火が焚かれ、僕らは自警団のために差し入れのトルタ（小判型のフランスパンにハムやチーズ等をはさんだ軽食）を買いに行った。……自警団の仲間たちは「アデリータ」や「カナネア」などのコリード(48)を歌いだしたんだが、ついには戦車がやってきた。

フェリックス＝ルシオ・エルナンデス＝ガムンディ（CNH）

我々は批判されるほど過度に寛容でした。しかし何ごとにも限度があります。誰の目にも明らかなように、法的秩序が容赦なく崩されつづけるがままにしておくことは、もはや許されないのです。

グスタボ・ディアス＝オルダス
（上下院議会への第四次大統領教書、一九六八年九月一日）

強制立ち退きの翌朝、八月二十八日、官僚たちは、政府が国旗に対して行う禊《みそぎ》の儀式に列席しなければならない、との通達を受けた。

ルイス・ゴンサレス＝デアルバ（前掲書より）

デモ隊がソカロに入り、赤と黒の旗を中央のポールに高く掲げたとき、若者たちは大聖堂の照明を灯し鐘を打ち鳴らした。報道陣は政府にごまをするためにこれらの「犯罪」を利用しようとしたが、大司教とCENCOS(49)が、教会法は鐘を鳴らすのも照明を灯すのも冒瀆とは見なしていないと言明したので、運動を批判できるだろうとの期待を裏切られてしまった。そのうえ、当直だった司祭のヘスス・ペレスが、若者たちに鐘を鳴らしに上る許可を求められたので許したのだと証言した。旗に関しては、彼らは色褪せたような木綿の小旗を残していったのに、翌朝にはそれが真新しいサテン地の大きな赤旗にすりかわっていた。何と思いがけない！　そしてその後、名誉を汚された国旗への謝罪の儀式が行われた。つまりは微に入り細に入り、こうして政府は沽券の回復を図ろうとしたんだ。国家公務員は――従わなければ免職か少なくとも一日分減給の罰を受ける条件のもとで――公式式典への

「平和と秩序を回復しなければなりません。（私の）手は差し伸べられているのです。その手を宙に浮いたままにしておくのかどうかを決めるのは国民です。……」
一九六八年八月一日、大統領の言葉。

我々はソカロに到達した！　大聖堂の鐘が打ち鳴らされていた！　医学部生二人がヘスス・ペレス神父の許可を得て鐘楼にのぼり、教会正面の電光もすべて灯された。会衆の拍手は鳴り止まなかった。

参加義務に不承不承堪えていたが、この新たな命令には承服しかねるほどだった。

ヒルベルト・ゲバラ＝ニエブラ（CNH）

闘いを繰り広げデモを張り、政府の「民主主義的職務執行」についての批判を怖れず叫びつづけてすでにひと月が経っていたが、それは無駄ではなかった。役人たちはこの世俗の禊の儀礼に出はしたが、それは大統領支援パレードに参加するときの従来の無関心の態度ではなかった。省庁や公的事務所からこう叫びながら出てきた。「我々は羊。メェー……メェー……連れられていく。……自分の意志で進むんじゃなく率いられていくんだ。メェー、メェー、メェー」。鳴き声を繰り返しながら進んでいったなど、信じられようか。バスの中からも「我々は羊だ！」と叫んでいた。「メェー、メェー」という その鳴き声があたり一帯どの通りでも聞こえた。役人たちは意外な快挙を成し遂げた。何とわくわくすることか！ 何と痛快な一撃！ 「我々は羊」、政府の禊の儀式に加わろうとしていた連中だというのに、痛快な自己批判をやってのけたのだ。

ルイス・ゴンサレス＝デアルバ（前掲書より）

政府は、メキシコに世論はひとつしかないと思っている。政府に喝采を送り、おべっかを使う世論のことだ。しかし、べつの世論がある。政府の言うことを批判し、まったく信じない人びとの世論だ。さらにもうひとつある。何も気にかけない、政治家の公約など知りもしない、利権へと誘導されたりしたこともない層。無関心で、誰からも価値を認められたことのない人びとの世論。それは疑い深く無知でもあるけれど、何ものからも束縛を受けない自由な意見〔物言わざる大多数庶民の世論〕だ。

ホセ・フエンテ＝エレーラ（ＩＰＮ機械・電気工学科）

民衆は性急になっている。

エルネスト・エルナンデス＝ピチャルド（ＵＮＡＭ経済学部）

機動隊員のための識字講習、無料受付中

デモの垂れ幕

「もう、ベヌスティアーノ[50]を担ぐのはいや。あなた持ってよ」「誰がこのプラカードを持てと命令したんだ？」「闘争委員会よ。でも私はもういや……」「おい、そんなんじゃいけない……」「いやよ、担がないったら担がない……」「しょうがない、こっちへよこせよ！　ベヌスティアーノ・カランサを担ぐ隊員は他にいないのか！」

ウゴ・ペニチェ＝アビレス（ウィルフレド・マシウ高等学校）

「私はパンチョ・ビジャを担ぐ係だった」

ホセフィーナ・オンダルサ＝ロペス（国立演劇芸術学校）

〔IPNの〕物理・数学科では、我々の規律と統制の力を見せつけるために、沈黙の大行進をCNHに提案した。UNAMの人文・社会科学系とチャピンゴの代表者たちは労働者の動員をやりたがっていたけれど、現状では難しかった。それでも僕は主張した。僕はいつも申し立てる。いつだって主張するんだ。

ルイス＝トマス・セルバンテス＝カベサデバカ（農学士、チャピンゴ農業学校のCNH代表。レクンベリに勾留中）

「バロス＝シエラ(51)は我々の側にいるんだし、大統領は六つの要求事項のうちひとつも解決していないというのに、なぜ議会で〔彼は〕大統領に拍手を送ってたのかわからない……」

「鈍いな、おまえは。じゃあ、どうしてほしかったって言うんだよ。指二本口に加えて口笛を鳴らして野次を飛ばすとかかい」

「いや、でもまあ、拍手はすべきじゃなかったと思う……」

「ここをどこだと思ってるんだ。どのテレビカメラも皆、学長を大写しにしてたんだぜ。……それに大統領は一四五条を廃止するかどうか検討するのに世論調査に乗り出すつもりだって公言したんだから……」

「その世論調査とやらの行き着く先を見てるといい」

「しないよりましってもんだ」

「議会で誰か下院議員が立ち上がって、『大統領閣下、今おっしゃったことに私は同意いたしかねます』とか何とか言った日にはどうなることやら」

「そんなことしたらその議員はあとで自殺するしかないだろうよ」

「おい、それにしてもなぜ学長は拍手喝采したんだ」

「おまえには言っても無駄だ。議会じゃあ、議員席の椅子までもが大統領に拍手を送るってのがわからないのか」


ウィルフレド・マシウ高等学校の二学生の会話（録音）

〈メキシコ国立自治大学より学生諸君に告ぐ〉

本学の現況は言うまでもなく極めて重篤です。六年制の中等教育課程の学年が終わろうとしていた時期であり、学部専門教育では第二セメスターの半ばにも至っていなかったにもかかわらず、数週間前から授業が中断されています。この事態は、厳密には本来大学にふさわしくない目的のために大学の財やサービスが利用されたことと結びついて、学生に弊害をもたらしたばかりか、学び舎そのものに重大な損害をもたらしました。法によって我々が委託され、かつ国民に対する我々の義務である諸機能の遂行が軌道を逸れ、しかもその大部分が妨害されています。

さて、去る八月十八日に公表された学内評議会の宣言に書き込まれている我々の学術機関としての要求は、基本的には大統領閣下の最新の教書によって満たされました。自治に関連するいくつかの重要な法的側面がより明確にされなければならないことは確かです。しかし、それは〔現在の運動より〕さらに適切な経路と方法によって実現されることでしょう。

学長、ハビエル・バロス＝シエラ(52)『学生諸君に告ぐ』UNAM、大学都市にて、一九六八年九月九日

ある日、私たちはビラを配りに食堂「ゼノン」へ行った。私はビラ配りの新米だったけれど、仲間の女の子たちは、経験豊かでどう事を運ぶものかよくわかっていると自称していた。役割分担して、店の客に話しかける者、宣伝ビラを配る者、運動の洗礼を施そうとする者、車のエンジンをかけてハンドルを握って待機する者というふうにね。分隊長の女の子が私たちにこう言った。

「じゃあ、セシリア、あなたは食事に来たふりをして偵察するの。オフェリア、あなたは席について、そうとわからないようにスープを注文する。マルガリータ、店の前にいて、入っていく人にビラを渡して……」

「わかった」

車を降りると、店の前に人がいっぱい乗り込んだ車が二台止まっているのを見て思った。「こりゃいいわ。この仲間たちにもついでにビラを配ろう」。車の窓から覗きこんで愛想よく言ったの。

「ねえ、これ、明日の指示だからじっくりよく読んでね。絶対来てよ」

すると、車内の男性が答えた。

「じゃあ、五人いるからまとめて五枚くれないか」

「ええ、いいわ。どうぞ」

「ちょっと、いっそのこと一束全部くれないかな」

一束全部と言われたとき思った。「なんで全部なの。協力してくれるんだわ」。ところがどうも変に思えて振り返ったら、車の天井に無線タクシーのような大きなアンテナが見えたから、心の中で叫んだ。「警官なんじゃないかしら。ああ、たいへんだ！」

もしかのときのために私は走りだして、他の仲間たちに向かって警鐘の口笛を鳴らした。みんなが私の車に乗り込んで発車した。すると、あの車が――黄色だった、まあそれはともかく――それこそ追突しそうな勢いで追いかけてきた。私の車は小型の六七年式ダットサンだったのに対して、あっちは最新型車だった。運転してるのは私だった。だって、運転席に残しておいた女の子はビラ配りがまだ続くと思って、間抜けなことにガムを買いに車から降りてたものだから、そこに置き去りにしたの。ダットサンで出せるかぎりのスピードで逃げてたら、そのとき、とびきりハンサムな人がすてきな赤い車で通りかかった。その人を見ただけで警官のことは忘れてしまったほどよ。そこで思ったの。「〔金持ち連中の行く〕ラ・サール大学かもしれないけど、この人は大学生みたいだわ」って。私は自分たちが追われているんだというサインを送りながら、「この人が警官から私たちを助けてくれるだけじゃなくて、ロマンスまで生まれるかも」なんて想像してた。大仰な身振りを見せたら、男性もどうしたんだと聞いてくる身振りを私にしてみせた。そうしているうちに気づいたときには、警官たちの車に行く手をふさがれていた。でも、その男性は勇敢にも私たちの車に横付けしたから、「この人が事を救ってくれる」と思ったわ。で、車から降りて私に聞いてきたの。

「どうしたんだ」

「ああ、よかったわ。どうもこの警官たちが……」

そこへ警官たちが近づいてきて、その人のほうを向いて言った。

「手を貸してくれてどうも。この女性が止まろうとしなかったんでね」

するとその人は私に、

「それでは、身分証明の提示をお願いします」

「身分証明って、どういうこと？」

彼も警官だったのよ。でもハンサムな容貌に気をとられて、そんなこと思いも寄らなかった。がっかりよ。結局、彼は私たちを捕まえる手助けをした後、他の警官とは別れて行っちゃった。

マルガリータ＝イサベル（俳優）

誰もかれも殻に閉じこもっているのをやめ、個人的問題も忘れ去って、仲間意識にあふれた雰囲気が生まれた。誰もが兄弟姉妹同士のように接していた。以前は、哲文学部の「ホセ＝カルロス・マリアテギ」や「ミゲル・エルナンデス」といった私たちのグループは——マルクス主義の系統だったから——〔保守的な〕キリスト教民主派の連中やら政治運動に参加しない類の人たちから、変り種とか、ほとんど敵か社会の扇動者や破壊者と見られていた。でも、プレパ・ウノ〔UNAM付属第一高等学校〕がバズーカ砲撃されてから、集会や総会で皆が連帯し、いっしょにがんばろうとするようになった。政治的立場の違いがなくなったわけじゃないけど、弾圧と闘って、民主的な自由の尊重を勝ち取るという、当座の目標は共通だった。

カロリーナ・ペレス＝シセロ（哲文学部）

死ね、クエト。番犬のメンディオレア、おまえもだ

理学部の貼り紙

「あなた、講演はどうなさるんです？」

「いいえ、アセベド＝エスコベドさん。私は沈黙行進のほうへ行きます……」

「でも、あなたには講演をしていただかないと困ります。聴衆が待っているんですから。観覧席を見て御覧なさい」

「いいえ。聴衆をデモに誘います。……それが私の講演になります。沈黙の講演とは、じつにいい……」

「そんなこと、できません。聴衆は講演を聞きにきたのであって、デモにきたんじゃありませんから」

「アセベド＝エスコベドさん、デモに行きたくない人たちにはあなたが何か面白い話をしてあげてください……私は失礼します！」

ホセ・アグスティン[53]と国立芸術院文学部門部長のアントニオ・アセベド＝エスコベドとの会話（一九六八年九月十三日、『語りの名手を迎えて』というシリーズ講演の期間中、マヌエル＝M・ポンセ講堂にて）

ポリとUNAM《ウナム》は連帯して勝利する《ウニードス・ベンセラン》　ポリとUNAMは連帯して勝利する

一九六八年八月二十七日のデモでのシュプレヒコール

バズーカ砲撃の夜のこと、覚えてる？　敵は僕らが戦車の後を追っかけると思ったけど、そうじゃなかった。手当たり次第靴まで投げつけたけど。

レオナルド・アビラ＝ピネダ（UNAM歯学部）

驚きだ。この街では皆死んだように息をひそめて、誰も僕らにとりあってくれないだろうと思ってたから。それがほら、大勢の人が連帯してくれた！　こいつら警官は何て大袈裟なんだ！　どんな武装ぶりか見たかい。戦争じゃあるまいし！　何ていうやつらだ！　あのうちのひとりでも殴りつけてやりたいよ！　クエトなんか死ね、番犬のメンディオレアもだ！　クエトなんか死ね、番犬のメンディオレアもだ！　おい、前へ進めよ、どうしたんだ。ふらふらしてるじゃないか。ほざくなよ、殴られて痛い思いをしているのはおまえだけじゃない。みんなそうだ。

エウロヒオ・ファアレス＝メンデス（IPN化学工業・鉱業学科）

何をする気なんだ。政府を倒すのか。まさか、まさか。それほど自分たちが大したもんだとは思ってないよな。

連邦公安部で学生数名に対する、ある警部補の言葉

チュイはなんであんなに背中を曲げて歩くんだろう。じいさんみたいだ。そうか、チュイじゃないんだ。あいつはプレパが踏み込まれ占領されたとき行方不明になったんだ。

セルバンド・エルナンデス＝クエト（IPN機械・電気工学科）

MURO〔反共産主義ファシスト集団〕の野郎どもなんかに負けていないぞ。

ヒルベルト・ゲバラ＝ニエブラ（CNH）

団結せよ同胞よ《ウネテプエブロ》　我々を見捨てることなかれ《ノー・ノス・アバンドーネス》　団結せよ同胞よ《ウネテプエブロ》　ノー・ノス……

一九六八年八月二十七日のデモでのシュプレヒコール

……で、あの娘《こ》はなんで泣くんだ。不安がってるって？　おい、神経症の人間には帰ってもらうぞ。ここじゃあ、個人的トラウマなんて一切持ち出さないでもらいたい。兄さんがだって？　兄さんがどうしたっていうんだ。だいじょうぶだから、落ち着けと言ってやれ。ここではみんないっしょだ、そう言ってやれ。ほかのみんなにもな……。

レオナルド・バニュエロス＝トバール
（ルイス＝エンリケ・エロ高等学校）

〈国民同胞へ〉
全国学生ストライキ評議会は、すべての労働者、農民、教員、学生、そして国民全般を、「沈黙の大行進」に招集する。ついては、我々が請願書に明記した以下の六点への支持を乞う。
一、すべての政治犯の釈放
二、刑法第一四五条の廃止
三、機動隊の解体
四、警察庁高官職のルイス・クエト、ラウル・メンディオレア、A・フリーアスの罷免
五、紛争当初からの全死傷者の家族に対する賠償

六、流血事件の責任者たる官僚の解任

行進において我々は、これらの要求に対する、行政府による即時の根本的解決を要請する。我々の運動は、第十九回オリンピック競技大会の開催とも、独立記念祝典とも無関係であり、かつそれらを少しでも妨害するような意図は当評議会には一切ないことを、ここに再度表明する。加えて我々は、この紛争の解決を意図するあらゆる交渉は公開形式で行われなければならないことを再確認する。

行進は本日、十三日金曜日午後四時に、国立人類学歴史学博物館前を出発し、憲法広場における大集会で幕を飾る。

我々の沈黙が、昨日銃剣の威力で黙らせられた叫びより、一層雄弁になる日が来たのである。

日刊紙『エル・ディア』掲載広告、一九六八年九月十三日付

ヘリコプターが木々の梢すれすれに飛び続けていた。ついに指定時刻となり、完全な沈黙のもと行進が始まった。今や当局は攻撃の口実すら対置することができない。行進開始後、数ブロック来て、チャプルテペックの森を出たばかりのところで、行進部隊は人数を増し始めた。レフォルマ大通り一帯が、歩道、中央分離帯、記念碑、木々までも群衆で埋まり、百メートルほどのうちに集団は当初の二倍に膨れ上がった。数十人から、のちに数十万人となった隊列からは足音しか聞こえなかった。沈黙は大群衆の出現よりも強烈な印象を放っていた。それまでのデモに見られた絶叫や声援、野次、歌は民衆の祝祭の様相を醸していたが、沈黙行進の荘重さはおごそかな儀式に似ていた。他の場合のよ

うに話したり叫んだりすることができない状況下で、拍手喝采と後に隊列に加わることになる分厚い人垣の息遣いが初めてはっきりと聞こえたとき、まもなく街じゅうを席巻することになったあのシンボルが登場した。しかもそれは公的行事やテレビ、公式式典でも見かけられるようになった。「我々は勝利する《ベンセレモス》！」のVである。指で作るVの文字が行進する群衆によって示され、電話ボックスやバスの車体、塀に書き込まれた。思いも寄らない場所にまで始終描かれ、堅固で買収不能、何ごとにも、その後の虐殺に対してすら、抵抗しうる自由意志のシンボルが芽生えたのだった。十月二日以後、Vサインはオリンピック式典での五種目競技〔乗馬や射撃など軍関係者の競技種目〕の入賞者の手にも、あらゆるところで示されつづけた。何ものもそれを消すことはできないかのようだった。

ルイス・ゴンサレス＝デアルバ（前掲書より）

〈メキシコ国民同胞へ〉
我々が、異常なほど頻繁に非難されてきたような破壊者でも、理由なき反逆児でもないことは明らかだ。我々の沈黙の真意がわかるだろう。

九月十三日のデモでのビラ

みんな若いのに堂々としているところが気に入ったのよ、わかる？　多くの若者が口にバンソウコウを貼って、ほとんどが着古したセーターと破れたシャツ姿で、ひどい目にあった猫みたいだった。

そのシンボルはたちまち街じゅうに拡がった。公的な場面やテレビでもゆきわたった。「我々は勝利する」のＶサインである。デモ行進の若者が指で作ってみせ、そしてバスの車体や塀にも描かれた。

大統領閣下、〔オリンピックで〕どうやって世界の人びとに友愛を差し向けるのですか ？ 国内にはそんなものはないというのに。

でも毅然としていたわ。歩道で見ていた人たちは好感を持って、多くが拍手するだけじゃなくて行進に加わっていった。ビラをもらえなかった人はくれと頼んだり、公衆がビラを手渡しで配り始めさえしたの。あんなに広く支持された、ホンモノの、感激するほどのデモは今までに見たことがないわ。はい、あなたにもビラを何枚か持って帰ってあげたわよ。

パウラ・アモール＝デポニアトウスキ
〔著者エレナ・ポニアトウスカの〕母親）

沈黙の大行進が計画された日、刑法第一四五条の違法性と違憲性についての演説をする役は法学部の学生だと誰しもが思ってた。そしてその日ちょうど私が代表役に当たっていたので、私が選ばれたの。法学部のCNH代表は皆――それは男子五人と私のことよ――、一四五条の検討担当委員会のメンバーになってた。政府が対話の場を与えてくれるだろうと信じていた私たちは甘かったと思う。そう気づいたのは、機動隊員から銃尾や棍棒で殴打されたとき、「対話とやらをしてみせてもらおう。対話とやらを！」と、吐きすてるようにそう彼らに言われた時だった。だから、私たちは法律上の議論に向けて準備万端でなければならないと考えた。でも、何と結果は、違法かつ反民主主義的な仕打ちを政府から食らって、対話は十六年間の禁固という私の独白となった。そして、〔罰金が〕一九八万七三八七ペソだなんて馬鹿げてる。私の体重が百十キロだから、キロ当たり十万ペソばかり出してくれる人がいるのでもなければ、お金なんかないのに払うことなどできっこないわ。ディアス＝オルダスの奴、気がふれているんじゃない？……ああ、そうそう、沈黙行進のことを話していたんだった。英雄少年記念日(54)の九月十三日、私はソカロで演説を読み上げ、一四五条制定のいきさつ、展開、改革の経過から廃止すべき理由までを説明した。聴衆からの祝福を受け、演説に立ったバス〔の屋根〕から降りるとき、私はてこずりながら担がれたわ。トルタをくれた女性や二十五ペソのオリンピック記念硬貨をくれた女性もいた。

ロベルタ・アベンダーニョ＝マルティネス、通称「ティタ」
（UNAM法学部CNH代表、女性刑務所に服役中）

私はラ・ミジャ幹線道の路上、〔国立〕人類学〔歴史学〕博物館のそばに車を停めた。母は車内に残り、私たちはデモに行った。そして戻ってみると、もう車も母も消えていたのよ。

レヒナ・サンチェス＝オスーナ（メキシコ舞踊学院生）

私は車をバラバラにされました。タイヤ、フロントガラス、窓、すべてズタズタ粉々にされました。マヌエルに知らせてくれるよう、ある人に頼むと、CU〔大学都市〕から来てくれました。数秒で着いた気がするので、ヘリコプターで来たんだと思います。顔面蒼白でした。私が車内にいると思ったのです。

マルタ・アセベド（母親）

おい、カベサ、沈黙行進のときのように黙ったらどうだ。半時間も同じ事ばかり話してるじゃないか。

CNH幹部会で、ルイス＝トマス・セルバンテス＝カベサデバカに対する、ある代表の言葉

今回の学生運動は犯罪者の仕業でもなければ、制度的秩序の転覆を意図したものでもありません。学生リーダーたちは国の最高権威との対話につく用意があるのです。

エベルト・カスティージョ工学博士（一九六八年八月十三日放映、ホルヘ・サルダーニャによる企画番組『解剖』での座談会で）

「沈黙はより強し」

アベル・ケサダ(55)の風刺画
（一九六八年九月十四日付、日刊紙『エクセルシオル』）

怖れはもはや消えた。困惑も噂話も内部紛争も。あの同じ教師たちが、「戦略的退去」などともう考えなくてもよい、と嬉しそうに叫んでいた。〔沈黙の大行進の〕成功は情勢を変えた。その頃わかったのだが、政府はデモへの参加者が一万人ほどだと見込んでいた。一方、CNHでは、政府によって放た

れた威嚇軍事行動のおかげで参加者は十五万人にのぼるだろうと予想した。結果は三十万人。最も楽観的な予測をはるかに超えたわけだ。

これによって、CNHの各メンバーが所属する学部や学科で抱えていた、幾多のそう重要でない問題は消滅した。集会は以前の規模に戻ったので、もっとたくさん出てくれるよう、学生に頼む必要はなかった。再び、勝利の見通しが開けてきた。興味深い議論が始まり、新しいテーマについて話し合われた。ビラを増刷したり、分隊を増やしたり、学校が様々な任務で忙しい学生で溢れる状態にするには、それこそが必要なことだった。必要なことはたったひとつしかなかったので、あるひとつの対策だけをもとに運動は立て直され、組織しなおされていた。それは、自信を取り戻し、具体的な任務や協同作業に意味、目的を見出すことだった。そうしたことがすべて、沈黙行進によって達成できたのだ。

ルイス・ゴンサレス＝デアルバ（前掲書より）

この話は当局に対する陰謀ではありません。若者の持つ組織力が証明されました。学生は見事に連帯し、掲げる要求のうち正当なものはすべて傾聴されるに値する存在になりました。

ビクトル・フローレス＝オレア（一九六八年八月二十一日放映、ホルヘ・サルダーニャによる企画番組『解剖』での座談会で）

〈ある母親から起動隊員の息子への手紙〉

息子よ、

おまえのこのたびの手柄をいま新聞で知ったばかりです。私の聖なるおなかから生まれた愛するおまえが、私心を棄てて祖国のために命を捧げる覚悟だと知って、心底感動しています。

新聞を読んでいてそのことを知ったとき、どんなに仰天したことか。すべてはディアス゠オルダスへの忠誠心のために、おまえが味わった危険のことを思いました。野蛮な学生たちはおまえのかわいい銃に頭をぶつけてきてひどいことをしたに違いない。馬鹿な学生の中には、おまえがあんなにだいじにしている警棒に向かって顔をぶちあててくる者もいると聞いています。

お父さんは、マリアス諸島から逃げようとしてサメに呑み込まれてしまったのですが、もし生きていたら今ごろおまえのもとへ駆けつけて祝福していることでしょう。でも、天国からおまえのすばらしい行いを見守っていて、おまえを危険な仕事から守ってくれるよう、諸聖人にお願いしてくれると思います。

おまえが変わらぬ残忍さで学生と教師たちを殺し続けるよう願いながら、母は筆を置きます。

「ラ・ポキアンチス・マヨール」[56]より

（サンタ・マルタ・アカティトラの女性刑務所にて）*

＊これは八月二十七日のデモで見つかったビラであり、一九六八年九月六日、国立芸術院における『語りの名手を迎え

て』というシリーズ講演の期間中、マヌエル＝M・ポンセ講堂にて読みあげられた。[57]

（九月七日にトラテロルコで行った最初の集会で、）UNAM付属第五高等学校《プレパ・シンコ》のCNH代表の、集会で発言するのは初めてという女の子が、ディアス＝オルダスが教書の中で「宣伝、普及、虚偽、罵倒、悪辣さにかけて高い能力を持つ者たちと、私は対決しなければならない」と述べた部分に触れて、「大統領のおっしゃるその優れた能力とやらを、政府が有し行使している能力と喜んで交換したいものです」と反論した。我々の携帯用メガホンを国営のラジオやテレビと、謄写版印刷機を大新聞社の輪転機と、我々の武器たる紙とインクを買うよう大衆が小銭で満たしてくれるブリキ缶を国家予算と、何の躊躇もなく交換するだろう、と。百八十人の新聞記者が、大学侵攻と学長への侮辱をめぐる抗議文を、自分たちの勤める新聞社が――有料掲載としてすら――許容しなかったために、謄写版で刷って配布しなければならなかったような国で、政府が他者の宣伝・普及能力についておこがましくも語るなんてそんなばかなことがあろうか。集会では、くだんの宣伝能力の表明として、「政治犯を釈放せよ」、「死ね、クエト」他、もっと強烈な文句を書いた布を背中に付けた犬がたくさん放たれた。

布をくくりつけた犬の他に、もうひとつ新しい手段、べつの宣伝装置が出現し、われわれの恐るべき力を増していた。ポリテクニコの航空工学とUNAMの化学の学生たちが、ある高度に達するとビラを撒く仕組みの風船を作っていたのだ。

周辺のあらゆる通りに機動隊員の乗り込んだバスが停まり、軍隊が付近を巡回していたにもかかわらず、集会は始まったときと同じように平和裡に終わった。警察権力が介入しない限りはいつも、そんなふうに事は運んだ。デモの実施は可能であり、二日後の九月十三日に計画された。

ルイス・ゴンサレス＝デアルバ（前掲書より）

学生の描いた壁の落書きが我々の宣伝だった（翌日になると、警察が灰色のペンキで塗りつぶして消してしまっていたが）。しかし、僕らはその上にもう一度手を加えて、「死ね、クエト」とか「政治犯釈放」といった字句の上書きを繰り返した。市バスや路面電車の側面からバスの屋根まで（あれはそんなところに落書きがあると気づくのに時間がかかったから消されにくかった）、トロリーバスの脇腹、いかなる街角でも壁という壁に、描きまくった。連邦区庁が消そうとしても、まだらが残って、ある意味でそれも抗議の意味を醸していた。こうした落書きと謄写版刷りのビラと絶叫が僕らの報道手段だった。

エルネスト・エルナンデス＝ピチャルド（UNAM経済学部）

目立つためにみんな嘘をいっぱいつく。その嘘といったら四旬節[58]より長い。

カルロス・ゴンサレス＝ゲレロ（ラ・サール大学）

学生は——UNAMもIPNもチャピンゴもコレヒオ・デ・メヒコもどこのも——「学長への支援、学長の擁護、学長への支援」という、たったひとつの標語しか使いません。その結束ぶりはこわくなるほどです。でも、いざというときにいったい誰が彼らを支援したでしょう? 孤立して放置されたんじゃありませんか。

イサベル・スペリ＝デバラサ（小学校教員）

〈人気者ティタのコリード〉（「アデリータ」の曲にあわせて）

ティタは政治交渉の中の人気者だった
UNAMが偶像視していた女性
勇敢なうえにぽっちゃりして
学長さえもが一目置いていた
そして、あの娘が好きだと連中は言ってたそうだ

ティタが法学部からいなくなったら
弁護士の卵たちは泣きつきに行くだろうって
ああ、ティタ、お願いだから
法学部のことを忘れないでおくれ

もし僕ら全員が負かされたら
君の冗談で慰めてくれるように
ああ、ティタ、お願いだから
僕ら弁護士の卵のことを忘れないでおくれ

君を困らせる機動隊員がいたら
クエトが君を殴ろうとしたら
お願いだ、忘れないで
法学部は決して君を見捨てることはないって

ふくよかなティタへ愛と尊敬をこめて

これは軍隊が大学を占拠する前に男子学生たちのひとりが私に作ってくれたコリードなの。『ラ・アデリータ』のメロディで歌うのよ。……なぜ、私が運動の人気者だったかですって？　それは、「誰が記者会見に行くんだ？」「ティタだ、ティタ、ティタが行くといい」というふうな具合だったから。投票になるといつも私が選ばれた。みんなが慕ってくれてたから。記者会見でどの点について話すか、私たちはあらかじめ意思統一していた。誰しもが自分の担当と思われる質問に答えることにしていた。

マルセリーノ・ペレジョーのことを私はスターとしてみたことはないわ。持てる聡明さこそが、彼が影響力を引き起こすように仕向けていたのだと思うから。彼の知性が聞く者の注目を一身に集めさせていた。私はいつも彼の能力の高さに感心してたわ。……

CNHには、無責任、遊び感覚、冗談、笑い話などに満ちた若者特有の雰囲気が充満してた。毎晩、経済学部の仲間たちが、私を買収するためと言ってチョコレートやお菓子を持ってきてくれた。自分たちの学部の提案に投票するようにとね。私をからかって楽しんでもいたのよ。

ロベルタ・アベンダーニョ＝マルティネス、通称「ティタ」（法学部CNH代表）

バックに彼らを動かす人間、経済的に支援してくれる人間がいなければ、学生たちは何もできないんですよ。たとえば、彼らの集会の音響は誰が面倒見ると思いますか？……六八年の運動では、ビラはどこから発行されたのでしょう。大学の印刷所からです。すべては大学都市で組織していたんです。大学都市は彼らのものでした。紙もタイプライターも、教室もステンシルもインクも、ペンキまで、とどのつまり何もかも……すべて大学都市から出ていたんです。

アンヘル・ガルシア＝セバージョス（父親）

私は騙されません！　政府が卑劣なやり口に出ているとしても、学生と彼らを応援する大人たち、反体制派のほうも同じ事をしているんです。皆、英雄を装っているけど、いざとなると考えが甘いだけだということが露呈するし、年少者を前へ押しやって隠れ蓑にする……メキシコでは救いようのない政治的・社会的無自覚がまだ支配的です。私にも子どもがいますが、いつも大学の先生たちの態度に驚いていていました。……若者と同じく悪ふざけや騒ぎが大好きなようでした。……

マリア＝フェルナンダ・ベルティス＝デフラグア（母親、小学校教員）

私が学生に連帯するにいたったのは、六八年の大衆を巻き込んだ学生運動に参加した個人的動機によるよりも、その明確な目的と価値観に納得したからでした。それは、運動の初期に聞いた、ある教師から生徒へのこの短い言葉に集約することができます。「……人間らしくあるということについて、私は君からとても多くを教わった。だから私からのできるかぎりの応答は、君の闘いを、今は私たちみんなのものなのだから、支持することと、最後までやりとおすということだ」。

ファウスト・トレッホ博士（UNAM哲文学部心理学教授、教員連合メンバー。レクンベリに勾留中）

シーザーを批判することはローマを批判することではない。政府批判は国家批判ではない。

カルロス・フエンテス（記者のギジェルモ・オチョアに答え

て。日刊紙『エクセルシオル』、一九六九年三月四日付

CNHは恐ろしいほど退屈だった。ばからしいことをたくさん議論していた。しかし驚くべき閃きもあった。たとえば、二百十名とも二百四十名とも言われる代表者と下部組織が、学生運動は革命運動か否かをめぐって何時間もの議論に明け暮れていた。トロツキー狂や左派かぶれによって引き起こされた議論だ。あるときロメオがこんなことを提案した。労働者の全国規模での一時間操業停止、まあ、連邦区でのことだけど、一時から二時にかけて実施される工場閉鎖だ。その時間帯は食事時間だからいつもどの工場でも操業は停止している、と指摘されると、「構わない。だからこそストの成功が確約されている」とやつは言った。……総会はあまりに長引くことが多かったので、突然の口笛や大きな音で、眠ってしまっていたメンバーの目を覚まし、ようやく審議が承認されることも多かった。二百十名から二百四十名も代表がいたのは、いかなる政治的派閥も優位を占めることがないようにという意図からだった。一〇パーセントが政治運動家で、九〇パーセントは独立した無派閥層だったので、この集団が評議会全体に大衆的性格と独自性や力を持たせていた。……政治的内容は、言葉ではなく態度で示された。僕はもう言葉なんて信じない。PRI党員たちは革命用語を使うし、とても高尚な言葉遣いをするけど、農民は、言葉も表現方法も持たなくとも、その態度だけで僕ら全部をあわせたよりも革命的だ。

ラウル・アルバレス＝ガリン（CNH）

ＣＮＨは新しく加わった政治経験の少ない若者で構成されていたし、審議が長時間かつ反復的だった。それにもかかわらず、学生全般にとって唯一の意見表明のための経路にはなっていた。このことは全学生にはとても重要な経験だと思う。なぜなら、ＣＮＨは古い型、つまりそれまで存在していた組織形態その他——たとえば、ＦＮＥＴ——をすべて破棄し、腐敗組織ばかりか、硬直したミイラのごとき集団やうわついた学生サークルなどとも断絶したのだから。学生の上に重くのしかかっていたこのすべての垂直支配——経済学部であれほど話題になる、かのピラミッド構造——は、学生が実際に参加する新しい型の組織形態に変貌したんだ。……ピラミッドは白紙に戻された。……全学生がＣＮＨを組織していた。しかもそう豪語して憚らなかった。「我々がＣＮＨだ！　我々がＣＮＨを作っているんだ！」

パブロ・ゴメス（ＵＮＡＭ経済学部・共産党未成年部会）

運動の四大リーダーは、ＩＰＮ物理・数学科のラウル・アルバレス＝ガリン、同経済学科のソクラテス・カンポス＝レムス、ＵＮＡＭ理学部のマルセリーノ・ペレジョーそして同じくヒルベルト・ゲバラ＝ニエブラだった。四人のうちいちばん気さくなのがソクラテスとマルセリーノだった。あとの二人は少し面識はあったが、とっつきにくく粗暴でひとりよがりのところがあった。仲間とは距離を置いていて、とくにラウルはきっぱりとした物言いをするタイプだった。だが、それらは見かけにすぎなかった！　……当たり前のことを言うようだが、見かけに騙されることは往々にしてある。結果的に息の長いのは誰なのか。肝心なときに対策を提案したのは誰だったか。ラウルとヒルベルトだった。……他の二人は役に立たない。マルセリーノはタレントもどきで、ソクラテスはというと……あいつの正体はもうみんな知っている。

ルイス・ゴンサレス＝デアルバ（CNH）

CNHでは、発言の順番がまわってきて——二時間待ちの後——話そうとすると、何を言おうとしていたのか忘れてしまっていることもしばしばだった。

フェリックス＝ルシオ・エルナンデス＝ガムンディ
（IPN機械・電気工学科CNH代表）

これほど文字通り代表制度を体現している、学生誰しもが自分のものと感じられる組織は、この学生運動のなかで他にはなかった。メンバーは、一、二の目立った人物を支持していたのではなく、自分たちが当事者だと自覚していた。彼らは対象ではなく主体だった。意思決定をするのは彼ら全員であり、もっとも重要な決定の責任は彼らの身に及んだので、そう感じとっていた。たとえば、軍隊が大学都市を占領したとき、UNAMの学生は散らばっていた。しかし、大学都市の中で機能していた複数の分隊が外へ出て活動を続け、明確な方向性を持ったビラ作りとデモを行い、そうして下部組織は闘いつづけたんだ。

パブロ・ゴメス（UNAM経済学部・共産党未成年部会）

全学部に、軍が大学都市に向かっているとの知らせが入った。だが、誰もCNHにそれを知らせようとする者はいなかった。CNHは、欠席メンバーを厳しく非難する目的で会合を開いたばかりだった。最初の戦車数台が大学の門にもはや到着した段になってはじめて、CNHに知らせが入った。ひとりが医学部の講堂まで走り、メンバーの入場許可証を要求する会場係を押しのけて会議室に入り、仰々しく通達を行った。評議会全体が憤慨した。「わずかのメンバーで今夜の会議を開会しなければならないだけで十分不愉快だったというのに、平穏に妨害なしに作業することもできないなんて！」伝言に来たそいつは茫然自失で出て行った。少しして別の仲間が入ってきて、落ち着き払って伝えた。「この下の医学部の駐車場に、戦車と落下傘部隊を乗せたバスが陣取ろうとしている。ここから出たいのなら急いだほうがいい。俺はもう行く」。

ルイス・ゴンサレス＝デアルバ（前掲書より）

軍による二週間にわたる大学都市占領のあいだ、アルシラという女子学生が、大学のトイレの中に閉じ込められた。逃げられなかったのか、逃げようとしなかったのか、わからないけど。兵士を見かけたとき、その子の頭に最初に浮かんだのはトイレに鍵をかけてたてこもることだった。恐ろしかったと思う。清掃用務員のひとりがトイレの床に倒れて意識朦朧の彼女を見つけたの。二週間後よ！

何時間も何日も洗面所の水だけでそんなふうに生き長らえるなんて、すさまじかったにちがいないわ。洗面所と便所を行き来して過ごしたんだわ。――トイレで、あのタイル張りの床にころがって寝たのよ――ドアの穴から覗いて、兵士たちが戦車にもたれたり、あくびしたり、寝ぼけまなこでジープに寄りかかったりしているのを見ていた。……恐怖に凍りついてしまったためにトイレから動けなくなったのよ！

カロリーナ・ペレス＝シセロ（UNAM哲文学部）

一九六八年九月十九日、私は兵士らから銃撃された後――大腿骨をやられて、あと数ミリで大腿動脈をぶち破られるところでした――、「十一月二十日病院」[59]に二ヶ月間入院していました。けがの一件については、見舞いに来てくれる仲間にさえ、二度と公然と語ることはありませんでした。なぜなら、いたるところに盗み聞きをする人間や密告者がいるという噂だったし、恐怖と徹底した不信感の雰囲気に満ちていたからです。

ビクトル・ビジェラ（作家、ペンクラブ会員）

あの最初の弾圧が、次々と続く弾圧の引き金となったのだ。それらは完全に常軌を逸していて、国内の世論を二分した。権力者と富裕層の側と、学生・教師・知識人そして大衆の大部分の側とに。

リカルド・ガリバイ（一九六八年九月二十七日付『エクセル

シオル』紙上、氏の担当セクション「午前零時」に書かれた文「穴から出る」より）

消極性と無関心を私は嫌悪しています。共犯関係と無責任さに通じると思うからです。私たち教師は、若者たちの組織したCNHの中に、彼らの模範となるようにと願って、「民主的自由を支持する中・高等教育教員連合」を結成しました。この学生運動でもっとも堂々たるデモとなったもののひとつ、その直前に息子が私に尋ねたことは生涯心に残ることでしょう。「それで、お父さんはこのデモで自分の生徒たちと行動を共にしないの？」

ファウスト・トレホ博士（教員連合。レクンベリに勾留中）

アルマンドと私は九月十八日、娘を救出しに行ったとき大学都市で逮捕されました。ある軍人が夫が誰だか気づき、「アルマンド・カスティジェホ！」と名指しで呼んで夫を連れていきました。そうして私たちは引き離されたのです。まあ、逮捕者は全員、男女別に分けられたのですが。アルマンドと私は、何の関係もなかった学生運動の主犯格にされてしまいました。何らかの関係があったとしたらそれは唯一、「エル・アンフォラ」（陶器工場）労働組合が出した新聞広告があって、その中で組合は学生の請願事項への支援を公然と宣言していたということだけです。夫はその組合の書記長ですからね。本当は私たちが深く関与しているのは労働運動なんです。労働者と直接結びついて仕事をしだしてもう二十六年に及ぶんですから。その間に、労働者がどれほど陰で間接支配されているか、闘いが彼らにとっていかに困難か、心底理解することができました。アルマンドと私がこれまでの生涯でひたすらしてきたことは、自分たちにいかなる権利が備わっているのかを労働者に――法律に触れない範囲内で――説明することです。なぜって、それを知らなければ、どうやって自分の権利を守るのでしょう。このために、私たち二人にはそれぞれに、十三の憲法条項に抵触する罪状と六つの一般犯罪の廉があるそうです。私たちは二つの裁判にかけられて、他のどんな政治犯にも勝る犯罪数を抱えています。一九六八年十二月二十四日、その日釈放されることになった政治犯の名簿が新聞に発表されて、その中に私の名前がありました。当日はクリスマス・イブですから役人にとって多忙な日なのに、その日のうちに反対命令が出て、私だけが出獄できませんでした。口の悪い連中によると、フィデル・カストロ(60)が個人的に介入して、私が出られないようにした、云々とのことです。私は以前、労働省で働いていたのですが、十九年も勤めたあげく解雇されました。勤続年数をもとにした序列によって、全国和解調停委員会で石油部門の第十三班の補佐官になっていたのですが、カスティジェホの妻であるがために解雇されました。このことはサロモン・ゴンサレス＝ブランコから個人的に聞いたことです。「私はあなたのご主人を尊敬していますが、役所としては政府の敵だとみなしています。ですから、もしここに勤務しつづけたいのでしたら、グアイマスへ転勤してもらいます」。私は、グアイマスへ転勤しなければならない理由などない、と答えました。法廷で争いましたが、全審級で次々と敗訴したあげく、最高裁でさえ訴訟に敗れました。十九年間の勤続と努力は政府にはどうでもいいことだったのです！　その間つねに私は労働者を助けてきたわけですから。
こうなったとき、六二年のことですが、私は夫の弁護士事務所で働くことにしました。でも、闘いは私たちにとってますます難しくなっていました。「シャロストック」圧延工場のような、従業員六十数名の労働組合ですら、アルマンドは登録することができなかったんです。どの組合が登録されるかを決定するのは労働省と連邦区庁ですから、それだけでありとあらゆる労働者組織の支配権を握っています。ですから、一審、二審、三審と最後まで上訴することはできますが、こちらが勝訴して登録を得られることはないんです！　これは政府が労働運動を完全に統制するために有しているボトルネックにほかなりません。
夫はストを密告せよという政府の提案を絶対に受け入れることはなかったので、よくもそんな提案を政府はしたものだと思いますけど、危険人物だとみなされたのです。アルマンドはそのうえ、フィデル・ベラスケス(61)と御用組合に対して手厳しい反対運動を開始したので、これには権力側についている組合の幹部も、そんな連中を主たる支持基盤にしている政府も容赦しませんでした。私たちの投獄の本当の理由はここにあります。

弁護士アデラ・サラサール＝カルバハル＝デカスティジェホ
（労働問題の訴訟専門家、女性刑務所に服役中）

私は三回逮捕された。最初は九月十八日だった。UNAMの民族舞踊団の一員だったので、練習に出ていたの。そう言えば、逮捕のときもバレエシューズを履いてたわ。私は法学部の闘争委員会の一員で財務担当だったけど、仲のいい友達は運動と無関係か、大学に通ってもいない人たちだった。それがみんなひっくるめて検挙されて、学長館の前庭で午前三時まで拘留された。私の横には妊娠中のフランス人の女性がいて、体調をひどく崩してたの。彼女とその夫は観光客で、大学を見物しに行っただけのことだったのよ。それなのに、そのフランス人の身重の女性は、私と共にレクンベリに三日間拘置されてしまった。タマウリパスから来ていた女の子二人も、ボーイフレンドと〔大学近くの〕「アルティージョ」へ踊りに行って、戦車と軍隊が通るのを目にして何が起こっているのか見に行こうとしただけだったのに、大学構内から出してもらえなくなった。「お父さんたち、私たちが彼氏と駆け落ちしたと思うでしょうから、こうなったら結婚させようとするわよ」なんて言っておどけさえしていた。そうかと思えば、なかにはそばにクラシック・バレエのバレリーナがいて、「こうなったら落ち着いてかからなきゃならないわ。気持ちを鎮めなければ。みんな、落ち着いて」と言って、ヨガの体操をやりだしたり。大学都市ではだれかれとなく手当たり次第検挙されて、人権なんて無視された。私は学長の私設秘書ノゲロン弁護士が銃剣を持った兵士に追い立てられて近くを通るのを見かけたので、驚いて「あなたまで？」と叫んだ。すると、「これはまちがっている、ナチータ。じきに解決するだろう」と返事してくれた。学長館前の広場から私たち女性四十三人はレクンベリに連れて行かれた。軍第一キャンプ、警察本部、サンタ・マルタ刑務所、検察庁など、他の刑務所がすべて満杯だったので、私たちはレクンベリ内の女性専用拘置所に入れられた。ベッドはなかったので、翌日まで食堂でコンクリートのテーブルの上に座って寒さを耐えなければならなかった。そこに私たちに混じって、おばあさんがひとりいるのに気づいたの。その人はある最高裁判事のお姉さんだと言ってたけれど、そんな人がなぜ連行されてそんなところにいたのかしら。初めて逮捕されたときだったので、私たちは元気いっぱいだった。心配だったのは仲間の男子たちのことだった。危害が加えられないようにと。私たちは内輪でお金を集めて、彼らのためにコンデンスミルクの缶詰とタバコを買って送り届けようとしたわ。声が届くと信じていたので、孤立してはいないと知って元気を出してくれるよう、彼らに向かって歌い、声援を送った。でも、とても離れたべつの房群にいたので私たちの声は聞こえていなかった、なんて思いも寄らずに。……私たちは勇気凛々のつもりだったけれど、そのとき、誰かが「ネズミよ！」と叫ぶと、四十三人全員が同時にコンクリートのテーブルの上によじ登った。どうやって全員がそこに乗り切れたのかわからない。でも覚えているのは、居心地はひどくはなかった、あの頃は悪くはなかった、悪夢はその後でやってきたということ。

アナ＝イグナシア・ロドリゲス、通称「ナチャ」
（ＵＮＡＭ法学部闘争委員会、女性刑務所服役中）

しかし、状況は今や新しい段階を呈しています。ただ、私が個人攻撃と誹謗中傷の一大キャンペーンの標的であることに変わりはありません。

ハビエル・バロス＝シエラ学長（ＵＮＡＭ運営評議会での辞任

「軍による大学都市の占拠は武力の過剰行使であり、我々の学び舎にふさわしくありませんでした」ハビエル・バロス=シエラ学長、1968年9月19日

8月に入ると〔当局による〕攻撃が始まり、工学教授のエベルト・カスティージョは残酷なまでの暴行を被った。多くの若者が行方不明となり、機動隊員と学生との間で流血の衝突が多数起こった。

演説一九六八年九月二十三日）

学長の辞任演説は公徳心に溢れる堂々たるものであり、辞任の原因となった、大学構内へ侵攻してきた忌むべき外部圧力の本質について、疑いの余地を挟ませない事実の記録となっている。

CNHの宣言（一九六八年九月二十五日）

学長の辞任は、事件の数週間後、自国民を殺害するような政府を代表することはできない、として駐インド大使を辞職したオクタビオ・パスの場合にのみ比肩しうる、公徳心に基づく行為だ。

ルイス・ゴンサレス＝デアルバ（CNH）

青少年の問題は、決して権力や暴力、あるいは買収によってではなく、教育を通してでなければ解決され得ません。それが学長在職中における私の不断の行動規範であり、時間も精魂も尽き果てるほど打ち込んだ対象でした。

ハビエル・バロス＝シエラ学長

（UNAM運営評議会での辞任演説一九六八年九月二十三日）

公開対話以外に解決策はない、とどの学科や学部でも確信していた。これには議論の余地すらなかった。評議会には買収はおこっていなかったし、政府の術策は予見のうえ事前に回避されていた。大統領は議会の最上段から演説し、全面的弾圧によって威嚇して最後通牒を出したが、期待された効果は生じなかった。こうなったら役人たちはメキシコ政府がよく使う伝統的手段を放棄するしかなかった。彼らが直面していたのは、腐敗させたり骨抜きにしたりすることのできない運動だった。舞台裏で後押ししたり指針を授けたりする、国政にありがちな人物などいない、ということも役人にはわかっていなかった。学生の請願書には背景や根拠がないとか、六点の要求事項への対処だけが求められているとでも思ったのだろうか。政府は事態を現実のものと信じることができず、陰謀や幻覚を追いつづけていた。表裏のあるほのめかしの言行に慣れていて、きっぱりとして明確な要求とは無縁の体制には、思いもよらず突然、正面きって起こった事実の意味を理解する能力がなかった。そればかりか、数知れぬ正当な闘いがもみ消されてきた大臣室の外で、全国民に対して政府の行為をめぐって誠実に対応するのに必要な、適当な手段と政治的柔軟性もなかったんだ。

ルイス・ゴンサレス＝デアルバ（CNH）

機動隊員に狂犬病ワクチンを！(62)

リウスの風刺漫画『ひれ伏す者たち』《ロス・アガチャードス》より、デモのプラカードの文句（「学生弾圧についての特別号。七、八、九月の事件、そして十月にも起こるのか」）

キューバ女性、万歳！

同右

大統領にクエト！（お抱え）国防相にマリレスを。駐北アンドラ大使にコロナ・デルロサル〔当時連邦区庁長官で、次期大統領候補〕を！　国立芸術院長官にメンディオレア・セレセロ〔機動隊長〕を！　これぞ、理想的な人事配置！

リウス（同右の特別号より）

政府は公開対話を拒絶し、闇話を望んだ。私たちは妥協できなかった。対話は公開形式でなければいけなかった。だから、一九六八年の学生運動を、政府は要するに買収することができなかったということ。

マルシア・デルリオ＝カピストラン（UNAM歯学部）

我々の主たる要求のひとつが政治犯の釈放だった一方で、刑務所は新たな囚人で満杯になっていった。

エドゥアルド・バジェ＝エスピノサ、通称「ブオ」（CNH）

大学都市では独立記念日の「叫び」(63)をエベルト〔・カスティージョ〕があげた。……〔学長館前の〕広場

「獣医学科ここに有り！　機動隊員にワクチンを」

我々はバスを何台も占有した……バスは我々の寝床でもあり、とりわけ重要な演壇だった　荷物の代わりにバスの屋根に座って、我々はデモに参加した……当時は誰もが拍手喝采してくれた。

には、揚げ物や果実水、紙ふぶきや紙テープの屋台が立ち並び、慈善バザーのようだった。花も厚紙製の帽子も売っていて、「結婚式」までもがとり行われていた。そのとき僕はまったくの運のつきで式に巻き込まれなかっただけ！

ヒルベルト・ゲバラ＝ニエブラ（CNH）

ソカロで公式式典が終わり、国じゅうの市町村でもそれが繰り広げられた後の夜十一時に、あふれんばかりの歓喜の真っ只中で、大学都市とポリテクニコとで独立の「叫び」があがった。……もう進行役は抜きでプログラムもなく、やがて何千人がゆっくりと、もちろん歩いて家路に着き始めるまでお祭りは続いた。インスルヘンテス通りは巡礼の道のようになった。検察庁では、お祭でよく見かける「結婚式コーナー」の発行する「婚姻証明書」までを保管し、我々が市民婚の儀式を営む資格を伴う権威を行使したという「証明」にした。そして数ヶ月後、それらの証明書は告発のための証拠として利用されたのだ。

ルイス・ゴンサレス＝デアルバ（前掲書より）

冗談半分の結婚式だったにすぎない！　本当のだったらよかったんだけれど！

クカ・バロン＝デナルバエス（UNAM医学部）

機動隊員には絶えず増援部隊が到着していた一方で、学生の数も劣ってはいなかった。というのは、団地のごく近くにサント・トマス・（旧大農園《アシエンダ》）キャンパスの、たくさんのポリテクニコの学科があったからだ。なかには火器の爆発音が聞こえてくる学校もあった。ガス中毒をおこした者が数百名、被弾した負傷者が大勢いたが、学生も団地の住民も敗北を認めようとはしなかった。夜になっても、依然として女性たちがガスコンロでお湯を沸かし、清涼飲料水のビンを探して可燃性ガスを詰め、あらゆる種類の弾丸とともに投げつづけていた。交通巡査長のひとりが部下らを一般市民に変装させて、周囲にいた野次馬の中に入り込ませた。

ＩＰＮの学生たちがボカシオナルの仲間を助けようとして人垣をつき破った。その地区を包囲するために警察が配置していた何十台もの車両の多くが火炎ビンで炎上した。どちらの側にも加勢が続いていた。

ルイス・ゴンサレス＝デアルバ（前掲書より）

第七ボカシオナルの学生は、基本的にトラテロルコ団地の住人と、テピートとラ・ラグニージャ(64)界隈に住む若者たちなの。住人は皆、あるいは大部分が運動を支持してた。学生たちはバスや市場や学校などへビラ配りをしに出かける前に毎日、団地の私たちの家々に寄りビラを置いて、状況がどうなっているか知らせてくれていたわ。それに、彼らを決然と応援していた親と隣人の組織もあった。これは機動隊員の目にも明白なことだった。学生たちを守ろうとしていたのはトラテロルコの住民か若者たちの母親たちだって、彼らははっきりとわかってた。前に二度、学生とトラテロルコの住民たちが機動隊員を大慌てで退散させたことがあった。

メルセデス・オリベラ＝デバスケス
（人類学者、ノノアルコ‐トラテロルコ団地のチワワ棟住人）

機動隊員とは石つぶての投げ合いでアステカの戦いのようだった。相手は棍棒とかその種のものしか持っていなかったから、火器の問題ではなかった。たとえば、サカテンコ[65]で何度も機動隊が自力で突破しようとしたがかなわず、軍が出動しなければならなかったことがある。……だから軍は、九月二十三日以降、機動隊員にもM‐1小銃で武装させはじめた。

ラウル・アルバレス＝ガリン（CNH）

ポリの大学バスは運動にとても役立った。ポリのバスの中にいると我が家にいるようだった。

フェリックス＝ルシオ・エルナンデス＝ガムンディ（CNH）

わしの若い頃は、怠け者で暮らしぶりの悪い連中のことを学生とは呼ばなかったよ。

ペドロ・ララ＝ベルティス（仕立て師）

僕は地方出身で、わが家は農家です。いま二十五歳ですが、これまでずっと、僕と同じ年頃の仲間が、生まれたときと同じように貧困の中で死んでいくのを見てきました。僕たち家族は食いつなぐために首都へ出てきました。最初はアスカポツァルコ方面の長屋に住む叔母たちのところに厄介になりました。父は左官職人でした。僕は小学校のときから酸素工場で働きはじめました。その後、がんばって中学に入りました。ポリに進学したい気持ちでいっぱいでしたが、コネもカネもなしにどうやって。誰もまわりに知る人はいませんでした。地方から来た人間にはよくあることです。ほとんど誰とも話しません。僕は政治の話なんて聞くのもいやだと思っていました。要は家族とどうやって生き延びるかでした。母親が洗濯の仕事に行ってどんな仕打ちにあったかなど、目にして脳裏に焼きついているいろんな苦しみから家族を楽にすることでした。母に日給を払う代わりに、「この料理を持ってお帰り」と言うような家がありました。その人たちが母に残り物を与えていたのを僕ははっきり見ていました。もちろん、食べるものもなければ人間何でもがまんしなければなりませんが、僕はとても悔しかった。ついにポリに入学しました。夜間働いて午後に勉強し、そんなふうにして大学に進学しました。ポリで僕はあらゆる組織から遠ざかりました。団体を成している人間は皆、悪者に思えました。僕は仕事と学校に専念する機械人間で、それ以外には何も関心がありませんでした。長い間郷里へ帰っていませんでしたが、帰省してみると、親戚の人たちの暮らしぶりは前のままで、まったく変わっていないので絶望的になりました。ただし、絶望感は十二歳で酸素工場で働きだしたときからすでに抱いていた感情です。買収されている労働組合、ＣＴＭの代表は組合費の徴収にだけやって来ては、どんなことにでも「結構です、皆さん」と言ってました。労働者にとって当然の権利を要求するような者は片っ端から解雇されました。こうしたことすべてを通して僕は考え直し、学生運動が高まりを見せはじめたとき思ったんです。「この運動には僕も加わるぞ」。自分ももう一員になったつもりで、「どうか進展がありますように」と願いました。僕はあの運動が政治運動だとは思わず、もっと深い意味を持つ運動だと考えていました。まず第一に、みんな若者で、腹を立てていて、命を賭けるつもりでした。……第二に、考え方が他と違っていました。具体的なことを要求していましたし、運動は誰をも欺いてはいないと僕は感じました。……工場で働いていたときや、目の当たりにしたCTMと労働者間の関係のように、嘘や見せかけの空気の中で動いていると感じたことは一度もありませんでした。

ダニエル・エスパルサ＝レペ（IPN機械・電気工学科）

IPNの大学バスは闘争の最中とても重要な役割を果たした。中にいると、誰しも外より安全で安心に感じられた。結局のところ、僕らのバスだった。「僕らの」バスを皆じつに大切に扱った。そのうえ、バスには信じられないほどの人を引きつける力があった。紫と白に塗ったそのバスでどこかの街区に到着するだけで、自動的に周囲に何百人が集まるのだった。僕らはそんなバスでサン・バルトロ・ナウカルパン、ラ・プレサ、サンタ・クララ、ネツァワルコヨトルなどの労働者居住区によく行った。とても活気とまとまりのある集会ばかりだった。ポリとUNAMのバスが、集会を開くために市の中心地ばかりかどの地点にでも到着すると、人びとが演壇と化したバスの屋根に登って意見を述べ、運

ポリのスクール・バスは、我々の家であり避難所であった。中にいると安心だった。そのうえ、人はポリのバスを見かけると、その周りに集結したものだった。

多くの母親がデモに加わった。彼女たちは後に、わが子の死に抗議するため下院議会へと馳せることになる。

動を批判したり連帯を表明したりしたんだ。皆、運動を自分のもの、自分自身の闘争と見なしていた。あるとき、ポリのバス三台でガリバルディ広場[66]へ集会を開きに行った。大きな拡声器を用意して、それをバスのうち一台の、パリージャとかカナスティージャと〔ルーフラックの意味で〕呼んでる屋根の部分に取り付けていた。僕らが『グエルム』[67]を叫ぶと、何と辺り一帯の「マリアッチの音楽が止んだ《ロス・マリアチス・カジャロン》[68]」。人びとはバスの屋根にしつらえた演壇に登り、自分たちの抱える問題と運動への支持について話しだした。一時間以上続いた大規模な集会だった。バジェホ工業地区での別の集会では、ポリの大学バスで繰り出した二百名近い仲間の分隊が検挙された。逃げおおせた者もいたが、百二十名が検察庁にバスごと連行され、二、三日目に釈放された。それが七月二十六日以降に警察が行った最初の検挙にあたったんだが、ともかく仲間は釈放された。釈放されなかったのは、返してもらえなかったのは、バスだった。あれは誰にとっても残念でしかたがなかった。

フェリックス＝ルシオ・エルナンデス＝ガムンディ（CNH）

騎馬警官が第七ボカシオナルを占拠する前の九月二十三日、機動隊員の乗ったバスが学校の正面に停まっていて、刑務所から出てきたばかりの仲間がひとり、募金箱とビラを手にバスに近づいていったんだ。殴られるだろうと思ったので、みんながバスの周りを取り囲んだ。でも、隊員たちが募金に応じ、ビラも受け取っているのを見て、僕らは目を丸くした。近寄って奴らと話そうとした。仲間のひとりが、皆に聞こえるように電池式の拡声器で伍長にインタビューをした。すると、学生を殴って刑務所に連れて行くごとに、一人当たり三十ペソがもらえるということだった。自分には第五ボカシオナルに通う息子がいて、クエトやメンディオレアやGDO〔大統領の頭文字〕の決定に反対しているとも語った。それに、食いつなぎ、家族を養う必要があるからこそ命じられる通りにしているけれど、僕らから仕事を授けてもらえて、機動隊員として稼いでいるのと同じだけの給料が得られるのなら、今の仕事はやめる、とも。逮捕する学生一人につき支払われる臨時手当はそもそも、大量辞職の動きが隊員の間で起こって、それを回避するために当局がカネを上積みしようとしたからなんだとも言っていた。その後、他の機動隊員たちが話の輪に入って、我勝ちに話をしたがった。警察はCNHのメンバーを捕まえるごとに特別の割り前を払うと通達したということだった。そのときの機動隊員たちは、ビクトリア通りとレビジャヒヘード通りの間にある第六警察分署があるビクトリア宿営地に属していた。……話をしてくれた隊員はむしろ年配者で、彼らによくある無表情な顔をしてはいなかった。

アントニオ・カレアガ（衣料商）

世界中のどの国でも、青年期というものはひとつの移行期で、数年間で終わるものです。でもここじゃあ、気の向くままに、個人の宣言次第で、若者や「学生」たることができるのです。学生の特権には終わりがありません。例えば、エスピリドンだかエスペロンだか、エスパントンだかアスピリーナだか知りませんが、（私のかかりつけの心臓外科医でもある）チャベス博士への反対運動をあろうことか先導しようとしたあの輩は、UNAMに十五年間も在籍していて、いまだに卒業資格のない化石です。それが学生たることでしょうか。

クレメンシア・サルディバル＝デイグレシアス（母親）

僕は自分自身が学生であるのが嫌だったので、学生を嫌っているんだ。……大学で何も学ばなかったから中退した。先生たちは授業に来なかったし、来たとしたら講義室は立錐の余地もなかった。僕の隣にはノートをとっているつもりの奴がいて、あまりに間違いだらけの綴りなので引っ叩いてやりたくなったほど。「幼稚園に戻れよ！　こんなところで何をやってるんだ」ってね。

アントニオ・メレレス＝サモラーノ（元医学部生）

大学都市の占領がUNAMの学生にとってまったくの思いがけないできごとだったとしても、サント・トマス・旧アシエンダ〔IPNのキャンパスのこと〕ではそうではなかった。占領に至る数日前に警戒措置がとられていた。看護学科からは、その関係者がほとんどすべて女性であるため、全員が退去していた。その他の学科でも、午後八時以降に女子学生が当直に残ることがないようにとの指令が出された。火炎ビン、投石器、棍棒、石、そして小型バズーカ砲のようなまっすぐな管で狙う花火のような新兵器が貯蔵された。それらは破壊力を発揮したわけではなかったが、衝撃と大きな爆発音のおかげで機動隊員をかなりの間近づけないでおくことができた。少なくとも軍が到着するまでは。

機動隊員との衝突は午後六時に始まり、暗くなるまで続いた。その頃までには機動隊員に配給するための火器を運んできた車や、その他政府の運搬車両が到着しはじめていた。兵器とともに騎馬警官の増援部隊がやって来た。抗争は数時間続いた。機動隊員と警官らは占領した各学科の建物を砦とし、まだ抵抗を続ける学科に対する新たな攻撃をそこから開始した。学生たちは負傷者を医学部校舎へ運んでいたが、そこもまもなく占領されてしまった。そこから警官らはルベン・レニェロ病院を機銃掃射した。

ルイス・ゴンサレス＝デアルバ（前掲書より）

学生はまったくだめだ。政府に弾圧されると、わめいて石を投げて異議を唱えるだけさ。いつだって叫び声をあげるがそれだけだ。武器が要るんだ。

クレオファス＝マグダレノ・パントッハ＝セグーラ
（ミスキック村農民）

学生は正しいですよ。でも、バスを焼かれるのは私らには被害甚大です。歩いて仕事に行かなくちゃならんのですから。

ギジェルモ・プガ＝キロス（アヨトラ織維工場工員）

バスに火をつけるのは学生運動の定石だった。それが政府に対抗し厄介を起こす方法なんだ。

バスを狙うのはそれが唯一手近にある攻撃対象だからだ。……そのうえ、バスは一般市民のものじゃなくて、政府から営業許可をもらっている業者のものなんだから。

エルネスト・ラミレス＝ルビオ（ＩＰＮ機械・電気工学科）

九月二十五日、もうすでに騎馬警官隊が第七ボカシオナルを抑えた後のこと、貧しい身なりの農夫がひとり、投石器を四つ持ってやって来て、それをマヌエル・ゴンサレス通りで配りはじめた。その場で、何人もの学生にもっと投石器を行き渡らせるために作り方を教えて、使いこなせるように教え込んだ。その日の午後、パラルビージョのロータリーを出発点としてソカロに向かうデモが計画された。デモ隊を組織した後、僕らは歩きはじめたが、百メートルばかり進んだところで機動隊に攻撃された。するとそのとき、投石器を持っていて離れたところにいた連中がそれを初めて使った。一番狙いが確かだったのはあの農夫だった。女子学生がひとり、四人の兵士に囲まれて車の天井に上っていたが、農夫は投石器でそいつらを射撃するのに徹して、ついに四人とも倒した。ＵＮＡＭ付属第三プレパラトリアの男子生徒は催涙弾をあごの骨にぶちこまれて粉々にされた。それを見て、僕らは機動隊員に対して体当たりでぶつかって行った。五対一でこっちのほうが多勢だったから。ところがもみ合いはじめて、連中は大きな槌を持っていることに気づいた。それで退却したんだが、トラテロルコ

エドゥアルド・ラソ＝ベラスケス（第九ボカシオナル）

我々は機動隊員を花火と火炎ビンで迎えた。そこは我々の兵器庫だった。

バスの放火や乗っ取りは、常に学生闘争の主戦法のひとつだった……それが我々にとって、政府に抗議するための唯一の方法なのだ。政府が我々の存在と要求事項に気づくようにするための……

団地のある棟で、そこの住民が窓から水やら椅子やら、火をつけた布切れから屑まで手当たり次第投げはじめた。僕らは第七ボカシオナルまで走って戻ったが、あそこは騎馬警官隊に占領されていたから、学校脇の橋の下に避難しなければならなかった。

フェルナンド・オブレゴン＝エリソンド
（ＩＰＮ化学工業・鉱業学科）

俺は親に金がなかったから、学校と名のつくところで教育を受けたことがない。でも、学生たちの受けているあれが今の教育なら、学校なんか行かないほうがましってもんだ。あんなに無礼で粗雑で、下品な言葉遣いは聞いたことがない。

ホセ・アルバレス＝カスタニェダ
（ディアナの像からソカロの区間を走るペセロ[69]の運転手）

いまは、勉強するっていうのは大騒ぎをするのと同義語です。

トリニ（縫製工）

赤信号で〔学生から募金を〕乞われると、私はいつもあげます。車の窓から若々しい顔を見るのが好きなんです。一ペソなり三ペソなり……手持ちの小銭をあげます。少なくとも学生のほうが駐車の世話係よりはカッコよくて、いきいきしていますもの。

マルタ・サムーディオ（美容師）

第七ボカシオナルで僕らが夜番をしていたとき、車数台が急ブレーキをかける音を聞いて、何ごとかと覗きに出た。車が五台だった。十九か二十歳程の若者たちが機関銃を手に降りてきて、校舎や講堂の全壁面、教室の窓に向かって銃撃した。……そいつらはMUROのやつらだったらしい。

マリオ・メンデス＝ロペス（IPN機械・電気工学科）

ここの生活はいいいんだぜ。

サルバドール・マルティネス＝デラロッカ、通称「ピノ」（UNAM理学部闘争委員会）

アスカポツァルコでの集会で、警官が演壇に上がった。「私は誇りある人間だ」と言って、制服を脱いでそれを踏みにじった。その後、故郷に帰るためのカネを貸してくれと頼んできた。腹立たしさで泣いていた。

フリアン・アセベド＝マルドナド（UNAM法学部生）

九月二十三日、ナンバープレートのない車で夜に三人の男がやって来た。そのうちの二人はスペイン語を話さなかった。自称、フランスのテレビ局の報道記者だった。第七ボカシオナルが襲撃された後の状況を撮影したがっていた。僕らは話を聞き、闘争委員会は撮影に同意することにした。フランス人たちは荒らされた実習室、旋盤、割れた窓ガラス、あちこちの破壊状況、壁の弾痕と血痕までもカメラに収めた。何もかも撮影して、運動のためにと千ペソくれた。

アレハンドロ・マセド＝オルティス（ＩＰＮ機械・電気工学科）

ボカシオナルにはどれにも近づかないことにしています。四ブロック迂回しなくちゃならなくとも、そのほうがましです。私は年齢五十歳で、古文書保管係です。三十年来ここで働いていますが、ある晩、何の理由もなく若者たちに襲われて、服を半分引き裂かれたんです。学生なんて野蛮人です！　街は自分たちのものだと勘違いしていて、あらゆる権利が与えられていて、罰せられることはないと思っているんです。

マルガリータ・モンダーダ＝ララ（司書）

警察がごろつき集団を使っているのを我々は知っていた。連中は「学生、万歳！」の叫び声をあげては、住民に対する乱暴をはたらいていた。コヨアカンでは「コンチョス」(70)と呼ばれ、明確に特定されている数名の浮浪児が、バスに火をつけて運転手と乗客をひどい目に遭わせていた。商店が襲撃されたり、通行人が愚弄されたり、何もかも「運動」の名のもとに行われていた。しかし、地域の住民のあいだで騙される者はごく少なかった。警察の常套手段は目新しいものではなかったからだ。いずれにせよ、そのような行き過ぎた行為を学生がやりかねないと思っていた人びとでさえ、ある程度は致し方ない過剰行為だと考えていた。下院議会からは大学に対して下劣な表現や策謀が発せられていたのだから、学生側からの節度ある対応を期待できるはずがなかった。概して住民は、学生の行動がいかに激しやすいものであれ、それを、学生の評判を失墜させようとする警察とその一味による明白な扇動や企図と見分けることはできたのである。

ルイス・ゴンサレス＝デアルバ（前掲書より）

国民よ、もう目を覚ますときだ

理学部の貼り紙

私は、店のショーウィンドーを粉々にされました。石を投げつけられたんです。でも今となっては、学生がやったのか、学生のふりをした警官がやったのか、わかりません。

マルセロ・サルセド＝ペニャ（商店主）

ファアレス、我々はどうすればいいのか

UNAM理学部の塀の貼り紙

革命精神の愛で嫌悪しなければならない

政治学部の塀の貼り紙に引用されていた、チェ・ゲバラの言葉

政治犯を釈放せよ

大学都市コピルコ通りの、塀の立て看板

大学生はこのメキシコ国の、将来のブルジョアですよ。というのに何をたくらんでいるのか。

ペドロ・マガーニャ＝アクーニャ（食堂経営）

暴力は全市に拡がった。弾圧による対処は、その実行者たる警察への反感を生んだ。政府が点火して、その火が燃え拡がったんだ。

ルイス・ゴンサレス＝デアルバ（CNH）

学生のせいで、毎日店を早く閉めてますよ。

エベラルド・ロペス＝サンチェス（食料雑貨店主）

この悪がきどもは、何様だと思ったんでしょう。まず学業成績を見せてほしいもんだわ。

ジョランダ・カレーニョ゠サンティジャン（「エル・フェニックス」薬局レジ係）

何もかもミニスカートのせいだ。

レオポルド・ガルシア゠トレホ（郵便局員）

学生たち、とくにUNAM付属プレパラトリアとIPN付属ボカシオナルのいくつかの集団は、たびたび人目を引きました。バスの中での素行の悪さや、学校付近の歩道での、通行人に対する弁解の余地のない、ひどい振る舞いが目立っていたからです。連邦区のかなりの公衆が、一定の学生集団の短気で無礼で、しかも大抵は攻撃的な行動を、はっきりと認識していました。それに何度も新聞紙上に、警察は路上の喧嘩や一般市民と交通路に対する攻撃を際限なく放置しておくことはできない、との学生に対する警告が掲載されていました。たとえば、タクバヤ地区の高校同士の事件を思い起こしてください。石の投げ合いや殴り合いが起こり、警察が介入しなければ住民側からは非難の声が上がるし、逆に警察が介入するなら学生に非難されるのでした。シウダデラ地区での高校同士の抗争では、警察の関与が非難されうるかどうかは別として、学生間の紛争が、遅かれ早かれ痛ましいできごとにつながることは避けられないように見えました。そして実際、一九六八年七月後半のできごとに至ったのです。このことで、だからと言って十月二日にトラテロルコで起こったことが正当化されるわけではありません。……子どもや若者が無礼な行いに出たとき叱責されるのは当たり前で、罰を受けることだってふさわしいときもあるでしょう。しかし、あなたの十歳の息子がちょっと駄々をこねたり泣き喚いたりして向うずねを蹴ったからと言って、子どもの頭を椅子で打ち砕いたり、文字通り殴り殺すなどありえないことじゃありませんか。

マルコス・バラデス=カピストラン
（土木工学技師、ホセ・バスコンセロス高等学校教員）

チェ・ゲバラのすごくすてきな写真、とっても大きくてきれいなのを、マリーリからもらったばかりだったのよね。でもあれをくれたとき、彼女酔っ払ってたにちがいないわ。だってあの写真を二百ドルで買うっていう人がいたなんて言ってたもの。本当よ、並外れていいのよ、あの写真は……。それで、ベッドの枕もとの壁に貼ったの。すると母が来て言うのよ。

「ねえ、マカレラ、お願いだからスーパーへいっしょに行ってちょうだい。これこれをあれだけ買わなきゃならないの」ってね。それで私、言ったの。

「いやよ、ママ。チェにまだお祈りを捧げてないもの」とか何とか。

「何ですって。何のことを言っているの」。私はただ冗談のつもりでそう言ったのよ。それにまだパジャマ姿だったし……。そしたら母は私の部屋に入ってきて、額に入れたチェの写真を見て、

「まあ、いったい何なの、これは。薄汚い男。聖像の場所にそんな汚い男の写真を架けてるなんてどういうつもり……取りなさい。はずしなさいったら……」

「ママ、ママが自分のベッドの枕もとにどんな聖像を架けていようが、私は何も言わないわ。マリワナ常習者の顔と言っちゃ悪ければ女みたいな顔をした、ママの聖人像のひどい顔のことだって……。私は干渉しないわ。ママも、私の聖像をそっとしといてちょうだい……」

「おお、いやだ！　そんなもの拝んでたらどうなることか。取りなさい。くだらない。何の価値もないわ。ほんとに何て見苦しいんでしょう……顎ひげにシラミがわいてるにちがいないわ」とまあ、こんなふうよ。母は興奮しきっちゃって。うちの母は怪物なんかじゃなくて、中流階級のおおかたの母親の象徴みたいな人よ、残念なことにね。共産主義が大っ嫌いなの。学生運動のことを話したら、何を想像したのか知らないけど、「あの連中、モスクワに送って、悪魔を拝ませときゃいいのに」って言うの。恵まれない階級の人たちだったら共産主義が何だか、モスクワという都市が存在することすら知らないんだけれど、母は中流階級の典型なの。私がトラテロルコに出かけていってたと知ったとき、私にこうまで言ったのよ。「あなたっていう子はどうせ、私を激怒させるためなら、そんなところで殺されたって構わないと思ってるんだから」。おまけにそう確信してるのよ。そうかと思えば、姉なんか、学生運動のことをこう言うの。「ちょっと、マルガリータ、あなたに話があるの。あなた、学生運動とやらに関わっているんでしょう。私に言わせれば、あれは左派の運動だと思うんだけど、どうなの」。まったく、何もかもわかってて、私の行動だってつかんでるくせに、よ。母や姉が思ってるのと同じように、おおかたの人も思ってるんだわ。

マルガリータ＝イサベル（俳優）

市民一般、あるいは少なくとも私に関わりのある社会層は、学生の六つの要求事項を含む請願書に共感していました。しかし、正直に言いますと、教務上の問題や、低い学業成果に対する家族の態度、また規律と勤勉さに欠けることへの自己批判を学生たちが話題にすることがないのを、我々教師は不思議に思っていたこともたしかです。自己批判の足りなさは、もう何年も前から大部分の学生の特徴となっていると思われます。

マヌエル・ロサノ＝エレディア

（UNAM付属第二プレパラトリア教員）

学生運動の募金を行っていた複数の学生が、会社員アントニオ・デラコンチャ＝バルデス（20）に殴打の暴行をはたらいた。被害者によると、ポケットに所持金があったにもかかわらず、一ペソしか渡さなかったために襲われたという。赤十字によってサン・イルデフォンソ通りのホテル・コロソの前で救助された。

一九六八年八月二四日（土）付「時事記録」『大学雑誌』第二三巻第一号、一九六八年七、八、九、十月

ＣＩＡの影響を受けたファシスト集団のＭＵＲＯは武装介入を専門としている。……数千の学生を引き込んで、罰せられることなく活動させ、ＵＮＡＭを隠れ蓑に利用しているんだ。

ヒルベルト・ゲバラ＝ニエブラ（ＣＮＨ）

ある電撃集会で、女子学生のひとりマリア＝エレナ・アンドラーデが、政府の恒常的な攻撃について話し出しました。〔ＩＰＮの〕サント・トマス・旧アシエンダ・キャンパスでの弾圧事件が起こった後だったので、兵士が学生を殺害していることについても。買い物袋を下げ、子どもの手をひいた女性が、心痛の表情で聴いていたのですが、突然怒り出し、言葉を遮りました。

「学生のせいで兵士は召集されていて、私は二週間前から夫の顔も見ることができない。……あんたたちのせいで兵士は兵営に待機させられている。そしてこれだけは言わせてもらうけど、夫は人殺しの兵士じゃない。兵士ではあるけど、人殺しの兵士なんかじゃない。神様、お助けください。夫は子どもたちを愛しているんですから、子どものためにも若者を殺したりしません」

その女性は妊婦でした。マリア＝エレナの腕を強く引っ張り、言いました。

「あなたは何とでも言うでしょうけど、うちの人は誰にもひどいことなんかしません。もう何年も一緒にいてあの人のことは私がよくわかってます。誠実な人なんです。……たしかに私たちは貧しいけれど正直者です。だから今すぐこの市場で、さっき言ったことと反対のことを叫んでちょうだい！兵士は皆、誠実な人間で、うちの人は誰も殺したことなんかない、妻の私が言うんだから。そう言い直してもらいたい。それでもあなたがうちの人が誰かを殺したと言いたいのなら、今この場でお互いにはっきりさせようじゃないですか」

「ちょっと待ってください、奥さん。あったかいスープでもいかが……」

「何がスープですか、結構です。息子はここにいる皆さんにみていてもらいますから、さあはっきりさせようじゃありませんか」

「奥さん、どうか抑えてください」

もう、すごかったのですよ。そこでは逃げ出さなきゃならなかったのはマリア＝エレナのほうでした。そういえば、心理学専攻の学生でしたけど、相手の女性の仲間たちが罵りだして、肝をつぶしてしまいました。


マリア＝アリシア・マルティネス＝メドラノ（保育園長）

PRIは対話しない。独白してるだけだ。

ジャン・ポニアトウスキ＝アモール
（アントニオ・カソ高等学校）

泊り込んでいた大学構内の廊下に横たわっていると、チラシを印刷する謄写版の器械音が一晩中、耳について離れなかった。

ルイス・ゴンサレス＝デアルバ（CNH）

多くの連中は運動をほんとうに理解してはいなかった。〔親や権威に対する〕トラウマや個人的問題を晴らすために、運動を利用していただけだ。有名な思想家にかぶれているだけの似非革命家たちだったんだ。……あいつらは運動の中に偉大なる革命を見ようとしていたけれど、実際は、当初から運動はプチブル的だった。

サルバドール・マルティネス＝デラロッカ、通称「ピノ」
（UNAM理学部闘争委員会）

トラテロルコ団地には、親、兄弟姉妹、子ども、それも六歳、七歳、八歳、九歳くらいの小さな子たちといった、ありとあらゆる人びとのあいだからまさに湧き起こった、大衆運動がありました。子どもたちは遊びのひとつとして、木切れのライフル銃やライフルに見立てた箒の柄を肩に行進したり、しかも機動隊員や兵士の前を行進して通り過ぎたりするようになりました。兵士たちは十月二日以前から、あそこに陣取って構えていたのですから。学生と警察の衝突が起こって以来、私たちは絶えず監視されていました。子どもたちは団地の建物の屋上に登ったり、窓から「機動隊のくそったれ」と叫んだり、大人は「人殺し」と唱和していました。子どもの多くが、事件以前の集会には積極的に参加していました。

十、十一、十二歳くらいでも、民衆の自由を求めて闘うことの意味がよくわかっている子どもたちが実際にいるようになった。たとえば、経済学部の「カール・マルクス」という小分隊のこと、よく覚えてるなあ。たぶん小学生と思われる女の子と、コレヒオ・マドリッド中学の女生徒四人がメンバーとなっていて、どの子も並外れた、頭の回転の速い、勇敢で毅然とした子ばかりで、学校じゅうでいちばん勇猛な部類に属していた。……

ロレンサ・ゴンサレス＝ソト（トラテロルコ団地住民）

思うに、この運動は子どもたちに大きな反響を引き起こしたから、この国の将来をあてにできるとしたら、それはまさに莫大な数の子どもが存在するからだと言える。兄や姉が行進するのを、親に手を引かれ、歩道で間近に見ながら運動を体感した世代、恐怖の日々の話を聴くか、生身で体験した者たち、彼らの中に革命はあるんだ。この国の政府は、一九六八年に十歳、十二歳、あるいは十五歳だった子どもたちに、今後十分な注意を払わなければならないだろう。どんなにデマゴギーに染められようとも、どんなに大量の麻薬を差し向けられようとも、彼らは心の奥深くでいつも、兄や姉が被った殴打や殺害のことを覚えていることだろう。忘れさせようとどれほど政府が躍起になっても、棍棒の殴打や催涙弾、銃弾の屈辱に幼くして苦しめられたことをいつまでも忘れはしないだろう。

エドゥアルド・バジェ＝エスピノサ、通称「ブオ」（CNH）

人を食いものにするごろつきを投獄する代わりに、メキシコでは若者たちがぶち込まれたのだ。

九月二十三日の午後三時頃、三百人の機動隊員を乗せた六台のバスが第七ボカシオナルを占拠しにやってきた。トラテロルコで活動していた分隊すべてが、学校を守るために戻ってきた。トラテロルコ団地の女の人たちが、投石器を作るためのストッキングを僕らに持ってきてくれた。機動隊は催涙弾を発射した。そこで、僕の分隊とあと五十人ほどの若者が校舎から出て、機動隊員たちの後ろにまわって学校を囲い込んだうえで攻撃したんだ。奴ら、マヌエル・ゴンサレス通りのほうへ走って逃げていったが、そこへ第九ボカシオナルの学生と同校のアメフト・チームのバス四台が到着するのと出くわした。そのとき機動隊員たちが持っていたものは、棍棒、ナイフ、盾、ヘルメット、槌、それに催涙ガス噴射銃だけだった。バスの学生連中は、僕らが機動隊員たちを追いかけてくるのを見て、バスから降りて僕らに手を貸してくれた。アメフト選手たちは防具を着けていたので体当たり攻撃に徹した。僕らは皆で機動隊員たちをコテンパンにやっつけた。殴りつけていると、奴らは「俺たちが悪いんじゃない。任務を果たさなきゃならないんだ」と赦しを乞うた。奴らから武器も、身に付けていたものもすべて取り上げた。十人を裸にしてパンツ一枚にした。滑稽だったね。攻撃に加わった仲間のうち九人が棍棒で殴られて怪我をした。……機動隊を退散させてから、僕らは学校に戻った。奴らが逃げちまって、乗り付けていたバスを奪取することができなかったものだから。学校の厨房で、団地の奥さん連中が大勢、僕ら全員に食事を作ってくれた。

アントニオ・カレアガ（衣料品商）

トラテロルコ団地全体が、もし本当に反逆の中核というか、都市ゲリラの本拠地として確立するにいたっていたとしたら、どうなっていたことか想像してご覧なさい。そこまで私たちの状況は整っていなかったんだけれど、おそらく政府はそんなふうに考えたがために、このさい芽を摘んでおこうと決めたのよ。政府は大衆の本格的な参加に気づいていた。それもUNAMとかポリテクニコのように仕事や学業の関係でつながっている学生集団じゃなくて、学生運動を文字通り支持している国民の、集団の動きなんだと承知していたのよ。だから、政府は運動を挫くための最適の場所を選んだんだと思うわ。私たちは不覚にも格好のネズミ捕りにはまったのよ。十月二日以降、学生の逮捕と恐怖と弾圧のせいで運動は当然後退したし、下部組織は完全に散逸してしまったんですもの。学生組織は二度とそれ以前のように闘うことはなかった。

メルセデス・オリベラ＝デバスケス（人類学者）

トラテロルコ事件のもっとも恥ずべき点は、若者たちを脅かしたこと。

エルビラ＝B・デコンチェイロ（母親）

希望の持てるいくつもの体験を通じて、政治に影響を及ぼしたり、意思決定を議論したり、そうしたことに参加したり、重大な出来事は自分たちの行動次第で決まるのであって、必ずしもつねに天から降ってくるように上から下されるのではないと気づいたり、そういうことがありうるんだと人びとは感じはじめた。その後いきなり十月二日の衝撃が起こり、恐ろしい無力感と敗北感が残った。だけど、死者もいっぱい出たし蛮行と恐怖に満ちていたけど、それでも運動の結果は有益だったと思う。なぜって、人は暮らしの中でなにごとも政治問題だと理解するようになったし、まだオープンな政治的活動は状況が許さないけれども、がんばっている人は多いから。

カロリーナ・ペレス=シセロ（UNAM哲文学部）

女性の仲間たちは、本質的にもっている闘志の影響を、運動に多分にもたらしてくれた。何人かの仲間を覚えている。ウィルフリド・マシウ高校のミルタ、法学部のティタとナチャ、医学部のベルタ、理学部のマリ=カルメン、エベリア、ベティ、付属高校《プレパラトリア》のコンスエリート、マリビリア、アドリアナ、それにもちろんマルシア、他にもたくさん。本当に他にも大勢のことを覚えている。グループとしては、ポリの看護学科の仲間、UNAMの生物学部と医学部の仲間などだ。

〔ポリのサント・トマス〕旧アシエンダ・キャンパスの占拠事件では、看護学科の女子学生たちが本物の勇士としての働きぶりをみせた。「アデリータ」のごとき活躍ぶりがごく自然に心の底から湧いてでたんだ。怪我を負った仲間たちの手当てをし、大学構内から助けだし、身の危険も恐れず介抱してくれた。彼女たちは皆、勇気と同志精神をもとに、運動の中で支配的な位置を占めるようになっていった。……あるとき、UNAMのプレパラトリアのひとつが警官に占拠された、と電話で知らせを受けた。事態を確認しに行くよう、大学都市の学生からなる大集団をすぐに組織したよ。経済学部のバスに同僚の女の子が四人乗り込んだから、僕は彼女たちに命じた。

「今すぐ降りるんだ。男だけで行く」

女の子たちは怒って、チェはゲリラ部隊に女性を迎えた、くたばれ、と僕に言い返してきた。僕が譲らなかったから、見たところバスから降りることに同意したんだと思った。僕は一旦校舎に戻ったあと再びバスに乗り込んだ。そして僕らは出発した。高校に到着してみると、バスの中には三百人の男子学生に交じって何と、四人の女子学生が後部座席の目立ちにくい場所に座っていた。幸いに何ごともなく、僕らは大学都市に無事戻った。

沈黙デモの最後の演説で、僕は今もって後悔している失言を放ってしまった。あまりにも不適切な表現が口をついたんだ。「男らしく守り抜くことができなかったことを女のように泣くのはよそう」ってね。デモの次の日、学校に行ってみると、二分隊の女子学生が僕を待ち受けていた。叫び声ともっともな抗議にもまれて、あの引用は比喩的な意味あいで用いたんだと説明するのに二時間かかった。やっとわかって赦してくれたし、二日後にはすごくおいしいケーキを差し入れてくれて、警備の当直だった僕らの分隊と他の仲間とでペロリと平らげたよ。

エドゥアルド・バジェ＝エスピノサ、通称「ブオ」（CNH）

一度、デモをしていて機動隊員や兵士に囲まれて、男の子たちが頭にきたことがあるの。だってつるはし一本持ってたら二十人ほどの機動隊員に寄ってたかって襲われるんですもの。それに、いつもの水色のバスじゃなくて、路線バスでやってきた。たしかあのときは、チャプルテペック公園の文化ゾーンの公会堂で集会をやろうとしてたわ。軍が並外れた規模で出動してきたために何もできそうにないと判断したとき、指令が出た。「大学都市へ行こう。……今からすぐに大学都市へ移って総会を開こう。……みんな、道行く車を止めて乗せてってもらうんだ」。私は車で来ていて、マリーリしか乗せてなかったから、もちろん乗せてくれと頼まれた。

「さあ、大学都市へ連れてってくれ。あっちで降ろしてくれた後、他の仲間を連れにここへまた戻ってきて！」

「わかった。……」

四度目に戻ってきたときだったか、男子学生たちが言うの。

「急ぐんだ。軍が大学都市へ向かうそうだから」

「また？」

「そういう噂だ」

私は思った。「たいへんだ！　早く、早く！」インスルヘンテス・スール大通りを南へ向かって飛ばして、サン・アンヘルあたりまで来たんだけど、前を走ってた路線バスが一台、行く手を遮るのよ。追い越させてくれないものだから、クラクションを鳴らしつづけた。それでもバスは時速七、八十キロ出して走ってて傍らへ寄ってくれないの。逆に行く手を塞ごうとするのでかっとして、私はまた警笛を鳴らした。すると男が数人窓から顔を出したんで、機動隊のバスだってわかったのよ。あまりにもぎょっとしたものだから、通りをこんなふうにUターンしたの、ほんとに。あとはもう、いったい左へ行くべきか、右へ行くべきかわからなくなった。乗ってたみんながいっせいに違う指示を出すんだもの。結局、フランス文化会館の近くの細い通りから大学通りへ出た。もうそれを最後の人運びにした。心臓が飛び出すかと思ったもの。私たちは大学都市に残って、哲文学部の総会に出た。ああそうそう、たしかダウンタウンから大学都市へ向かう二往復目のとき、ガス欠になりかけたの。乗せてあげてた男の子たちは「心配するなって。今すぐ解決してやるから」って言って、車から降りて、通りがかりの立派な車に飛びついて止まらせた。そして運転してた五十歳くらいで白髪混じりのすごく洒落た男性に言うの。

「ちょっと止まってくださいよ、同志のお方。……」（その人はアグスティン・レゴレタじゃなかったかしら）

「ああ、なんてこった、そんなばかな。私は何もしちゃいない。……私は君たちの味方だよ。……」（あるいはたぶんファン・サンチェス＝ナバロだったんだわ）

「いや、いや、僕らはあなたに何も危害は加えませんよ。……ただ少し止まってください、それだけです。……」

どこからホースを探してきたんだか、男性の車からガソリンを全部抜いて私の車に注ぎ込んで、その人を路上に置き去りにしたの。……ほんとにそのときの男の子たちはすてきだったわ！

マルガリータ＝イサベル（俳優）

学生たちは卒業後どこへ行くというのか。UNAMやポリの学生たちのコース修了後の進路は何かというと、私企業か政府じゃないか。それとも他に行き場があるのか？　ないだろう。それならデモをしてた連中は何を要求しようとしてたんだ。何を求めていたんだ。反対しているといっても、どうせ遅かれ早かれ、既成の支配体制に組み込まれるようになるんなら、いったい何がしたいんだ。

エリベルト・アラルコン＝ピメンテル（実業家）

中産階級の女性の誰が、最小単位の社会制度、すなわち自分の家族に対してだとしても、挑むようなことをするでしょうか。だからましてや体制に挑むなど、ありえないのです。

エリアス・パディージャ＝ルバルカバ（社会学者）

何をしてみても、遅かれ早かれ、皆、PRIに寝返るというか落ち着くんだと思う。……それなら、地面はどこまで行っても平らだというのに、何のためにピョンピョン飛び跳ねるんだ。

ゴンサロ・カランサ＝ロホ（駐車場経営）

哲文学部に通う女子大生の大半はプチ・ブルに属している。……経済的な問題なんか感じたこともなく、まるで絵を習ったり、美術史の講習を受けるのと同じように、何らかの専門分野を学ぶ人たち。彼女たちにとって教養はご愛嬌なのよ。でも運動の最中は、ペドレガルやロマスやポランコ（という高

運動に参加した中には裕福な家庭の娘たちも多くいた。「教養はご愛嬌」なので何らかの専門分野を学んでいる、イベロアメリカ大学やＵＮＡＭ哲文学部の金持ち女子学生たちだった。しかし、弾圧に見舞われた時には勇気ある行動をとった。仲間を助け、父親の車で宣伝ビラやチラシを配ってまわったのである。

級住宅地〕に住む彼女たちの多くが、募金に応じたり、デモに参加したり、街頭でビラ配りもした。壁に主張を書いたり、私たちと変わらないくらい本気で活動した裕福な階層の女の子や男の子はたくさんいたわ。だって、哲文学部はUNAMでいちばん金持ち層の集まる学部のひとつだから。CNHのメンバーやその他の仲間が大学都市に常駐すると決めた八月以降、女子学生たちは彼らに食糧や衣類を差し入れてたし、それに車で大量のビラと謄写版の印刷用紙を運びもした、重いのにね。大学は政治論争の空気に満ちてたから、彼女たちは統治者と被統治者間の関係についてそれまでとは違う見方を身につけた。運動はいろんな人間の政治意識を高めたのよ。イベロアメリカ大学の連中までもが、箱入り息子や娘の典型だというのに、警官に棍棒で殴られようが壁書きしたり、ビラ配りをしたり、デモに加わったりしたのよ。だからあの学生運動は万人にとって為になったんだと思うわ。

カロリーナ・ペレス＝シセロ（UNAM哲文学部）

デモ行進した若い女性たちのどれだけが、内面の自己変革を行っただろうか。親に向かって「お父さん、お母さん、私のつきあっている人を紹介するわ」と言えた女の子がどれだけいるだろうか。いったいそんな子がいるのかどうか。彼女たちにとって自由の意味は何なのか。なぜ、自分自身の偏見に反対するデモはしたことがないのか。

パルメニデス・ガルシア＝サルダーニャ
（「ニュー・ウェイヴ」派作家）

個人的レベルでは、政治問題は私たちの一人ひとりに直接の反響を引き起こした。親と喧嘩した娘たちがたくさんいたし、夫婦が別れてしまうこともあった。でも、違った事態も起こったわ。それまでの全人生を厳しい目で見直して、各自が新しい視野というか、人生に立ち向かう新しい術を身に付けたといえる。そのとき私は、哲文学部のCHN代表だったロベルト・エスクデロと結婚してた。妊娠中で、「運動」は私たちに大きな影響を与えたわ。

カロリーナ・ペレス＝シセロ（UNAM哲文学部）

教員セクターは「運動」の中でもっとも穏健派でした。でも、エベルト・カスティージョ工学博士のように、メキシコ最高峰のエンジニアのひとりとみなされ、学生からも大いに尊敬されていた人や、ラテンアメリカのどこの大学でも教科書となっている『弁証法的論理学』の著者エリ・デゴルタリ博士のように、国際的に高く評価されている業績があり、UNAMが出版しているシリーズ『科学・哲学問題』の著者でもあり、哲学者の間で名声を博す人物がおられました。また、かの有名な作家ホセ・レブエルタス[71]（オクタビオ・パスによれば、メキシコでもっとも純粋な人間のひとり）や、マヌエル・マルクエ＝パルディニャスのように『農業・工業問題』誌はじめ、長年にわたって一貫した反体制的立場をとってきた雑誌『ポリティカ』の発行者だった人物、それに心理学博士で学生にとても慕われていたファウスト・トレホ博士、このような方々は「運動」に威信と倫理的な力を与えてくださいました。……学生たちを支持しながらも、つねに学生の衝動や「行き過ぎ」を抑えようとしたのですからね。

アナ・マルケス＝デナバ（初等教育教員養成学校教員）

ホー、ホー、ホー・チ・ミン、ディアス＝オルダス、チン、チン、チン
（「ホー・チ・ミン万歳、ディアス＝オルダスくたばれ」の意）

八月一日のデモの掛け声

ボコン（大口野郎つまりディアス＝オルダスのこと）、バルコニーに出よ、我々に差し出した手はいったい
どこだ

UNAM法学部闘争委員会内の一派が主導した抗議の叫び

ディアス＝オルダスのウスノロ《グエイ》、ディアス＝オルダスのウスノロ、ディアス＝オルダスのウスノロ、
ウスノロ、ウスノロ、ウスノロ

八月二七日デモのシュプレヒコール

機動隊員がみんな、
読み書きできるようになれば

〔獄中での〕大学教授のエリ・デゴルタリ博士と反体制派雑誌『ポリティカ』の前編集長であったマヌエル・マルクエ=パルディニャス……

法廷審問の場で、髪を伸ばしたナチャ、ホーチミン風の髭をたくわえた作家のホセ・レブエルタス、その前にエル・チェことアントニオ・ロドリゲス、ティタ、ブオことエドゥアルド・バジェ=エスピノサ

メキシコはもっと偉大で
もっと栄えある、もっと幸多き国になるだろう

八月二七日のデモでの学生歌

コロナ=デルロサード〔連邦区庁長官〕……瓶詰め――！

（デモの歌や格言は、いつもラジオやテレビのコマーシャルをもじったものだった）

フィデル、確信をもって、ヤンキーを打ちのめせ

米国大使館前でのシュプレヒコール

デモでは最初に出た犠牲者の数がかぞえあげられた。複数のボカシオナルで出た死者や、UNAM第三プレパラトリアの死者の数。行進しながら私たちは一人、二人、三人、四人、五人、六人……と二十五人か三十人まで数えていった。そして最後に叫んだわ。「彼らを殺したのは誰だ」……「ディアス=オルダ――ス」。

アナ・イグナシア=ロドリゲス、通称「ナチャ」
（UNAM法学部闘争委員会）

あるとき午前一時頃、私はとてもおなかがすいて、家から三ブロック先のトルタ屋に出かけたの。店の主人にこれこれのトルタを頼むと注文したちょうどそのとき、女性がひとり入ってきて言ったわ。「あのね、たった今、警官たちが学生を何人か連行していくのを見たんです。ああ！　こんなことが早く終わるといいんだけど。学生の連中は抑制が効かなくなっているって思うと、それだけで娘たちを安心して外出させられないんですもの！……」

私は思った。「抑制が効かなくなってるだって。どっこい、あんたの娘たちを相手になんかしてないよ。あんたにそっくりならなおさらね……」。そうしてその女性にくってかかったの。でも相手は私をやりすごして、そそくさとトルタを引っさげて帰っていったわ。ところが、トルタ屋の主人は話にこだわって、そのあともその女性と貞淑な娘たちのことを擁護したの。私は独りごちた。「うまくいけばトルタ屋のおじさんたちをも政治意識に目覚めさせられるかもしれない……」。トルタ屋ばっかりの分隊なんかができたらどんなに画期的か、そうでしょう？　てなわけで私はまくし立てたの。するとそのとき、すぐ傍のテーブルにいた二人の男性が注意深く、こう、耳をそばだてるように私の言うことを聴いているのに気づいたの。それで「いやだ、これは支払いを済ませて立ち去ったほうがよさそうだ」と思った。ところが、私が支払ってると、その二人は大急ぎで出て行った。私が店を出ようとして入口の扉をくぐりながら最初に目にしたのは、壁にもたれかかって私を待ち受けているような風情の、あの二人だった。

私は思った、「宣伝活動をしていると思われたのかもしれない」。歩き出すと、彼らも私の後ろを歩き出した。私に話しかけるわけではなかった。「お嬢さん、お伴しましょう」とか「おまえさん、いかしてるじゃないか」とか、いっさい何も言わない。ただ、私の後ろをついてくるだけ。それで私が走り出すと彼らも走り出すし、突然立ち止まると同じように立ち止まる。こちらがゆっくり歩けばそいつらも、とまあ、私の背後でこれ見よがしなわけ。だから曲がり角からいきなり猛スピードで走り出して、アパートに着いたら中に入って扉を閉めた。そしてまっすぐ自分の部屋へ走り上がった！　五秒ほどしたら建物の扉が開く音が聞こえた。でもそいつらは建物の中にこんなにたくさんの小部屋があるとは思いも寄らなかったのよ。だって外からは三部屋ほどにしか見えないから。でも中に入ると、アントニオニの映画に出てくるみたいな迷路なの、気が狂いそうになるほどのね。四十室はあるのよ。連中はある一軒のチャイムを鳴らしたけど応答はなかった。もう一軒ではスリッパを投げつけられた。だって午前二時なんだもの。他の部屋のチャイムも鳴らしたけど、罵倒され傘を投げつけられて、とどのつまり腹を立てて出て行ったの。それにしても肝をつぶしたわ。夜のことだもの。どんな心境だったと思う、冗談じゃないわよ。……

マルガリータ＝イサベル（俳優）

二度目に逮捕されたのは十月六日、医師の友人とその奥さんとで一緒に住んでいた（通信・公共事業省の傍の）アパートでのことだった。逮捕状なしで身柄を拘束され、彼らの上司のクエトが私に話があるのだと言われた。連邦公安部の本部へ連行されたので、そのときばかりはとても怖くなった。

道すがら私は「私の友人たちはどこなの」とそればかり繰り返し訊いたわ。そうしたら「黙れ」と言われて、平手打ちを食らった。その頃の私は二十二歳で、法学部の課程を終えて学位論文に取り組んでいたの。社会学の研究会にも参加してた。連行先で最初に目にしたのは、私の友人たち、つまりドクターと奥さんだった。私が到着するやいなや彼らは訊かれた。

「この者を知っているのか」

「はい、彼女です」

すると彼らは釈放された。そこで私はクエトとメンディオレアに初めて会った。クエトの執務室に入ると、こう言われたわ。

「あなたが有名なナチャさんですか」

「ええ、私はナチャですが、有名でも何でもありません」

留置場の独房に七日間閉じ込められた。私には人生でもっとも恐怖に満ちた日々だった。まったくの孤立状態だったから。仲間の女性がひとり、べつの独房から私に向かって叫んだけれど、その姿を目にすることはなかった。「出されないようにしなさいよ。こいつらは夜に、自由の身にしてやると約束して出しては、レイプするんだから」。私は引きずり出されるかもしれないという恐れで眠れなかった。留置場に三日間連絡不能状態に置かれたあげく、四日目に尋問を受け始めた。


アナ＝イグナシア・ロドリゲス、通称「ナチャ」

（UNAM法学部闘争委員会）

もう十一時になっていました。私たちは自宅アパートの建物の前に着きました。扉が開いていたので、私はエリに、こんな無用心なことでは困るから家主に抗議しなきゃ、と言いました。というのは、私たちはすでに一度アパートの部屋で盗みに遭っていましたから。はじめにアナが――二歳の私たちの娘です――入り、その後に私、そしてエリがつづきました。アナが階段を二、三段登ったところ、そこに男がひとり座り込んでいて、私たちに近寄ってきてエリに言いました。

「こんばんは、先生」

エリは応えました。

「こんばんは」

男はエリの腕を摑み、こう言っただけでした。

「先生、あなたをお連れします」

私は訊きました。

「なぜ？　どこへ？」

男は答えず、ただエリの腕を捩り、扉の方へと押しやっただけでした（この人物はよく訓練されていて、どうやっていつの間にされたのかこちらのわからぬうちに羽交い絞めにしてくるかもしれない、と思いました）。三分も経たないうちにエリを建物の玄関まで引っ張っていくと、そこへまるで木から下りてきたかのように、どこからかわからないけれど、べつの男が現れて、二人して背後からエリをベルトで吊り上げたのです。そしてエリの体をほとんど地面に触れさせずに担いでいきました。その人たちは身元を証明するものも見せなかったし、どこへ行くのかも何も明らかにしなかったので、私は助けを求めて叫びだしました。手に傘を持っていたので、夢中で男のひとりに向かって突進し、頭めがけて傘を投げつけました。すると男はエリから手を離し、私を捕まえて壁にぶつけました。私が床に崩れ落ちたのを見て、娘は父親の方へ走り寄り、べつの男によって表の歩道に叩きつけられました。咄嗟によぎったのは「頭が割れてしまった！」という恐怖でした。その瞬間、私は気が狂ったように叫びました。するとギャラクシーが一台（見たこともない車でした）、近づいてきました。誰かが助けに来てくれたんだと思いましたが、降りてきたのは仲間の男たちでした。三人の顔を覚えています。たぶん四人だったかもしれません。車の扉を開けたままにしてすばやく、何てことか、夫を車へ押しやり中へ投げ飛ばしたのです。夫が大声で唯一言えたのは「仲間たちに知らせろ」でした。疾風のごとく車を起動し、国軍大通りへと入っていきました。私は車のあとを追って走り出し、追いつこうとしました。追いつけるはずもないのに！　その時には何人かが建物の窓から覗いていたのがわかりましたが、誰も助けてはくれませんでした。ある人が玄関から出てきて私に向かって叫びました。「奥さん、お子さんが！」その瞬間、娘が倒れたままだったことに気づき、戻りました。……もうすでに車は遠方に消えていました。……近所の人が、娘を抱き起こしたり、エリの書類鞄と散らばった書類、それから私が運んでいた、クリーニング店で受け取ったばかりの服などを拾うのを手伝ってくれました。隣人の女性がアパートの自分の部屋に招き入れてくれました。私が泣きじゃくっていたので鎮静剤をくださいました。私は電話をすべきだということに気づき、友人夫婦に電話をかけましたが、口にできたことは「彼が連れて行かれたの！」ということだけだったのを覚えています。すると友人は私にこう答えました。

「君は自宅にいなさい。外に出るんじゃない。僕らがそっちへ行くから」

隣人女性が荷物ともども娘を抱っこしてくれて、上の階の自宅に向かいました。私は家中の電気をつけて窓を開けました。バルコニーに近寄って身投げしたい衝動に駆られました。いったい何が起こったのかわからないまま、ひとりぼっちになった気がしました。アナは私のスカートの裾を摑んで泣いていました。その様子がどうにか私を我に返らせたのだと思います。私は妊娠三ヶ月でした。友人夫婦が到着するまでバルコニーに佇んでいました。部屋の中にはいたくなかったんです。呼び鈴が聞こえたので、娘を残して扉を明けに降りました。三人で部屋に上がりました。私は話ができませんでした。何が起きたのか、彼らに説明することができなかったのです。「彼が連れて行かれたの！　彼が連れて行かれたの！　彼が……」こう、かろうじて繰り返すことしかできませんでした。コーヒーを入れてもらいました。その後、チャプルテペック映画館にいた上の子どもたちを呼びに行ってもらいました。子どもたちは全員帰宅して、私にしがみついて「どうしよう」と言うばかりでした。

エリは一九六八年九月十八日以来、投獄されています。

アルテミサ・デゴルタリ

闘争委員会に関しては、その頃ひとりも逮捕者は出ておらず、CNH代表委員二百名の中から逮捕されたのは二名のみだった。原因は密告だった。九月二十五日、ホルヘ・ペニャが、あるアパートの一室でアヤックス・セグーラを待っていた。もう前から誰もこの人物をあまり信用してはいなかった。アヤックスは午後六時にペニャの居所に来ることになっていた。しかし約束の時刻を過ぎても現れない。そこでペニャは、七時にアパートを出ることにした。といっても実際は、さまざまな事情からそうはいかなかった。ペニャにしてもその他の我々CNHメンバーにしても、秘密行動をとり誰をも信用してはならないような状況下に身を置いたことはなかった。それがそのときになって初めて、警察に追跡され捜査される者の日々を送っていたのだ。我々の多くがとった対策がかくも無防備だったわけは、政府に対してそんなものが必要になろうとは本気で考えたことがなかったからだ。我々の大半が密告は起こりうることとしてとらえてはいたが、同時に縁遠いことで他人事だとも思っていた。結局はそんな事態に単に慣れていなかったのである。

夜の九時にペニャは依然として同じところにいた。一緒にいたのは、アパートの家主の弟である、十五歳の少年ひとりだけだった。

ルイス・ゴンサレス＝デアルバ（前掲書より）

玄関の扉を叩く音がして、〔ペニャが〕訝しげに扉を開けに行った。一瞬をついて、自動小銃で武装した男が十五人ほど押し入ってきた。ひとりは十五歳で、もうひとりは二十一歳、そんな少年たちに出くわして、そいつらは訊いた。

「ホルヘ・ペニャはどこにいる」

目の前にいる二人のうちの一人がそうだとは思いも寄らなかったんだ。危険きわまりないプロの扇動家を探していたのに、出くわしたのは少年と二十歳以下に見えるメガネの若者だった。どっちもCNHに武器とカネを供給している人物にはとても見えなかった。二人に殴りかかり、本の入った箱をひっくり返し始めた。何を壊そうとおかまいなしに、家じゅうを探した。武器を見つけなきゃならなかった。

「手を挙げろ！」

二人の身体検査をし、服のポケットの中身をすべて取り出すと、ペニャの運転免許証が現れた。それで正体がわかったんだ。

床にばらまかれた本の中に、チェの著書があった。

「ああやっぱり。チェの本だと？　なんでこんなものを読むんだ」

「大学で読まされるんだ。政治学を勉強してるから」

まるで警察は、チェの本にしても、マルクス、レーニン、トロツキーまたは他のどんな著者の本にしても、どこの本屋でも売ってるってことを知らないみたいだ。赤い背表紙の一冊がべつの警官の目を引き、そいつは勝ち誇ったように叫びながら本を拾い上げた。

「で、これは何だ」

「何って、表題を見てください。『一八二〇―一九二〇年の貨幣制度』ですよ」

背表紙が赤いだけのことだった。そいつは何も言わずに本を投げ落とした。

フロレンシオ・ロペス＝オスナ（ＩＰＮ経済学科ＣＮＨ代表）

〔ペニャは〕その時間帯に捕えられた。捜査官たちは武器とカネを捜してアパートの部屋を掻き回したあげく、ペニャと少年を連邦公安部の留置場へ連行した。そこではすでに尋問書が明確な意図のもとに用意されていた。要は、政府高官の誰が「運動」に資金援助をしていて、学生たちが、所持していると思われる武器をいかにして入手しているのか、ということについて知りたいのだった。とくに、大統領秘書のエミリオ・マルティネス＝マナトー氏が関与しているかどうかを繰り返し訊いてきた。捜査官たちは、「運動」を継続可能にし、武器を調達するのに必要な資金を提供している人物として同氏を指摘し、関係者だとする証言を欲しがっていたのだ。

ルイス・ゴンサレス＝デアルバ（前掲書より）

二十日の金曜日、私は検察庁へ出向きました。そこでは、夫の生存を案じる必要はない、命に別状はない、と言われましたが、どこにいるのかは言ってくれませんでした。新聞で逮捕者は連邦区司法警察本部に拘留されていると読んだので、そこでそちらへ行きました。トラスクアケ広場は機動隊員であふれ返っていました。入口でレベッカと私は止められました。

「何の用件ですか？　どこへ行かれますか？」

「退いてください。メンディオレア将軍とのお約束があるんです」

私は苛々していました。どんなことをしてでも中に入るつもりでした。兵士が行く手を遮るので脅しをかけました。

「通してくれないなら、長官から厳罰が下りますよ」

兵士は私の態度があまりにきっぱりしていたので、私の言うことを信じたか、あるいは厄介な問題に巻き込まれるかもしれないと想像したんだと思います。私たちはエレベーターで四階へ上がりました。するとそこでは数人の警官が私たちの行く手を遮りました。

「どこへ行くんです？　何の御用ですか？」

私はまた同じ嘘を言いました。

「通してください。面会の約束があるんですから。……」

私たちが開いていた扉から無理やり入り込んでみたら、運の良いことにそこは長官の執務室への控えの間でした。一旦中に入ってしまうと、もう邪魔はされなくなりました。私がきっぱりと、面会の約束をもらっている、と繰り返し言い続けたからです。突然、背の低い太った禿げ頭の男性が新聞記者と口論しながら怒って出てきました。「私が殺人犯だとおたくの新聞にあなたは書きましたね！さあ、説明してもらおうじゃないですか！」

記者は言い張りました。「いいえ、あなたと私はいつもいい関係できたじゃないですか」

長官は言い返しました。「へえ、そうかね。いつからそんな仲だったかね？」

二人は議論を続けて、とうとう長官は後を追う記者もろともまた執務室に入ってしまいました。再び二人が出てきたとき、長官は記者とのやりとりにうまい具合に終止符を打とうとしたのだと思います。私に近づいてきて尋ねました。

「何の御用ですかな？」

「エリ・デゴルタリの妻です。これだけ申し上げれば、何のために私がここへ来たかがおわかりでしょう。……」

「いいえ、わかりませんねえ。……」

「ここにいる夫に会いたいんです」

「それは無理ですよ」

「長官、あなたはここでは神様です。あなたが命じてさえくだされば可能なはずです。……」

何も言わず踵を返して執務室に消えてしまいました。レベッカに私は言いました。「ここから動かないわよ。担ぎ出されてしまわないかぎり」。私たちは三十分待ち続けました。将軍は再び部屋から出てきて、私の方へ来て言いました。

「ご主人に会わせましょう。しかし伝言はもってのほかですぞ」

私たちは階下の特別捜査担当者たちのところへ連れて行かれました。それはまるでマフィアの映画に出てくる人たちそっくりでした。シャツの袖をまくりあげて、トランプやドミノの他、何だかわからないゲームに興じる男たちばかりでした。煙が充満していて、手でかき分けられるほどでした。壁には、指名手配中の殺人犯の写真や、特定の捜査官への指示事項がびっしりと書いてある黒板がありました。……そこに私たちは三時間ほど座って、エリが連れて来られるのを待ちました。心配しないように家に知らせるのに電話をしたいと思いましたが、連中のひとりが私にこう言いました。

「あんたたちは拘束の身だから、ここからは出られないぜ」

正直に言って、私は愕然としました。

「まあ、それはまたなぜですの」

男はこう答えただけでした。

「長官の命令だ。……」

私はレベッカのところへ戻って言いました。

「ちょっと、私たち、身柄拘束されているのですって。イラのことが心配よ。どうやって事態を知らせようかしら」（イラはエリの長男で、建物の外で私たちを待っていました。）

そのあと、トイレに行きたくなりました。仕方ないでしょう。男がひとり女子トイレまでついてきて、逃げようなんて気をおこすな、と念を押すので、私は言いました。

「まさか、中までついてくるんじゃないでしょうね」

「いや、ここで待ちますがね。早くしてください。さもなければそこから引っ張り出しますよ」

レベッカが恐れた顔で待つ特別捜査官室へ私は戻りました。二十分ほど後、ひとりが大声で叫びました。

「長官がやってくる！」

素早く、まるで魔術のように捜査官たちはコマをしまい、タバコの吸殻を捨てました。上着を着込んで、ピストルをあるべきところに身に付け、椅子を元に戻し、そうするうちにタバコの煙も半ば消え失せました。長官は数人と何か話しながら入ってきて、私たちのことなど気にも止めずに通り過ぎました。私は思いました。「私たちが目に入らなかったというの？　考えを変えたのかしら？　私はエリに会うまでここから一歩も動かないから」。

長官は小部屋に入り、そこでひとりの留置者と話をしたあと出てきて、はじめて私に声をかけてきました。

「今、夫君を連れてきますが、奥さん、いいですか。伝言など許しません。さもなければ、あなたがた二人とも拘留されますぞ」

私は答えました。

「長官、このお取り計らいにどれほど感謝しておりますことか……ありがとうございます」

その顔はトマトのように赤くなり、私に言いました。

「そんなこと言わんでください」

長官が数分前に出てきたばかりの部屋へ私たちは連れて行かれ、その部署で指示を下す立場にあると思われる課長級の人物と捜査官数人から腰掛けるよう勧められました。五分後、エリが連れて来られました。何ということ！　私は唖然としてしまいました。丸三日伸び放題の髭面で、恐ろしい苦悩の表情、スーツは皺くちゃでした。私たちに会えるなんて、夫は思ってもいませんでした。留置されている地下から誰かが連れ出されるたびに、それは殴打されるためでしたから。エリは拷問に当たる捜査官たちの叫び声を耳にしていて、たぶん今度は自分の番だと思ったのでしょう。私たちの姿を見ると、まるで何年も会っていなかったみたいに抱きしめてきました。

「どうやってここに入れたんだ？」

それもこれも、役人たちの面前でのやりとりです。夫は私たちの様子や、最後に見た無残な姿が目に焼き付いていていたアナのことを尋ねました。私は彼を安心させようとして、「皆、元気にしている。あなたさえ帰ってきてくれたらもうだいじょうぶ。こんな悪夢はじきに終わるわ」と言いました。着替えのシャツを家から持っていきましたから、私は係官のひとりに着てもよいかどうか尋ねました。夫が殴打されていたのではないか、確かめたくもあったのです。物知らずでした！　殴るのはやわらかい部分に限られていて、ふつう目に見えるところに跡を残したりしないものだとは知りませんでした。連行されて以来ずっと何も口にしていなかったなんて想像もしていませんでした。警部補が水のビンを差し出すと、それを信じられないほどの勢いで飲み干しました。十八日から水も飲まずだったのです。……私たちは彼らの前で二十分間話すことを許されたのですが、焦りとあまりの驚きのためにつまらないことばかり口走って、せっかくの機会を無駄にしてしまいました。そのあとで夫を連れてきてくれた警部補が私たちに「残念ですが面会はこれでおしまいです」と告げました。私たちはお互いにいろいろな気配りや忠告を交わしあって別れました。次の日（再度面会許可が下りるかどうかわからなかったのですが）また来るから、と約束しました。けれども、会えたのは二十二日の日曜日になってのことで、小型の普通車でレクンベリへ移送される直前のことでした。

アルテミサ・デゴルタリ

翌日の九月二十六日、チャピンゴ〔農業学校〕の代表のひとり、ルイス＝トマス・セルバンテス＝カベサデバカの潜伏していた家が連邦公安部の捜査官によって包囲された。ルイス＝トマスはその家に住んでいたのではなく、建設中の棟にいた。その家の住所も、まして彼の居所に関するこの特殊な事情など、誰も知らなかった、アヤックス・セグーラを除いては。捜査官らはカベサデバカがいるに違いない、まさにその場所へまっすぐ向かった。そのとき彼は家の中で食事を摂っているところだった。泊めてもらっていた家の少年二人とともに、カベサデバカは逮捕された。警官らが、市の郊外にあるその家の周りのトウモロコシ畑まで自動小銃を手に近づいてきていた。彼はこの仰々しい捜査機構の一行によって逮捕され、留置場に投獄されるとすぐ、ペニャと同じ尋問に曝された。ただひとつ違っていたのは、告発すべき大臣が農業・牧畜相のファン・ヒル＝プレシアド氏だったことだ。

ルイス・ゴンサレス＝デアルバ（前掲書より）

捜査課長が僕に近づいてきて、帆布のような分厚い生地の頭巾をかぶせたが、布を通して電球の光線がいくらかは透けて見えた。頭巾は頭全体を首まですっぽりと覆っていて、喉の位置で締めてあった。腕を曲げられ、後ろ手に縛られた。

もう一度、叱りつけてくるあのしゃがれ声を聴いた。

「CNHでのおまえの後任は誰だ？」

「わからない。見当もつかない」

「今すぐ記憶を甦らせてやる。ここに来たら、話すか死ぬかだ」

「裏切り者、こん畜生！　何が望みなんだ？　何をめざしてるんだ？」

「わが国の憲法が遵守されるようになることだ」

「なんだと、勘違いするな。憲法を運用しているのは我々だ。誰に武器をもらってたんだ？」

「我々は武器など持っていない。我々の運動は非武装だ。民主的で合法的な運動だ。我々の武器は憲法と理性だ」

「ばかなことを言うな。おまえは武器を所持していた。アヤックスもソクラテスもオスーナもそう言った」

「嘘を言ってるんだ。僕は武器を持ったことなんかない」

「本当のことを言ったほうがいい、そうすりゃ命拾いするかもしれないぞ」

その言葉には心を惑わされた。だが僕は真実以外は口にしなかった。命はもはやどうなるかわからないと感じていたし、何を言おうと、殺しの指令が出たらどうせ殺されるだろうと思っていた。

課長は部下を一人呼んだ。その口ぶりから察するにたぶん軍曹だったんだろう。

「軍曹、この裏切り者めの記憶を呼び覚ましてやれ。こいつはわしが銃殺隊を率いているというのに、わしらを共産主義者にしたがってやがるんだからな」

もう僕はどうでもよかった。死ぬ覚悟ができていた。仲間を裏切るなんてできなかったし、正当で汚れのない潔癖な闘いを汚したり裏切ったりしてはいけなかった。自分自身を裏切ることもできないし、力の続くかぎり闘わなければならなかった。気力を振り絞って最悪の事態を覚悟した。

兵士の足音が近づいてきたかと思うと、尋問と同時に拳骨の一撃が腹部に炸裂した。

「誰がおまえらにカネを出してるんだ」

「街頭募金に応じてくれる民衆だ」

「こいつ、嘘をつけ！　ヒル・プレシアドはいくら出してるんだ」

「何も、まったく何にもだ」

「どうせ脅されてるんだろう。誰からカネをもらってるのか白状さえすれば、おまえを保護してやる。マドラソはいくらくれたんだ」

「ヒル・プレシアドもマドラソも、誰もカネなんかくれちゃいない。資金を出してくれるのは民衆だ」

「だが、おまえはヒル・プレシアドと親しいじゃないか」

「彼とも、他のどんな政治家とも、僕にはつきあいなんかない。政治家連中のことはみんな大嫌いだ」

そこでまた腹にひどい一撃が飛んでくる。

「トラテロルコで突撃部隊を編成していたのは誰だ」

十月二日のことについて聞かされたのは初めてだったから、この質問には変な気がしてこう答えた。

「知らない。僕は九月二十七日から拘留されているんだから」

もっと殴られる。今度は睾丸だ。あまりの痛さに膝を折って床に倒れこんだ。もうそうなったら殴打どころか全身蹴りたおされた。

「エベルト・カスティージョを知っているな」

「いや、見たことがあるだけだ」

「奴はどこにいるんだ」

「知らない」

また殴られる、睾丸、腹、腿。叫んだね、痛みと無力感と怒りで。涙が溢れてきたよ。尋問はせっかちに次から次へと続いた。

「エリ・デゴルタリを知っているか。マルクエ・パルディニャスは？　ファウスト・トレホはどうだ。マルクエはいくら出したんだ。デゴルタリはCNHで何をしていたんだ。トレホは何派なんだ。おまえはエベルトにハバナへ連れて行かれたことがあるのか。指令は何だ」

「いや、誰も知らない。マルクエからは何も受け取っていない。キューバに行ったこともない。知ってることなんか何もない」

殴打に加えて電気ショックが始まった、睾丸、直腸、口の中。たたみかけるように尋問が続く。

「ラウール・アルバレスとはどんな関係だったんだ」

「CNHの他の仲間と同じ、それだけの関係だ」

「ゲバラとおまえはどんな計画を立ててたんだ」

「何も。あいつとはほとんど付き合いがなかった」

「ソクラテスとはどうだ」

「同じことだ。ゲバラよりは多少の付き合いはあったが、計画なんて聞いたこともない」

殴打と電気ショックの拷問がさらに加わる。罵られつづけた。

「タイデは知っているだろう。あいつはいつもいい服装をしているってことに気づかなかったか。おまえらを裏切って、ヒル・プレシアドからカネをもらっていたんだぞ」

「タイデは学友だ。彼が闇取引してるなんて聞いたこともない。それに知り合って四年以上になるから、どんな人間かはよく知っている」


ルイス＝トマス・セルバンテス＝カベサデバカ（CNH）

私はあの学生運動には微塵も共感を抱いていませんでした。彼らの請願書は何度読んでも馬鹿げたものに思えました。「クエトを罷免せよ」。何のために？　どうせ同じような人物がすげ替えられるだけなのに。どの要求事項もすべて子どもじみていた。……しかし、懲罰の野蛮さ、若者に対する当局側の残忍さ、罪と弾圧のあいだのまったくの不釣合い、そのために私の見方は変わった。……政府はいまや彼らを英雄にしてしまったんです。

エクトル・メンディエタ＝セルバンテス（神経科医）

真夜中に、ヘスス・バニュエロス＝ロメロとフェルナンド・パラシオス、それにもう一人の仲間といっしょに卒業記念パーティを出て、家に向かってゴロスティサ通り辺りを歩いていた。そのときだ、小型トラックに乗った男たちが叫んできたかと思うと同時にピストルを向けてきた。

「おい、止まれ。走ったりしたら撃ち殺すよう指令が出ている」

その威嚇を聞いて僕らは立ち止まった。奴らは銃口を向けたまま素早く車から降りて、身元証明を求めてきた。僕らが学生だということを確かめると、そのうちの一人が、『『学生だから』殺してやる」と言いながら、僕らを突き飛ばしたり殴ったりして車に押し込んだ。車が走り出してからも、男たちは僕らを脅し続けた。あとで秘密情報部員だとわかった。こんなふうに言い合っていた。「今にこいつらの姿を消してやろうぜ。ひどい目に遭わせてやる。排水溝に放り込んでやろう」。どこへ連れて行くのかと訊くたびに、殴られ、「殺してやる」と言われた。そのうち連邦区司法警察本部に着いて、その場に大勢いた警官や兵士に押されたり殴られたりしながら車から降ろされた。特別捜査室に連行され、ゴミだらけの部屋に閉じ込められて一夜を過ごした。

そんな状況に陥って、僕らが互いに尋ねあったことは、「何もしていないのに、なぜ僕らは逮捕されたのだろう」という疑問に尽きた。

翌日、十月四日の朝、警官がひとり部屋に入ってきたので、僕らが逮捕された理由を訊くと「『一斉検挙』だったんだ。課長が来ればすぐ釈放される」と言った。その言葉で暫くのあいだは落ち着いた。しかし、午前九時過ぎに、僕らを逮捕したときの警官たちが、他にも何人かひきつれて部屋に入ってきた。僕らは彼らにまた訊いた。

「なぜ、僕らを捕まえたんだ。僕らは何の罪で訴えられるんだ」

それにはこんな答えが返ってきた。

「汚らしいからだ、馬鹿者めが。だからここにいるんだ、この野郎ども」

僕らを閉じ込めたまま、彼らは行ってしまった。

同日の十一時か十二時頃になってまた戻ってきた。入ってくるとき、そのうちの一人、課長と思われる男が他の警官たちに「どいつがリーダーだ」と訊いた。一人が僕を指差して言った。

「そいつがグループのリーダーにぴったりですぜ、いちばん背が高いですからな」

課長は言った。

「そいつを執務室へ連れて来い」

僕は殴られ、髪の毛を引っ張られながら連れて行かれた。捜査課長は僕に訊いた。

「こんなことをして誰にカネをもらってるんだ」

何のことを言われているのかわからない、と僕は答えた。

「わからないだと、こいつめ！」

すぐに同じことをまた訊いてきたが、今度は僕が追及を認めるよう期待していた。

「誰にカネをもらって路面電車に火をつけたんだ」

サラゴサ通りでの路面電車の放火に僕が加わっていたという証人がいると言われたが、僕はサラゴサ通りなんて行ったこともないし、今もってどこにあるのかさえ知らない。だからそう言った。

僕は同じ部屋に連れ戻され、つぎにヘスス・バニュエロスが呼ばれた。戻ってきたときに言うには、同じことを訊かれて殴られたそうだ。そのあと、また警官たちが部屋にやって来た。持ち物すべてを差し出すよう要求し（その後二度とそれらを目にすることはなかった）、出て行った。

その日の午後になって、僕は再び執務室に呼ばれて、同じ課長から言われた。

「あなたの名はホセ＝ルイス・ベセラ＝ゲレロですね」

「そうです」僕は答えた。

「ゴロスティィサ通りに住んでいますね」

「はい」

「ですから、あなたは路面電車の放火はしていないんですね」

「していません」と答えた。

「あなたは『悪魔のペピート』と呼ばれていますか」

「いいえ」

「あなたの名前は」

「ホセ＝ルイス・ベセラ＝ゲレロ」

「名前がホセ＝ルイス・ベセラ＝ゲレロなら、『悪魔のペピート』と呼ばれないわけはないでしょう」課長の言うことを否定するたびに、僕は課長と四人の警官から殴られた。名前がホセ＝ルイスというだけの理由で、都合のいい呼び名をつけられなきゃならないのか、と僕は訊き返した。するとまた棍棒で頭と腹を殴られ、脛を蹴られた。課長は僕がすべての容疑を否定するのを見て、「手始めの拷問《カレンタディータ》」を加えるよう部下に命じ、それでも否定しつづけるか試そうとした。僕は部屋に戻され、裸になるよう強いられた。殴られ続け、棒状の鉄製装置で体じゅう、とくに睾丸と腹と顔に電気ショックを加えられながら訊かれた。

「警官も機動隊員も嫌いだって？　それなら痛い目に遭うんだな、くそったれ」

どのくらい殴られていたのか覚えていない。ただ覚えているのは、電車の放火騒動に加わっていたと認めろ、そうでなければ殴り続けて認めさせてやる、と何度も言われたことだ。「電車に放火して騒動を起こすしか能がない奴らだから、一人くらいいなくなったってどうせ誰も気づきやしない」わけで、殺したって構わない、と。僕は意識をほとんど失った状態で床に放り出された。

ホセ＝ルイス・ベセラ＝ゲレロ（学生。レクンベリに勾留中）

裁判官、あなたは祖国のための下僕だったモレロスのような人物じゃない。あなたは大統領の飼い猫だ。

ルイス・ゴンサレス＝デアルバ

（CNH。第六司法管区の裁判官に向かって）

睾丸への電気ショックが始まった。汚水の溜まったバケツに意識を失う寸前まで頭を突っ込まれる「水攻め《ポシート》」もだ。立ちっ放しにさせられて足の筋肉に痙攣を起こしたり、心理的拷問に曝されるうえに、四六時中、殴打の雨が降りかかる。

ヒルベルト・ゲバラ＝ニエブラ（CNH）

ペドロはあまりにも悲痛な形相をしていたので、息子だとはわからないくらいでした。それは苦痛が顔面に刻んだその激しさによるものでした。

フランシスコ・グティエレス＝サモラ（父親）

逮捕者すべてがエベルト・カスティージョ博士を知っているかと訊かれて、当然、名高い人物だから知っていると大半が答えた。これを根拠にして（エベルトを逮捕したとき）、検察庁は二百以上の供述において言及されたという事実を有罪の証拠として挙げた。CNHや教員連合のメンバーでおよそ名の通った人間については皆、容疑をかけられた「犯罪」の具体的な証拠がなかったために、多数者の「言及」があったことを根拠とする同じ方法が採られたんだ。

ヒルベルト・ゲバラ＝ニエブラ（CNH）

同じ十月四日のすでに午後になって、僕を殴りつけた後で警官たちが部屋に戻ってきた。僕らはまた拷問を受けて、閉じ込められていた部屋を掃除し床を洗わせられた。片隅にゴミというか汚物ばかりの山があった。部屋は拷問による嘔吐で汚れていた。そこには僕らとともに、やはり学生だけれども僕らの知らない若者たちが留置されていた。部屋を掃除するよう、ヘスス・バニュエロスとフェルナンド・パラシオス、それに僕は、水の入った缶と雑巾を渡された。その後、事務所全体、いや厳密には事務所じゃなくて外周りの部分（警官全員の点呼をとっていた場所だと思う）を掃除し雑巾がけさせられた。そこではロッカー全部の掃除もさせられた。そうしている間、通りかかった警官の誰もが訊いた。「掃除なんかして、そいつら何者だ？」答えは決まって「学生だ」だった。

「そうか。じゃあ、どのくらい勇ましいのか見てみようじゃないか」

そう言いながら肋骨を殴りつけてきた。

「おまえらは勇ましいんじゃないのか？　寄り集まってはじめてお山の大将気取りなんだろう。だが群れから離された今でも暴れられるのか。これでも食らえ、くそったれども」

そして腹や肋骨を殴られた。べつの警官が来るごとにこれが繰り返された。なぜ僕らがそこにいるのか同僚に尋ねて、学生だからだと聞くと、必ずそれも大抵は肋骨を殴りつけるんだ。

午後六時頃、僕はまた事務所へ連れて行かれて、課長に言われた。

「少しは懲りただろうから、話す気になっただろう、こいつめ」

電車の放火なんかいっさい関わっちゃいないと言ったとおりだ、と僕は答えて、さらに付け加えた。

「あんたたちは僕が学生だという理由だけで、その件で起訴したがってるんだ」

僕は言葉を遮られ、腕や足を棍棒で殴られた。平手打ちで耳と腹にパンチを喰らった。その間「勇ましいんだろう、ほんとうかどうか見てやろう」と奴らは繰り返していた。すでに作成済みの供述書を見せられた。そこには僕が、ヘスス・バニュエロス＝R、フェルナンド・パラシオス＝V、ライムンド・パディジャ＝S、フェルナンド・ボルハとともに路面電車の放火に加わっていたと書かれてあった。後者の二人は僕と同じサッカーチームにいた友達で、二人の名前は僕の手帳から引いてきたんだ。見せられた供述書によると、くだんの路面電車放火は十月二日の夕方六時半頃、ゴロスティサ通りとヘスス・カランサ通りの交差点で起こったことになっていたが、そんなのはまったくの嘘だ。それにもかかわらず、僕は翌日の夜十二時頃逮捕された。その後、二日にも三日にもその前後どの日にも、その場所で放火された電車なんかなかったことを僕は確認した。

ホセ＝ルイス・ベセラ＝ゲレロ（学生）

十月八日の午後六時頃（そのくらいの時刻だったと思う）、僕のいた独房、第十八房に何人かがやってきた。覗き窓が開いて、「近寄れ」と命令された。「第十八房、ＣＮＨのガムンディ」という声を聞いた。ソクラテスの声だった。夜明けに尋問のため僕は連れ出された。

「ソクラテスを知っているか」

「いや」

軍人の返事はこうだった。

「しらばっくれるな。ソクラテスはおまえを知っていると言ったし、十八房の前でおまえだと認めたぞ」

どう答えることができただろうか。何も言えなかった。同じことが他の多くの仲間の身にも起こった。ソクラテスは独房を一つひとつ回って仲間を識別したんだ。いちばんひどかったのが、初等教育教員養成学校の女子学生のケースだった。ソクラテスは学校を訪問したときに、その子を一、二度見かけたことがあった。軍の収容所に留置されていた女子学生たちの身元を確認させるために、ソクラテスは連れて行かれた。その子が目前を通ったとき言った。

「あいつは知っている」

「どこでだ」

「CNHで一度見かけた」

「名前を知っているか」

「いや、名前は覚えていない。CNHで一、二度会ったことがあるだけだ」

軍人までもが憤慨して言った。

「馬鹿野郎、確かでないならなんで口にするんだ。嘘だ、おまえはあの子を知っちゃいない」云々。

そうして素通りした。その軍人のおかげで、その子は一週間後に釈放されんだ。

フェリックス＝ルシオ・エルナンデス＝ガムンディ（CNH）

膨大で無茶苦茶な内容の書類が、何百名もの左派の、それも無実の運動家に対して作成された。彼らが牢獄に勾留される一方で、支配階級はこの「安定」の四十年間、アルフォンソ・キロス＝クアロンによれば、五万一千件以上の殺人と二十万件近い盗難の告発が無処罰であった、などという事態を放置して平然としていたんだ。だが、「犯罪性」というものは富と同じで、少数者の手、つまりは経済体制に集中する傾向がある。

経済学部卒フェルナンド・カルモナのコメント（犯罪学者のアルフォンソ・キロス＝クアロンの声明に対して）

十月二日のトラテロルコ事件以後、警察権力体制への最新技術導入が迅速に行われた。機動隊員は盾や棍棒の他に防毒マスクと近代的化学物質を用い、兵営も近代化され、旧式の手動銃は自動小銃に代わった。シウダー・サアグンでは「暴動弾圧用」戦車が製造されはじめた。

フェルナンド・カルモナ（経済学部卒）

軍第一キャンプでは、国際労働者協会《インターナショナル》の歌（この歌は共産党員たちが私物化しているも同然だったが）から社会批判の曲まで、いろいろなものを誰もが歌っていた。皆に好まれている歌が二つあった。ひとつは、

クアウテモック王はとても満ち足りていた

どんな拷問もものともしなかった
そしてもうひとつは〔テレビの人気番組〕「探偵『聖者』」の音楽にのせて、こんなふうな替え歌だった。
インスルヘンテス〔反逆者の意〕大通りで
秘密警察捜査官なんかクソ食らえ

「ラ・マルセイエーズ」も好んで歌われた。あるとき、「インスルヘンテス大通り」の歌詞を大合唱しだしたことすらあった。だけど、中尉が現れて、軍キャンプは売春宿じゃない、そんな猥褻な歌をうたいつづけているから処分が決まったというのがわからんのか、と怒鳴った。丸一日ほどは沈黙したけど、その後また歌いつづけた。ただ、あれほど怒りを買った歌はやめたよ。本当のところは、歌うことで僕らは士気を高めていたんだ。そうやってその頃の苦しい日々を少しは楽にして、気を逸らしていたんだ。

「歌う」という言葉のもうひとつの意味では、僕らのあいだには、ソクラテスの蛆虫のように「求められるがままを白状する」者はわずかしかいなかった、ということを胸を張って言える。それに、ソクラテスのような奴らの言うことは真実じゃなかった。「部隊のこと、武器のこと、恨みを抱いている政治家たちのこと」、嘘の上に嘘を並べて、口にするのは嘘と密告ばかりだった。結局のところ、奴らはばかげた人物評価を口にしていただけだった。それは政治的にとても質が低くて、トラテロルコの虐殺を正当化し、政府の見解を支持するためだけのものだった。

エドゥアルド・バジェ＝エスピノサ、通称「ブオ」（CNH）

もはやもっと憎悪に満ちた長時間の拷問が繰り返されるようになった。僕はきしり音をたてるヘビのようにのたうち回り、むせび泣き、痛みを訴え、叫び、汚い言葉を吐いた。拷問が止んだとき、兵士が僕に言った。「甘いことを考えるな！　共産主義のブタめ！　俺たちでうまく行かないなら、すぐ近くにグリンゴ〔米国人のこと〕がいるんだからな」。床に倒れて、言われることが耳に入ってくるだけで、僕は痛みにむせんでいた。睾丸、腹、足に走る痛みにがまんできなかった。息をするのも苦しくて、体じゅうの肉が震えていた。心臓が飛び出しそうな感じがして、口は渇ききっていた。誰かがこう言うのを聞いた。

「ボス、死刑執行小隊は準備完了です」

この刺激に対してはもはや反応できなかった。

皮肉のこもった声がこう言った。

「何も言いたがらない白い小鳩ちゃんだから、上司の命令に従うしかないじゃないか。こいつを連れて行け！」

脇を抱えられ起こされた。僕は立つのがやっとだった。誰かが僕に言った。

「最後に仲間に会いたいか？　ここに全員いるぞ」

「そうだ、会いたい。仲間のところへ連れて行ってくれ。ただ、顔が見えるように頭巾をとってくれ」

「だめだ。ここではおまえなんかの思い通りにはさせない。俺たちの言う通りにするんだ」

盲人のように歩いて、つまずきながらそこを出た。転ばないように何本かの手が僕の腕を支えていた。ほとんど宙ぶらりんの状態で担がれていた。やっとのことで柱に縛りつけられ、こう言われた。

「ここにソクラテスがいる」

僕には見えなかった。話し声を聞いただけだった。

（ソクラテスがカベサに向かって）「奴らに答えてやれ。ほんとうのことを言うんだ」

「何を言えというんだ。言わなきゃならないことはもう言ったのに」

つづいて第三の声が聞こえた。

「ここでどんな扱いを受けたか、奴に言ってやれ」

「カベサ、俺には文句なんかないよ。待遇はいいからな。カベサよ、いいか。カネはポリの生物学科とUNAMの理学部から入ってきてたんだ。マドラソが出してたんだ」

「僕が知ってる唯一の資金ルートは、分隊の募金活動を通して民衆が出してくれたものと、各学校のCNH代表からの百ペソだけだ」

「そうじゃない、それだけでは不十分だった。壁書きやらプラカードやら宣伝に大金を使ってたんだ」

「僕は他の資金ルートなんか聞いたことがない」

「ティタが捜査官だって知ってたか？　五万ペソで買収されたんだ。だから捕まってないんだぞ」

「そうじゃないだろう、ソクラテス。僕は何も知らない。もしそのことを知っていたんなら、なぜCNHで告発せずにいて、今ここで言うんだ。どうしたっていうんだ。黙ってろ」

もう一度、誰かが何か言ったがほとんど聞こえない小声だった。ソクラテスは僕に訊いた。

「おまえはヘナロ＝バスケスと通じていただろう」

銃撃隊を前にしてこの質問を聞いたとき、血の気が引いた気がした。そんな質問をどこから引き出してきたのか、何のつもりで訊いたのか、理解に苦しんだ。ヘナロ＝バスケスと連絡をとったことなんか一度もなかったから。でも、政府が捜しているリーダーのひとりだということは知っていた。驚いて僕は答えた。

「嘘だ。ヘナロなんていう人間と連絡をとったことはない」

「いや、たしかだ。あのベラクルス出身特有の、髭面で背の低い男だ」

「でたらめを言うな。僕らを陥れるのはやめてくれ。黙っててくれないか。僕は何も知らないんだ。わかってくれ、何も知らない」

「そう言うけど、学生は殺されるんだぞ……」

「そうだ、殺されるだろう」

また別の声がした。

「ソクラテスを連れて行け。そしてこいつを撃て」

ルイス＝トマス・セルバンテス＝カベサデバカ（CNH）

学生分隊がやっていた公共募金では大金が集まったものよ。それにどの学校でも、紙とインクを買って守備分隊の食事を出すことにしか使い道はなかったんだから。

エストレージャ・サマノ（UNAM政治社会学部）

たとえ最小限であっても、あの運動に参加したことのある若者なら誰しも、我々の主たる出費は紙代、それも莫大な量の紙にかかる費用と、CNHがときたま新聞に掲載していた広告費だということを知っている。これを費目ごとに見てみよう。まずはCNHの支出。何に必要だったか。チラシはCNHじゃなくて各学校が発行していたんだから、唯一の出費は新聞広告の支払いだった。『エクセルシオル』紙では一ページの半分に三千ペソかかる。週に二回（実際はそんなに頻繁ではないのだが）出すとして、六千ペソになる。どこからカネが出ていたか？　各学校が一日百ペソの定額分担金を負担していた（それを徴収する手間がまたたいへんだった）。百ペソ×八十校で八千ペソになるが、週につき必要なのは六千ペソにすぎなかった。だから分担金の徴収はそれほど重要ではなかったんだ。ところで各校が担うべき百ペソは集まったかどうか？　考えてもみてくれ。哲文学部のようなまあまあの規模の学部なら、学生だけで、あるいはその中でも毎日の集会への参加者だけで、それをずっと上回る額を集めることができた。よく調べてみるといい。紙とインク以外の出費はない。各学校に謄写機があったし、UNAMにもポリにも印刷所があったし、カフェも備えていた。ああ、そう言えば！　ほかに食費を要したんだった。しかし食べ物は各校のカフェから供出されたし、二十四時間いつでも開いていて、しかもいい商売なんだ。もちろん、当時は大勢に食事が振舞われていたから儲けは少なかったけど。でも学部の夜番か、よく働く分隊の場合でなければ、大半は代金を払わなきゃ食べられなかった。こうして考えてみたらわかると思う、たいした出費はないんだ。正直なところ、実際の十倍は集めることができたはずだが、何のために？　そんな必要はなかった。

ルイス・ゴンサレス＝デアルバ（CNH）

一方、政治の面では、警察のいつもの手で、あの運動の評判を悪くしようという魂胆があった。いわば、「闇の利害関係」のために動く反体制的な人間によって煽られた運動として見せかけて、その真の目的を歪曲する、ということだ。それと同時に、社会的悪状況の本当の原因を隠し、虚構あるいは架空の原因をもちだすんだ。たとえば、「不注意な」人びと、つまり主として、暴れたり「いかなる」口実からも「騒ぎを引き起こす」のが好きな学生たちを騙している「巧妙さ」が根本にあるのだというようにね。今回の場合、当局にとって「共産主義者の陰謀」という説を使うのは無理だった。運動の規模が大きくて、そんな解釈はまったく信じられないものだったから。それで、そんな事態の中で当局は、驚いたことに「新しい」解釈を捏造しようとしたんだ。つまり、運動の知的首謀者格は「恨みを抱いている政治家」集団の中にいて、腹いせに「体制に問題を引き起こす」ために運動に加担する動きをしているのだ、と。エルネスト・P＝ウルチュルトゥ、カルロス・マドラソ、ウンベルト・ロメロ、ブラウリオ・マルドナドその他の元役人たちの名前は、逮捕者の「供述」の中に含まれていたことから話題性を醸した。運動の頭脳となった指導者の正体、資金の出所、「現体制を倒すためにひとつの党派を作って」いることを認識しているために「口に出せない目的」、そうした解釈がいま名前を挙げた人物たちに帰せられたんだ。

ラウル・アルバレス＝ガリン（CNH）

当局が作成した供述書を読んで聞かされたとき、特別捜査課長から、署名しなければ家族に面倒がかかる、と言われた。家族がどこに住んでいて、両親は何をしていて、どこで働いているかわかっている、とも。殴られ続けていたし、新たな脅しを聞いて、その供述書に署名せざるを得なかった。その後、僕らは他の九十人ほどの逮捕者と一緒に地下牢に連行されて、十五人部屋に幽閉された。排水口と便器から黒い水が溢れていた。明かりも換気窓もなかったうえに、二時間おきに特殊なホースで係官からびしょ濡れにされた。そんな劣悪な条件のために、何人もの学生が病気や神経発作に罹って気絶したほどだった。そんなふうにして一週間を過ごしたんだ。

ホセ＝ルイス・ベセラ＝ゲレロ（学生）

「おまえより先に他の二人を殺す」

二回の射撃音とそれに続く二回のとどめの発砲音が聞こえた。ぐったりした二体を確かめるよう、僕は連れて行かれた。……その後、僕はもう一度取り押さえられ、頭にピストルを突きつけられ、引き金が引かれた。そうしてこう言われた。「殺したって仕方がない。……去勢するとしよう。……」彼らが「カレンタディータ」と呼ぶ痛めつけをされてから、何か麻酔剤のような化学物質を睾丸に注射され、ナイフかメスで陰嚢を切って去勢のまねごとをされた。そのときの傷跡は今も残っている。何もかも、十月二日の夜から三日の午前六時にかけてのことだった。……それもこれも、大衆学生運動にも、自分自身の主義主張にも逆らうような供述をしたくなかったから身に降りかかったんだ。だが、そんな供述を認めたとしたら、この国の民主主義のための闘いに逆行する、嘘の連鎖になっただろう。十月三日の午前七時に、僕は再びレクンベリ刑務所へ連れてこられて、最悪のコンディションで外界との接触を断たれた。用を足すのにすら出してもらえず、部屋の二十リットル容器に向かって済まさなければならなかった。二十八日間に及んだ接見禁止期間中、その容器は一度も空にして洗われることがなかった。看守すら見当たらなかった。毛布もマットレスもなかった。午前と午後にコップ一杯のアトレ[72]だけという粗末な食事が独房の扉窓から与えられた。……どれをとっても、おわかりのように、人権にもわが国の憲法にも反する行為だ。

ルイス＝トマス・セルバンテス＝カベサデバカ（CNH）

最初にカベサを見たとき、彼がH房群からM房群に移動させられたときだったのですが、恐ろしくてぎょっとしました。私自身の体内に彼の苦痛を感じたような気さえしました。ほら、聞かなくてもひと目見ただけで、誰かがものすごく苦しんだとわかるときがあるでしょう。苦痛を耐えているように見える、というんじゃなくて、彼の全身が歩く痛みだった。……

アルテミサ・デゴルタリ

軍第一キャンプでは、寝台の上に立つと二、三メートル幅でアルファルファの草地の帯と監視台のある壁が見えた。右手には壁の隅にトウモロコシが植わっていた。カラスかな、黒くて大きな鳥が数羽、乾いた茎の上に止まっていた。頭を扉に向けて横になると、窓枠で仕切られた空が見えた。僕はワイルドの詩を思い出した。「その青い四方形は囚人の見る空」。しばらくぶりに、泣いた。それから後は、いつも扉に足を向けて寝た。

ルイス・ゴンサレス＝デアルバ（ＣＮＨ）

ある日、軍キャンプにいたとき、独房の鉄格子が開くときのあの聞き慣れた音で、朝の十時頃目が覚めた。誰かが各扉にある小さな穴を通して仲間を部屋ごとに見回っていたんだ。覗き窓っていうやつだ。薄汚れて、髪が伸び、〔トレードマークの〕メガネをはずしていて、痩せこけて、僕は何者か知られずにどこの誰としてでも通った。嘘っぱちのデータを言ってあったけど、勾留された最初の晩から一度も呼び出されたりすることもなかった。僕をまあまあよく知っている人間だけが僕が誰だかわかっただろう。僕の番になって独房の鉄格子が開かれた。立つように命じられて言われるがままにした。数秒後、扉の向こうで誰かが、後ろへ数歩下がれ、と言った。また少し経ってから、壁につけ、と命じられた。ささやき声で外の誰かが言った。「十三番独房、ＣＮＨ」その声には聞き覚えがあると思った。その目元をじっと見てみると、メガネなしではっきりとは見えなかったけれども、見覚えがあるとも思った。だけど、声の主が誰なのか、鉄格子越しに直感した目が誰なのか、思い出せなかった。

金属の寝台にまた腰掛けた。そのとき、僕の姓を執拗に呼ぶ声がした。「バジェ、バジェ、バジェ、バジェ」。それは向かいの独房のやつだった。立ち上がって薄板越しに訊いた。「何の用だ？」そいつは鉄格子を覆っているプレートを指で押すように僕に言った。ロックがかかってなくて開けることができたから。指でプレートを押して、こっちとあっちの鉄格子と通路を隔てて、何の用かと尋ねると、こう訊いてきた。

「君の正体を見抜いたのが誰かわかったか？」

「いや」

そいつはひと言で応えた。

「ソクラテスさ」

それ以上言葉は要らなかった。二人とも鉄格子を閉めた。レクンベリに着いた初日、午後の食事の時間に、ソクラテス・カンポス＝レムスの姿を見た。ひと目見ただけで僕はかっとなって、突っかかって行った。ゲバラが僕を押しとどめて、落ち着くように諭した。逮捕者間の騒動で政府にもっと攻撃材料を与えるべきときではなかった。いずれ万事をはっきりさせる機会があるだろう。僕は彼の言うとおりだと思った。だけど今も、ソクラテスにはいつの日かこの罪を償ってもらわなきゃならんと僕は思っている。そしてそうさせるのは、一九六八年十月二日以来、奴が裏切った学生たちだ。

エドゥアルド・バジェ＝エスピノサ、通称「ブオ」（ＣＮＨ）

「海賊」というあだ名の、いつももじもじしていて無口な若いやつに、係官たちがソクラテスのことを何者かと尋ねたとき、俯いたまま答えたそうだ。
「何をしてた人かは知らない。歴史は不得意なんだ」

サルバドール・マルティネス＝デラロッカ、通称「ピノ」（UNAM理学部闘争委員会）

僕はイダルゴ州山間部のサクアルティパンの出身です。父は教師で、名前をオメロといいます。祖父や叔父の代からギリシャ名をつける慣わしなので、僕はソクラテスと名づけられたんです。

ソクラテス＝アマド・カンポス＝レムス（IPN経済学部CNH代表。レクンベリに勾留中）

もう何もかもどうでもいい。俺なんかどうなってもいいんだ。

ヘスス・バジェ＝バケイロ（UNAM歯学部）

僕が〔シェイクスピアの悲劇『オセロ』の〕イヤゴーだって？　ユダだって？　CIAの一員だって？　政府の手先？　密告者？　裏切り者？　実のところは、政府や制度という本当の悪を告発できるほど十分に成熟していない連中がいるから、学生同士のあいだでスケープゴートを生み出すんです。一人の人間を個人攻撃したり、「俺じゃない、おまえだ……いや、あいつだ……」と言い合っているほうがずっと簡単です。「あっちのやつが言われるがままに自白したんだ、そのことは聞いて知っている、見たわけじゃないが聞いたことがある、あいつがこう提案したんだ……こいつは降参した、耐え切れなかった、三分と持たなかった、俺じゃないどころか誰それの仕業だったんだ」とか子どもじみた態度に出るのは簡単です。難しいのは我々の運動とは何だったのか、何を目指していたのか、どこで失敗したのかを深く分析することなんです。ところがその代わりに、ばかげた分断や何も得るところのない小集団への分裂が起こり、共産主義者の間で毛沢東派、トロツキー派、スパルタクス派に分かれて紛争が生じる。つまり互いに憎悪しあうようになる。M房群の中ですら、一人ひとり別々に調理場を持っていて、話もしないどころか、中傷誹謗しあい、互いに孤立しているのをご存知でしたか？長屋でさえもっと結束した雰囲気ですよ。……ここにいる連中は、僕が密告し、軍第一キャンプでは「名指しで暴露」したとか、政府と結びついていたとか言っています。……考えてもみてください。学生運動が頂点に達したとき、僕はすでに何年間も活動家をやっていて、学生の間で名声を博していたんです。CNHでももっとも目立つリーダー格でした。ほとんどのデモで演説をしました。トラテロルコで銃撃が始まったとき、人びとを制止しようとしたのは僕でした。マイクをつかんで叫びました。「走るんじゃない、落ち着くんだ！」これには何百人もの証人がいます……。「おまえはソクラテスだな」と言って、僕はすぐに手錠をかけられました。そのときから、トラテロルコでいっしょだった仲間を僕が軍第一キャンプで識別してまわっているとの噂が流れはじめたんです。じっさい、僕の前に多くの仲間が連れて来られました。係官たちが僕に訊くんです。

「これは誰だ？」

「知りません」

フェデリコ・エメリーがこれを裏付けてくれますよ。彼を見たとき、係官たちに僕は言いました。「知らない、知りません。こいつは違います。あいつなら口髭があったし、もっと背が低かった。……」黙していることはできませんでした。沈黙も告発になりうるんですから。係官らに探りを入れながら時間を稼がなきゃならなかった。尋問をかわそうとして応じました。「そうですねぇ、知りません。よく覚えてませんが、メガネをかけていました。……顎ひげをたくわえていました。……白人系でした。……」とね。軍キャンプにはCNHの仲間が六十人以上いました。もし僕が彼らの名前を言ったとしたら、全員が処刑されてしまいます。僕は一人も誰だか言いませんでしたよ。じゃあ、なぜ係官らは僕を連行してそうさせようとしたのか。明らかに、僕がCNHでもっとも目立つリーダー格だったために、運動に関わっている連中を皆よく知っていた、そのためです。僕はトラテロルコでCNHの他のどのリーダーよりも先に捕まえられたんです、ご存知でしたか。

大学都市が占拠されたとき、僕は二五〇以上の学生集団を指揮していました。ポリが占領されても運動を続けることができるように結束していなければならないと考えていたからです。もし僕が本当に仲間を告発していたとしたら、ここにはCNHの全メンバーが捕えられていて、逆に無実の人など身柄拘束されてはいないでしょう。無実の人というのは、支持基盤の人たちのことです。単なる運動の参加者で、「チラシ配り」に当たっていた人びとのことであって、僕たちのように運動の政治的指導を行い、責任を担っていた者のことではありません。

ソクラテス＝アマド・カンポス＝レムス（IPN経済学科CNH代表）

私なら拷問された人間の言うことを、まともに判断しようとはしないわ。

ロベルタ・アベンダーニョ、通称「ティタ」（UNAM法学部CNH代表）

私があの人のような目に遭わされてたらどうしてたか、わからない。そんなこと考えられもしないわ。肉体的痛みなんて耐えられない。

クレメンティナ・ディアス＝ソロルサノ（UNAM哲文学部）

もうこんなばからしいことはたくさんだ！

アルフレド・バルデス＝マシアス（IPN機械・電気工学科）

その密告ということについてみてみましょう。「言われるがままに自白」した人間はそんなにいなかったと思いますか？　目にしたありとあらゆることへの恐れがもとで気がおかしくなっていて、制御不能の神経症に罹っていて、絶えず緊張感に曝され、拷問を受け、自分ばかりか家族の身の危険をほのめかされる、そんな状況に一度も陥ったことのない若者が「自白」しないと思いますか？　そんな人間のことを臆病者とか吐き気を催させる密告者とみなすんですか？　とんでもない！　状況の犠牲者なんです。英雄なんかじゃない人たちを、それともてはやすのはやめてください！

ソクラテス＝アマド・カンポス＝レムス（IPN経済学科CNH代表）

エピソードばかり、誰しもそれしか言わない。「そのとき僕はアントニオの家にいた。……」「私は理学部棟で捕まえられた。……」「走って外へ逃げたら軍隊がいた。……」。でも見解を述べることのできる人は一人もいない。なぜ、闘っていたのか？　何を求めていたのか？　破壊？　侮辱？　攻撃？　暴力？……何にもわかっちゃいなくて、めちゃくちゃだった。……

ベアトリス・ウルビナ＝ゴメス（IPN化学工業・鉱業学科）

トラテロルコだって？　あそこはいつだって虐殺の舞台だったじゃないか……。

フランシスカ・アビラ＝デコントレラス（八十歳、ノノアルコとトラテロルコ両地区を結ぶ陸橋付近、ネプトゥノ通りの

住民）

昔、祖先があそこで大虐殺をしたそうだわ、まさにあのトラテロルコでね。大量の血を撒き散らしたから、呪われた場所なのよ。……アステカの人びとだったっていうことだけど、本当のことかどうかは調べてみてくださいな。……長い間、誰もあそこに住もうとしなかったんですよ。

エリサ・ペレス＝ロペス
（「プロテスタントの一派」「南の霊性」教会の説教師）

私はクリスマスを母と過ごすためにゲレロ州のタスコへ行ったの。私たちは七人きょうだいで私が末っ子。父は私が十四歳のときに亡くなった。病気の姉がいて一人にしておけないから、母は私に会いに来ないの。勾留されてから一度だけ会った。このあいだの五月十日〔母の日〕にメキシコ市へ来たときよ。

私は一月一日に連邦区へ戻って、二日にUNAMへ行った。だって釈放された以上もう逮捕されないだろうと思ったから。法学部に行って、ティタを捜したけど見つからなかったんで、アントニオ・ペレス＝サンチェス、通称「エル・チェ」という友達に、その人はほとんど運動に加わっていなくて逮捕命令も出ていなかったから、コヨアカンのアパートまで車に乗せてってくれるように頼んだの。友人のドクター夫妻といっしょに住んでいた通信・公共事業省近くのアパートじゃなくてね。……母がプレゼントしてくれた（銀細工の店をやってるから）チェスのセットを見ていたとき、誰かが鍵で扉を開ける音がした。ミルナかティタかのどちらかだと思った。鍵を持ってるのはその二人の友達だけだったから。でも入ってきたのは銃口を差し向けた八人の武装した男たちだった。「手を挙げろ！」すぐにそのうちの一人が他の連中に命令した。「この部屋を調べろ。隅々まで残らず調べあげるんだ！」エル・チェのことをやつらはエスクデロと取り違えていた。マルクスの本や〔キューバの日刊紙国際版〕『プレンサス・ラティーナス』、ソ連の刊行物の他、叛乱プロパガンダだと思われるものは皆かっさらって行った。私たちは車に乗せられて目隠しをされた。私のほうが先に縛られた。後でエル・チェが私に語ったところによれば、係官の一人が私に「何が見える？　表か裏か？」と訊きながら、ピストルを突きつけていたそうよ。なぜそんなことをされたのかわからない。そいつらはサディストなんだと思うわ。「さあ、勝利のVサインをしろよ」「どうした？　ゲリラのもとへ行かないのか？」一時間くらい車の床に放り出されたまま連れ回されて、拉致された家がどこにあるのかも、目隠しされているからわからなかった。その家の床に転がされたまま午前三時頃になって、正面、横、斜めから写真を撮られた。私たちはフラッシュのせいで完全に目が眩んでいた。翌日になると尋問が始まった。誰が資金や武器を私たちに渡していたか、とか。

「あなたにマドラソは五万ペソくれたんですと？」

そこで私が署名したという領収書を見せられた。ああ！　私を連れ去ろうとしたとき、メキシコ空軍のヘルメットを見つけたんだ。それはあるパラシュート隊長からもらったものだった。六三年当時、私は女の子仲間といっしょに山岳救助隊のパラシュート隊員だったから。そうして私に言うの。「見つかったヘルメットはおまえたちが殺害した隊長のものだ」とか、私はゲレロ出身だからヘナロ・バスケス＝ロハスとつながりがあるにちがいない、とか。同郷人としてすら一面識もないのに。翌日、エル・チェと私はべつの家へ連れて行かれて、そこでティタと一緒になった。彼女も前夜の一九六九年一月二日に拉致されていた。そこに私たちは動けない状態で、絶えず交替する秘密情報部員たちに見張られて、六日間だと思うけど一部屋に押し込まれていた。トイレに行くときは何も見えないように頭巾を被らされた。食べ物だけは良かった。六日目頃になってもう一人逮捕者が連れて来られた。後になってそれはロドルフォ・エチェベリアだったと知った。

その家から私たちは目隠しをされてバンで移送された。道すがらこう言われた。「自由になれるぞ、心配するな。公園で降ろしてやる！」私は同じことばかり繰り返し叫んでいた。「お願いだから、母に報せてほしい。それだけがだいじなの」。バンが停車して、ティタと私は言われた。「包帯をとれ！」とってみると、じっさい目の前に公園があった。レクンベリの前にある公園。女性囚の収容所に四日間いた後、五日目に女性刑務所へ移された（一月十五日だった）。そこで正式な逮捕令状が読み上げられたんだけど、それも明らかな憲法違反だった。だって憲法の定める〔逮捕理由の宣告までの身柄拘束〕期間は七十二時間以内であって、そのうえ私たちは、勾留の理由が明らかな人たちばかりが収容され、入るときに書類に「勾留理由明白」と書かれる刑務所にすでに連れて来られていたんだもの。

アナ＝イグナシア・ロドリゲス、通称「ナチャ」

（UNAM法学部闘争委員会）

CNHには非妥協的な傾向があったかだって？　そう、あった。不法な取引、デマゴギー、対立、閨中談、政府の政治談義、ディアス＝オルダスの家父長的叱責、体制による弾圧政策、そういうもの一切を受けつけない、厳格な方針があった。強硬で頑固な方針だ。それに、動員や、政府との公開対話の原則や、請願書に関しても、のちのマルセリーノやその他のリーダーたちの変節と裏切りに対しても、それは厳しかった。十月二日以降のCNHの悲観的駆け引きを賛助したり支持したりした人間に対しても、〔政府高官の〕カソとデラベガとの対話を、それが何の意味もなくなって体制のデマゴーグの一部にすぎなくなってからも続行させた人間に対しても、決して妥協しなかった。脅しに乗って、事態がいかに展開したのかを検事に説明してもらいに行き（それも貴重なガイダンスに対して礼まで述べて）叱責を受けた者たち――CNHの二十一人のことだが――に対してもそうだった。

そういう連中に対しては、厳しく絶え間ない批判も行っていた。これを強硬路線というならたしかにそれはあった。だが、武装対立があったと解釈したいのだとしたら、そんなものはなかった。CNHには武器はなかったし、誰も武装蜂起や叛乱など期待してはいなかった。その意味では強硬路線はなかった。扇動家のアヤックス・セグーラ＝ガリードが軍事化の方針をとってはどうかと提案したときも拒絶されたし、即刻、奴は例外なく誰からも疑惑の目を向けられるようになった。CNHの当時の雰囲気がどんなものだったか、垣間見ればそんなところだ。

我々の武器は、憲法であり、我々の思想や、合法的かつ平和裡の動員であり、我々の作るチラシや機関紙だった。こうした武器は皆、堅牢だったかって？　もちろんそうだ。この国では民衆や学生の自発的動員も、大衆独自の組織も、国民を苦しめる専制的政府に対する現実的批判も、じつに強硬なんだ。これがCNHの強硬路線というものだし、今でも根本的には非妥協路線は有効でありつづけている。

エドゥアルド・バジェ＝エスピノサ、通称「ブオ」（CNH）

ざわめきに耳を澄ませよ、
聴け、急流が運ぶ鎖の音を
　聞け、見よ、
恐怖が銃剣の聖壇に担がれて駆けめぐる
　こっちへおいで、愛する人よ、恐れないで、もうすぐ終わるから
僕らは同じ痛みの絆で結ばれた
僕らは星の言葉を奪われた
　恐れないで、もうすぐ曙光がさすから
暗闇の中で像がひっくり返った
僕らは頭蓋骨を割られたけれど

僕の髪の毛は新たな種子を濡らす
　強く抱きしめて、もうすぐ寒さは消えるよ
黒い根が地中で伸びた
絶叫のガラス細工でできた
エメラルド・グリーンの蛇
僕らは沈黙を否定され
その声で威圧された
だけど、もうすぐ終わるよ、愛する人、恐れないで

エドゥアルド・サントス（UNAM商学部。『大学論集』
二三巻一号、一九六八年九月）

アヤックスとも僕らはもめた。機械・電気工学科でスト宣言をして三日ほど後、朝の総会にやって来て、第七ボカシオナルの、実習だか体育だかの教師だと――何をしていると言ったかよく覚えていない――自己紹介した。そして、自分はスト問題の経験が豊富で、学校の教官として僕らに手を貸したい、と言った。「君たちスト委員会のディフェンス陣のようなものだ」と言って、突撃隊を作るよう僕らに提案した。

「君たちはただ、誰がこの突撃隊のメンバーになりたいかを言ってくれ。そうすれば僕が訓練してや

る。きっと近いうちに君たちは殴られたり攻撃されたりしはじめるだろうから、そのための準備をしておかなきゃならない。方針は反座法たるべきだ。つまり目には目を、歯には歯を、だ。叩かれたら叩き返せ、殺されたら殺し返せ。……」。それがアヤックスの助言だった。僕らはあいつを講堂から追い出し、二度と総会への参加を許さなかった。あいつのことは、軍第一キャンプであいつが僕を「突撃部隊を組織しようとしていた」と告発した、と聞かされるまで知ることはなかった。

フェリックス＝ルシオ・エルナンデス＝ガムンディ（CNH）

夜に眠っているとき、時々、銃剣の壁が寝台の周りを詰め寄ってくるような気がするんだ。

フロレンシオ・ロペス＝オスーナ（CNH）

俺は市場で働いてます。働いてたって言うべきかも。市場で牛の内臓、腸やなんかを売ってたんです。ふと路面電車が放火される様子を見に行く気になって、ばかみたいに突っ立ってたんです……。だから今ここにいるんです、ほんとに、そのせいで。今になって好奇心の代償の高さを思い知ってます。エスターニョ通りとイングアラン通りの交差点に突っ立って、電車の放火を見てやろうなんてね。そんなことでまさか、言われるほどたくさんの罪を犯したと訴えられようとは思いも寄らなかったですからね。連れて行かれた警察本部で、思う存分殴られました。学生運動に参加して当局の役人を襲った、と認めないことには殺すとまで脅されました。そんなこと、でたらめです。それに対して、八日間監禁されて家族に会わせてももらえなかったし、弁護人ってのが何なのかなんて俺は知りもしない。それが本当です。殴ったり脅されたりしたから、そう、供述書にサインしましたよ。俺なんか何にも関係のないことなのにそれをやらかしたって認める内容の、予め用意されてた文書でした。そいつを「追認」しに連れて行かれたときには、横に弁護士なんか誰もいませんでしたよ。……今になって自分にどんな権利があるのかわかりました。牢屋の仲間たちが目を覚まさせてくれましたからね。だけどそれまではプロの弁護人とか、訴訟手続きとか尋問とか、そんなことは何も知りませんでした。知らない専門用語での話だったから、言われてることがまったくわからずに、訴訟手続きで言われたことが何も理解できなかった。俺は教育のない人間です。牢獄に来てみてここでは、仲間に助けてもらって法廷の司法官の人たちに手紙を書けるようになりました。一人じゃ絶対にできっこありませんでしたね。ただひとつ断言できることは、暴力のせいで署名させられた嘘がもとで、違法の供述書を有効と認めさせられたということです。学生運動をめぐって、俺の場合と同じような冤罪者が十五人はいます。このC房群に十五人と、M房群に二人かそれ以上いますよ。その二人というのはポリテクニコのサント・トマス・旧アシエンダ・キャンパス占拠事件の日、九月二十三日にポリのサカテンコ・キャンパスでただそこを通りがかったというだけで逮捕されたメキシコ・チューロ工場の職人、フェリックス・ロドリゲスとアルフレド・ロドリゲス＝フローレスです。……俺と同じで、裁判にもかけられず、判決も受けず、それに何てったたって運動と関わりもないのに、二年間もここにいるんです。

マヌエル・ロドリゲス＝ナバロ（労働者。レクンベリに勾留中）

文明社会なら重大事であろうことを、我々は無関心に、普通のこととして見つめてすらいる。証人席も労働組合も、事態を議論する弁護士会もない。議論する人間がいるとしてもおそらく、銀行員か官僚か、あるいは職業柄、報復を受けることを恐れる訴訟人くらいなものだ。

マヌエル・モレノ＝サンチェス「若者嫌いのコンプレックス——小説、犯罪、過失」『エクセルシオル』紙、一九六九年五月五日付

一九六八年十月二日、私は午後五時三十分に助手といっしょに職場を出ました。旋盤工の仕事をしているんです。郵便番号二、マサ区エスターニョ通り十五番地にある自宅に戻って、午後六時頃食事をとりました。そのとき、花火のような音（後になって火器だったのだとわかりました）がトラテロルコ団地の方から聞こえてきました。

何が起こっているのか見ようとして表へ出ました。ビジャ街道に立って見てみると、軍が団地を包囲していて、兵士たちが機関銃や小銃で武装し、戦車も出動しているのが見えました。歩を進めながら、マヌエル・ゴンサレス通りを横断すると、そこでは兵士が通行人を片っ端から、わけもないのに若く見えるというだけのことで立ち止まらせていました。私も訊かれました。「ここで何をしているんだ？　身分証明書を出せ」と言われました。何も手元になかったので、それを理由に逮捕され、士官のところへ連れて行かれました。訊かれたのは「職業は何だ？」でした。私は、工員だ、と言いまし

我々は身体検査のために両手を上げて並ばされた。

15-20歳の若者の深い孤独感は、誰も知らない。

た。

「嘘つけ、こいつは学生だ。そこに立たせろ」

黒い車に向かって手を突いて、両足を開いて立たされました。その場で所持しているものがないか身体検査をされ、根拠もなく袋叩きにされました。おわかりの通り、トラテロルコの現場付近を通りかかったという以外、私にとって不利な点は何もなかったのに、兵士たちには私が学生のような風貌に見えたというだけで、逮捕されたのです。そんなふうにして、いまだに勾留されている理由とされる、一連の事態が始まりました。

登録が終わると、兵士たちは私たちを軍のバスの脇に集められている若者たちのところへ連れて行きました。そこで靴を脱がされました。裸足にさせられると、バスの車体に手を突いて足を広げてもたれさせられました。それから手刀で叩かれたり、裸足を踏みつけられたり、睾丸を殴りつけたりされはじめました。髪の毛も切られました。

私たちは兵士に辱められました。わが国で私たち国民に備わっているとされている権利の侵害そのものでした。極悪犯に対してすらそんな扱いはなされないと思います。その後、機動隊員を乗せた箱型トラックが到着し、隊員が二列に並んだので、その間を私たち逮捕者は歩いて通らなければなりませんでした。通るとき、彼らは私たちを小突きました。私は左の脇腹に銃尾で一発殴打され、小銃の銃身で上唇を殴られ切れてしまいました。私たちは乱暴にトラックに詰め込まれました。道中、他にも逮捕者が乗せられてきて、車内は息が詰まるほど満員となりました。警察本部に着くと、まず地下へ連行された後、二階か三階に誘導されました。そのときも、大勢の機動隊員と警官が叫びながら殴りかかってきました。「学生の野郎どもめ、くそったれ！　おまえらのせいで一週間寝てないんだぞ！」そして足蹴りしたり、ヘルメットや棍棒で叩いたりしながら私たちを罵倒しつづけました。

私たちは法務部で最初の供述書を提出しました。私は署名しましたが、はっきりさせておきたいのは、用紙の最後に空欄が設けてあったということです。もう一度その書類を見たときには、私の書類が偽造されているのに気づきました。偽造の内容は、私がトラテロルコの現場に行っていて、三八口径のピストルを発砲したうえに、トラテロルコの集会に参加していた人たちに向かって丸二つ分の弾倉を撃ちっ放した後、ピストルを広場に捨てたという追記がなされていた、ということです。

「司法官さん！　無実の人間を巻き込むことになる、供述書のような重要な書類を偽造する当局担当者にはどんな罰が値するのか、そして供述内容がすべて嘘だということを証明するのに私にはどんな手立てがあるのか、教えてもらいたいんです！……」そのうえ、あろうことか警察本部で、逮捕者全員がブラックリストに載せられ、調査もなしに、警官は私の名をリストに載せるように言いました。「共産主義の扇動者」だと。私たちはパラフィン紙の検査[73]もされました。……私は釈明の機会も与えられないまま、レクンベリに勾留されて二年になります。

アントニオ・モラレス＝ロメロ（旋盤工。レクンベリに勾留中）

まさにこれがセルバンド・ダビラ＝ヒメネスとアルフォンソ＝サウル・アルバレス＝モスケダの身に

降りかかったことです。この二人も司法権力の犠牲者なんです。セルバンド・ダビラ＝ヒメネスが言うとおりですよ。「学生であろうとなかろうと、法的な根拠もないのに禁固刑の判決を下したり、下っ端の警官の誰かがでっち上げた中傷誹謗を浴びせかけたりすることで、刑務所を若い市民で満杯にしている。しかしそんなことしたって、政府は事態をめぐる責任を果たしたことにはならないうえに、国民に対して認められている憲法上の権利や国の社会的秩序を根底から侵しているに等しいんだ」と。

マヌエル・ロドリゲス＝ナバロ（工員。レクンベリに勾留中）

軍刑務所の冷たい独房にいると、四六時中、あの死んだ仲間がチワワ棟の階段を下へとひきずりおろされていた場面が記憶に甦ってきた。彼のことを思い出すと、闘争で散った他の多くの仲間にしても同じことで、僕らは怖くなるどころか勝利をかち取るために闘い続けようという気持ちが奮い立ってくる。この勝利は、六八年の栄えある日々にすでに示されたように、民衆の、そしてその一部である我々全員の脳裏に決定的に刻み込まれるだろう。

パブロ・ゴメス（UNAM経済学部・共産党未成年部会）

政治犯の牢獄は、革命家を育てる真の学校だ。

ヒルベルト・ゲバラ＝ニエブラ（CNH）

外では何が起こってる？　みんなどうしてる？

マヌエル・マルクエ＝パルディニャス
（ジャーナリスト。レクンベリに勾留中）

僕は軍刑務所に入れられた。ソクラテスの独房は僕の正面にあった。僕らは独房から連れ出されては、特別室で尋問を受けた。ある晩、ソクラテスが尋問から戻ってくる音を聞いた。二人の士官に連行されていた。一人がソクラテスの横を歩いていて、もう一人は物音から察するに、少し後ろにいた。あいつの独房の扉が開かれたそのとき、ソクラテスは自分を引き連れていた士官に向かって言った。

「ああ、そうだ。忘れてた。やつにもう一台、自動小銃を渡したんだ（カベサデバカにと言ったか、ペニャにと言ったか覚えていないが）。……言うのを忘れてしまってたんだ。……」

数歩遅れて通路にいたもう一人の士官が訊いた。

「何だって？」

ソクラテスを独房に入れた士官が相棒に言った。

「何でもない、さあ行こう」

パブロ・ゴメス（ＵＮＡＭ経済学部・共産党未成年部会）

偉大な先生がいる。一流の経済学者で、いつも人をはぐらかすようなことを言っているがいざとなると頼りがいのある知識人、ヘスス・シルバ＝ヘルソグ先生だ。一九六九年五月九日、教歴五十周年を称える会がレストラン「アシエンダ・デ・ロスモラレス」で開かれた。弟子や同僚や経済分野の専門家が大勢詰めかけたんだが、とくに政府のお歴々の面々が目立っていた（工学博士のノルベルト・アギーレ＝パランカレスは大統領グスタボ・ディアス＝オルダスの代理として出席していた）。ヘスス先生は席から立ち上がって謝辞を述べた。その短い演説の中で、勾留中の教員と学生の釈放を求めたんだ。

マヌエル・マルクエ＝パルディニャス（ジャーナリスト）

僕らはその二ヶ月程前にN房群に入れられていた。政治犯としては「生ぬるいアマチュア」だった。ノスタルジーのせいでも歓喜からでもないんだが、よく歌をうたった。ただ歌うことが喜びだったんだ。それが「アマチュア」政治犯の特徴なんだろう。ギターの伴奏でほとんど毎晩歌うってのが。そうすると囚われの身にとっての夜に「監獄の味わい」が醸し出されるみたいなんだ。僕らはいつも「興奮」していた。その理由は簡単に納得がゆく。一九六八年の八月、九月は、メキシコにとってすごく強烈な二ヶ月だったから。次々と報せが飛び込んできた。ブラジャーや靴の中に忍び込ませて刑務所へ密かに持ち込まれるチラシは、当時N房群にいた政治犯のあいだで次々と回覧され、人によって様々に異なる叫びや反応が起こった。「このろくでもない政府は俺たちを殺しやがるぞ。……」「目が眩まないようにこいつらに手紙を送ろう。……」「これを見ろよ、ディアス＝オルダスを酷評してるぞ。……」

N房群にはじつにごちゃまぜの政治犯が集まっていた。毛沢東派、トロツキー派、チェ・ゲバラ派の他、最新の思想を信奉する者もあった。共産主義者二十二人と無党派四人。爆発寸前のとんでもない取り合わせだと誰しも気づくだろう。ところが我々のあいだには敬意と連帯の雰囲気があった。僕らはリコ・ガランはじめ、「トロツキー派」や学生運動以前からの政治犯全員から友愛をこめて受け入れられた。そのことは決して忘れることができない。

ある日の午後、一般囚人全員がそれぞれの房に詰め込まれた。刑務所全体が静まり返り、何かをじっと待っていた。まもなく何のせいかわかった。街路から湧き起こるざわめきが聞こえ始め、少しずつ大きくなっていった。「僕らを救い出しにやってくるんだ！」仲間の一人が叫んだ。そう、今やもっとよく聞こえた。はっきりとこう聞いた。「政治犯を釈放せよ……政治犯を釈放せよ……政治犯を釈放せよ！」顔に鳥肌が立つように感じて、焦燥感の極みから拳を握り締めた。皆、叫び始めた。「ゴーヤッ……ゴーヤッ……カチュン、カチュン、ラ、ラ、カチュン、カチュン、ラ、ラ……ゴ――ヤッ……ウニベルシダー！」「ゴーヤッ……ゴーヤッ……カチュン、カチュン、ラ、ラ、カチュン、カチュン、ラ、ラ……ゴ――ヤッ、ウニベルシダー！」あまりに大声を張り上げたので喉が痛くなった。僕らが沈黙すると、それに応じるように路上からはっきりと聞こえてきた。「くたばれ、ディアス＝オルダス！　くたばれ、ディアス＝オルダス！」喜びと怒りとで泣かずにはおれないと感じた。でも、仲間の前では恥ずかしかったから泣きはしなかった。自由の外界から僕らに向かって叫んでいる仲間たちの、僕は一部なんだと実感した。心底同志だと思えるあの仲間たちを僕から隔てている壁や鉄格子のせいでつのる焦燥感が、喉の奥から応答の叫びとなって絞り出ていた。彼らにも僕らの叫びをたしかに聞いてもらって、囚われの身だからといって僕らが彼らの側にいるのをやめたわけではない、と知ってもらいたかった。僕は――今もそうであるように――彼らの一部だった。ただ鉄格子で隔てられているだけで、つまるところ彼らのうちの一人だった。

新聞、ラジオ・テレビのニュース番組、我々の家族、とくに家族が僕らの情報ルートになった。思い出すよ、ニュース番組に通暁している仲間たちがいて、いつ何どきでもどの局でニュース番組が聞けるのか知っていた。そんなわけで、一九六八年九月十三日、僕らが皆、あのデモの行方を逐次知ろうと躍起になっていたときも、ラジオを一時間もつけっ放して「素敵でぞくぞくするラジオ局、トロ・ピ・カール!」の叫び声を聞きつづける必要はなかった。この熱心な仲間たちの房に行くだけで事足りた。そこへ潜り込むだけで、我らのニュース・エージェントがデモに関連することは何でも報せてくれる不思議な獄中機構が作動するのだから。ディアス=オルダスですらあれほどの情報を持ってはいなかったと思うな。

一九六八年十月二日は、僕らの房群にマーレス軍曹が当直していなかった。刑務所長が命じていたとおり夜十時に僕らを部屋に閉じ込めることはしない、年配のいい人だった。他の連中は、消灯の合図があるとすぐに僕らを部屋に入れて鍵を閉めたから。「デラベガ、デラベガさん……」という声を耳にしたとき、第三房室の僕ら四人は眠っていた。その声は他の者に気づかれないようにとの意図からか、まるで耳打ちするようだった。寝台に腰掛けると、扉が開く音がして舎監が一人入ってくるのを目にした。

「ちょっと、デラベガさん、起きてますか？」

「はい、どうしましたか」

「トラテロルコで大勢の学生が殺害されたのを報せに来たんです」

「何だって？」

「トラテロルコで衝突が起きて、学生が大勢殺されたんだそうです」

「誰から聞いたんですか？」

「勤務交替にやって来た今、聞いたんです。私があなたに報せに来たということはどうか誰にも言わないでください。クビになりますから」

「どうもありがとう、心配しないで」

流れてくる膨大な噂のひとつと思えるようなことを報せるために房の仲間を起こすこともないだろう、とそう僕は考えていた。それに、一同が平和裡に行動していた集会で学生を殺すことなんてできないはずだ、そんなこと起こり得ない。僕はまたひと眠りした。

十月三日の午前七時、日課どおり整列しに外へ出た。というより、房から出てみるとそこには混乱が渦巻いていた。同じ並びや向かい側の房にいる仲間たちが皆、すでに誰しもが知っていることを互いに伝え合っていたんだ。僕の耳にもニュースが入ってきたとき、自ら進んで僕に情報をくれたあの舎監を信じなかったこと、その場で「みんな、出てきて！　起きてくれ！」と叫ばなかったことに罪悪感を覚えた。

とにかく、こんなふうにして僕は、一九六八年十月二日午後六時に三文化広場で起きたことについて知った。その日から僕はそれ以前の人間じゃなくなった気がする。同じじゃありえないよ。

エドゥアルド・デラベガ＝イ＝デアビラ（共産党員）

僕らはペリフェリコ（首都環状道路）に入った。後ろの窓からチャプルテペック公園の森が見えた。「ほら、チャプルテペックだぞ」誰かが言うと、その後ジェットコースターの色とりどりの電球や、最初の頂上にある「頭を出さないでください」という警告、眼下の道路には次の分岐点の表示板などが見えた。……パルマス、モリーノ・デル・レイ。……パブロが低い声で僕に言った。「街をよく見ておけよ。次にいつ目にできるかわからないんだからな」。車はラッシュ・アワーで混雑するビアドゥクト通りに入った。そのあたりの通りは、より暗く貧相になった。陸橋を越えて、レクンベリの正面玄関の前で停止した。

ルイス・ゴンサレス＝デアルバ（CNH）

僕のいる房の壁は、鋲でつながれた鉄板だ。

エリ・デゴルタリ（哲学者。レクンベリに勾留中）

投獄されたとき、それまで私はひどい時期を過ごしていました。八ヶ月間というもの、身を隠し、一人っきりで暮らし、愛情を交わす必要をまあまあ満たしたと感じるには至らないほど、たまにしか友人や愛する家族にも会わずにいました。私の闘いはここにあるとわかっていたし、今もそう理解しているので、国外逃亡の勧めには同意しませんでした。教え子たちが獄中に囚われの身となっていましたから、私が闘いを放棄するわけにはいきませんでした。ですから、同志全員の釈放を求めて闘う決心をし、投獄されたんです。

エベルト・カスティージョ
（「教員同盟」会員。レクンベリに勾留中）

一九六九年一月三日の午前十一時、留置所の中で私は、逮捕令状も何も持っていない監視員の一団によって逮捕されました。私は被告のヘラルド・ウンスエタ＝ロレンサナの弁護人として、そこにいました。同日午後一時に留置所の中庭へ連れて行かれ、知らない男たちが乗り込んでいる車に乗せられました。あとで連邦公安部の捜査員だったとわかりました。私は目隠しをされ、所在地も名前も知らないホテルに連れて行かれ、誘拐されたのです。

そのホテルで脅迫され、暴力で脅され、侮辱され、殴られました。連邦公安部の望みどおりのことを供述しなかったためです。その日は　晩そのホテルに監禁された後、メキシコ市郊外のとある家へ移されました。目隠しをされ、車の床に放り出されて移送されました。厳重な監視のもと、その家に四日間隔離されていました。四日目に、前と同じ要領でべつの家へ連れて行かれました。翌日、つまり一九六九年一月八日、その家から連邦区の留置所へ移されました。言うまでもなく、このときもそれまでと同じやり方で扱われました。

一月十日、アントニオ・ペレス＝サンチェス、サルバドール・ルイス＝ビジェガス、ロベルタ・アベンダーニョ、アナ＝イグナシア・ロドリゲスといった他の仲間たちとともに、正式に投獄を申し渡されました。彼らも、捕えられ拉致されたとき、同じような侮辱の目に遭いました。私たちは正式に囚人となり、去る十一月十二日に十件の犯罪で告発され、禁固刑十六年の判決を受けました。これが、手短に言って、革命家としての私の人生の、部分的エピソードです。

ロドルフォ・エチェベリア＝マルティネス

（共産党員。レクンベリで服役中）

「トイレに行かせてくれませんか？」

私は頭に頭巾のようなものを被せられ（後でそれは汚い枕カバーだったとわかった）、手探りで躓きながら連れて行かれた。一人になったと思うとすぐに、被せられたものと目隠しの布を取った。トイレは狭くて汚くて粗末だった。窓も何もなかったから、どこにいるのか見当もつかなかった。鏡を見て自分に向かって言った。「今度こそ捕まった、失敗したのよ、ティタ」。係官が扉をノックしたので、目隠しと枕カバーをまた着けてそこを出た。私はまた最初の部屋に連れて行かれた。もう一人の係官が私に言った。

「横になりたくないですか？」

「いいえ、結構です」

「そう言わずにどうぞ、簡易ベッドがありますから」

「簡易ベッドですって、私の体重では壊れちゃうわ！」私は言った。

「そんなことないですよ、触ってみてください」

触ってみて、あんまり頑丈だとは思えなかったけど横になった。包みを開ける音がしだして、一人が私に言った。

「クッキーはどうですか？」

「そうね……」

手探りで一枚手に取って、枕カバーの下で食べた。少しして別の係官が言った。

「コーヒーはいりませんか？」

「いいえ、結構です」

「まあ、どうぞ」

「そんなにおっしゃるなら、じゃあ」

その人は私に言った。

「立って、目隠しを取ってください」

私は立って目隠しを取った。すると、何の前ぶれもなしにポーズもとらせてもらえず、横顔と正面の写真を撮られた。私を監視していたのは三人で、一人は二十一、二歳と若く、「ブロンド《エル・グエロ》」と呼ばれる、小隊長の息子。もう一人は浅黒く小太りで、大学内部のこと、とくに医学部のことに詳しい、たぶん元アメフト選手だろうと思われた。三人目は五十歳くらいの年配者で、料理がうまくて「料理長《エル・カピ》」と呼ばれていた。私は再び簡易ベッドに横になって、毛布をもらい、翌朝の九時に目覚めるまで言われるまま眠った。

ロベルタ・アベンダーニョ＝マルティネス、通称「ティタ」
（UNAM法学部CNH代表）

政府が街に戦車を出動させる段になってはじめて、人は政府の正体を知り、それに気づくんだ。

アルフォンソ・サリナス＝モヤ（UNAM歯学部）

「わしらに政府が力を貸してくれるって言うのかい、先生？　あんた政府のことを知っとるのかね？」
そりゃ知ってるさ、と俺は答えた。
「まあ、わしらも知っとるさ。ありゃどこの馬の骨だかわかったもんじゃねえんだ」
我々の祖国から生れたのさ、と俺は言った。

フアン・ルルフォ「ルビーナ」『燃える草原』フォンド・デ・

獄中で、僕らは本格的な連帯とは何たるかを体験した。学生や教員の他いろんな人たちが絶えず連帯感を表明してくれている。個人的には、僕は理学部の仲間たちの言動を誇りに思い、感謝もしている。いろいろなやり方でつねにその存在を示してくれた。そのおかげで二年間を通して一度も、仲間から「離れている」と感じたことはなかった。

クルトゥーラ・エコノミカ社〔一九七一年刊〕

ヒルベルト・ゲバラ＝ニエブラ（CNH）

よく本を読むんです。メモも取ってます。例えば、アロンソ・アギラールとフェルナンド・カルモナ共著の『メキシコ――豊かさと貧しさと』を読んで、ぞっとするようなデータを拾いました。それにその本は一九六七年のことにも触れていますが……。そのためにだけですら、私たちの闘いには意味があるでしょう。わが国の悲痛な様相を示しているこれらの数値のためならね。こうですよ。先住民言語しか話せない人口が百万人以上、土地を持たない農民は約二百万人、教育を受けたことのない六歳から十四歳の子どもが三百万人以上、一九四八年から五七年の間に非合法的に米国へ移民しようとした労働者が四六〇万人、裸足で生活するメキシコ人は五百万人で、普段の履物は靴ではない人が約一二七〇万人、月収千ペソ以下の家族が五百万世帯以上、水道設備のない家屋四三〇万軒に住む人口が二四〇〇万人、肉・魚・牛乳・卵を摂取していない人口が八百万人以上、パンを食べない人は一千万人以上、組合に属さない労働者約一千万人、非識字者が約一一〇〇万人。これ以上データを挙げても仕方ないですね。これだけでも十分、いかに我々メキシコ人は貧しく、闘う必要があるか、わかりますよね。

エルネスト・オルベラ
（UNAM付属第一プレパラトリア・数学教師）

この国の将来は僕の世代の若者にかかっていると確信している。

ヒルベルト・ゲバラ＝ニエブラ（CNH）

確信をもって政府をとがめるのは、たぶん私たちメキシコ人のよくある安易な傾向でしょう。極論に走りがちな〔人に対する〕厳格さのなせる言動は、つねに非難されるべきです。誰かに責任があり、叱責や厳罰に値すると推定されるときでさえ、その人物を殉教者にする正当な理由はどこにもありません。そうして殉教者を次々と生んでいくと、結局はもっとも罪深い人間が罪を免れることになるのです。被疑者を告発者に、裁判官と刑の執行人を犯罪者にしてしまいます。

フェルナンド・マデロ＝エルナンデス
（UNAM付属第二プレパラトリア教員）

〔UNAMの〕大学審議会の二十一人は今どこにいるんだ？　彼らは、学生の請願書を支持すると決定し、若者を発奮させた、というより自分たちの人気とりのために援助した、そして学生にある意味で英雄を演じるよう仕向けた連中だ。体制の中で、それも自分たちが批判し、学生の抗議行動を支援したまさにその体制の中で、安泰然としているんじゃないのか？　連邦区検察庁長官の執務室から礼を述べながら出てきたんじゃないか？　長官に助言を与えてもらい、一九六八年の事件を都合よく解釈できるようにしてもらったことで。この二十一人によると、長官の賢明な判断によって大学生の若い世代たちをあるべき方向へ導くことができた、ということらしい。

ニコラス・エルナンデス＝トロ（UNAM工学部）

カルロス・ピニェラ氏は昨日、一年半務めたサンタ・マルタ・アカティトラ刑務所副所長の職を辞任した。

ピニェラ氏は新たに、メキシコ国立自治大学の広報部長に任命された。

「大学の新広報部長」
『エクセルシオル』紙、一九六八年十一月九日土曜日付

知識人階級はこの件のすべてに責任があるのか？　根本的にはそうだ。〔十九世紀の〕独立期や改革期、それに一九一〇年に始まった革命において、思想家や知識人がそうであったのと同じ意味で。知

識人とは、ものごとを考え、情報を得、教育を担い、哲学的思考や知識、同時代の思想の流れを伝える人びとである。不平等、不公正、独裁体制の硬直ぶり、人間の精神異常に対する、現代世界の全知識人による闘い〔が今まさに必要である〕。

フェルナンド・ベニーテス、ホセ＝エミリオ・パチェコ、カルロス・モンシバイス、ビセンテ・ロホによる『メキシコの文化』（『シエンプレ！』誌の日曜版）の社説、一九六八年十月三十日号、三五〇号

私は政治犯に会いに来ました。これからも面会させてもらえる限り何度でも来るつもりです。私が政府に立ち向かっているのか、とお尋ねですか？　もし私が何らかの罪を犯していると指摘し、そうと証明する人がいるとしたら、私は誰よりも先に自分自身でそのことを認識しているでしょう。しかし、囚人、つまり自由を奪われ屈辱に曝されている人たちを訪問することが罪だとは、聞いたことがありません。……私は十月二日にクエルナバカで、トラテロルコで亡くなった方々のためのミサを挙げました。そして十二月十二日、グアダルーペの聖母の日に、私が教区司祭全員に送った説教を、彼らが読み上げてくれるよう依頼しました。その内容は、去年の学生紛争事件に関与した政治犯に向けられている、不当な扱いと理解不足に関する、全国的に重要なできごとについてです。

現時点までこの件についていかなる裁定もありませんでした。一昨日から九十人の政治犯がハン

ガー・ストに入っています。

兄弟よ、キリスト教徒として我々の兄弟たち、すなわち政治犯のみならずその両親、家族、仲間たちの苦悩と絶望の前に、団結しましょう。

国民全体の幸福を高めるのも退廃させるのも、その責任は私たち全員にあるということを認識しましょう。裁判での無数の職権乱用や、経済・社会・政治的に弱者で疎外されている人びとに対してはいっそう顕著となる蹂躙を前にして、私たち全員に実質的責任があるのであって、無関心でいつづけたり弁解したりしてはいられません。

このような蹂躙が、とりわけ若者の間に体制への強い不満や無数の異議を生んできたし、生みつづけてもいるのです。

クエルナバカの司教、セルヒオ・メンデス＝アルセオ博士とのレクンベリ刑務所前での対話（一九六九年十二月）、『シエンプレ！』誌に採録掲載、一九七〇年一月、八六三号

教区司祭たちに祈りを捧げてもらうために、政治犯の氏名を教えてくださるよう、私はホセ・レブエルタス氏に手紙を書きました。少なくとも、このことで〔事件に対する〕国民の自覚を生み出すことができると思います。

クエルナバカの司教、セルヒオ・メンデス＝アルセオ博士

いかなる不正不当に対しても、とりわけそれを体制がはたらいていて、不当行為を行うよう配下の人間に強制しているとき、キリスト教徒は非難しなければなりません。その確固たるサインを送りもせず同胞を見捨てるようなことをしてはならない、そう確信して私はつねに行動してきました。もう長い間、私たちは秩序の維持、国内平和、対外的威信の大義名分のもとに、多くの不当に耐えてきました。

セルヒオ・メンデス＝アルセオ博士「一九六九年クリスマスのメッセージ」クエルナバカからのラジオ放送

捕まったとき、すでにフェリペ・リベラ高校——中央大通り沿いの、ベルティィス通りとの交差点近くにある——で二ヶ月間教えていたわ。一九六九年一月二日の午後六時に逮捕されたのがそこだった。ある生徒といっしょに交差点にさしかかったとき、腕を摑まれたと感じたと同時に、ライト・ブルーの車の中へ投げ込まれた。車内には四人の若いまあまあの身なりの（主義主張のない若者なんて気の毒ね）男たちが待ち受けていた。一人は私に銃口を向けていて、もう一人は銃床を準備して構えていた。私が抵抗すると思っていたらしいわ。私は彼らに、抵抗はしないけれど生徒を放してやって、と言った。その子も車に乗せようとしていたから。生徒は放されて、車はただちに発進した。私は目隠しをされ、どこを通っていくのか想像しようとしたけど、知る由もなかった。一瞬、車が停まり、私の左にいた捜査官が降りて、その代わりにべつの男が乗ってきた。香水の匂いがして、私、「ゲランですね？」って声をかけた。その男は「ばかなまねはするな。協力すれば悪くはしないから」と答えた。それより先に他の連中から「見てみろ、おまえの居場所を教えたのは友達のナチャだ」と言われてた。

「あら、そうなの？　変ね、彼女はひと月前からタスコにいるのに」と私は答えた。

その男は、私のことを暴露したのは彼女だ、ともう一度言い張って、今どこにいるのかと訊いた。

「彼女が私のことを密告したのなら、あなたたちこそ知ってるはずよ」

「ロホ（この人もCNH代表よ）の車はどこなんだ？」

「知らないわ」

「知らないものか、ここに鍵を持ってるじゃないか。……」

事実、それがその鍵だったけど、車はもう私のもとにはなかった。ロホが合鍵を持っていたから。

「ロホはどこに住んでいるんだ？」

「さあ、知らない。UNAMの近くだと思うわ」

「バラガンは（法学部のもうひとりのCNH代表よ）どこだ？」

「知らない」

「セシリア・ソトはどうだ？」

「知らない」

「協力しろ、そうすればひどい目には遭わない」

「そうねえ、クエルナバカへ行ったと思うけど、確かじゃないわ」

そんなふうにして、殴られはしなかったけど、もったいぶった言葉遣いで脅された。男はしばらくの間私に尋問していたけれど、車から降りていった。前の座席にいた捜査官の一人がからかいはじめた。「勝利のVサインを出せよ、ほら」。私は言い返した。「人が抵抗できないときにあざ笑うなんて簡単なことよね！」相手は黙った。少し経って、べつの捜査官が乗り込んできて、車はまた発進した。そう言えば、通行する車の音が聞こえていたから、車は路上に停まってたんだと思うわ。誰かの目に止まって助けてもらえるかもしれないと思って、座席で背筋を伸ばし頭を高くもたげていた。発進するとき、駐車してあったと思われる別の車をフェンダーミラーでこすったのを、奴らはおもしろがって大笑いした。

その頃には、私は自分の置かれた状況がわかりかけていた。胃の入り口辺りに軽い痛みというか刺しこみを感じていた。恐怖のためだった。それでも、私の振る舞いは普通どおりだったと思う。タバコを一本もらって、心の中でこう繰り返しながらゆっくりと喫った。「落ち着くのよ、手出しされることはないから」。そして冗談半分で、灰は大きな灰皿、つまり床に捨てるのか、誰かが代わりに窓から捨ててくれるのか、と訊いたほどだった。


ロベルタ・アベンダーニョ＝マルティネス、通称「ティタ」

（UNAM法学部CNH代表）

なぜだか言って、グスタボ、言ってよ
なぜだか言って、あんたは臆病者
なぜだか言って、あんたはそんなにひどいんだ
グスタボ、言ってよ、なぜだか言って

八月二十七日のデモでの学生の歌
（ラジオ・テレビで流行していたコマーシャル曲に乗せて）

オリンピック競技場の掲示板を撃破しようとか、オリンピックを妨害しようとか、僕らは望んでいたんじゃない。第一、どうやってそんなことができただろう？　火炎ビンで？

エンリケ・エルナンデス＝アラトリステ（ＵＮＡＭ歯学部）

トラテロルコ事件の意味とは何なのか？　運動は僕らをどこへ導いたのか？　僕らの状態は以前より良くなったのか、悪くなったのか？　これらの問いにはもう五年経てば答えることができるだろう。

アレハンドロ・ロペス＝オチョア（ＵＮＡＭ工学部）

オリンピックと大観衆を、我々の問題を表面化させるのに利用すべきだと主張する仲間はもちろん

いた。そして、我々学生は反体制派として人目を引く存在であるという自覚もたしかにあった。大統領がどこかの農村へ赴き、「歓迎」とか「感謝」という垂幕のあいだに「ここには水もない、電気もない」というメッセージが交じって見えるのと同じように、自分たちはイメージを壊す汚点のようなものだという自覚がね。我々は賞賛の大合唱の中の、不調和な声だった。しかし、そのことと、すべてを妨害しようとすることとの間には、大きな隔たりがある！　それにそこから実際に思いを達成するまでにもまた、さらなる距離がある！　さらに言えば、山ほどの若者の中で――というのは、いくらかは運動の意義を理解している者がいたが、他の連中は有象無象でしかなかったから――、不和と無分別が極限に達したために、十月二日以後は、オリンピックを観には行かないまでも少なくともテレビで観戦する輩が大勢いた。それを思うとはらわたが煮えくり返るんだ！　死んだ仲間の屍や、投獄されているとはわかっていてもその安否を摑めない何千人という行方不明者の犠牲のうえに開催されているような行事を、平気で観ていられると考えるだけで。会場ではとんまな奴らがペドラサ軍曹に拍手喝采を送っていたというんだ！　大衆の忍耐心なんて信じられるものか！

ビセンテ・サルダーニャ＝フローレス

（ＩＰＮ機械・電気工学科）

一握りの少年少女のことを、政府が「重大なる危険」とみなすなんてことがあり得るかしら？　とりわけ、政府は強大な弾圧機構を備えていて、しかもマスメディアをほぼ完全に支配しているとわかっているのだから、そんなことは馬鹿げている。どんな危険、いかなる「重大なる危険」を現行政府が制御できないというの？　思うに、唯一制御できないのは、政府自身の道義心でしょう。なぜなら、もし政府要員に道理があって、あるべき姿で統治しているのであれば、何をも恐れないだろうし、立場を守るために軍事力や不当行為を行使する必要もないだろうから。……それに、大部分の国民は消極的なのよ。じゃあ、どうしたっていうの？　何をたくらんでいるの？　勝算は独占しているじゃない。

エルネスティーナ・ロホ＝ゴンサレス（UNAM法学部）

不当に権力の座にある者は、つねに最大限に寛大たることを強いられるものだ。

ホセ＝イグナシオ・バラサ（UNAM法学部）

学生運動が、メキシコ革命の本性を露呈しえたのなら、革命は下劣で腐った年老いた売春婦だったと証明しえたのなら、それだけで正当化される……。

エステバン・サンチェス＝フェルナンデス（父親）

私たち夫婦は、「エル・アンフォラ」の労働組合が行った支援表明以外に、学生運動とはいっさい関係がなかったんですよ。アルマンドと私の二人とも教師だけど中学校だし、たしかにラサロ・カルデナスからゴンサレス＝ペドレロまでが顔を揃えていた「国民解放運動」の一員でした――メキシコの左派知識人は皆、属していたと思います――けど、私たちはいつも支持基盤に加わっていただけでしたし、幹部の地位に就いたことなどありませんでした。ＯＬＡＳ〔キューバが中心となって組織した「ラテンアメリカ連帯機構」〕が結成されて、皆が「国民解放運動」を放棄したときになってはじめて、私たちはとどまって活動を本格化しました。なぜなら、この運動の傾向は民族主義的で、その思想は正しいと考えましたから。その当時は誰も逮捕されませんでした。政府は私たちを逮捕するのに一九六八年まで時機を待っていたんです。

アデラ・サラサール＝カルバハル（労働問題の弁護士）

私は政府の諜報部員だと告発されたの……。でも、こんなこともあったのよ。あるとき、仲間の一人で、私と同じ法学部のＣＮＨ代表をやってると同時に共産党員でもあった男性が〔ＣＮＨ内で〕ひどい攻撃を受けたの。理由はＣＮＨの中で総会の思惑とは違う方向の投票行為にでたからだった。でも、議論が白熱してきたとき、一般の会員たちが、役職の座にある誰か個人を名指しで批判する代わりに、「だいたい代表者たちときたら」と言いだしたものだから、私は頭にきた。それで議論を遮って、「代表者であることが名誉なことだなんて思うべきじゃないわ、それに、お金もなく放浪者みたいに暮らしていて、この私がそれを幸せに感じているなんて思わないでよね」って言ったの。結局、その場で私は辞任した。だけど、総会の全員が懸命になって叫んだ。「ティタ、君に反対しているんじゃない！」

「君を批判しているんじゃない、ティタ、辞めないでほしい！」「ティタ、ティタ、ティタ、ティタ！」

私は会場から出してもらえなかった。だから気を取り直してそこにとどまったけど、腹立たしさをまだ感じていた。……いまだに、獄中に二年もいて、懲役十六年の有罪判決の宣告を受けた後でも、政府の工作員なのかと訊かれるの。……こっちだって、この私を告発するずうずうしさなんかいったいどこから出てくるのか、訊いてみたいわ。……ここには証言してくれる証人がたくさんいる。尋問中にタバコの火を押しつけられて胸に火傷の跡のある女性。殴打を受けた結果、下腹部にガンを発症した女性。早く自由の身にしてやるという口約束のもとにレイプされた女性。他にも、止まらない出血に苦しむ女性がいる。それなのに、このろくでなしどもは、私のことを自分たちと同じ穴のむじなに仕立て上げようとしたのよ。……そうなのよ、エレナ、捜査官たち自身がこの噂を煽って、学生たちはそれを信じたか、少なくとも否定しなかったんだから。……その理由のひとつは、私が一月二日まで逮捕されなかったことなの。気づかれないことなんてあり得ない百十キロの巨体なのに、九月十八日に大学都市では捕まえられなかったし、今レクンベリに投獄されている男子学生たちが捕まえられた九月二十日にも、私は捜査が入る二─分前にその家を後にしていたから逮捕されなかった。だからといって私は政府の工作員だというの？　一九六九年一月十一日の土曜日、私はレクンベリの「女性囚収容所」から「弁護室」に呼ばれて、父に会った。その日はほんとうに落ち込んだわ。なぜって父はこう、とても……何て言えばいいのかしら……恐怖と怒りが入り混じった様子で、私を慰めるべきか叱るべきかわからないようだった。でも、生れてはじめて父の目に涙が溢れているのを見て、自分がこの世でいちばん惨めな存在に思えた。少し後――家族が一人ずつしか入れてもらえないので――、母が泣きながら現れた。母には女性囚収容所の舎監の一人を通じて、「心配しないように。私は元気だから」と書いた手紙だって送ってあったのよ。でもしょうがない、そこに来てしまったんだから。私は両親をべつべつにできるかぎり慰め、二人は帰っていった。その日の午後、私は女性専用監獄へ移されて、それ以来ここにいるの。母は一年前の十一月二十四日に亡くなって、父が残っているだけ。毎週水曜と日曜に会いに来てくれるわ。両親は政治に疎くて、なぜ私がこうなったのか結局理解できなかった。母は理解できないまま亡くなったし、父は、まあ、元気を出そうとしてはいるけど……判決は正当じゃないと思ってる、投獄すらね。政府が何と言おうと私たちは犯罪者じゃないもの。私たちは理想のために闘った若者にすぎないのよ。私たちの理想とは、わが国の法律が称賛されたり、世界でもっとも革新的な部類に入るとみなされたりするだけでなく、制限なしに遵守されることであり、かつ、公務員が今までのように腐敗せず、権威を濫用しないこと。そして、法が保証しているように、国民が公務員を評価・判断する権利を有す、つまりは誰にとっても民主主義と正義が実在するということ。大統領が就任するときこんなふうなことを言うじゃない。「……国民の皆さんが私を必要としてくれますように……」とか何とか。ソカロにはほんとうに七十万人近い人びとが大統領の反応を求めて集まったのよ。でも応答はなかった。いいえ、したと言うべきね、でもそれは私たちに殴りかかってきた機動隊員を通じてのことだった。政府はこの証言を侮辱とみなすだろうから、さらに十六年増しの判決が下されるかもしれないわ！　でも、最初の判決の刑期を終えた頃にはもういい歳になってるんだから、今さらあとさらに十六年追加されたからって何よ！　そのうえ、最初の数年は判決すら出てなかったんだから、無駄に過ぎたのよ。勾留するんだったら、せめて何か理由をつけてほしいわよ。と言っても、今話したことだって犯罪でも何でもないんだけど……

ロベルタ・アベンダーニョ、通称「ティタ」
（UNAM法学部CNH代表）

バジェホ、バジェホ、リーベルター！　バジェホ、リーベルター、バジェホ

一九六八年八月十三日のデモでのシュプレヒコール

誠実な指導者は政治犯なり

UNAM政治学部での張り紙

バジェホは、独自の組合活動を組織することを目指した鉄道員の運動を率いて逮捕された。一九五九年のことだった。そのとき以来、裏取引や妥協の論理を理解しない反体制派のために用意されている司法上の公的な制裁を、次々といろいろな意味で味わわされてきた。風紀紊乱は犯罪である、と漠然とのみ規定した連邦刑法一三三条が、バジェホに対して極端なまでに冷厳に適用された。政府と意見を異にするということはすなわち国家への反逆である、という当局の考え方はほかのさまざまな（法

的な見せかけを伴った）形にも表れている。正当かつ適法にして公的な形であれ、政府に異議を唱えることは弾圧のあらゆる重圧を受けるに値することだとされている。……バジェホとカンパ(74)の投獄を長引かせていることを正当化するために公表されている理由が違憲であることは、世間の無関心、つまり無数の政治犯が存在するという状況に対する国民大部分のまったくの無関心、それと同じくらい重大なのであるから。

これ〔政治的無関心〕と対応している別問題がある。すなわち、メキシコ人全般が明らかに政治離れしている事態は、歴然とした不道徳や、いかなる不正に対してでも憤るなどと考えただけで面倒だと思う手の施しようのない無感覚と、完全に一致しているのである。国民を政治に無関心なままとどめておくということは、公的事象を気にかけることが無駄であり、集団的意志の可能なかぎりの介入の埒外で政府がいかなる決定を行おうとも当然である、と国民すべてに思い込ませることだけではない。一国の運営という仕事を、六年間で区切られた魔法のような問題にしてしまうことのみでもない。道徳的な兆しや憤慨する力を社会から奪うことでもある。万人の問題としての倫理的生活を損なわせ、個人レベルの問題に矮小化してしまうことなのだ。つまり、社会的倫理の死滅であり、プチブル的徳性の奨励である。そのような徳性とは、真正のモラルとはまったく違って、選ぶ能力を奪う必要から作られたものである。

カルロス・モンシバイス『メキシコの文化』、『シエンプレ！』
一九六八年四月十七日号、三二二号

……バジェホとカンパを獄中訪問したときのことを書いた君の手紙が、オフィスの机の上にあった。何と恥さらしで遺憾なことか！　思い出したように騒ぎだすことはあっても、あくまでも沈黙のなかに身を置いていると、最たる苦痛の多くを忘れかけてしまうものだ。この好都合で利己的な沈黙によって、我々は自己防衛し、忘却する。自分たちだけがこれほど「快適に」、これほど保護された状態で、これほど無関心で生きていられるなんてどういうことだ。小柄なバジェホが独房の中で猫のようにミルクを飲みながら、そこから出られる日を待っている、そう想像すると僕はとても心が痛む。……でもいったい刑務所を出て再び何をするというんだ？　彼のことをいくらかは好奇の眼で見るけれど、根本的には無関心な街中の人びとのところへ戻っていくのか。出獄したら彼はどうするのだろう？　どうやって生活するのだろう？　愛する家族はいるのだろうか？　どうやって働くのだろう？　このことのほうが、私には刑務所でミルクを飲んでいる彼を想像するより恐ろしいことだ。

ギジェルモ・アロ（天文学者）、アルメニアからの（妻である著者ポニアトウスカへの）手紙、一九七〇年七月二十二日付

C房群の最初の房にあるコンクリート製の二段ベッド二つは、レモン（日本ではライムと呼ばれている）の皮であふれている。腐ったレモンの山に埋め尽くされた二つの二段ベッド、その匂いは強烈だ。八十七人の政治犯が四十日前から続けているハンガー・ストライキのその匂いは、執拗に鼻につく。最初は八十七人だったのが、今はM、N、C房群合わせて六五人にまで減った。……十五人が痙攣を起

こし、大勢が医務室にいる。ストに入って三日目に、エリ・デゴルタリは自分の房で失神しているのを発見された――医師は彼にストの続行を禁じた。エリは糖尿病患者なのだ――。しかし、最悪だったのは、ハンガー・ストライキではなくて、一般犯罪者の一群による、レクンベリの百十五人の政治犯に対する強奪行為だった。一九七〇年一月一日のことだ。C房群の六十八人の政治犯（そこに学生の大多数がいた）が、二時間にわたって襲撃された。一般犯罪者たちは棒、管、ビンなど先の尖った切れるものを手に、毛布は言うに及ばず本までも何もかも奪ったうえ、彼らを叩きのめした。同じことがM房群にいた政治犯四十五人の身にも起こった。強奪事件は四十五分間つづいた。八人の子どもの父親である政治犯のラファエル＝ハコボ・ガルシアは、N房群の鉄格子を閉めようとしているあいだに、ナイフで切りつけられ殴られ、身体と顔、とくに両手両腕に刺し傷を負い、果ては頭蓋骨と顎骨を骨折した。ラファエル＝ハコボはがっしりした体格の農夫で、CCI[75]〔独立農民連合〕のメンバーである。その横でイサイーアス・ロハスが、柵に向かって詰めかけていた一般犯罪の暴徒からラファエル＝ハコボの身を守ろうとし、やはり負傷した。顔と両手を切りつけられたのだ。負傷し、殴られ、怯えあがり、十二月十日に始まったハンガー・ストライキで体力が弱りきっていた（つまり、砂糖入りのレモン果汁水だけで二十四日を経ていたのである）政治犯たちは、重傷を負ってN房群に避難した。一般犯罪者たちはレモンも砂糖も残らず持ち去り、飲料水のビンは投げつけて木っ端微塵にしてしまった。レモンなんて誰がいったい気にかけるだろう？　ハンガー・ストライキを中断させるよう、指示を受けた人間でなければ誰が？　すでに何もかも略奪してしまっていたのだから。エリ・デゴルタリや傑出した作家ホセ・レブエルタスの手稿、「M房群のインテリたち」の書物、毛布、衣類、ラジオ、時計、タイプライター、書簡、家族の写真、私的な書類、電熱調理器、マットレス、簡易ベッド、枕、食器、カップ、すべてが暴力的に奪い去られた。レクンベリの中で買った椅子や本棚（大工仕事の部門で作っているので）、一年と数ヶ月間であれほど苦労して集めたものすべて、何度も許可を願い出てやっと調達したもの何もかも。政治犯一人ひとりのささやかな財産は十五分程のあいだに無に帰してしまった。襲った独房のその場で（たとえばデゴルタリの房で）、囚人たちは本を焼き払ってしまった。それは、刑務所に入り直し、また一から物質的欠乏障害の連鎖との闘いをはじめるようなものだった。何ヶ月もかかって集めた日用品、すなわち、まずはじめに簡易ベッド、そのあとマットレスに毛布、食器に電熱器……という具合に、再び手に入れなければならなかった。しかしこの災難、つまり各自が所有物を奪われるということすら、生命を奪われたり、死の脅威を味わわされたりすることに比べればたいしたことはない。政治信念のために囚われの身となった人びとや、レクンベリの獄中にいて学業を修めようとしている若者たちに対して、明日また、当局によって扇動された収奪行為がおこるというようなことはないと誰が保証できようか。一九七〇年一月一日の夜、一般犯罪者の多くが、二十──三十人単位で棒や箒の柄、パイプなどを手に、明け方まで房群をうろつき回っていた。「秩序」と「治安」は、〔学生運動関係者のいる〕独房に面した通路のあるじとなって我が物顔に行き交うF房群の麻薬中毒者、ならず者、殺人犯らの支配するところとなった。彼らは翌日の夜九時になってようやく、円形廊下（多辺形の建物を囲む廊下で、すべての独房群が合流する場所）から退去した。それも、夫、両親、兄弟姉妹の生死を外界から心配する家族たちが、どうにかしてニュースが新聞に出るよう圧力をかけたからだった。
目撃者によると、麻薬中毒者のF独房群を開け、「政治家」たちを襲うようけしかけたのは、副所長のベルナルド・パラシオス＝レジェスだった。

E・P『ダニ』〔政治週刊誌〕第四〇号、一九七〇年二月十六日号

政府に対する唯一の真正なる反対運動は迫害されている、あるいは「この獄中に」幽閉されている。……この国は、三十年前には健在だった自由主義的民主政から、日増しに抑圧的になる統治形態へと変貌してしまった。ハーグの国際司法裁判所の弁護士F・ジャコビは、フランスに着いたとき、「メキシコでは個人の人格の保証が深刻なまでに脅かされている」と公言し、メキシコ政府をファシストに近いと断じた。

政治犯によって作成され、ヒルベルト・ゲバラ＝ニエブラが読み上げた文書。一九七〇年一月十八日（日曜日）午後四時（一九六九年十二月十日から一九七〇年一月二十日にかけて、一千時間にわたったハンガー・ストライキを切り上げる二日前）

……怒りがこみ上げてくる。どうすれば激怒せずに生きられるのだろうかと考えこむ。メキシコの政界に入って踏みとどまり、変節して笑顔をふりまき、誰ともうまくやっていき、大なり小なり地位を築くなどということが、人はどうやってできるのだろう。科学者たるものは政治に介入すべきだ、と友人たちが新聞紙上に書きたてる公的発言に、私は同意してはいない。彼らの言いたいことはわかっている。政治に介入することは、要職を占め、影響力を持ち、成功することだと彼らは考えているのだ。しかし、そんなことは政治ではなく、クソだ。もっとも卑しい意味で、商品に成り下がることだ。反権力の政治、すなわち、安定した地位を与えてはくれず、おのれの生活と身の自由を危険な目に遭わせる政治には、彼らは加担しないに決まっている。もちろん、他人に犠牲を払えとは言えない。しかし、こちらだって、「我々の」ＰＲＩ政治と称して、それに参加することを神聖きわまりない必要な義務として求めてきたりしてほしくない。そこには高貴で私心のない誠実さなど何もない。まったくの個人的な都合で加わる者がいるとしても、少なくとも慎み深く正直な盗賊たるべきであり、ありそうもない話を他人に信じさせようなどとしないでもらいたい。科学者としての我々の義務は、ひたすら善良な科学者を育てようとすること、若者を助け競争力のある人材を養成すること、たとえ役人にすぎない「政治家」と激しく争うことになろうとも――実際そうなるのだが――、本当の政治を行うことである。もちろん、「政治家」に対しご機嫌取りをせず、彼らとうまく折り合いもつけないでいると、仕事がやりにくくなることはたしかだ。しかし、根本的にはそんなことはどうでもよい。……よき医者たることを諦めたら、よき政治家になれるというのは本当じゃない。凡庸な婦人科医より小さな村の村長になるほうが望ましいなどということはない。長年愛して勤しんでいるふりをしてきたことがまともにできないのであれば、他のどんなこともそれよりうまくできるはずはないだろう。その逆は嘘だ。仕事の失敗は、おのれの内奥の問題や凡庸きわまりない正体の、最も明白な証明なのだ。しかし当然、個人には好きなように、あるいは可能なように、凡庸であったり愚かだったりするれっきとした権利があるし、そのことはあらゆる成功や見かけの栄光とは無関係でもある。

ギジェルモ・アロ（天文学者。アルメニアからの書簡。一九七〇年七月二十八日）

私の人生はもう中古品になったみたいな気がする。

パウラ・イトゥルベ＝デシオレック（死亡した学生の母親）

いったい、これからの人生を生き延びて何をすればいいの。

カルロタ・サンチェス＝デゴンサレス（一九六八年十一月十六日（土）、塀に政治プロパガンダを描いたために警官の手によって殺された学生の母親）

その夜から明け方にかけて、母親たちは悪夢のわけがわからず、いったい全体トラテロルコで何があったのか、ただ知りたいと躍起になっていました。しかし、聞かされることはまったく信じようとはせず、ひどい傷を負った動物のごとく我が子を捜しているのです。「息子はどこにいるんです？」「あの子たちをどこへ連れて行ったんですか？」そして最後には嘆願するのです。「どうかお願いですから、どんなことでも結構ですから教えてください。子どもの身の上に何が起こったのか、わずかなことでも知りたいんです。何か言ってください。……」

イサベル・スペリ＝デバラサ（小学校教員）

神経をやられてしまったやつがいた。もういい歳なんだけど。バンに乗せられたときから泣きだして「母さんがいるんだ。……誰が報せてくれる」とか何とか並べたてていた。兵士が話しかけた。「心配するな。おまえは出られるから」……「いや、出られない。……僕は殺されて、母さんは死んだも同然になるんだ……」と嘆いてばかりいるもんだから、兵士はうんざりして叫んだ。「大きななりして泣き虫な奴だ。そんなに泣きべそをかくなら、なんでこんな騒ぎに首をつっこんだんだ」。

イグナジオ・ガルバン
（サン・カルロス美術学校のシウダデラ製陶工房実習生）

我々の生活リズムは恐ろしく減速した。マコンド(76)の永遠に続く日々を味わっている。我々のこれまでの外界での空間、我々のこれまでの世界、我々のこれまでの宇宙は、小宇宙と化してしまった。生活の物理的規模が全体的に縮んでいく。しかし、小さく狭く思えた独房は徐々に大きくなっていく。私の寝台からわずか十歩ほどのところにある監視塔が、今では集会場兼見晴らし台となっている。そこからは家並みや道行く車までもが見える。そして夕暮れの景色も。我々は塔にのぼる。庭へ出る者もいる。そこは歩き回ってもよい空間として一年前に勝ちとった場所で、ちっぽけだが我々には大きな意味のある征服だ。何もかも少しずつ獲得してきた。私がここへ来たとき、重要な勝利のひとつは朝七時と夜八時の点呼がなくなったことだ、と聞かされた。それはこの小さな世界ではたしかに偉大なる征服だ。その後、守衛は排除されて、房群に面した円形廊下は我々にとって直径十二メートルの自由になる空間となった。独房に入れられると、最初は押しつぶされそうな気がする。私は投獄の二日目、窒息しそうな恐怖感で目覚めた。悪臭を放つ汚れた壁があまりに間近にあったので、脳のなかに入りこんでくるようだった。肉体的監禁は必然的に精神的封鎖を意味すると納得させられるほど、私は意識を押しつぶされていた。自分の唯一の世界、自分の宇宙は、じつは私自身のなかにあるのだとよくわかった。

エベルト・カスティージョ（「教員連合」）

両親や友人、恋人や妻、子どもたち、愛する人たちとの面会が待ち遠しい。それは、個人的なコミュニケーションも、愛情面と物質面の必要の充足も妨げている壁に対する闘いの一部でもある。同時に、雑誌や新聞、政治や社会のニュースをも待ちわびている。これも外の世界から我々を隔離しようとする壁に対する闘いだといえる。外界は我々に社会的野心を湧き立たせ、我々はそのためにここへ連れて来られたのだ。公判と判決も待たれる。不条理な体制の当然の帰結として、各自を待ち受けている同様の不条理なのだとわかっていても。この種の待ち時間に要する忍耐に苦しめられるのはもっぱら親たちだ。その挙句、子どもと連帯して力を尽くし、釈放を勝ち取るための闘いをつづけてきたというのに、不当な判決を言い渡されることでショックを受けて老け込んでしまうんだ。実際は、親も投獄されたも同然だ。

待ちわびたり考え込んだりすることが多いことは事実だが、しかしそればかりではない。闘いつづけることが必要だ、と各自が少しずつ理解しはじめる。勾留の目論見は、何らかの政治活動から物理的に我々を隔離することのみならず、我々を全滅させることでもあるとわかってくる。この意識はまったくの本能によるものであることも多い。肉体と精神に宿る自己保存本能だ。逆境に屈せずに抵抗すると決めたときから、死の恐怖に抵抗しながら闘っている。我々は健康を保つために運動をする。ほぼ全員がしている――肉体的萎縮との闘いでもあるから――。歌をうたう――じつに美しい歌を作った仲間もいる――。絵を描き、ものを書き、読書をする。創作行為の可能性を否定しようとする者たちに対する闘いでもあるから。鬱状態やわけのわからない発作、性格の変化までも起こりうる。……皆、ずいぶん変わった。困難な状況下で大人にならなければならなかった。なかには、学生運動とは何の関係もなく、政治、政府、社会に関する多くの現象を理解できなかったために、ここで読み書きを覚えたという人たちの驚くべきケースを知っている。……組織の代表メンバーだった学生は、すべきことも規律も何もない無為な日々に耐えなければならなかったうえに、外部からの彼らに対する神話化、あるいは英雄視というべつの問題に対処しなければならなかった。人生の大転換の過程でこの問題に打ち勝つには、深い客観性を必要とする。要するに、そんな外からの評価に抵抗を感じる者があるとしても、遅かれ早かれ自問することになる問いを解くことさえできれば、目標に向かって進みはじめられるといえるだろう。……

外の世界で僕は学部のリーダーを務め、活動的な若者だった。投獄されたときまだ二十一歳で夢がたくさんあった。……

ロメロ・ゴンサレス＝メドラノ（政治社会学部闘争委員会。一九六八年九月十八日逮捕、レクンベリに勾留中）

外の人びとのことがほとんどわからなくなるという意味で、刑務所は人を孤立させる。友人の多くが、すでに結婚したり故郷へ戻ったりした——ありとあらゆることが起こった——。新しい交友関係を築いたり、べつの関心が生れたりして、誰のことも遠い人に思える。もちろん、会いに来てくれると、共通の友だちのことで会話を始めるんだけど、もう前とは違う。「長いこと、あいつには会ってないな。……」「さあ、どうしたのか。……」みんな、消息がわからない。エンリケはどうしてる？　ペドロはどうなったの？　クレメンテは？　リサンドロは？　もう誰も知らない。……もう前とは違う。何だか、何もかも遠い昔のことのようだわ。

ロベルタ・アベンダーニョ＝マルティネス、通称「ティタ」
（UNAM法学部CNH代表）

クエック（レオナルド・ロペス＝アレチェのことだけど、職場だった大学の映画研究所のイニシャルをとってそう呼ばれていた）が――俗に言うように――「枕もとに立つ」ことがあるんだ。サンティアゴ・トラテロルコ教会の壁にもたれかかって、僕の傍に立っているんだ。……クエックは他の奴とは違ったとくべつな男だった。長い髭と長髪という姿で、運動の写真をフィルムに何本も、じつにたくさん撮った。連邦区の司法警察か、連邦公安部か、検察庁か、どこかに保存されてるに違いない。……すぐに熱狂すると同時に、かんたんに苦悩の深みに沈んでしまうやつだった。総会で一度、発言の機会を求めてこう言ったのを覚えている。「同志のみんな、どうやってまた街頭デモを復活させるか、わかるかい？（八月二十七日と九月十三日のデモの間に、多くの検挙や新聞紙上の中傷があったし、一度ものすごい政府の弾圧を受けており、CNHのまさに中枢部でも大混乱が起こっていた。そのうえ、ディアス＝オルダスの大統領教書のトーンとその――戦車と銃剣を伴った――威嚇は強力だった）どうやってまた街で活動すべきか、僕にはわかる。……殴打の攻撃にどう立ち向かうか、わかるかい？　花束で、愛と花束で、だ。……九月十三日には僕らはまたレフォルマ大通りにいるだろう、花を手にね。制圧されたら、花を投げよう、戦車に向かって花を。建物の窓、車の幌の合間、バスの屋根、家の屋上で、大衆は僕らを待っている。だから僕らは装いも新たに繰り出すんだ。兵士が銃なら、僕らは愛と花束だ」。……もちろん、あいつの提案は承認されなかったけれど、クエックはそんな奴だった。だからあいつが死んだ日、花束を、愛と花束を手向けることができたらよかったのに。

ラウル・アルバレス＝ガリン（CNH）

私は十月が好きです。一年じゅうでいちばん好きな月ですね。空気がとても澄んでいるので、街は周囲の山々に抱かれた揺りかごの中でゆったりと横たわっているようです。街路の遠く向こうには、突然やわらかい色調の紫か深い青色の火山が見渡せます――まるで手を伸ばせば触れることができて、私の手は、白い雲に覆われ十月のまだ心地よい暖かな陽射しを浴びた山の尾根に沈んでいくようです――。……ここからは何も見えません。こちら側に突起の出た緑の鉄柵しか。でも、十月の匂いはします。空気の味は十月です――一九六九年のいま――。この新たな十月が、三文化広場で私たち全員が死んでしまう前に――なぜなら、私たちもあのとき半ば死んだのですから――六八年の十月を消し去った、なかったものにしてくれたのだと私は思おうとしています。

エルネスト・オルベラ（UNAM付属第一プレパラトリア・数学教師）

明け方ときどき、夜が白みはじめる頃、トラテロルコのこと、死者たちのことを思い出したくなる。心の中で彼ら――少なくとも新聞に（たとえば『オバシオネス』、あれならたしかに読んだ）出た人たち——の名前をひととおり呼ぶ。そこに出ていたのは、第三区役所管轄地域の警察分署にあった十八遺体、ポリの教員だったレオナルド・ペレス＝ゴンサレス、UNAM付属第九プレパラトリアのコルネリオ・カバジェロ＝ガルドゥーニョ、あの美人のオリンピック実行委員会アシスタントだったアナ＝マリア＝レヒナ、アパートの一室チワワ棟六一五号室から運んでこられた十三歳の少年ホセ＝イグナシオ・カバジェロ＝ゴンサレス、ポリの電気・機械工学科ヒルベルト・オルティス＝レイノソ……その他たくさん、広場に放置されたままのたくさんの遺体……誰だったんだろう？　生きていたら今ごろどうなっているだろう？　何をしていただろう？

セフェリーノ・チャベス
（共産党未成年部会。レクンベリに勾留中）

若者を残酷に扱い、殺し、投獄し、絶対に取り戻せない人生の時間を奪うような政府は、弱くて臆病な政府であって、長くは続きません。

イサベル・スペリ＝デバラサ（小学校教員）

トラテロルコのことを考えはする。でもそれについて話すのは、僕らにはとてもつらいんだ。個人的には、トラテロルコを思い起こすと僕は動揺する。人びとが逃げまどっていたのを演壇からどんなふうに僕らは見ていたか、今もよく覚えている。僕からは見えなかったが、銃剣の壁があったんだ。

……僕はそのときわけがわからなかった。演壇に向かって銃撃された。地上にいた軍の連中は僕ら学生を狙っているかに思われたが、実際は〔僕らに混じっていた〕白い手袋の連中[77]を撃っていた。めちゃくちゃな混乱状態だった！　本当はね、トラテロルコのことを話すのはいやなんだ。というより、できないんだ。……だから、勘弁してほしい。……できないんだ。……トラテロルコのことは。……ここレクンベリでは、精神衛生のためにそのことはできるだけ話さないようにしているんだ。

ヒルベルト・ゲバラ＝ニエブラ（CNH）

僕にとっては、オリンピックに唯一意味をもたらしたのはブラック・パワーの態度だった。高く掲げた黒人のこぶし、トミー・スミス、ジョン・カルロス、リー・エヴァンス、ハリー・エドワーズといった陸上選手の空中高く振り上げられたこぶし。黒人メダリストたちがスポーツでの勝利を政治的武器として用いるのを見て、メキシコの観衆は強い印象を受けた。それは、間接的であれ、我々の運動に役立った。

サムエル・ベジョ＝ドゥラン（UNAM歯学部）

金メダリストとなった「ティビオ」ムニョスはイサアク・オチョテレナ高等学校の生徒で、その高校は第二、第五ボカシオナルと騒動を起こしていた。何と皮肉なことか！　七月二十二日、機動隊が催涙ガスと棍棒を装備して紛争に介入したときが、六八年の学生運動の、本当の始まりとなったといえる。

ペドロ・ボラーニョス（父親）

「ファバーダ〔豚肉入り白インゲン豆の煮込み料理〕持ってきたよ。……」

「ああ、おばあちゃん、僕、おなかの具合が悪いんだ」

（そこへヒルベルト・ゲバラが毛糸の帽子姿で入ってくる。ルイスやラウルや「チャレ」ことサウルに言わせれば、この帽子を肌身離さないらしい。祖母はヒルベルトに向かって腕を伸ばす。）

「私のかわいいゲバラ！」

祖母は長いことあいつを抱きしめる。小太りで優しくて、白髪頭のふんわりした、ちっちゃなだんごみたい。童話に出てくるおばあちゃんそのものだ。

「おなかの調子が悪いって、ラウル？」

「だって、おばあちゃん、この家の食事は毎日がお祭みたいなんだもの。毎日がまるで日曜日かと思うほど、黒いモレやピピアン[78]のたっぷりかかった鶏料理、パエジャ、肉詰めトウガラシの《チレス・エン》胡桃ソース《・ノガーダ》がけ、ファバーダ、コチニータ・ピビル[79]！　ご馳走攻めで死んじゃうよ！　消化不良を起こしちゃった」

ラウル・アルバレス＝ガリンの、祖母との会話

一九六八年十月四日の金曜日、作家のファン・ガルシア＝ポンセがトラテロルコの虐殺に対する抗議文を届けに行って、『エクセルシオル』の社屋から出たとき、警察に検挙された。お定まりの侮辱の数々を見舞われて四時間後に解放された。この作家も車イス生活なので、おそらくCNHのリーダー、マルセリーノ・ペレジョーと混同されたのかもしれない。あるいは警察は作家を脅そうとしたのかもしれない。ファン・ガルシア＝ポンセは「知識人・芸術家会議」に属しており、この集団は一九六八年八月十六日に学生運動との連帯を正式表明していた。作家は何度も抗議文書を書いたり、抗議行動に参加したり、署名したりしていたのだが、今また、その憤慨を公言した。作家はこう語る。「重要なことは、今すぐ若者たちが釈放されることです——強烈に殴打された者が大勢います——。私の身に起こったようなことは構わないのです。……それよりこんなことは耐えられません。……」その後、付け加えて言った。「こんな日々を二度と繰り返してはならない！」

ファン・ガルシア＝ポンセとの対話（『シエンプレ！』一九六八年十一月六日号、第八〇二号のための取材）

刑務所はこの世でいちばん騒々しい場所だ。中庭はいつも混雑している。日曜日午後四時に面会の人びとが引き払った後を除いては。そのときばかりは中庭は無人と化し、僕らは自分の独房に戻る。獄入りだ。しかし、それ以外は、午前七時三十分に楽隊が時を報せると、慌ただしい賑わいが始まる。軍隊らっぱが起床や食事の合図を吹く。整列を解いたり、九時になると時刻を報せたりするのにも吹かれる。九時は「弁護相談」の時刻なのだ。その後、十一時にもまた！　食事の合図が一時！　四時には円形廊下——多辺形の塔のまわりのあの廊下だ——を、時刻を告げる軍楽隊がまた通る。それは点呼の時刻を知らせるもので、囚人の数を確認するためだ。その点呼報告には、C房群の長たるラウルがサインをする。八時にもまた楽隊——らっぱと太鼓——。楽器は皆古びていて、その音といったら鳥肌が立つ——まあ、そこまで言うこともないが——。そして十時に「沈黙」の合図。……沈黙がもっとも心を沈ませるんだ。なぜって、合図のあと夜間警邏が始まって、警備官たちが分厚く高い壁の間を十五分おきに叫んで通る。「こちら、異常なし！」……夜になると、日中の騒音が耳元に迫ってくる。「囚人数六十一、増減ゼロ！　囚人数！　囚人数！　囚人数！　囚人数！……」、房から房へと行き交う物売りの掛け声、円形廊下での太鼓の連打、鉄格子にいかなる金属片が触れても生じるきしみ音、自分のいる独房の鉄扉の開閉音、そんなふうに耳鳴りが嵩じてくると、収容所全体が覆い被さってくるように感じる。あちらこちらの鉄錆、格子の突起、配給食の深鍋をのせて運ばれてくる運搬車の車輪の錆びたきしみ音。深鍋に入っているのは煮込み料理、煮豆、トウモロコシ粉のおもゆ《アトレ》、また煮豆、煮込み料理、煮豆、煮込み料理、たまに肉のわずかな塊と骨の入ったスープ、少しばかりの野菜、アトレ、粗末で単調な食事がいつもいつもいつもこうして深鍋に入れて運ばれてくる……僕の身体もあの深鍋に入りそうに思えるほど、ここの生活は単調なんだ……

ルイス・ゴンサレス＝デアルバ（CNH）

ここにはマリオ・エルナンデスという囚人がいる。彼のことを僕らは「少年《エル・チャマコ》」と呼ぶ。なぜって、C房群全体でいちばん〔精神的に〕若いからだ。六十七歳で、ここでいちばん人気があって尊敬されている人物のひとりだ。……そう、あの人は断然アンチ・ミイラ派だ！　すばらしい人物で、おまけに料理がとてもうまい。

エドゥアルド・デラベガ＝アビラ（共産党員）

「弁護相談室」はセメントの長椅子と机のある縦長の部屋だ。

アルトゥーロ・マルティネス＝ナテラス（CNEDこと全国民主主義学生連合の幹事長。レクンベリに勾留中）

若者はつねに未知数です。若者を殺すことは、神秘の可能性、すなわち、秘めていたすべての可能性や、並外れた豊かさや複雑さを封殺してしまうことなのです。

ホセ・ソリアノ＝ムニョス
（ウィルフリド・マシウ高等学校教員）

若者を殺すことは、希望を殺すことに等しいのです。

クリスティナ・コレア＝デサラス（小学校教員）

ほぼ誰も時計は持っていない。共同調理場でいっしょになる仲間のうち、持っているのは私以外には皆無だ。刑務所の中でなぜ時計が要る、と私に訊く人もいる。ここでは時間はない。ただ朝昼晩の区別があるだけ。そして時間は収縮する。囚人は言う。月曜から土曜まではとても長い一日、日曜日はすぐに終わるとても短い一日。

エベルト・カスティージョ（「教員同盟」）

十月にはまだ、雨季の産物でエドゥアルドの大好物の、カボチャの花やキノコやウィトラコチェ（トウモロコシに寄生する黒いキノコ）がある。ベルドラガ、チラカヨテ、ケントニル[80]も出まわりはじめる。それを家で彼のために料理して差し入れようとするんだけど、いつも検閲を通過するときに係官の女性が味見をしすぎないよう祈っているの。

マリア＝エレナ・ロドリゲス＝デラベガ

人間は皆、孤独である、というのはわかりきったことです。でも、十五歳から二十歳の年齢層の若者の感じる孤独が、計り知れないほどのものであることをわかっている人は少ないと思います。

ヘオルヒナ・ルビオ＝デマルコス（小学校教員）

もちろん、僕は仲間を助けました！　こんなことだってありました。メルセデス・パドレス——とてもいい人です――の僕へのインタビューを通じて、山中に潜伏して瀕死の状態だった逃亡者たちに連邦区へ戻るよう説いたんです。「トト」ことソステネス・トレシージャスはそのうちのひとりです。トトは百十二キロの巨漢だったんですが、戻ったときには六十キロ余りに痩せてしまって、ひどい体調でした。衰えきっています。同毒療法《オメオパティア》を学ぶ医学部CNH代表でした。何ヶ月間も湿地や山あいに隠れて、植物の根を食べたり、それすらなくて何も食べずにいたこともありました。追跡されているという妄想を今も抱いています。殺されると思って疑わなかったんです。通りを横断することすらできないので、両側から二人で抱きかかえなければならない、と他の仲間から聞きました。タイヤがパンクでもしたら失神してしまうでしょう。どんな小さな物音にも常軌を逸してしまうんです。彼と他にも何人かの仲間たちは、連邦区に戻ってきてもだいじょうぶだと僕が言っている記事を読んだんです。だから連邦区の生活にまた戻ったんです。今はトトの具合はよくなって、再出発しました。同じことが、ひどく苦しい体験をした仲間たちにも言えます。

ソクラテス＝アマド・カンポス＝レムス（CNH）

もうひとつ、重大なことがある。今のように深く恋人を愛することは、以前ならできなかったと思う。それはとてもすばらしいことだ。なぜこうなったのかわからないけど、とにかくそう感じている。これが僕の内部に生じたすばらしい変化だ。僕だけじゃなく、もちろん誰の心の裡にもね。

フェリックス＝ルシオ・フェルナンデス＝ガムンディ（CNH）

それに、四方を壁に囲まれた空間に閉じ込められていると、強く深く自由を愛するようになる。他のどんな体験によってしても授かれない教訓だ。

ヒルベルト・ゲバラ＝ニエブラ（CNH）

二十五ヶ月間の投獄生活で、私たち〔囚人のみならずその家族〕は人間として強くなりました。そして、どんなに罪深くとも、動物のように檻に入れられて生きるような扱いにふさわしい人間なんて結局はいないのだ、ということを思い知りました。

アルテミサ・デゴルタリ

このアメリカ大陸には
新しい人間が育ったのだ
散文に重みを
詩歌に良質を求め
政治にも文学にも
精励と実体を望む人間が

ホセ・マルティ(81)

通りと広場には蛆虫がうごめき
壁には脳漿が飛び散っている
水は染めたように赤く
飲むと苦い

日干しれんがの壁を叩いた
しかし残されたのは穴だらけの壁だけ
盾は市の防備であった
しかし盾すら市の孤独を癒すことはできなかった
われらは紅の木を食い
苦いギョウギシバを噛み
日干しれんが、とかげ、鼠、土、
そして蛆虫を食った

口に入る肉はわずかしかなかった
火にかざして焼いていた
肉が焼けると

その場で奪い合った
火から取り出したままの肉を

(全員で)
クアウテモックが捕えられた
メシーカの王子たちの一団が逃げ惑う
テノチカ族は敵に囲まれた
トラテロルコ族は敵に囲まれた

(ソロ)
人びとは泣き叫び　トラテロルコは涙に包まれた
友よ　どこへ行こう　これは夢か
今やメヒコは棄てられる
煙が立ち上り霧が辺りを被う
〔ウィスナウアカトル・〕モテルウィツィン
トライロトラカトル・トラコツィン
トラカテクトリ・オキツィン〔の挨拶は涙〕

泣け、友よ
この敗北でわれらは
メシーカの国を失ったのだ
水は饐え　食べ物は腐った
これが生命の付与者のトラテロルコにたいするご意志

これはすべてわれらに起こったこと
われらはそれを目の当たりにし
呆然とするばかりだった
この不幸を　この悲運を
嘆かざるにおれようか

道には折れた槍が打ち棄てられ
毛髪が散乱している
家の天井は落ち
白壁は血塗られている

（全員で）
テノチカ族は敵に囲まれた
トラテロルコ族は敵に囲まれた

『敗者の視点――アステカ先住民からみた征服の記録』（アンヘル＝マリア・ガリバイ博士によるナワトル語原文からの翻訳[82]）より、レクンベリ収容所C房群の学生囚人が暗誦会のために選んだテキスト

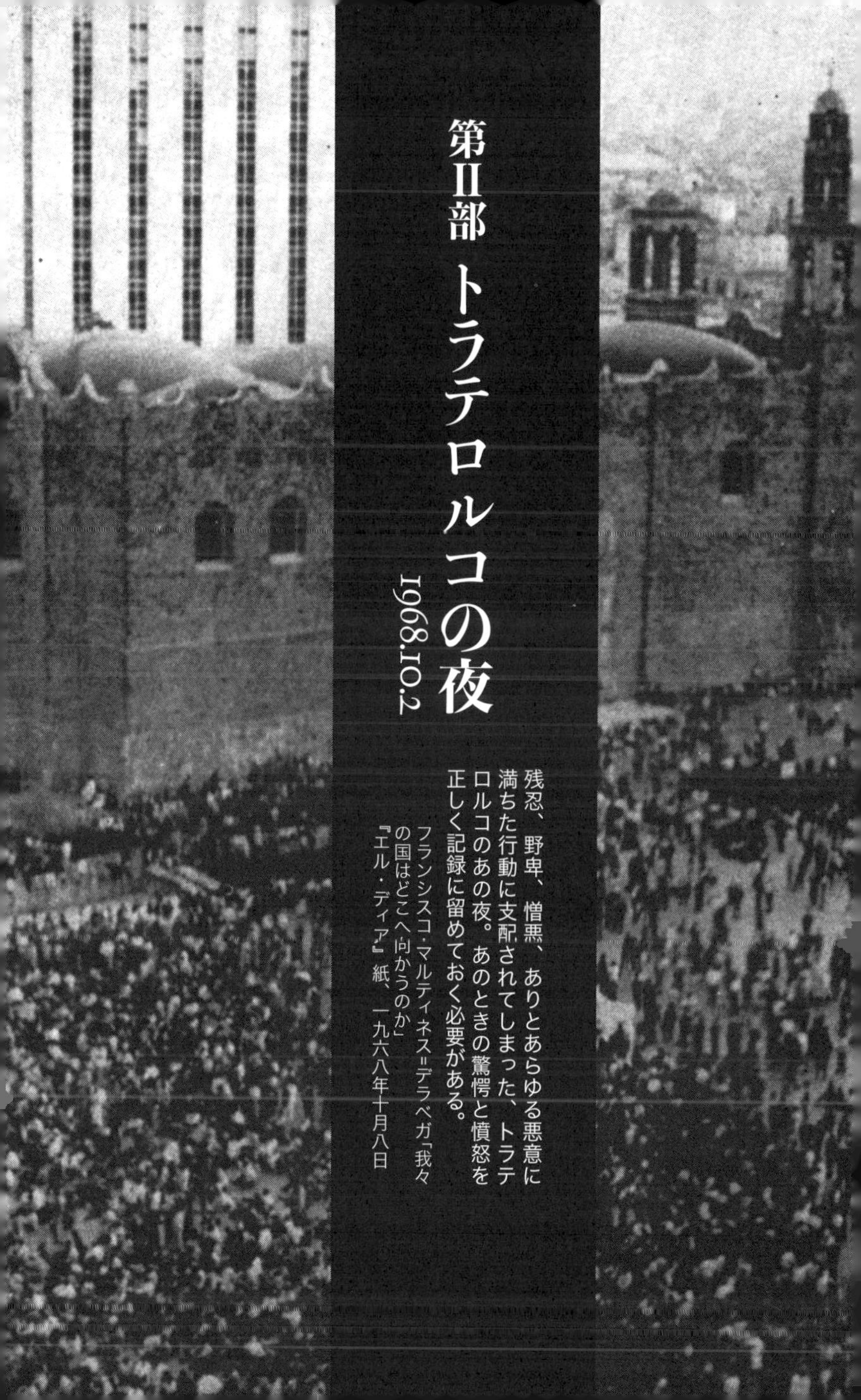

第II部 トラテロルコの夜 1968.10.2

残忍、野卑、憎悪、ありとあらゆる悪意に満ちた行動に支配されてしまった、トラテロルコのあの夜。あのときの驚愕と憤怒を正しく記録に留めておく必要がある。

フランシスコ・マルティネス＝デラベガ「我々の国はどこへ向かうのか」『エル・ディア』紙、一九六八年十月八日

トラテロルコを心に刻んで

暗闇は暴力を生み
武功を遂げるために
暴力は暗闇を求める
それ故、十月二日、彼らは夜になるのを待ったのだ
武器を握った手を誰にも見られないように
突然の閃光以外は

その一瞬の青白い光のなかにいるのは誰なのか
人殺しは誰なのか
今際《いまわ》のきわにいるのは、死んでいくのは、誰

逃げまどって靴を落としていくのは
地下牢に落ちるのは
病院で屍を腐らせるのは
驚きのあまり永遠に口がきけなくなってしまったのは
誰

どこの誰なのか　誰もいない　翌日には痕跡もない
翌朝、広場は掃き清められていた　新聞が
重要なニュースとして報道したのはなんと
天候だった
テレビもラジオも、映画館でも
番組の変更も、臨時ニュースもなく
祝宴では一分間の黙祷もなかった
(宴は予定通り続けられたのだから)

もはや跡形もないものを捜しても無駄だ
血痕、屍、すべては糞を貪り喰らう女神への

供物として捧げられたのだから

記録を詮索しても無駄というもの　何も記載されてはいないのだから

しかし、ほら、傷跡はここにある　それは私の記憶にとどまっているのだ
痛む　傷は本物なのだ　血は血で支払われるもの
だがそれを私の血だと言おうものなら、私は皆を裏切ることになる

私は憶えている、私たちは憶えている
名誉を汚されたこれほど大勢の人びとの良心のうえに
憤怒の宣言書に、牢獄の開いた鉄格子に
仮面の裏に隠れた顔に
夜明けの曙光がさすように導くための、これが私たちのやり方
私は憶えている、憶えておこうではないか
正義が私たちのあいだに根づくまで

ロサリオ・カステジャノス(1)

ここに掲げる証言の大部分は、一九六八年の十月から十一月にかけて聴取した。投獄された学生たちは、その後二年間にわたって証言を提供しつづけてくれた。この語りは彼らのものである。彼ら自身の言葉、闘い、誤り、痛み、驚きで織りなされている。と同時に、彼らの苛立たしさからくる勇み足、無邪気さ、過信も入り混じっている。とりわけ、子を亡くした母親の皆さんと兄弟姉妹を失ったご家族の方々に対し、話を聴かせてくださったことに深く感謝している。肉親を亡くした痛恨はじつに孤独な祈りである。それを口にするのは耐え難いことなのだ。それ故、事実を尋ねたり掘りおこしたりすることには、人の心に踏み込む無礼をはたらいている感覚がある。

このなかには、打撃を受け硬直し、何日間もひと言も発さなかった母親の話も含まれている。彼女は突然、傷ついた獣――はらわたを引き裂かれる獣――のように、自分の命の中心から、自分がもたらした命そのものから、胸の張り裂けるようなかすれた叫び声をあげた。恐怖を引き起こす叫びだった。人間に対してなされうる絶対的悪への恐怖。すべてを破壊する、あのよじれるような絶叫。息子の死という、癒えることのない生涯残る傷ゆえの号泣。

死者と残された者の絶叫のこだまがここにある。怒りと抗議がここにある。一九六八年十月二日、トラテロルコの夜、戦慄に見開いた何千もの目に浮かんだ、何千もの喉につかえた、声にならない叫びなのだ。

E・P

一九六八年十月三日木曜日付、首都の主要日刊紙の見出し

『エクセルシオル』

軍、ストライキ参加者の集会を追い散らし激しい戦闘

大統領府報道官フェルナンド＝M・ガルサの発表によると、死者二十名、負傷者七十五名、逮捕者四百名

『ノベダデス』

トラテロルコ街区で狙撃隊と軍の銃撃戦

確認できた情報によると、死者二十五名、負傷者八十七名、エルナンデス＝トレド将官と軍人十二名も負傷

『エル・ウニベルサル』

トラテロルコ、戦場と化す

数時間にわたるテロリストと兵士の激戦

両者合わせて死者二十九名、負傷者八十名以上、逮捕者一千名

『ラ・プレンサ』

死傷者多数、〔国防相〕ガルシア＝バラガン語る

軍による学生への銃撃

『エル・ディア』

トラテロルコの集会での犯罪的挑発が流血の大混乱を惹起

軍との大規模衝突のためトラテロルコで死傷者。負傷者のなかにエルナンデス＝トレド将官と軍人十二名。兵士一名死亡。死亡あるいは負傷した市民の数はいまだに不明

『エル・エラルド』

トラテロルコで流血の衝突

『エル・ソル・デ・メヒコ』（朝刊）
死者二十六名、負傷者七十一名
狙撃隊が軍に向かって発砲し、トレド将官負傷
不審な勢力がメキシコの評判失墜を画策か
その意図は第十九回オリンピック競技大会を不成功に終わらせること
狙撃隊がトラテロルコで軍に向かって最初の銃撃
将官一名と軍人十一名が負傷、兵士二名と市民二十名余が最悪の抗争で死亡

『エル・ナシオナル』
「軍は狙撃隊に反撃しなければならなかった」ガルシア゠バラガン（国防相）

『オバシオネス』（号外）
三文化広場で流血の銃撃戦。数十名の狙撃隊が軍と衝突。二十三名死亡、五十二名負傷、一千名逮捕、さらなる車の放火も続く

『ラ・アフィシオン』
学生集会がトラテロルコで激しい銃撃戦招く

突如として、ノノアルコ゠トラテロルコ団地の三文化広場の上空に信号弾が閃いたのをきっかけに銃撃戦が始まり、それが十月二日の学生集会をトラテロルコの悲劇に変えた。これがあらゆる証言に共通する指摘である。

一九六八年十月二日水曜日の午後五時半、約一万人が三文化広場の空き地に集結し、ＣＮＨの学生

午後5時30分、5000人近い人びとがＣＮＨ代表の演説を聴こうと、トラテロルコの三文化広場に集まっていた……女性も子どもも老人もいて、地面に座りこんでいた。

弁士の演説を聴いていた。弁士たちはチワワ棟四階のバルコニーから群衆に向かって話しかけていた。大部分は学生だったが、地面に腰を降ろした老若男女、物売り、腕に子どもを抱えた主婦、団地の住民、好奇心から立ち止まった通行人、野次馬、あるいはちょっと覗きにきただけの人びとも大勢いた。警察、軍、機動隊員が盛んに威力を誇示していたが、雰囲気は落ち着いていた。男女の学生がチラシを配ったり、CNHの略号の書いてある容器に寄付金を募ったり、新聞やポスターを売ったりしていた。そして棟の四階には、国内のできごとを報道する新聞記者の他に、十日後に開幕することになっていたオリンピック競技大会の模様を伝えるため派遣されていた外国の特派員や写真家もいた。

何人かの学生が演説を行った。男子学生がひとり、弁士の紹介にあたっており、UNAMのもうひとりが「運動は何があってもつづくのだ」と叫ぶと、べつのIPNの学生は「……メキシコ人の公徳心は深まり、政治的に目覚めたのだ」と語った。ある少女は、あまりの若さに印象づけられたのでよく憶えているが、分隊の役割について話した。弁士たちは政治家と一部の新聞記者を批判し、日刊紙『エル・ソル』に対するボイコットを提起した。四階のバルコニーからは、労働者の一陣が「鉄道員は運動を支持する。ロメロ＝フローレスとGDO〔グスタボ・ディアス＝オルダス大統領〕との対談を無効とみなす」と書いた垂幕を下げて広場に入ってくるのが見えた。彼らは拍手で迎えられた。この鉄道員の一団は、「明日、十月三日から学生運動を支持し、波状ストに入る」と宣言した。

ベガという学生が、国立工科大学《ポリテクニコ》のサント・トマス・旧アシエンダ・キャンパスまでデモ行進する予定だったが、軍隊が配置され弾圧に出る恐れがあるので中止する、と告げたときだった。上空に信号弾が炸裂し、その場にいた群衆は反射的に視線を上向けた。最初の発砲音が聞こえ、人びとは不安に怯えた。「走るな、諸君。走るんじゃない。これは空砲にすぎない……逃げるな。その場に留まれ、落ち着くんだ！」CNHのリーダーらがチワワ棟の四階から拡声器で懸命にそう叫んでいたが、群衆はクモの子を散らすようにちりぢりになった。皆、怖れ慄《おのの》き逃げまどい、大勢が広場、つまりサンティアゴ・トラテロルコ教会の前に広がる先スペイン期遺跡の窪みに飛び込んだ。絶え間ない射撃音と機関銃の掃射音が鳴り響いた。その瞬間から三文化広場は地獄と化した。

この惨事に関する一九六八年十月三日木曜日の『エクセルシオル』紙の報道はこうだ。「最初の発砲がどこから飛んできたのか、誰にもわからなかった。しかし大部分のデモ参加者は、兵士が何の予告もなしに銃撃を開始したという点で一致した証言を行った。……弾はあらゆる方向から飛んできた。トラテロルコ団地の建物の高い所からも、軍隊が小型戦車や装甲車からほぼ絶え間なくマシンガンを連射する表通りからも飛び交っていた……」。『ノベダデス』、『エル・ウニベルサル』、『エル・ディア』、『エル・ナシオナル』、『エル・ソル・デ・メヒコ』、『エル・エラルド』、『ラ・プレンサ』、『ラ・アフィシオン』、『オバシオネス』の各紙によると、軍は団地棟の屋上に配備された狙撃隊の銃撃に対抗して反撃しなければならなかった。その証拠に、作戦を指揮していたホセ・エルナンデス＝トレド将官が胸を撃たれ、手術後の記者会見でこう語ったほどである。「流血を見たかったのであれば、私が流した分で十分すぎるくらいだ」(『エル・ディア』一九六八年十月三日)。

『エクセルシオル』紙によると、「約五千名の兵士と、大半は私服姿の多数の警官たちが出動したと目される。私服警官は目印として、右手にハンカチを巻いていた。そうして味方を認識していた。学生の攻撃から身を守るために、記章をつけている者はほぼ皆無だったからである」。

「激しい銃撃戦が二十九分間つづいた。その後はやや下火になったが止んだわけではなかった」。銃弾はあらゆる方角から飛んできていた。機関銃の連射音があちらこちらで鳴り響いていた。何人ものジャーナリストが言うように、狙撃手はもちろん、兵士が仲間同士で殺傷しあうことも少なからずあった。「群衆に対する包囲網を狭めていったとき、あらゆる方向から弾丸が飛び交ったため、多数の兵士が互いに傷つけあったにちがいない」と、十月三日付『ラ・プレンサ』紙の報道のため取材にあたった記者のフェリックス・フェンテスは書いている。軍は挟撃作戦で三文化広場を占領した。つまり、二側面から攻め入り、五千人の兵士が棟に向かって自動小銃を発砲しながら前進したのである。フェリックス・フェンテスはこう付け加える。「ひと棟の四階で発砲の閃光が見えた。そこからは三人の弁士が群衆に向かい政府に反対して熱弁を振るっていた。見たところ、そこで連邦公安部と連邦区司法警察の警官同士の火蓋が切って落とされたようである」。

「人びとは三文化広場の東側から逃げようとした。多くは逃げおおせたが、数百名は銃剣を振りかざしてあらゆる方向に発砲していた兵士の縦隊と鉢合わせた。そちらへ逃げるのは不可能とみて、怖れ慄（おのの）いた人びとは建物の中に逃げ込みはじめた。しかし、それより多くが団地内の細い通りを走りぬけて、レフォルマ大通りのクイトラワック像のあたりに出た」。

「本記事の記者である私は、外務省の建物の近くで群衆に押し倒され踏みつけにされた。そう遠くないところで女性がひとり卒倒したが、弾丸を受けた負傷によるものか気絶したためか、不明である。若者が何人か、救援しようとしたが兵士に妨げられた」。

後に、ホセ・エルナンデス＝トレド将官が公表したところによると、流血騒動が大きくなるのを防ぐために、軍に対し、携行していた大口径の兵器を使わないよう命じたのだという（『エル・ディア』紙、一九六八年十月三日）。（エルナンデス＝トレドはこれより以前すでに、ミチョアカン大学、ソノラ大学、メキシコ州自治大学への攻撃を指揮したことがあり、全国で最もよく訓練された攻撃部隊として評価されている落下傘部隊を率いている。）しかしながら、『エル・ウニベルサル』紙の編集員であるホルヘ・アビレスは十月三日付でこう述べている。「我々は軍が全力をあげた戦闘態勢にあるのを目の当たりにした。あらゆる種類の武器、二十台以上のジープに搭載した大型機関銃を駆使して、狙撃隊が制圧していたすべての方面に向けて銃撃していた」。『エクセルシオル』紙も同様の報道を行っている。「約三百台の戦車、襲撃隊、軍のジープと輸送機関が、インスルヘンテス通りからレフォルマ大通りを、ノノアルコ通りとマヌエル・ゴンサレス通りまで、周辺全域を包囲していた。厳重な身元確認を通過した場合を除いて、人の出入りは一切禁止されていた」（「トラテロルコで銃撃戦。死者数未確認、負傷者二十余名」『エクセルシオル』紙、一九六八年十月三日木曜日）。ミゲル＝アンヘル・マルティネス＝アヒスの取材記事によると、「軍のある指揮官が電話を手にした。国防省にかけて事態を報告したのだ。『ある限りの武器で対抗しております』。そこには機関銃、四五、三八、九ミリ口径の銃が多数見られた」（「チワワ棟、午後六時」ミゲル＝アンヘル・マルティネス＝アヒス『エクセルシオル』紙、一九六八年十月三日)。

国防相のマルセリーノ・ガルシア=バラガン将軍は次のように発表した。「軍が三文化広場に接近したとき、狙撃隊に迎え撃ちされた。撃ち合いが拡がり、およそ一時間つづいた……」

「軍にも学生にも死傷者が出ている。現時点ではその数は明確にできない」

「この運動の首謀者は誰だと想いますか」

「わかっていればいいのだがね」〔明らかに、学生を被疑者にする根拠が国防相にはなかったのだ――著者注〕

「軍中央病院に負傷した学生はいますか」

「軍中央病院にも緑十字病院にも赤十字病院にもいる。彼らは皆、勾留者の身分で入院しているのであって、検事総長による処分に委ねられることになるだろう。勾留者は軍第一キャンプにもいる。彼らは近いうちに連邦区司法警察のクエト長官の裁量に任せられるだろう」

「軍の行動の、責任者たる司令官は誰ですか」

「責任者たる司令官は、私だ」(ヘスス=M・ロサノ「自由は君臨しつづける、国防相による状況分析」『エクセルシオル』紙、一九六八年十月三日)

他方、連邦区司法警察長官は、トラテロルコへの軍の介入を要請したわけではない、と国防相の発表に対する否定的見解を公にした。本日未明の記者会見で、ルイス・クエト=ラミレス長官は次のとおり語った。「外務省と第七ボカシオナルに隣接した建物群で銃撃音がするとの知らせが入ったとき、その辺りには軍が二十四時間駐留していたので、ただちに連邦区司法警察は国防省に報告した」。クエトは、本市で去る七月以来展開されている学生紛争に対して、外国の情報員による干渉があるかどうかの確証は得ていない、と説明した。連邦区司法警察が押収した武器の大半はヨーロッパ製で、社会主義圏で使用されていた型のものに相当する。クエトは、メキシコの政治家がこの状況を何らかの形で支援しているのかどうかは関知しないし、かつ、米国市民が逮捕されたとは聴いていない、と述べた。その一方で、逮捕者の中にはグアテマラ人、ドイツ人各一名と、出身国は思い出せないがもう一名の外国人がいる、と認めた（『エル・ウニベルサル』『エル・ナシオナル』各紙、一九六八年十月三日）。

　三文化広場に残された犠牲者の遺体を写真撮影することは、軍の妨げにより不可能だった（「昨夜、死傷者多数出る」『ラ・プレンサ』紙、一九六八年十月三日）。十月六日、『エル・ディア』紙に掲載された「メキシコ国民へ」と題する声明文において、CNHはこう宣言した。「トラテロルコの虐殺の死傷者名簿はまだ作成されてはいない。現在までに百名近い死者が出ているが、そのうち身元が判明しているのは遺体が収容された人びとについてのみである。負傷者は数千人単位にのぼる……」。同日、新たなデモや集会は行わないと発表した折、CNHは、弾圧勢力が「その蛮行によって市民百五十名と軍人四十名の死をもたらした」とも明言した。オクタビオ・パスは『後記《ポスダタ(?)》』において、英国の『ザ・ガーディアン』紙が、「綿密な調査」の結果もっとも信憑性が高いとみなした数字を引用している。すなわち、死者三百二十五名。

　たしかに、現在までのところ、メキシコでは死者の数が明確にされていない。十月三日に新聞各紙の見出しや報道記事に発表された数字は二十――二十八名の範囲だった。しかし負傷者の数はもっと多く、逮捕者数は二千名にのぼる。零時頃、トラテロルコ一帯の銃声は止んだ。他方、アパート棟では軍隊によって住民が立ち退きを強いられ、千人近い逮捕者が軍第一キャンプに連行された。さらなる千人近くが本市のサンタ・マルタ・アカティトラ刑務所へ連行された。トラテロルコ一帯は軍の包囲が続いた。多くの住民家族が兵士による厳重な取調べと登録を受けさせられた後、所持品を抱えこんでアパートを出て行った。十一名からなる兵士の複数の集団が、団地群の建物に踏み込み、住人リストを作成した。一軒ずつ家宅捜査を行うよう指示を受けていた模様である。

現在までのところ、一九六八年の事件が理由でレクンベリ刑務所に投獄され、今もそのままになっている囚人の数は、百六十五名である。

トラテロルコの虐殺を引き起こした内部メカニズムについては、明らかになることはないのかもしれない。恐れなのか、不安感なのか、怒りなのか？　面子を失うことへの恐れなのか？〔外国からの〕訪問客の前で見かけを繕うことに猛反発する若者に対する憤りからか？　……私たちはつねにアベル・ケサダとともに問い掛けることになるのかもしれない。それはなぜか。トラテロルコの悲しき夜は――これほどの声や証言が寄せられたにもかかわらず――いまだに理解不能のままである。なぜなのか？　トラテロルコの事件は、不可解で矛盾に満ちている。しかし、死はそうではない。それなのに、いかなる記録も総体的な見通しを私たちに提示してくれてはいない。誰もが――目撃者も当事者も――銃弾から身を守らねばならず、多くが負傷した。新聞記者のホセ＝ルイス・メヒーアスがその様子を次のように述べている（「悲劇の政治集会」『午後日報』メキシコ市、一九六八年十月五日付）

「手袋をはめた者たちが銃を取り出し、全近距離から見境なく、女性、子ども、学生、機動隊員に向けて発砲しだした……それと同時に、一台のヘリコプターが、軍に対して信号弾を発射しながら、前進せよとの命令を出した……最初の数発でパラシュート隊司令官のエルナンデス＝トレド将官が倒れた。それから後は、猛り狂った軍が大規模な武器を発砲し、建物の内部で狙撃手を捕らえはじめたために、もはや誰の目にも流血事件の全体像を見通すことは不可能となった……」。しかし、トラテロルコの悲劇は、『エル・エラルド』紙の嘆きの報道内容よりずっと大きな打撃をメキシコにもたらしたのである。同紙はその記事（一九六八年十月三日付の「トラテロルコで流血の衝突」）の中で、国にもたらされた甚大な害悪を次のように指摘している。「ノノアルコ地区で戦闘が始まった数分後、オリンピックの報道活動のため来訪中の外国人特派員やジャーナリストは、全世界に向けてニュースを発信し、事件の情報を流した。それらの情報――なかには誇張されたものもあった――には、メキシコの国としての威信を深刻な危機に陥れるようなコメントが含まれていた」。

まだ傷も生々しく、頭蓋に殴打を受けたときのショックも醒めない状態で、メキシコ人は仰天して自問する。何百人もの学生、男、女、子ども、兵士、老人の流した血は踏みにじられ、トラテロルコの地面で乾いていった。今ようやく、流された血はその安息の場所に戻っていった。やがては遺跡の上にも墓のあいだにも花々が咲くことだろう。

E・P

私たちは棟から棟へと走り回って逃げた。そして、チワワ棟中央部の何階だったか覚えてないけれど、足元に何かねばねばするものを感じたの。俯いて見てみたら、血がいっぱい。夫に向かって叫んだ。「見て、カルロス。大量の血よ。殺人があったのよ！」すると伍長のひとりが私に「こりゃ奥さん、こんな僅かな量でそんなに大騒ぎするんですから、血を見たことがないんですな」って。でも、ほんとうに大量の血だった。両手に血のねばねばした感触が残ったくらい。壁にも血が付いていた。思うに、トラテロルコの壁という壁の穴には血が詰まっているんだわ。トラテロルコ全体が血を吸っている。あそこで失われた血は人ひとり分どころじゃない。ひとりの血にしては多すぎたもの。

マルガリータ・ノラスコ（人類学者）

ボカシオナルの教員で、「民主的自由を支持する中・高等教育教員同盟」のメンバーだったレオナルド・ペレス＝ゴンサレス先生は、十月二日、三文化広場で凶弾に倒れました。

アベラルド・ウルタド（ＩＰＮ生物学科教員）

昨日、十月二日、私はある指令を受けました。それはこのような内容でした。第十八・十九連隊に属する、各々六十五名からなる騎兵隊二班を指揮下に置き、全員が私服姿で、ただし片手に白い手袋をはめ軍関係者だとわかるようにして、トラテロルコ団地へ出動すること。そして、何のためなのか知らずに集まっていた人びとの間に混じって、同団地のチワワという棟への二つの入口の守備につくこと。その後、事前に取り決めてあった合図通り信号弾が発射されると、直ちに両方の入口の定位置につき、誰ひとり出入りさせてはならないことになっていました。

エルネスト・モラレス＝ソト（エルネスト・ゴメス＝タグレ大佐配下のオリンピア部隊に任命された第十九連隊の騎馬隊長）が検事に対して語った調書記録五四八三二／六八

みんな死骸ですぜ……

『エル・ディア』紙記者、ホセ＝アントニオ・デルカンポに対する、ある兵士の呟き

コンクリートの床に死体が横たわって、片付けられるのを待っていた。部屋の窓から数えたらたくさんだった、六十八ほどだったかしら。雨の降る中、山積みにされていった……私は息子のカルリトスの着ていた上着が緑色のコーデュロイだったことを思い浮かべていた。どの死体を見ても、そうではないかという気がした……そのとき、まだ十六歳くらいの男の子を見かけたの。あの気の毒な子のことは、きっと生涯忘れられないわ。アパートの建物の陰から身を引きずるようにしてやって来て、血の気の失せた顔を突き出して、両手を揚げて勝利のVサインをしてみせた。完全に放心状態だった。何を思っていたのか知る由もないけど、たぶん発砲しているのも学生だと思ったのかもしれないわ。

そのとき、白手袋の連中がその子に向かって叫んだ。「ここから失せろ、この間抜け野郎。消えろって言うんだ。わからないのか。消え失せろ」。少年は立ち上がって、何も疑わずに連中に近づいていった。足元に向かって射撃されたけれど、前進しつづけた。きっと何が起こっているのかわかっていなかったのよ。下肢にも太腿にも撃たれた。憶えていることと言ったら唯々、血が噴き出る代わりにゆっくり流れ出したということだけ。メチェと私は連中に向かって狂ったように叫びはじめたわ。「殺さないで！　……殺さないで！　……殺さないで！」通路の方を振り返ったときにはもう、少年の姿は消えていた。怪我にもめげず走って逃げたのか、倒れたのか、その子がどうなったのかはわからない。

マルガリータ・ノラスコ（人類学者）

ヘリコプターからの射撃が始まって、空中から銃撃音が聞えだしたわ。見境なく発射していた。そのせいでチワワ棟が燃え出したのよ。ヘリコプターからの射撃のせいでよ。

エストレージャ・サマノ（学生）

三文化広場は、盛り土で周囲より高くなっている平地だ。そこへ行くには石段を数段登らねばならない。広場の一辺は切り立っていて、最近修復されたばかりの先スペイン期の遺跡が見渡せるようになっている。その遺跡の上に十六世紀、小さな教会が建てられた。サンティアゴ・デ・トラテロルコだ……

私たちのいた演説壇のバルコニーから、鉄道員たちの青帽が見えた。

ルイス・ゴンサレス＝デアルバ（CNH）

グラシエラ・ロマン＝オルベラ（UNAM医学部生）

CNHのビラ配りと寄付金集めをしていたとき、教会の後方から三本の緑色の閃光が射した。小銭をくれようとして鞄の中を探っていた女性が物陰に身を寄せた。その人に僕は言った。「驚かないで。挑発ですよ。驚かないで」。何人も目の前を走りすぎていったので、僕は同じように叫んだ。「走らないで。空砲だ。礼砲なんだ。走らないで」。突然、仲間がひとり走り抜けていったから呼び止めた。「どこへ行くんだ？　走らないように人びとを鎮めなければ」。すると、そいつはロボットのように振り向いたかと思うと、広場の中央部へ行ってしまった。もう戻ってこなかったから僕は呟いた。「ああ、あいつはもうやられたんだ」。

ホセ・ラミロ＝ムニョス

（IPN機械・電気工学科、機械工学専攻三回生）

ヘリコプターが三文化広場に危険極まりなく降下してきて、人びとを銃撃しだした――空には灰色の光線が見えた――。そう気づいたとき、そりゃあ驚いて叫びました。「何てこと、これは嘘よ。映画のシーンだわ。こんなこと映画でしか見たことがないもの。本物の弾じゃないわ！」私は放心状態で気が狂ったように歩きつづけ、終いには誰かに制止されました。

エルビラ・B＝デコンチェイロ（母親）

そのときから、ヘリコプターを見ると私は手が震えます。ヘリコプターが群衆に向かって銃撃するのを見た――それも車の運転中のことで（間近に見たわけではないのですが）――そのことがあってから何ヶ月間も、あまりに手が震えるので字を手書きすることができませんでした。

マルタ・サモラ＝ベルティス（秘書）

学生集会の様子を上空から見張っていた二機のヘリコプターが降下し、乗組員たちは、建物の屋上にいた狙撃手たちに向かって発砲した。

うち一機の助手席にいた人間が、チワワ棟の狙撃手から何発も見舞われて腕を撃たれたということは確認されている。ヘリコプターは素早く国際空港方面へ遠ざかっていった。

「昨夜、死傷者多数出る」

『ラ・プレンサ』紙、一九六八年十月三日付

あまりに接近してきたので、ヘリコプターから発砲していた男の顔をはっきり覚えているほどです。

発砲が始まったとき、人びとはチワワ棟のちょうど正面にある広場へと上る階段のところに殺到して、「評議会、評議会」と叫んだ。同志であるリーダーたちを守ろうとする一心で、棟の階段の方へと向かっていたんだ。だが、そこには秘密警察の集団がいくつも建物の柱に隠れていて、群衆に向かって発砲しだし、銃弾で蹴散らかしてしまった。

エマ・ベルメヒジョ＝デカステジャノス（母親）

人びとがなぜ白手袋の連中の発砲している方へ戻ろうとするのか、私にはわからなかった。メチェと私は柱の後ろに身を隠して、束になった人びとが叫び、悲鳴をあげながらこちらの方へやってくる様子を見ていたの。人びとは発砲され、走り去ったかと思うと突然戻ってきて転倒し、走っていってはまた戻ってくる、そしてまた転倒するという具合だった。そんなことありえないことだわ。なぜって、群衆がこちらへ駆けてきて転んで、あちらへ走り去る。そして再び私たちの方へ走ってきて転ぶのよ。発砲のない方へと逃げるのが当たり前だと思った。けれど戻ってくるんですもの。今となっては、あちら側でも発砲していたんだとわかるけど。

ラウル・アルバレス＝ガリン（CNH）

マルガリータ・ノラスコ（人類学者）

軍の部隊は群衆をめがけて挟み込むように展開した。ものの数分のうちに出口はすべて塞がれた。演説台がしつらえられていたチワワ棟の四階からはこの作戦を見抜けず、僕らにはパニック状態のわけがわからなかった。集会が始まった当初から広場の上空を飛んでいた二機のヘリコプターは、敵意に満ちた挑発的な態度をとっていた。低空飛行をしたり、次第に狭い円を描くようになった。その後、緑と赤の信号弾を発射した。二発目が発射されるとパニックが始まって、我々ストライキ評議会のメンバーは制止にまわった。軍隊が演壇の下まで迫っているとは、誰も気づいてはいなかった。群衆は銃剣を突きつけられては突如停止して、直ちに引き返した。広場の反対側へ打ち寄せる波のように見えた。ところが、そっちのほうにも軍がいた。人の波が広場のまたべつの側へ押し寄せる様子を僕らは上から見た。それが最後に目にした光景だった。四階はもはやオリンピア部隊に占拠されていたんだ。それでも、なぜ、あの統制の効かなくなった群衆が走り出し、そして突然踵を返したのか、まだわからないまま、最後までマイクのもとに居残っていた我々は、振り向いた瞬間、機関銃の銃身を目の当たりにしたんだ。バルコニーの手すりはオリンピア部隊に占領された。我々は両手を上げて壁に向かい、広場のほうを振り返ることを厳禁された。少しでも動こうものなら頭か肋骨を銃尾で殴りつけられた。罠からの逃げ場が封じられて、集団虐殺が始まった。

ヒルベルト・ゲバラ゠ニエブラ（CNH）

〈調書　第五四八三二／六八〉

連邦区メキシコ市において、一九六八年十月三日二十一時三十分、本件を担当する私は、軍中央病院の救急病棟に合法的に出向き、第二十八号病床に収容された人物の供述に立ち会った。同人物は法律によって保証されている諸権利の説明を然るべく受けた後、最初の陳述を行った。氏名はエルネスト・モラレス＝ソト、年齢三十五歳、寡夫、カトリック信者、学校教育修了、メキシコ軍騎兵隊一等指揮官、プエブラ州ヒコテペック・デ・ファアレス出身、現在メキシコ市の軍第一キャンプ在住。目下調査中の事件について以下のとおり証言を行った。「証人は、騎兵隊第十九連隊の第一指揮官としてコアウイラ州ムスキス市に特別任務のため派遣されているが、現在は本市でエルネスト・ゴメス＝タグレ大佐指揮下のオリンピア部隊に所属している。当部隊はオリンピック大会期間中の治安維持という特別任務を割り当てられている。昨日、当人は第十八・十九連隊に属する、各々六十五名からなる騎兵隊二班の指揮を委任された。全員が私服姿で、ただし片手に白い手袋をはめ軍関係者だとわかるようにして、トラテロルコへ出動し、何のためか知らずに集まっていた人びとに混じって、同団地のチワワという棟への二つの入口の守備につくよう命じられた。その後、事前に取り決めてあった合図通り信号弾が発射されると、直ちに両方の入口の定位置につき、誰ひとり出入りさせてはならないことになっていた。上述の合図が放たれた後、大量の発砲音が聞こえはじめた。それらは同棟の上方階からも窓からも発しており、広場に集結していた人びとに向けられていた。人びとは棟の壁に身を寄せて避けようとした。なかには建物の内部に入ろうとする者もいたが、当人の指揮下にあった人員は、指令に従って人びとを散らすために空中に発砲した。これらのできごとは十六時四十分頃に起こった。

棟の上方階からの発砲のうち一発が当人の右腕に命中し負傷したため、人員のひとりが上官に知らせ、上官は現在収容されている病院へ当人を運ぶよう命じた。意識を失ったため、その後何が起こったか関知しない。また当人は本市のその地区の地理に不案内であるために、チワワ棟への入口がどの通りに面しているのか指摘することはできない。発砲していたのが誰だったのか、負傷者は何名にのぼるのかも当人にはわからない。現時点で行うべき証言は以上である。上記の証言記述を読み、認証する。腕の怪我によって署名ができないため、左手親指の指紋を押捺して証拠書類とする」。

傷害証明――本件を担当する私は、軍中央病院の救急病棟内、第二十八号病床を訪れ、エルネスト・モラレス＝ソトと称する同床の患者の容態を検分した。傷の状況は以下の通りであることを証明する。銃弾によって右肘前面に直径一センチの裂傷、弾丸が貫通した開口部にも直径二センチの裂傷があり、骨折の可能性がある（命に別状をきたすわけではなく、全治二週間の怪我）。現行刑法第二八九条第二項に相当する事例である。入院は不要。これらの症状はアルフレド・ネメ＝ダビー医師による診断証明書に記述され確証されており、その原本を確認の上ここに添付する。以上、ここに証明する。

検事　ヘルマン・バルデス＝マルティネス
立会人　アルベルト・ロベス＝イスラス
同　ラサロ・ロドリゲス＝モラレス

それまでのどれよりも激しい一斉射撃が始まり、果てしなく続いた。これこそまさに大虐殺だった。

その言葉の持つ、もっとも正真正銘の、悲劇的な意味で。兵士たちが赤くなった銃の熱に耐え切れず持ち堪えられなくなるまで、六十二分間も銃撃は続いたのだ。

レオナルド・フェマト「悲劇を語る録音テープ」『シエンプレ！』特集・トラテロルコの夜、七九九号、一九六八年十月十六日号

私は友だち数人と大学を出た。三文化広場に着いたら、小雨が降りだした。人の輪がいくつもできていて、私は「法学部ここにあり」と書いた学部のプラカードをかざしていた。他にも例えば、「きょうだいの流した血は無駄にはしない」というものもあった。チワワ棟の前で石段に腰掛けてたら、信号弾の閃光が走った。数秒後、パリパリパリパリという連続音が聞こえはじめた。後になってそれは機銃の掃射音だと知った。演壇上の仲間が叫んだ。「動くんじゃない。落ち着いて、座るんだ！」それで私はその場にプラカードを持ったまま座り込んだ。手離さなかったの。目の前で起こっていることの重大さが信じられなかった、というか気づかなかったのよ。だからプラカードを手にしたままそこにいたら、仲間がひとり私に向かって「それを捨てろ！」と叫んだ。だって、プラカードを持ってたら恰好の標的だったんだもの。投げ出して、ティタといっしょに走った。私たちは三文化広場の旗のはためいている側、第七ボカシオナルを下に望む旗柱のある方へと走って行って、身を守るためにうずくまった。そのとき、「たいへん、たいへん、助けて……」という女性の声が聞こえた。「私の鞄、

鞄、どこなの、私の鞄」という声もした。一瞬を見計らって、私たちは先スペイン期の石垣を飛び越え、窪みに身を投げた。私が落っこちて、その上に他の人も落ちてきた。叫びや痛みの悲鳴、泣き声を耳にして、そのときになって私は銃撃が激しさを増しながら続いていることに気づいた。ティタと私はマヌエル・ゴンサレス通りに向かって走って逃げた。すると兵士たちが「走れ、走れ」と私たちに大声でけしかけた。ちょうど通りに出たとき、フォルクスワーゲンが一台通りかかって、もう学生がいっぱい乗り込んでいたけど、「乗れ！」と叫んでくれた。「ナチャ！　ティタ！　乗るんだ！」って名指しで呼ばれたかどうかは憶えてない。おかしいのは、もうすでに学生で満杯だったその車にどうやって私たち二人が乗り込めたのか、今もってわからないってこと。そこからレフォルマ大通りをキューバ共和国通りまで行って、そこでティタだけが降りた。よく顔が知られていて、目立ちやすいから。「その嵩高い身体じゃあ、一キロ先からでも誰にでもあなただとわかる」ってよく言ったものよ。私はその同じ車でポリの物理・数学科の仲間二人と――名前は知らないけど――いっしょに現場に戻った。どうなったのかわからない仲間数人を見つけられるかもしれないと思ってね。ポリの二人は外務省のビルのある大通りに車を止めた。でも私は名前も知らないのよ。私、ゲレロ州タスコの出身だからね。「君は残れ」と言って、二人は車から降りた。私はひとりになって彼らが戻るのを待ったわ。でも時間が経つにつれてとても心配になってきた。銃声は止まないどころか、反対にけたたましいサイレンとともに救急車が駆けつけて、次々と兵士や戦車が通っていった。兵士は完全武装だった。私の眼前で救急車が一台停まって、頭全体から血を流した若者が担ぎこまれた。血まみれの塊だった。

三、四メートルは離れていたけれど、吐き気で胃がよじれそうになった。その後、「チワワ棟が燃えている！」と叫びながら人びとが押し合いへし合い通っていった。視線を上げたら煙が見えた。高圧線が焼け落ちた。私のいた車のそばを通る人たちは皆叫んでいたんで、こわくてどうしていいかわからなくなって、車から降りて走って逃げた。夢中でかなりの時間走ったにちがいないわ。振り向いたらもうラフラグアのサンボーンズ[3]の前にいたんだから。そこで知り合いに呼び止められて、「どうした？」と聞かれたとき初めて、泣いていたことに気づいたわ。顔じゅうがマスカラで黒くなってたから。全部涙で流れ落ちてしまって、とにかく私はひどい有様だった。その場でコーヒーを飲まされることになった。「落ち着いて、落ち着いて、お願い」って言って。震え通しだったから戸口までコーヒーを持ってきてくれた。するとそこへ他にも何人か、中から若者が現れた。私がかろうじて口にできた言葉は、「学生が殺されてる」だった。彼らは私をそこから、ティタともうひとりの友だちとで住んでいたコヨアカン通り一六二五番地のアパートへ連れて行ってくれた……

アナ＝イグナシア・ロドリゲス、通称「ナチャ」
（UNAM法学部闘争委員会）

十月二日に政府側からの攻撃があるとは、私たち、思いも寄らなかった。だって数日前にもトラテロルコで集会があったし、当日の朝にはCNHの数人が——いちばん思慮深くて機転の利く人たち。決して名前は明かさないわよ、私は——「湖の家」へ行って、カソとデラベガに話をしていた。それに、合意に達するような様子があったから、すでに一種の暗黙の停戦協定があるんだと思った。それだからこそ集会を計画して、その代わりに、軍に占拠されていたサント・トマス・旧アシエンダ・キャンパスへの行進をとりやめた。挑発行動だと思われないようにね。そしてそのことはすぐに演壇から発表された……いいえ、私は壇上にはいなかった。ナチャといっしょに下の広場にいた……でもとにかく、言ってみればそれが裏目に出たんだわ……

ロベルタ・アベンダーニョ、通称「ティタ」
(UNAM法学部CNH代表)

大量の血が、踏みにじられ、壁に塗りたくられていた。

フランシスコ・コレア(IPN物理学教員)

僕は両手を組み合わせてうなじを守っていた。頬と腹と両脚も部屋の床に押しつけていた。僕が列の端にいて、アパートの入口扉のすぐ傍だった。あらゆる種類の武器の爆音に僕は縮み上がっていた。いっしょにアパートにいた仲間に、詰め合わせてくれるように頼んだ。入って最初の、僕らがいた部屋を仕切っている隔壁のかげに僕もちょっとでも与れるようにね。戸口のところで声がした。
「オリンピア部隊の者だ。撃つな。こちらはオリンピアだ!」
床に伏せていた仲間らは頼みをきいてくれたんで、僕は何とか壁のかげに隠れることができた。その場でどれほどの間かな、同じことを考えてばかりいた。「この野郎ども、最低人間め、汚い殺人鬼め」って。

誰も彼も黙っていた。ただたまに僕の頭に浮かんでいたのと同じような文句が、誰かの口をついて出た。すると、ただただ周囲を弾が飛び交うヒューッという音ばかりが聞こえるなかで、信じ難いほどの「沈黙」が破られるのだった。僕はめがねも無くしてしまっていた。

エドゥアルド・バジェ＝エスピノサ、通称「ブオ」（CNH）

誰かが顔を両腕に沈めながらすすり泣きを始めた。聞こえるか聞こえないかの低い泣き声だった。落ち着け、泣くな、仲間のひとりが小声で言った。今は泣いているときじゃない。しっかりと銘記しておいて、この事態の責任をとるべき人間がそうすべきときがきたら思い出させてやるんだ。

エドゥアルド・バジェ＝エスピノサ、通称「ブオ」（CNH）、ゴンサレス＝デアルバの前掲書より

いつの間にか銃弾の嵐は鎮まった。アパートの奥の二間に僕らは身をひきずって移動した。その途中CNHの仲間を何人か見た。変な目つきだった。恐怖でもないし、怯えているのでもなかった。凝縮された憎悪を光らせ、同時に無力このうえない状態にある苦悶を宿らせていた。僕らは小さな寝室に入り込んだ。

中に入ったと思ったら、新たな銃弾の雨がまた起こった。僕らは再び床に伏せたが、今度は水浸しだった。服がびしょ濡れになった。夜が深まるにつれて寒くなりだした。何重もの銃声の中で異常に強大な爆音が聞こえて、すぐに雨が降りだした。僕らはさらに心配になった。大きな爆音で建物が揺れたんだ。そのひと言がすべてを物語った。「戦車だ」。

エドゥアルド・バジェ＝エスピノサ、通称「ブオ」（ＣＮＨ）

僕、大量出血してるの？

パブロ・ベルランガ
（母親のラファエラ・コスメ＝デベルランガに向かって）

走り続けるしかありませんでした。弾丸がこちらに向かって方々から飛んできていました。物陰を二、三メートル走っては、危険に身を曝しながら三、四メートル走りました。銃弾の炸裂する音はジェット機の離陸音によく似ています。走り続ける以外どうしようもありませんでした。チワワ棟一階にあった店のショーウィンドウが粉々に砕ける音が聞こえました。私たちは階段へと走りましたが、そこへは二度と行くべきではありませんでした。階段下に来てみて、まだ私はわけのわからないことを口にしつづけていましたが、集会にいた大勢の友人や同志のことに思い至り、胃に痛みが走りました。名前と顔を思い起こしました。階段の下に来たとき、それまではＣＮＨのメンバーがそこから演説台に上り下りしていた場所なのですが、その場所で私はマルガリータとメチェに出会いました。すると二人はどうしてよいかわからない様子で私に言いました。「マリア＝アリシア、私たちの子どもが五階にいるの」。あれほどのひどい錯乱と苦痛の中で、私ははじめて意味のあることができるかもしれないと感じました。まったくの無力感を抱きながらも、「いっしょに行くわ」と二人に言いました。最初の銃撃があったとき、私の上に身を投げ出し、演説台の床に突っ伏して私を命拾いさせてくれた若者は、私のコートかマントかセーターのように、私を守っていてくれました。誰なのか知りません。写真を見るようにそのときのことを憶えていますが、この若者の顔は記憶にありません……私たち三人は階段を上ろうとしました。最初の踊り場でべつの若者が現れました。その青年なら、チワワ棟四階の演説台で何人かの同志と親しげに話しているのを目にしていました。左手首を怪我していて、白い布で手を覆っていましたのでびっくりしました。彼は私にこう言いました。「先生、行っちゃいけない、もうすぐ終わるから」。

私は下の広場に友人数名の姿を見たので降りようとしていました。ところが青年は私の腕をとり、優しく気遣いながら登るのを助けてくれたものですから、私はこのときも勇気溢れる学生の行動に打たれて、されるがままに登っていきました。そのときメルセデスが叫びました。「息子たちが上にいるんです」。マルガリータも同じように、自分の子どもたちも上にいるのだと叫びました。私は付き添ってくれている青年を見て、若者の英雄的行為はこんなふうに信じ難いほどに昂じることもあるのだと思いました。それが何時間も後になって、その人物はＣＮＨの学生たちが逃げられないように階段をふさいでいた人殺しの一味だったと知りました。私は調べられ、私たちは上へ登らせてもらえませんでした。地上へ戻されました。私たちは人の波に押されて、チワワ棟の端へ引きずられていきました。その間もあちこちの団地棟からの発砲が続いていました。「人殺し！　人殺し！」若い女の子が叫んでいました。私はその子を抱きしめてなだめようとしましたが、叫び声は大きくなるばかりでしたから、ついに私の後ろにいた若者がその子を摑んで揺さぶりました。その瞬間私は、彼女が耳殻を削ぎ落とされていて血を流していることに気づきました。人びとは銃弾の雨から避難できる場所を求めてもみくちゃになり、押し合いへし合いでした。私は暴動の真っ只中にいるか、缶詰の中に封じ込められているかのように感じていました。ある女性の茶色の靴の先にふと目が止まりました。機関銃の連射が私たちのいた場所に雨あられと降り注ぎました。私はあの靴先から数センチのところで弾丸がはじけるのを見ました。その女性は「ああ！」と叫んだだけで、それに対してべつの人の声が応えました。「怖じ気ずに走るんだ。ここにいて怪我したらもっとひどいことになるから」。私たちは皆、また走りだしました。女性が運転する赤いダットサンが目に入りましたが、その人は銃撃されてしまいました。ハンドルの上に突っ伏した瞬間を見ました。クラクションが鳴りっ放しでした……若者は私に何度も言いました。「見るな、見るな」。私たちはチワワ棟の後ろにある建物のひとつへとひた走りました。

マリア＝アリシア・マルティネス＝メドラノ（保育園長）

そのとき、「白手袋だ、白手袋だ、撃つな」というような大声が聞こえた。その後、こんな叫び声も聞こえてきた。「無線通信器が必要だ。ウォーキー・トーキーだ。こっちへ撃ってこないよう、無線で知らせろ」。絶望した苛立ちの叫びだった。私たちのいる場所の下の方、つまり四階から、そして上の方の六階か七階からも聞こえてきた。「オリンピア部隊だ！」笛が鳴り響きだした。「オリンピア部隊、こちらに整列せよ」。それに対して唯一耳にしたのは「連隊第八と第十四」……「第八連隊、全員いるか？」……「第十四連隊、足りないのは誰だ？」その後、叫び声が上がった。「エレベーターにいた隊員は全員降りたのか？」そしてまた笛が鳴った。「オリンピア部隊、オリンピア部隊、こちらオリンピア部隊、応答せよ」。長い間、警官の苛立った叫び声が続いた。「撃つな、白手袋をつけている。白手袋だ！」この様子からだけでも、事態が一方で絶対的な大混乱に陥っていたということ、他方で集会主催者の統制を完全に超える規模に達していたことがわかるでしょう。私にも自信をもって言えることは、明らかに何もかも予め準備されていたということと、政府はどう出るか決めていたということ。オリンピック開催前も会期中も、学生のいかなるデモも騒動も妨げようとしていたのよ。信号弾は「撃て」の指令だった。すると至るところから弾が飛んできた。狙撃手と思われた連中は――こんなことを言うのも、その場にいて事の成り行きをこの目で見た私たちだからこそ、確信をもって言えるのよ――政府組織の一部だった。

メルセデス・オリベラ＝デバスケス（人類学者）

政府は「もう終わりにせよ、直ちに」と命じました。でもそんなことを言ったって、機動隊員も兵士も警官も、率先して思い通りに行動するものだ、ということを政府は勘定に入れていなかったのです。

ロベルタ・ルイス＝ガルシア（小学校教員）

ひどく驚いて発砲しだした警官がひとりいた。それが引き金になったんだ。

ルイス・アルグエジェス＝ペラルタ

（機械・電気工学科、地学専攻四回生）

アパートの主はとても信心深い年配女性二人と役人風の男性で、僕らにすごく親切だった……おばあさんは二人とも、ことがすべて平和裡に解決し、「若者たちの求めていたことが叶えられますように」と神に祈っていた。引越しについても話しはじめていた。あの団地では「びっくりすることばかりでこのままだと殺されてしまう」から。その間、外では銃声が鳴り止まず、兵士のつく悪態がしきりと響いていた。友だち二人と僕は、団地内の小さな公園に面した風呂場の窓から外を覗いて、草木の陰に隠れた何人もの兵士が動くもの一切に向かって発砲しているのを見た。仲間の何人かは、外に出て軍隊に対抗しようと相談していた。そのとき、装甲車が団地に入ってくるのが見えた。女の人たちが泣いたり、家族・知人の消息を憂える声が聞こえた。外では男性がひとり、誰かれ構わずひどい目に遭わされるから子どもは外へ出ないように、と大声で叫びながら走っていた。その人は、兵士が発砲しては、出くわす者なら誰にでも殴りかかってくるし、すでに大量の死人も怪我人も出ている、と叫んでいた。ポリテクニコの仲間で、サント・トマス・旧アシエンダ・キャンパスが軍に占拠されたときそこにいたやつが何度も言ってたけど、トラテロルコで起こっていたことはそのときよりひどかったそうだ。女子学生の中には声を殺して泣いているのがいたし、軍事行動のせいだと非難する声もあちこちで聞こえていた。ついに夜の八時頃になって銃声が鎮まったから、僕らはどうやってそこから出るか考えはじめた。アパートの主人たちは、必要なら翌日までその部屋に残るように僕らに勧めてくれた（懇願したと言ってもいい）。まだ時々発砲音が続いていたが、少なくはなっていた。仲間は二人ずつ出て行きはじめた。

ダビー・ウエルタ（UNAM付属第五プレパラトリア）

私たちはレジェスを見失ったの。そして弟の叫び声がした。「僕のこと離さないで！」って。私たちは手をぎゅっと握り合ったわ。私は遺跡のある庭園までたどり着こうとして右の方へ走った。そこには大勢の人がいて、あちこちから飛んでくる銃弾の嵐から避難しようとしていた。機関銃の掃射音が他の一切の物音の上に覆い被さってくるようで、しかも銃弾が遺跡を積み上げている石を粉砕して降らせる小石の雨が頭を叩いた。私たちの間には何人かが割って入っていたけれど、私はまだ弟の手をしっかり握り締めていて、さらにこちらへ引き寄せようとした。まわりにいた学生の中には死者も負傷者も出ていた。私の横にはダムダム弾が顔をかすめて大怪我をした女の子がいた。ひどいったら！　顔の左側が全部吹っ飛んでしまってたのよ。
叫び声、苦痛の呻き、泣き声、祈り、そして途切れることのない耳をつんざくような武器の音。三文化広場はダンテの地獄の様相を呈していた。

ディアナ・サルメロン＝デコントレラス

医者をお願いします。どうか、後生だから！　どうか医者を！

オルガ・サンチェス＝クエバス（母親）

赤十字の救急車を入らせないんです！　狂ったような唸り声をあげて到着したけど、停止させられて、サイレンもライトも消すよう命じられていました。

ベルタ・カルデナス＝デマシーアス
（ノノアルコ－トラテロルコ団地の住民）

広場は捕獲装置みたいなもんだってみんなに言ったのよ、確かにそう言ったんだから！　出口がないって！　それでも信じてくれなかったの！　逃げ道もなくて、そこに家畜が囲い場に閉じ込められたみたいに、私たちみんな追い込まれるって。何度も繰り返し言ったのに、相手にしてもらえなかった！

メルセデス・オリベラ＝デバスケス（人類学者）

いちばんだいじなもの《アモ・エル・アモール》は愛。

三文化広場に落ちていたヒッピーの服のボタン

私は弟の腕を引っ張った。「フリオ、どうしたの？」もう一度引っ張った。目がどんよりしていて半開きだった。わずかに声が聞こえた。「……だって……」

何も考えられなかった。人がものすごくひしめき合っていたから、ほとんど聞こえなかった。後になって、そのときフリオが瀕死の状態だったってわかっていたら、気づいていたら、すぐにその場で何か気違いじみたことをしてたにちがいないと思ったわ。

暫く経ってから、広場の周囲の建物に向かって発砲していた兵士が何人かこちらへ接近してきた。火薬の匂いが耐えられなかった。少しずつ周りの人が詰め合わせてくれて、私はフリオに近づくことができた。「ねえ、返事して」。

「怪我してるんだわ」。女の人が言った。私は弟のベルトを緩めた。そのとき、手が傷口に沈んだ。後で病院でわかったけど、三発も見舞われていたのよ。お腹と首と脚と。死にかけてたの。

ディアナ・サルメロン＝デコントレラス

もうたくさんだ！　いつになったら終わるんだ？

ペドロ・ディアス＝ファアレス（学生）

（弟に向かって）どうしたの？　応えて……

ディアナ・サルメロン＝デコントレラス

チワワ棟への砲火は強烈な勢いだったため、午後七時頃には棟の大部分が燃えはじめた。火災は長時間続いた。炎が十一階から十四階まで達し、多くの住民世帯が激しい銃撃戦の中を子どもを抱え危険に身を曝してその地区から出て行かなければならなかった。そのため銃弾に撃たれて負傷する人びとが大勢見受けられた。

ホルヘ・アビレス＝R（編集員）「数時間にわたるテロリストと兵士の激戦」『エル・ウニベルサル』紙、一九六八年十月三日付

（弟に）何か言って……「担架をお願いします！」私はここにいるわよ……「担架を！」……「兵隊さん、怪我人に担架をお願いです！」……ああ、どうしたの？……応えて……「担架がいるの！」

ディアナ・サルメロン＝デコントレラス

三文化広場に死体の山。負傷者数十名。子どもを抱いて狂乱状態の女性たち。粉々の窓ガラス。焼け落ちたアパート。破壊された建物の扉。幾棟かの配管破裂。水が数棟から流れ出していた。それでもまだ機関銃の掃射は続いていた。

「トラテロルコ地区で銃撃戦。死者の数は未だ不明、負傷者約二十名」『エクセルシオル』紙、一九六八年十月三日付

何とかフリオとまた合流することができてはじめて、頭を上げて周囲を見渡すことができた。まず最初に気づいたのは、広場に突っ伏している人の多さだった。広場じゅうに、まだ生きている人と死んでしまった人が入り混じって散らばっていた。次に気づいたことには、弟の体が銃弾を浴びてハチの巣になっていたことだった。

ディアナ・サルメロン゠デコントレラス

本記者は、外務省のビルの近くで群衆に轢き倒された。そう遠くない所でも女性がひとり倒れた。銃弾による負傷のためか、失神によるためか定かではない。若者が数名、救助しようとしたが、兵士らに妨害された。

フェリックス・フエンテス（記者）「万事、十八時三十分に始まった」『ラ・プレンサ』紙、一九六八年十月三日付

「兵隊さん、担架を、兵隊さん！」

「黙って伏せろ、でないと担架が二つ要ることになるぞ！」「英雄ファン」と大統領が呼び習わしている兵士のひとりが答えた。私は粘りに粘った。突然、医学部の学生が近づいてきた。

「この子は一刻も早く病院に運ばなきゃいけない！」そう兵士に言った。

「黙れ、バカヤロウ」

様子を見ていた人が皆、集まってきて叫びはじめた。「担架だ」。

パイプとオーバーコートで応急の担架が作られた。でも、私たちを助けてくれた医学部生は検挙された。

ディアナ・サルメロン＝デコントレラス

数分のうちに、そこは地獄と化した。武器の爆音が耳をつんざいた。アパートの窓ガラスは粉々になって飛び散り、建物の内部では住民が恐怖で狂ったようになって、幼い子どもたちを守ろうとしていた。

ホルへ・アビレス＝R（記者）「数時間にわたるテロリストと兵士の激戦」『エル・ウニベルサル』紙、一九六八年十月三日付ルシアニートが中にいるの！

エルビラ・B＝デコンチェイロ（母親）

「一緒に行かせて、あの子の姉なんです！」

すると、担架についていくのを許してもらえた。弟とともに私は軍の救急車に乗り込んだ。

ディアナ・サルメロン＝デコントレラス

団結せよ同胞　団結せよ同胞　団結せよ同胞　団結せよ同胞

デモ行進でのシュプレヒコール

（弟に向かって）ねえ、どうして返事してくれないの？

ディアナ・サルメロン＝デコントレラス

何もかもが曇って見えだしました。涙のせいなのか、降りだした雨のせいなのかわかりません。降りしきる雨のカーテンを通して、私は虐殺の模様を目撃していました。でも、何もかもぼやけて波打って見えました。現像するときの感光乳剤の中の写真のように……　よく見えない、見えないんです。鼻水が出て、すすっていました。レンズに雨と涙が散って、よく見えないまま私は写真を撮っていました。

メアリ・マッカーレン（報道写真家）

そこ（教会の壁の前）で私は『エクセルシオル』の同僚である編集局員と写真家に出会いました。ハイメ・ゴンサレスはカメラを力ずくで没収されていました。編集局員は「私は新聞記者だ」と言いましたが、兵士は「そりゃ、どうも……しかし、そんなこと俺には関係のないこった。壁に向かっていな」と応えました。ハイメ・ゴンサレスはカメラを没収されるときに銃剣で手に傷を負わされました。

「写真家たちは銃撃戦をどう見たか」ラウル・エルナンデス（『ラ・プレンサ』紙の写真家）による証言、『ラ・プレンサ』紙、一九六八年十月三日付

軍の救急車に乗り込む前に、UNAMで会ったことのある学生が私に近づいてきた。

「君の鞄をかして……」

「なんで？」

私に付き添っていた兵士も驚いて言った。

「おまえは何者だ？」

偽装学生の手にしるしを見て、兵士は納得した。

「ああ、おまえも一員か」

その男は学生の恰好をした警官だった。私は鞄を差し出した。中身を調べたうえで返してくれた。なぜチェックされたのか今もってわからないわ。

病院に着いて、弟は院内のどこかに連れて行かれた。私は手術の結果を知りたくて何時間も待った。出入りしていた看護士のひとりが、私と同じように待っていた女性たちに向かって訊いた。

「青い上着の若い子は誰と来たんでしょう？」

「私です……ここ、ここです。私がいっしょに来ました。そうなんです」

私は連れて行かれてフリオの遺体を確認し、必要な書類に署名した。

フリオの通夜の晩、あの子の仲間たちの連帯感が身に沁みたわ。第一ボカシオナルの全生徒が、悲劇を知るやいなや家に来てくれたの。五百ペソほど集めてくれていたわ。姉は、「お金はいらないから、運動のために使ったほうがいい」って言ったけど、「そんなわけにはいかない。あなたの弟は運動そのものでもあるんだ。五百ペソをとってくれ」と皆は言い張った。

フリオは十五歳だった。トラテロルコの近くにある第一ボカシオナルに通ってた。あれは二度目に出かけた政治集会だった。その日、一緒に行こうと私を誘ったの。一回目は二人で沈黙の大行進に行ったわ。フリオは私のたった一人の弟だった。

ディアナ・サルメロン＝デコントレラス

俺はもう死ぬんだ。痛い。死ぬに決まってる。警官から胸にピストルを突きつけられて両手を揚げさせられたときからわかっていた。思ったんだ、「これで一巻の終わりだ……たぶんもう潮時だったんだ」って。発砲音が下で響いていて、ものすごい騒動だった。銃を突きつけられたまま、うつ伏せになれと言われたとき、俺はなんでこの人生でもっとまじめなことをしとかなかったんだ、って後悔したね。今までの人生を短く総括してたら、突然撃たれたんだ。今、俺はこのトラテロルコにいる。今日は十月二日で、俺は二十四歳。大量に出血している。あそこにいる奴も失血死しかけている。さっきは動いていたのに、もう身動きひとつしない。なんで動かないんだ。ああ、痛い！　だけど、撃たれたときは何も感じなかったんだ、何にも。まだ動くことさえできたから、ここまで来て倒れたんだ。みんな何て勢いで走るんだ！　なのに俺はこの脚を引き寄せることすらできない。担架兵のひとりも見当たらない。この機関銃の騒音じゃあ何にも聞こえない。俺が死んだら、縮れ毛のメンドサ嬢が彼女の新聞記事欄の半分を充ててくれるかな、いや全面を割いてくれるかもな。彼女が自分の記事欄にルイス＝H・デラフエンテ(4)のことを書けるように必要な情報を俺が授けてやったんだから。うまく書けてたぜ。俺の死についても書いてくれるように、誰が彼女に報せてくれるんだろう。

ロドルフォ・ロハス＝セア（『エル・ディア』紙の記者）

壁に血が塗りたくられていました。

ルス・ベルティス＝デロペス（母親）

俺はトラテロルコでは捕まらなかった。それが幸運だったのか、運命とか自衛本能と呼べるものなのか、知らないが。いいも悪いも、どんな人生だったにせよ、人の命がわずか数分か数時間でいかに簡単に消えてしまうかってのをあの場で目の当たりにしたんだ。メキシコの人民に対して振るわれたあの非道な行為で、多くの命が一瞬にして奪われるのをね。それがトラテロルコ〔の虐殺事件〕だったんだ。俺は逮捕されて投獄されたけど、それは後になってのことであって、トラテロルコ〔事件の現場〕じゃなかった。俺たちは〔攻撃が始まっても〕まだ人びとを引き止めようとしていた。こう言って落ち着かせようとしていたんだ。「挑発行為だ、走るんじゃない、驚くな、事態が悪くなるだけだ、走るな、徐々にここから外へ出されるだろうから」ってね。ところが人びとはすでにいろんなひどい目に遭っていたから、俺たち同志の呼びかけにも誰の警告にも耳を貸そうとしなかった。最初の一発が聞こえたと同時にものすごい一斉射撃が始まったから、皆が驚いて一挙にどっと逃げ出したんだ。仲間が何人も倒れるのを見て、俺は助けようと躍起だったが、銃撃がもっとひどくなって自分の命を守るだけで精一杯だった。小さな子がたくさん、銃弾のせいでなければ騒ぎの中で押しつぶされて、圧死した。兵士はもう第七ボカシオナルの裏を包囲していて、大勢の人が先スペイン期の積み石の上から身を投げるのが見えた。狂ったような騒ぎだった。お互いに上になり下になり重なり合った。叫びと泣き声が響きわたった。子どもを腕に抱えた女の人たち、労働者、学生、鉄道員に子ども。兵士らは映画みたいに銃剣を突きつけて前進した。身をかがめて数メートル歩いては車の後ろに身を隠し、そこからチワワ棟へ向かって発砲していた。機関銃の掃射音を耳にして俺は驚き、あることに気づいた。とても重要なことなんだ。機関銃の発射が始まったとき、男女の仲間が二人もろ手をあげて降伏した。するとと兵士らは麻薬でもやっていたのか何か知らないが、その二人に集中射撃を浴びせたんだ。これを間近に見ていた他の仲間たちは恐怖の叫びをあげた。実際、叫ぶ他すべがなかったんだ。身を守れるような武器は何も持ってなかったから。彼らの近くで機関銃が建物をめがけて放たれていた。絶え間なく弾丸の薬莢が飛び散っていて、俺たちは絶望の淵にいた。誰にも何もできなかったんだから……

俺はその後すぐ避難することができた。女性がひとり、アパートの部屋の扉を開けたというか、ほんのちょっと開くという過ちを犯したためだ。俺たちは皆、その扉に飛びかかって中に押し入った。サン・ルイス・ポトシ棟のその部屋には、六十五人程がいた。執拗な機関銃の掃射音が耳に響き、ほんとうの神経戦が始まった。女の人がひとり失神するし、アパートの奥さんは混乱してしまうし、仲間は自衛できない、応酬するにも武器がないというので絶望してしまうは、逞しいと思っていた多くの仲間は泣き出して、女の子たちがなだめにまわる始末。偶然にも、その少し前に俺は騒ぎのさなかで妹を見つけたんだ。全身を引っぱった。髪の毛を摑んで引っぱって、絶対に離さなかった。妹は俺より闘争的で、苦境を乗り切る力がある。その意味では俺を上回っているんだ。そしてすごく憤慨していたから愚弄の言葉を口にしつづけていた……少なくとも銃火が鎮まるまでは、アパートの部屋から俺たちは出られなかった。奥さんは自分の子どもたちが帰ってこないので心配していた。俺たちは子どもさんたちの部屋を占めていた。二時か三時頃に戻ってきたので、奥さんはやっとのことで安心した。「みんな、今度はどうやってここを出るかが問題よ」。俺たちは考えた。よし、ここには女性が

兵士たちはまるで映画のように銃剣突撃した。

何人もいる。この人たちが子どもと一緒にまず出るんだ。それから俺たちは学生だとわかってしまうようなものは全部そこに置いていった。そのころ、学生たることは殺人犯であるより重罪だったからね。妹と俺は午前三時頃、女の人ひとりに付いて部屋を出た。アパートの奥さんはとても親切だった。トラテロルコ団地に住む人たちは皆、一様に協力してくれた。九月二十一日の集会でも学生を支持してくれたし。団地内の何棟もの住民が、機動隊員に向かって煮えたぎった熱湯を浴びせかけた。つまるところ、誰もがトラテロルコを守ろうとしていた。だから、彼らは十月二日のことを当事者として生々しく実感したんだ。

ダニエル・エスパルサ＝レペ（IPN機械・電気工学科）

俺たちは皆、無力感を味わっていた。レフォルマ大通りの反対側の歩道で、同志――十二、十三、十四歳の少年たち――がこちら側へ石を投げようとしているのを俺はたまたま見た。たぶん、ボカシオナルの予科生だったんだろう。騒ぎを前にして泣いていた。事態に対抗しようとしていた。悔し泣きしていた。それで、俺は彼らのうちのひとりに近づいて言った。「おい、それじゃあ何にもならないぞ。弾丸のほうが石ころより速いからな。気を鎮めたほうがいい。ここじゃ一発当たっただけで一巻の終わりだから。それに比べて、石ころではあっちまで届きもしないぞ」。少年同志は応答した。「あんたの言うとおりだ」。塀から降りて立ち去った。すると、男性がひとり叫びながら通りすぎた。「殺人鬼、臆病者の殺人鬼ども……！」怪我していたんじゃなくて、広場に戻りたがっていたから引きず

られていたんだ。一家族が——中国人だったと思う——だんごになって三文化広場の方へ向かってい
た。誰にもそのわけがわからなかったけど、脇へよけて通してやった。泣いていたから。俺が家に帰
ると、近所に住んでいる仲間の女の子が、弟と一緒に集会に出かけた母親を捜しにトラテロルコに行
きたい、と言っていた。

ホセ＝ラミロ・ムニョス
（ＩＰＮ機械・電気工学科、機械工学専攻三回生）

ルシアニートが中にいるんです！

エルビラ・Ｂ＝デコンチェイロ（母親）

瞼の横を血が糸を引くように流れ出しました。

ブランカ・バルガス＝デイバニェス（母親）

着いたらもう銃撃が始まっていました。大勢の人が私の横を走って通り過ぎました。「いっぱい死ん
でる、いっぱい死んでる……」と若い女性が口走るのを耳にして、私は狂乱して叫びはじめました。
一帯は包囲されていました。這って行ったら、三文化広場に入れるんじゃないかしら？　私は数人の
女の人に止められていました。野次馬の人だかりができました……

「通してあげて、通してあげて、子どもを捜しているのよ。子どもがあそこにいるんです」さんざん叫んで、かろうじて私は立っていました……私の傍で議論が続いていました。「あの人の言うとおりよ。子どもがあそこにいるんなら……」「でも、この人の子どもだけじゃないのよ。あなたがたみんなの子どもたちだって……」次々と兵士が到着していました。突然、私の叫びを訊いていた女性たちのひとりが、コートの下から牛乳の空きビンを取り出して——まだそこの戸棚に持ってます——私に言いました。「これ、どうぞ。何かの役に立つかもしれません」。

エルビラ・B＝デコンチェイロ（母親）

悲劇の情景は筆舌に尽くし難かった。顔に浮かんだ恐怖、現場から連れ出される負傷者の呻き声、一斉射撃、それらが何度も繰り返されていた。数ブロック離れたところで事の成り行きを見守っていた人びとは興奮していた。事態の責任を当局に対して追及すべきかどうかはわからなかったが、相手が誰彼となく罵っていた。市民は発生した事態による当然の精神的ショックのために、うろたえ、撃ち合いの地帯へと進もうとした。そのため、アジェンデ通りとノノアルコ通りの交差点では、二十一時十五分、催涙ガスで人びとを散らす必要があった。

ホルヘ・アビレス＝R（編集員）「数時間にわたるテロリストと兵士の激戦」『エル・ウニベルサル』紙、一九六八年十月

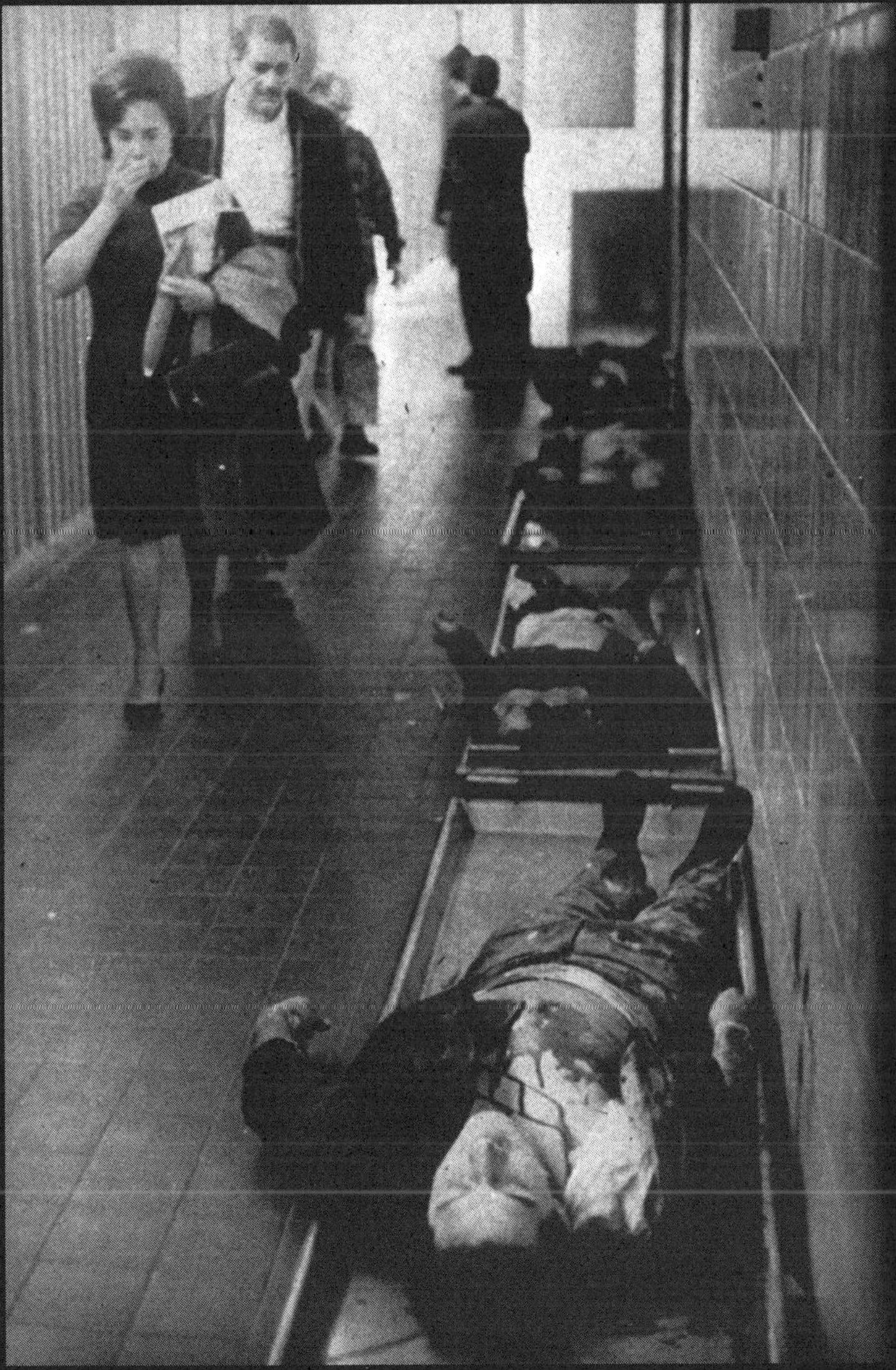

息子の遺体を他の人のように行方不明にはさせませんからね！　たとえ死んでしまっているとしても、私はあの子に会いたいんです。

三日付

父はフリオが息を引きとってまもなく、亡くなってしまった。ショックの結果として、心臓発作を起こしたのよ。〔弟は〕一番下のひとり息子だった。「でも、なぜ私の息子が？……」と何度も繰り返していたわ。母はどうやってかわからないけれど、今もどうにか生きてはいる。

ディアナ・サルメロン＝デコントレラス

〔息子の〕眉には深い切り傷があって、顔面を血だらけにしていました。私は冗談を交えて言いました。「ボクシングのリングに上がりでもしたのか」。すると、〔息子は〕泣き出しました。動転していたためだと思います。いつもは落ち着いた我慢強い子なんですから。

ホセ・メリノ＝ガスカ（技師、父親）

誰？　誰がこんなことを命じたんだ？

パブロ・カスティージョ（イベロアメリカ大学生）

この銃撃は今までで一番長く続いた！　サント・トマス〔・キャンパス〕のときのは〔これに比べれば〕ほんのお遊びだった！

ファアン・メディナ＝カストロ（ＩＰＮ機械・電気工学科）

僕は（豪華な）アグアスカリエンテス棟にいた。第七ボカシオナルの横のノノアルコ団地にある建物だ。最初の発砲が聞こえてから、指令が下ったかのように、この棟の住民は皆、自宅の居間の床に伏せてじっとしていることにした。撃ち合いが始まってまもなく――六時十五分だったと思う――棟の守衛は地下室に隠れこんでしまって、その後四時間はそこから出てこようとはしなかった。八階で五十歳くらいの技師が右肩に弾を受けて大怪我をしていた。見たところ、傷はダムダム弾によるものらしかった。誰かが赤十字に電話をかけたが、その代わりに駆けつけてきたのは機関銃で武装した兵士二人だった。もう、その人の消息を二度と聞くことはなかった。不安と絶望の色が全棟の住民の顔に表れていた。砲火が鎮まるやいなや、その場にいない夫や妻、子ども、親戚に連絡をとろうとした。事態を知らせたり、出入りしようとする者は誰もが逮捕されていたので、団地に来ようとしたりしてはいけないと警告するためにね。

皆、起こった出来事を話し、国内の報道は「事件の真相をまったく知らせていない」と苦々しく言っていた。具体的に言えば、「反暴動派」の警官だか機動隊員だかの二人を殺した、中尉のウリサ・バロンのことを話していた。こう言っていた。「中尉はその警官たちに母親を殴打されたので彼らを銃殺したのだ、とどの新聞も書いていたが、トラテロルコの住民は、中尉がそんな行動に出たのは警官たちが妹に失敬な振舞いをしたためだと知っている。なのに新聞はそのことを報道しなかった」……

それがほんとうかどうか、僕は知らない――いろんな噂があるから――。でも、拳銃を抜いて殺すまでしたからには、何かとてもひどいことをウリサ・バロン中尉はされたにちがいない。

水がなくなって、食糧の蓄えも今にも尽きようとしている。連帯精神の表明として、住民たちは保存食糧を分けあった。子どもの数が最も多くて食糧のなくなった家族が、結束した隣人たちから食糧の供給を受けた。小さな子どもたちは泣いていたけど、少し大きい子どもたちは驚きの目で両親を見つめていた。

アルフレド・コルベラ＝ジャニェス（UNAM商・経営学部生）

僕らは運動の中の金持ちとして非難された。真相はたんに、あれほど大規模な分隊だと（なかには二百人の学生からなるものもあって、街じゅうのあらゆる地点を訪ねられるように学校のバスに分乗していた）、十人の各集団がいつも資金集めのための缶を持ち歩いていて、街ではいつでも協力が得られたので、どの缶にも少なくとも五十ペソは入っていたというわけなんだ。

フェリックス＝ルシオ・フェルナンデス＝ガムンディ（CNH）

将校が現れて、名前と学校を尋ねはじめた。少し後、武装した男数名を伴って戻ってきた。細身で中背の若者を連れてきていたが、ひどく打ちのめされていた。僕らは一列に並ばされ、マッチの火で顔を照らされながら、一人ひとりその若者の前に突き出された。「こいつか？」と訊かれては、若者は否定した。そうして将校たちに伴われて全列を一巡した。「こいつか？」ひとりも識別しなかった。闘争委員会が資金を集めるために使っていた缶のひとつをその若者が持っていたので、将校らは彼にそれを渡した人物を捜していたのだ。「そういうわけなら、おまえがゲリラ戦のレッスンをしていたんだな、バカヤロウ！」将校の一人にそう訊かれると、「いや」と誇らしげに答えた。「代数と数学を教えていた。ゲリラ戦とはほとんど関係がない科目だ」。何もかもひどい状況なわけじゃない、敗北までにはまだまだ猶予がある、そう思った。その少し後、もう十一時過ぎになって、再び銃撃が始まった。

エドゥアルド・バジェ＝エスピノサ、通称「ブオ」（ＣＮＨ）、前掲書より

狙撃隊員らは、女性や子ども、集会に参加していた街の住民に銃弾の雨を降らせるだけでは済まさなかった。サント・トマス・キャンパスへのデモ行進を阻止するために、すでに広場を包囲していた。軍隊と警察の一部に負傷者が出はじめると、反撃の指令が下され、首都でも前代未聞の壮絶な銃撃戦が始まった。兵士と警官が精力的に行動したにもかかわらず、狙撃隊員は、恐怖に怯えそこらじゅうを走り回る女性、子ども、住民を標的にしつづけた。

「昨夜、死傷者多数出る」

『ラ・プレンサ』紙、一九六八年十月三日付

娘の流した血は、広場を走り回るあらゆる若者たちの靴底に付いて乾いてしまいました。

ドローレス・ベルドゥゴ＝デソリス（母親）

私は死体を仰向けにしました。目を開いたままで、涙を湛えていました。その目を閉じてあげました。でもその前に、白目の部分に小さな涙の花があるのに気づきました。

ルイサ・エレラ＝マルティンデルカンポ（小学校教員）

十一、二歳の男の子が――まだほんの子どもなのよ――突然、身体を少し起こすのが見えた。すると、弾が一発、その頬を貫いたの。その子はお姉さんに付いて来ていたのよ。私たちは皆、兵士に命じられるまま広場の平地に伏せていたんだけど、その子は頭を上げてしまった。十六歳の姉はヒステリックに叫んだわ。「弟が怪我してます！」でも、兵士も仲間も彼女に、立てば弟と同じ目に遭う、と言ったの。その子は何もかも終結するまで手当てもされず放置されてた。こんなに大きな傷を負っているのに、二、三時間も待たされたのよ！　亡くなってしまったと思うわ。だって、私たちがそこから移動して教会の後ろに連れて行かれたのは十一時頃だったんですもの。

エステル・フェルナンデス（UNAM理学部生）

すごく低いぞ、ごく下の方を狙って撃ってきている！　低いぞ！　伏せろ！

軍の士官　止めろ！　撃つのは止せ！　止めろ！
群衆の声　もうだめ！　もう耐えられない！
女性の声　出るな！　動くな！
男性の声　奴らを包囲するんだ！　そこだ！　そこ！　包囲しろ。包囲しろと言ってるんだ！
誰かの声　怪我してるんです！　医者を呼んで。怪我……
誰かの声

もう鎮まるみたいだ……

誰かの声

「三文化広場」は地獄だった。間隔をおかず射撃の音が響きわたり、機関銃や強力な銃器の閃光があちこちで間近に走っていた。

ミゲル・サリナス＝ロペス（UNAM商・経営学部生）

窓から銃弾が飛び込んできて、大量の負傷者が出たとの報道もあった。

この間、ロベルト・レゴレタが当編集局に次のように知らせてきた。火事が生じていて、戦闘の中心地だったチワワ棟の何室もに火の手が及んでいた。

一方、レジェス・ラソもべつの情報を送ってきた。タマウリパス棟の十三階で男性が一人、廊下で死んでいるのが確認され、サンルイスポトシ棟でももう一人亡くなっていた。

十九時三十五分、消防団がチワワ棟の火事を消すために出動してきた。火の手は三つの階にまたがって何室にも回っていた。軍人と民間人を交えた多くの負傷者についても、絶え間なく報告が入った。その中には女性も多く含まれていた。

「死者二十六名、負傷者七十一名。狙撃隊が軍に向かって発砲し、トレド将官負傷」『エル・エラルド』紙、一九六八年十

月二日付

私の靴の縁やワンピースの裾の縫い上げには、血がべっとり付いていました。

エウヘニア・レアル＝リマ（UNAM医学部生）

ほとんどの死体はうつ伏せで、雨の中で腫れ上がっていました。でも中には仰向けのものもありました。踏みにじられた花のようでした。チワワ棟の庭の、踏みつけられ泥まみれになった花と同じように。

ピラール・マリン＝デセペダ（小学校教員）

みんな死骸ですぜ……

『エル・ディア』紙記者、ホセ＝アントニオ・デルカンポに対する、ある兵士の呟き

伏せろと言うんだ！　殺されるぞ！

男性の声

銃を抱えて地面に伏せ、恐怖で血の気の失せた兵士がいた。発砲しようとはせず、私たちに動かないように、と言ったわ。というのは、動くものが目に入ればこちらの方へ銃撃が向けられて、自分も撃たれることになるから。

エステル・フェルナンデス（UNAM理学部生）

指は引き金にぴたりと当てられている。弾の中には命中するものもある。動くものなら何にでも弾が浴びせられるんだ。

サンティアゴ・ルイス＝サイス（UNAM理学部生）

衛生隊頼む！　将校！　怪我人が出たんです！

群衆のなかの声

その男を捕まえろ！　それを捨てさせろ！

男性の声

泣きながら走っていた五、六歳の男の子が地面に倒れて転がった。その子と一緒に走っていた他の子どもたちはクモの子を散らすように逃げたが、六歳くらいの男の子がひとり戻ってきて、倒れた子を引っぱり起こそうとした。「ファニート、ファニート、起きるんだ」。まるで励まそうとするかのように、その子を引っぱりはじめた。「ファニート、どうしたの？」きっと死人なんて見たこともなかったんだ。そして、もう見ることもなかった。なぜって、その子の声はもう聞こえなくなった。たった一度呻き声がしただけで、二人の小さな身体は折り重なるようにアスファルトの上に投げ出されたままとなった。僕は一部始終見たんだ。自分が隠れていた溝の方へその子を引っぱってやりたかった。何度も叫んだけれど、弾があらゆる方向になって飛び交っていたから、とても連れてくることはできなかった。僕はその子に向かって叫ぶのがせいぜいだった。「おい、チビ。こっちへ来い、おい！」ところが、その子は友だちを生き返らせるのに懸命だった。そして自分も撃たれたんだ！　臆病者だとわかっている。でも、生き残るための本能がひどく利己的だということも身にしみてわかったよ。

ヘスス・トバル＝ガルシア（ＵＮＡＭ政治学部生）

気をつけろ、気をつけろ、胸に傷を負っている！

担架要員

動けば撃つからな……！

兵士

そして血の匂いが空気を湿らせていた
そして血の匂いが空気に染みをつけていた

ホセ＝エミリオ・パチェコ（A＝M・ガリバイ神父の翻訳によるナワトル語テキストより）

「そこまで行ってはいけないと言ったじゃないか！　バスの下に入れ！」

第一ボカシオナルの学生アルベルト・ソリス＝エンリケスに対する兵士の怒声

兵士のうちの一人が躓いて、私たちの傍に倒れた。私たちは地面に突っ伏した。なぜって、誰か仲間が「伏せろ！　伏せろ！」と言ったから。私たちはチワワ棟正面の広場にいた。兵士たちが軍事訓練のようにして走ってきて、そのうちの一人が躓いた兵士に近づいて言った。「撃つなよ。撃つなら空中に向けて撃つんだ。奴らは犯罪者じゃない。学生だったら撃つな。空中に向かって撃つんだぞ……」その二人の兵士たちの話を聞いて、私たちは安心して起き上がったわ。彼らの前を走り抜けて、四月二日棟に逃げ込んだ。そこに二時間半いたんだけど、私にはそれが六十時間ほどにも思えた。

マリア＝アンヘレス・ラミレス（公教育省管轄人類学校生）

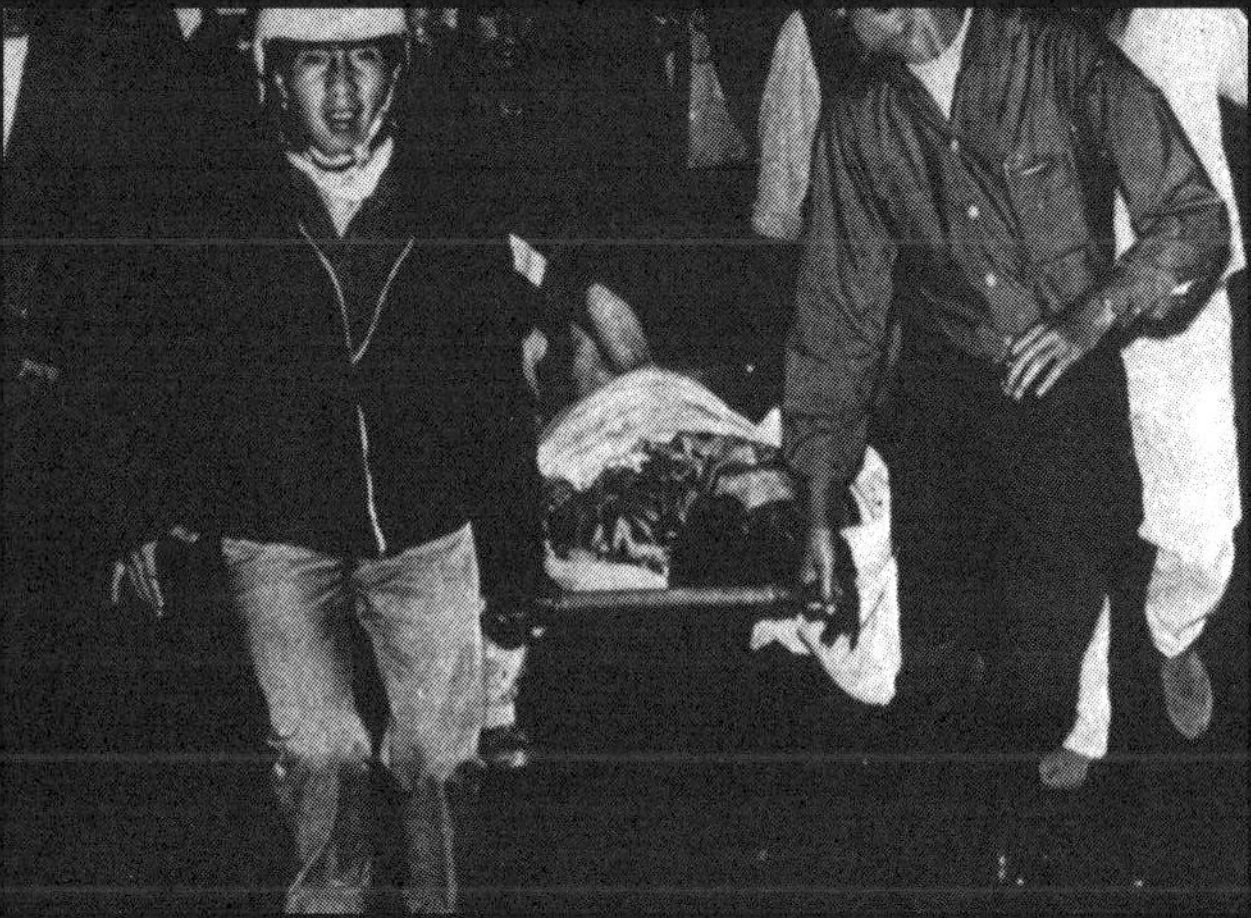

気をつけろ、担架を動かすな。傷は腹部だ。

地面には、服の切れ端や踏みにじられた草木に混じって、多くの靴、それも女物の靴が散乱していた。それは持ち主がいなくなったことを示す物言わぬ証人だった。

僕らは皆、走って高さ約二メートルの塀をよじ登って飛び越えた。同じように塀を越えようとしていた女性たちは皆落っこちていたから、僕らは追い越すときにせめて踏みつけないようにはしたけれど、誰も身を起こしてあげたり助けたりしようとはしなかった。何とか自力で助かってください、という気持ちだった。靴が何足も散らばっていた。どれも女物だった…… 細い紐靴一足が瞼に焼きついている。走りつづけたが、三、四人の兵士と出くわしてしまった。僕と弟とあと十人か十五人はいただろうか、何ていうのか知らないが、チワワ棟の反対側にある建物の一階に押されて連れて行かれた。そこらじゅうから次々と兵士が現れた。僕らはその辺でいちばん大きな建物のひとつと言えるその二階に上がろうとしたんだが、兵士に命令された。「動かないように」……丁寧な物腰だった。きっと僕らを保護しようとしたんだ。だって絶え間ない銃声と機関銃音が鳴り響いていたから。僕らは兵士たちにもう行ってもいいかと尋ねたが許してくれず、そこにいるようにと言われた。見つからなかったら追跡されはしないだろうと僕らは思って、建物の二階へ少しずつ、兵士の目を盗んで移動した。連中は階下で忙しそうにしていた。僕らはアパートの一室の扉をノックした。次々にノックしていったが、どこも開けてはくれなかった。僕らは二階の床に座り込んで待ったんだ。七時か七時十五分頃、一階で兵士たちのブーツの保護金具と飾り鋲の音が聞こえたので、仲間が二人降りていって、もう外に出てもいいか訊いたんだ。すると許可が下りた。二人が「もういいぞ」と叫んだので全員がそこを出た。すると、兵士どもは僕らを行かせる代わりに、名前を記録しはじめて身分証明書を求めてきた。僕らはそこに並ばされた。最初に呼ばれたのは僕の弟だった。

「おまえ、こっちへ来い」
そして奴らは弟を殴りだした。

カルロス・ガルバン（UNAM図書館経営学生）

目にするものすべてが強烈だった。機関銃の弾を受けて腹のあたりを縫合された女性たち、強力な武器の銃弾で頭蓋を砕かれた子どもたち、何気なく通りかかっただけで銃弾でハチの巣にされた人たち、いつもの仕事の遂行に没頭する救急隊員や新聞記者、死傷した学生、警官、兵士……おそらく最も目を引く光景は、辺りに散らばる血まみれの靴の多さだった。それは持ち主がいなくなったことを示す物言わぬ証人だった。

ホセ＝ルイス・メヒーアス「悲劇の政治集会」
『午後日報』一九六八年十月五日付

四月二日棟のアパートの扉を私たちは片っ端から叩いた。でも誰も開けてくれはしなかった。トラテロルコの住人で、子どもとパンを買いに出かけた女の人が、ヒステリー状態になって絶叫しはじめた。私たちはその人を助けようとして、「子ども連れの女の人を入れてあげてください」と書いた紙切れを、あるアパートの扉の下に滑り込ませたの。「できません。こわいんです」と書いた紙が返ってきた。文字通りそう書いてあったのよ。その紙はなくした。とっておくつもりもなかった。思うに、私たちが扉をドンドンと叩くのを止めるように返事を書いてよこしたんだわ。なんせ、リナと私はそりゃ勢いよく力いっぱい扉を叩いていたもの。どこからあんな力が出たのかわからない。恐怖心からね、きっと。

マリア＝アンヘレス・ラミレス（公教育省管轄人類学校生）

私たちは二階に上がって、何軒かのアパートの扉をノックしましたが、応答はありませんでした。そこでもう一階上へ行く、というぐあいに上の階へと上がっていきました。どうしようもなく、上へ上へと行ってみましたが、誰も扉を開けてはくれませんでした。後ろからやってくる兵士たちのブーツの踵の音が聞こえていました。そこで私は、ある一軒の扉の前に立って叫びました。「せめて子ども連れの妻を入れてやってください」。

ラモン・オビエド（メキシコ石油公社の地質学技師）

僕らが隠れていたアパートには、身分証明書を食べている連中がいた。

ヘナロ・マルティネス（UNAM経済学部生）

私は兵士たちに介助されて、お腹の大きい娘と四歳の孫と一緒に脱出することができました。

マティルデ・ガリシア（六十歳）

その瞬間、彼は私を勇気づけようとしたのでしょう、キスしてきました。そして優しいけれどきっぱりとした声で言いました。「動くんだ」。私が恐怖で固まっているのを見て、私の手をとりました。「さあ、動くんだ。どこも何ともないよ！」私は前進しようとしました。「身を引きずってでも進め……！」「ここに居つづけるわけにはいかないんだぞ！」銃弾が身近で方々に飛び交っていました。そのとき彼は地面に身を投げ出して、荷物を引っ張るように私を引っ張りはじめました。

マグダレナ・サラサール（UNAM心理学専攻生）

私は子どもが六人います。ペペ、セルヒオ――この子はピチと呼んでいる生物学部の学生です――、ミゲル＝エドゥアルド――ブオのあだ名で通っています――、たったひとりの娘チェロ、双子のルベンとロヘリオですが、この二人は学生運動には加わりませんでした。それに対して、エドゥアルドはCNHのメンバーです。あの日午後三時、チェロとセルヒオがデモに出かける準備をしていました。父親のコスメ・バジェ＝ミジェルが一緒に行くことになっていました。私の夫です。私は家を片付けるので残りました。八時に娘が帰宅しました。呼び鈴が鳴りました。娘の服はずたずたに破れ、両膝に血を流していました。扉を開けて娘のその様子を見たとき、私が最初に訊いたのはこうでした。

「どうしたの、チェロ？」

「やられたの、皆やられたの」

それだけ言うのがやっとでした。あの子のあんな途切れ途切れの声は聞いたことがありません。

「兄さんたちは？」

エドゥアルドには二十日前から私たち、会っていませんでした。CNHのメンバーなので身を隠していたのです。娘が泣きながら言うには、軍が三文化広場を占拠し、ヘリコプターが集会の参加者を銃撃し、片手に白手袋をはめた警官が誰かれ構わず発砲していたということでした。娘は私服警官が四歳から六歳くらいの子ども三人を撃つのを目撃しました。母親がもっと小さな子を抱いて先を行っていたので、その子たちは遅れをとっていたのです。チェロは夫と行動を共にしていました。夫は娘に言いました。「うずくまれ、チェロ。でないと殺されてしまう」。地面にひれ伏して身を引きずったために、顔面に火傷のような傷を負いました。片方の頬全体が擦り傷だらけになったのです。「弾丸が雨あられと降っていたのよ、母さん」。チワワ棟の後ろにめぐらされた鉄柵の垣まで娘はやっとたどり着きました。父親の姿を目にしたのはそのときが最後で、人びとが出口を求めて逃げるのを手伝っていたそうです。父親はチェロに走れと指示しましたが、その瞬間からはぐれてしまったんです。娘は通りに出て、大通りまで来たところで兵士に出会って、こう言われました。

「あそこへまた戻るんじゃない、殺されるぞ……」

チェロは父親とセルヒオとミゲルを捜しに戻りたかったんですが、歩きつづけました。そして学生をいっぱい乗せた車を運転する男性たちに会いました。運転していた人が十ペソ硬貨を取り出してチェロに言いました。

「これで車を拾うんだ……」

若者たちでぎゅうぎゅう詰めの個人の車を何台も見かけたそうです。大通りに停まって学生たちを拾っては、兵士たちに妨害されないよう全速力で発進していました。

チェロはルベンとロヘリオの働く工場へ行き、ロヘリオに言いました。

「私たち、殴られたの」

ロヘリオがチェロを家に連れ帰り、私たちは残りの家族を待ちました。夫だけが帰ってきました。

「CNHのメンバーが全員逮捕された！　エドゥアルドが四階のバルコニーから覗くのを見た……」

「で、セルヒオは？」

「エドゥアルドを捜しに現場へ引き返したんだ」

私は一晩中、窓辺に座って待ちました――私たちはロマ・エルモサ団地に住んでいます――。追跡されるのを恐れて、隠れて帰ってくるかもしれなかったからです。「帰ってきたらすぐ扉を開けてやるために待機していなくちゃ」と私は思ったのです。でも、帰ってはきませんでした。一晩中、窓の傍にいてどんな動きをも感じ取ろう、聴きつけよう、目に留めようとしていました。でも、何も起こりませんでした。物音がしたと思って、何度廊下に面した扉を開けたことでしょう！

セリア・エスピノサ＝デバジェ（母親、小学校教員）

私たちはその学生を車内のフロアに寝かせて、毛布で見えないように隠しました。私なんて後ろの座席にすわって、わざとその上に足を下ろしてごまかしたんですよ。その前にまず、傷口を洗ってあげようとしたんですが、団地全域が断水状態でした。水も電気も断たれていたんです！　助手席にメイドがすわり、夫が運転していました。トラテロルコ地区からその学生さんを連れ出す道中でいちばん心配したのは、呼吸音がしなかったことです。息づかいがぜんぜん聞こえなかったんです。結局はその人の家で降ろしてあげることはできましたけど……その後、夫はまたべつの若者を救出しました。トランクに入れてね。でも、こんどは一人で行きました。兵士たちに疑われないように。車で通るたびに兵士に停止させられて、トラテロルコの住民であることを確認するために身分証明書を出させられました……

イサベル・モンターニョ＝デラベガ
（ノノアルコ－トラテロルコ団地の住民）

助かったのは誰？　男子たちは助かった？　みんないる？　マルタはだいじょうぶ？　ファンを見た？　最後にファンを見かけたのは誰？

ロサリーア・エガンテ＝バジェホ（UNAM生物学部生）

コンチャのお母さんが言うには、彼女、大学の教科書を持って出かけたの。そんなふうに普段と変わりなく、本とノートを携えてデモに行ったらしいわ。水色のセーター姿だったって……

エルネスティーナ・デラガルサ（UNAM医学部生）

エレベーターの扉は皆、穴だらけだった。よほど破壊力のある武器にしか、あんなふうに貫通するだけの威力はない。あれだけ多くの無防備の人たちの身体にそうしたように、銃弾で扉をぶち抜いたんだ。

ロベルト・サンチェス＝プイグ（第一ボカシオナル生）

私は池に目をやりました。とても物珍しいものでもあるかのように、池を見ました。「池のことを水鏡とはよく言ったものだわ。昨日の朝にはまだ子どもたちがあそこで遊んでいた。あの池でピチャピチャと水遊びしていたんだわ！　……リン・マルコス広場で風船売りを見かけたのはほんの昨日のことなんだわ！」そんなことを思いました。その前日、私はチワワ棟の四階に来たんです。メキシコ女性全国連合を代表して演説することになっていたので、音響効果の調子をみようと思って……昨日はまだ、ベンチにすわって新聞を読んでいる人たちがいたんです！　……何てばか！　それにしても何てばかなんでしょう、私は！

教会の背後に信号弾の三色を見たとき、思ったのはこうでした。「わあ、すてき。この若者たちはほんとに気が利いているわ。一幕ごとに何か新しいことをしでかしてくれる。これはきっと花火師の技を見せてもらえるんだわ！」私にはそれが縁日か、何かのゲームのように見えたんです。緊張感はもちろんあるし、軍が出動していたにしても、学生集会にはいつもお祭の日のような雰囲気がありました。挨拶と抱擁を交わし、握手し、近況を尋ねあったり、冗談を飛ばしたり、「ルイスを見かけた？

お袋さんがすごく心配しているんだ」というように情報交換したり……。階段の踊り場から信号弾の光を見ました。教会の方から発していました。十字架の五、六メートル上のところに。

マリア＝アリシア・マルティネス＝メドラノ（保育園長）

あれは僕らが開いた多くの集会と何ら変わりないものだった。評議会《コンセッホ》からの報告、分析、指針、方向づけ、そして参加者の笑い、口笛、応援、拍手、叫び。発表される知らせは熱心に拍手でもって迎えられた。演壇ではいろんな組織の代表がマイクを持たせてほしいと願い出て、挨拶したり、問題提起したり、学生運動との連携を公式表明したりしていた。あの日、僕らの六つの要求事項を支援してストライキ中だった、八つの病院の医師代表者たちが来た。いくつもの小規模労働組合の代表者たちも。親の会や小学校教員、女性組織、鉄道員、農民などの代表者も……全員が話すなんて不可能だったから、メッセージや手紙、電報、挨拶文などが読み上げられるだけだった。そして、運動に新たに加わった組織の名前が公表されていた。

ラウール・アルバレス＝ガリン（ＣＮＨ）

私のシャツに飛び散った血は真っ赤でした。そしてもう一度見てみると、茶色くなっていました……
「たぶん、これは本当じゃない。きっと夢に見たんだ……」そう思いました。

クリスティーナ・フェルナンデス＝リオス（社会福祉職員）

おい！　どうした！　聞こえないのか？
そいつはどんなに揺さぶっても応えなかった。それで、僕は走りだしたんだ。

アントニオ・ジェルゴ＝マドラソ
（九歳、ノノアルコ－トラテロルコ団地住民）

私たちが階段の下にいたとき、身体に合わない大きな黒っぽいレインコートに身をくるんで恐怖に震えているごく若い女の子が通りかかった。この子は泣き叫ぶわけでもなく、ひと言も話さず、唸っているようなすごく変な音を発していたわ。歩きつづけていたので、足元を射撃された。でも、逃げるどころか、弾の飛んでくる方へ、つまり私たちのいる方へ突き進んできた。私たち、咄嗟にその子を引っぱって、私たちの後ろに匿って、階段の下で叫び続けた。その子は呟きはじめたわ。「ゲレロ棟に行く……ゲレロ棟に行かなきゃ……ゲレロ棟にいるべきなのよ……」。私は言ってやった。「あなたはどこにも行かないの。ここにいるのよ……」

その子は私たちの後ろで立ち上がった。ものすごく震えているのが伝わってきたわ。でも寒さのせいじゃなくて、恐怖のためであって、唸り声は止まなかった。私たちは階段で行く手を遮っていた男たちに向かって叫びつづけていたのよ。「通してください！　子どもたちが五階にいるんです！　そこに住んでるんです、私！　上がらせてください！　子どもたちは怪我をしているかもしれません！　子どもだけでいるんです！　お願いです！　恐くて震え上がっているにちがいありません！

たぶん負傷しています！　どうか助けてください！　子どもに会いたいんです！　お願い！　子どもに！　あなたがた自ら、私たちを五階へ連れていってみて、もし子どもたちがいなかったら、その場で私たちを撃てばいいんです！」すると、その部隊の司令官らしい白手袋の私服警官が決断して、私の言葉どおり、その場で私たちを銃殺するか、これ以上泣き喚き声を聞きたくないから通すかのどちらかだと思ったようだった。「そいつらを上へ行かせろ。何人いるのか知らんが」と命じた。二人の警官が私たちに付き添った。言うまでもないけど、そのとき恐がってたのは彼らのほうだった。本当に恐がってたものだから、私が震える手でアパートのドアを開けたとき、白手袋の一人がいきなりバタンと閉めて私に言った。「よく見て。子どもが死んでたって喚かないように」。優しい掛け言葉ではなくて、威嚇だった。私は背中にピストルを突きつけられてたんだから。私たちは中に入って慄いたわ。室内はもぬけの殻で、煙と壁から剥がれ落ちた石灰が充満していて、床は土埃に覆われ、壁は銃弾の穴だらけ。物は床に落ちて何もかも散乱していたんですもの。釘を刺されていたにもかかわらず、マルガリータも私も叫んでしまった。するとそのとき、浴室からうちで働いているメイドが顔を覗かせて私に言った。「子どもたちはここです、奥様」。これには私たちに付き添っていた警官の恐怖が極みに達したものだから、「四つん這いになれ！」と私たちは怒鳴りつけられた。私たちは浴室に閉じ込められ、家宅捜索が始まった。メイドは警官に連れて行かれた。浴室で私たちは床にすわりこんで、子どもたちを抱きしめたわ。下で拾った女の子、たぶん自分のじゃないだぶだぶのレインコートの女の子も、同じようにすわりこんだ。彼女、コートを脱いで運動のビラの束を取り出した。すごくびくびくしていたんで、CNHの募金の缶を落としてしまって、ちょうど警官たちが家宅捜索をしていた最中に硬貨が浴室全体に散らばって転がったのよ。そのときの、子どもに至るまでの皆の不安がおわかり？　もし聞こえたとしたら、私たちが皆、運動に加わっているというまちがいない証になるんだから。マルガリータも私も頭に来てしまったので、抑えきれずにその子に向かって言ってやった。

「あなた、何てばかなの。そんなもの持ってこようと思うなんて。どうして下で捨てなかったのよ」

驚いてきょとんとしていたその子は、信じられないほど子どもじみた調子でこう応えた。

「でも、そんなこと。このお金は全国ストライキ評議会のなんだから。全国ストライキ評議会のお金なのに、捨てるなんてできると思う？」

私たちはモービルオイルの缶からCNHの張り紙を取って、缶を開けてお金を取り出した。その子は泣いてたわ。

「でも、私はこのお金には触っちゃいけないの。運動のお金だから……全国ストライキ評議会のお金なんだから、触れるもんですか」

「お金が誰のかなんてどうでもいいの。私が預かっておいて、後で運動に返しておくわ……」

そして、私たちはもうそれ以上その子にとりあわず、缶を空にしてしまった。大量の二十センターボ硬貨だった。全部で十四ペソだったと思うわ。大規模な人殺しに弾丸の雨、火事にガス漏れ、水道管破裂、救急車のサイレン、そんな中で私たちの神経は逆立っていたというのに、その子が唯一気にしていたのはCNHの募金缶をどうやって守り抜くかということだけだった。私たちは運動の宣伝文句を書いたラベルもマッチの火で燃やした。その子はそんなものを手にしていたらどんなことになるか、まったくわかっていなかったんだから。

浴室の扉の鍵穴に鍵を差して回す音がした。

「もう行ってしまいましたよ、奥様」

うちのメイドだったわ。


メルセデス・オリベラ＝デバスケス（人類学者）

私たちは建物の後ろを走りました。誰かがきのこの形をした小さな滑り台の蓋を開けたんです。それはトタンでできた部屋につながっていました。その小さな部屋の中に滑り落ちたら、すでに人がいて、その後もっと大勢やってきました……床と天井である蓋との間に換気口がいくつか備わっていて、鉄格子のような開口部がひとつありました。私たちが通った滑り台の横に階段がありました。私はそのすぐ近くにいました。立て続けに発砲していた機関銃の音が耳に残っています。全員が沈黙を保っていました。話す気力もありませんでした。私は四階にいる若者たちのことを考え、全員が死んでいるところを想像しました。私に微笑みかけていた顔、交わした挨拶、話し掛けてきた人たちを思い起こしました。数分間銃声が止んで、二、三人の若者が走る足音が聞こえました。きっと、きのこ型滑り台の近くにある階段の段差に隠れたのでしょう。誰かが彼らに向かって言う声がしました。「こっちへ来い、助けてやる」。あの小部屋の中にいるといろんな音が聞こえました。真っ暗でした。その若者たちを呼んでいた声の主が、彼らを裏切って殺すのではないかと私は感じました。実際そうだったんです。すぐに声の調子が変わりました。

「出て来い、間抜けめ。チャンスを与えてやってるんだぞ」

「いやだ、出ない。引き渡されてしまう」若者がそう言いました。

声の主はきっと立ち去ったのでしょう。何人かの走る足音がしましたから。それ以上何もわかりません。ひとつ妙なことがあります。そのとき、若い男と女性と子どもの足音がどう違うかを聞き分けられるようになったんです。通る人たちをよく憶えておく、そして後で人の足音がしたらさきほどのことを思い出して聞き分けるんです。「これは女性の足音。これは男性で、これは子ども」って。おもしろいことに、男性は女性より早く歩くけれど、女性の歩き方のほうが迫力があるんです。そして若者が走るときは、飛んでいるかのように聞こえるんです！　発砲音が一瞬止んで、一人の女性の足早な靴音がごく近くに聞こえました。その人はあるアパートの扉を叩いて、名前を叫びだしました。それに対して、恐怖に怯えた女の子が応答しました。

「だめ、開けられない。ママがいないもの……」

「私がママよ、開けて」

「違う、ママじゃない。ママはいないから開けられない……」

暗い部屋の中で、その女性の思いを子どもに伝えようとするかのように、誰かが言いました。「開けてあげなさい」。そして、その女性は応えました。

「開けないんならぶってやるから……開けなさい、ばか」

そのとき、また銃火が起こって、部屋の天井で何かが炸裂しました。若者が一人、天井を触ってみて言いました。「これは火が回って焼け落ちるぞ。ローストチキンみたいに丸焼きになっちまうから、ここから逃げなきゃいけない」。そこで、部屋を出るべきかどうかの議論が始まりました。今も思い出すのですが、その場に可愛らしい男の子三人と女の子二人を連れた女の人がいたんです。皆はその人に娘たちを連れて出て行くよう懇願しました。でも、その人はだめだと答えました。息子たちを残して行くなんて考えられないって。一歳くらいの男の子が泣き出しました。その子の泣き声に私たち、胸が痛みました。皆が、その子をそこから連れ出して安全な所に避難させてやりたいと思っていました。その子を連れて外に出て、兵士に引き渡すとか、誰か女性が一人その子と一緒に出て行くとか、向こう見ずな考えが浮かんだほど、何とかしてあげたかったんです。男の子は父親に抱かれていて、その父親がすすり泣きながら「この子を危険から救ってやってください。私の身の上には何があったって構わない」と言っていましたから。

結局、皆の中でいちばん賢明な人が、いつ弾が飛んでくるかわからないから、今出るのは愚行だと言いました。男の子の泣き声を耳にして、私は急に恐怖に襲われました。突如として全身がすごく過敏になって、皮膚がピンと張り詰めて薄くなったみたいに感じたんです。どういうふうにか、どうしてだかわかりませんが、口の中がからからに乾いて、舌も火薬を舐めたみたいな感じがしてきました。急に痙攣したかと思うと、次の瞬間にはそれが和らぐんです。すると、無に帰するとは何か、命が突然尽きるというのがどんなものかって気づくんです。それが恐怖の正体だと思います。急に寒気がしだして、風通しの悪い地下室にいるというのに冷たい疾風が吹きすさぶようなそんな感覚をおぼえるんです。そして広場にいる友人たちのことや集会のことを考えると、神様なんか信じなかったくせに、彼らが生きていますように、どうか彼らの身に何ごとも起こりませんようにって祈りたくなるんです。衰弱したくないから考えないようにしようとしても、映画のスローモーションのように友人たちの顔や髪や、共に過ごしてきた日々の情景や冗談や……とても言い尽くせないんですが……何から何までが浮かんできて仕方がないんです。

マリア＝アリシア・マルティネス＝メドラノ（保育園長）

『ヌーベル・オプセルヴァトゥール』誌の記者をやってる友達がいるわ。ジャン＝フランシス・エルドと言って、彼はまさに四階の演壇にいた。白手袋をはめたごくごく若い連中が群衆に向かって、そしてチワワ棟の内部でも、いとも何気なく発砲するのを目の当たりにして叫んだそうよ。「それにしてもこの学生連中は本当に頭がおかしい！」エルドはベトナムにもイスラエルにも行ったことがあるけれど、このときには茫然自失したそうよ。「群衆に向かってこんなふうに発砲するなんて見たことがない」って。学生だと思った連中のせいで、彼は全面的に警察に占拠されたアパート棟のひとつに避難しなければならなくなった。白手袋の若い連中はひっきりなしにそのアパートへ入ってきて、そのうちの一人がこう言うのが聞こえた。「俺たちは二十四時間前に、手に何か白いものを付けて令状などなしで拳銃を持ってここへ来るようにという命令を受けたんだ」。

サンティアゴ・トラテロルコ教会の建物の角から私は、ついに戦車が来て、出入口を塞いで三文化広場を占拠するのを見た。その頃には小雨が土砂降りになっていた。激しい降りで、時刻は七時頃だった。雨足が強まったとき思った。「もう銃撃は止むわ」。ところが、雨音の中でも銃撃は続いた……もうずぶ濡れで、小一時間が経とうとしていた。頭の中には馬鹿げた妄想ばかりが浮かんできた。独り言が口をついて出た。「まいったわ。明日は雨のせいで髪の毛がチリチリにカールしてしまって、髪型がまとまらないわ！」そうかと思えば、靴のバックルが片方なくなっていることに気づいて考え込んだ。「どこで？」「いつなくしたんだろう？」こだわって、遠くを見渡しはじめたほどよ。見つけられるかと思って。こんなふうに、どうでもいいことに神経を使ってたんだけど、同時に、何もかも洩らさず見てもいたのよ。飛行機が上空を横切っていたことも憶えてる。パンアメリカン航空のやつみたいなの、ほら、ニューヨークへ飛んでるやつね。そして呟いてた。「何てこと、あの乗客たちは下界のここで何が起こってるかなんて、気づきもしないんだわ」。この世の誰にもあの機上の人たちに、ここで大虐殺が起こっているなんて信じさせることはできない。あの飛行機に乗っている身ならどんなにいいか！　そんなふうな愚にもつかない考えばかりが脳裏をよぎっていた。命の瀬戸際がどんなに執拗なものかってことかしらね……

クロード・キジュマン（『ル・モンド』紙特派員、
『メヒコ、パンとサーカス』の著者）

この流血の犠牲を誰が取り返してくれるの？　死んでしまった仲間の復讐を誰がするの？

メルセデス・オリベラ＝デバスケス（人類学者）

いちばんよく弾が飛んできたのは、九月十六日棟からだった。少し経って、学生たちはサン・フアン・デレトラン通りとソル通りの交差点で集会を開き、一般大衆に支持を求めた。

ラウル・トレス＝ドゥケ、マリオ・ムンギア、アンヘル・マドリー、ルイス・マジェン、ホセ＝R・モリーナ、シルビアーノ・マルティネス＝C、マリオ・セデーニョ＝R「三文化広場で流血の銃撃戦。数十名の狙撃隊が軍と衝突。二十三名死亡、五十二名負傷。車も炎上」『オバシオネス』紙、一九六八年十月三日付

その前に、二十時四十五分、外務省ビルの後方で、軍が四百名程の学生〔らしき若者〕を捕え、しゃがませていた。他に百名程が軍の輸送機関の中にいた。

サンティアゴ教会の後方にも、数百名の逮捕者が集められていた。外務省ビルの右翼前の、アステカ遺跡が位置する四方形の濠には逮捕者がひしめいていた。その中には外国通信社の記者が一人いた。

二十時二十分、外務省ビルから、パニックで慄く職員たちが全員退去させられた。軍は軍事演習のような動きで、職員らが建物から出るのを保護した。

ISSTE《イステ》(5)のビルに配置されていた機関銃と、隣接する他のビルに陣取っていた狙撃隊員らの銃火に対し、FA、M-1、30M-2といった機関銃を装備した兵士が応戦していた。

「三文化広場で流血の銃撃戦」
夕刊紙『オバシオネス』一九六八年十月三日付

もう、機関銃のけたたましい音は聞こえない……叫び声もしない。実際、耳に聞こえてくるのは頭の中で響いている鎖の音だけだ……きっと機関銃を操っていた奴は殺されたんだ！ ……僕らも皆、殺されるんだ！ 誰も彼も殺されるんだ！ それだって僕にはもうどうでもいいことだ。こんなことがあってからは、もう何も信じられるものはないのだから……

ヘラルド・ガルシア＝ガリンド（IPN機械・電気工学科）

両手を首の後ろに回して出て行く前に、僕はCNHの仲間一人に別れを告げて、幸運を祈ると言った。一人ずつ出て行った。扉の蝶番が取り付けてある支柱に寄りかかって、機関銃を抱えた男二人が残り、べつの二人がアパートの部屋に突入した。僕らは階段の踊り場に山となって集まりだした。口をきかないように、何があっても両手を下ろさないように、と釘を刺された。アパートを出るとき、僕らは武装した男たちにボディ・チェックをされ、びんたを喰らい、その後壁に押し付けられた。

エドゥアルド・バジェ＝エスピノサ、通称「ブオ」（CNH）

僕らは幾多の機関銃を突きつけられていた。待ちの態勢ゆえの緊張、びしょ濡れの服、身のまわりのあらゆる状況、それやこれやで僕は震えが止まらなかった。恥ずかしくてたまらなくて、震えをどうにか抑えようとした。僕の後ろにいた仲間が、肘で肩をつついてきて言った。「震えるなよ。奴らにはそんな値打ちもない」。その言葉でただちに自制できた。両手をうなじに回して、僕らは三階の一室へ下りて行かされた。「こちら、オリンピア部隊！　囚人とともに下へ行きます！」

エドゥアルド・バジェ＝エスピノサ、通称「ブオ」
（ゴンサレス＝デアルバの前掲書より）

僕は四階で捕えられた。集会の演説場所のあった階だ。銃撃戦が終わったとき、もう暗くなっていたが、僕らは一人ずつ下の階へ連れて行かれた。建物全体が停電し、浸水していた。なぜだか僕にはわからなかったが、仲間たちの話によると、給湯ボイラーが何機も銃弾で穴だらけだったそうだ。チワワ棟のアパートの壁がプラスチック製だというのは知ってるだろう。その部屋に入ってまず命令されたことは、「靴も脱ぎやがれ！」だった。何のためかわからないが、台所たるべき場所に靴を脱ぎ捨てさせられた。台所じゅう、というかその場所一帯、男物と女物の靴で埋まっていた。仲間の中には、避難先の四階より上の階のアパートで捕まえられて、ずっと後になって僕らが連れ出されてしまってから三階に連行された者もいた。彼らも同じことを語っている。そのアパートは暗く、家具が隅の方へ押しやってあって、台所は靴であふれ返っていた、とね。僕らはそこから連れ出されて、一階へ連れて行かれた。僕が下りていったときには、もうすでに山ほどの若者がいて、皆はだしでズボンを降ろし、大半はシャツを脱がされ、下着のパンツだけという者も大勢いた。逃げられないようにそうしていたと考えるのはばかげている。たぶん、もっぱら侮辱するためだったんだ。僕は起訴の根拠たる二十の罪状を読み上げられたとき、裁判長に、僕に言わせればまだ一つ抜けていることを指摘した。はだかで公共空間に現れることによる公序良俗違反もだとね。僕の冗談はちっとも面白がられなかった。

ルイス・ゴンサレス＝デアルバ（ＣＮＨ）

銃撃戦が続いていた間に、全国ストライキ評議会の関係者全員が捕えられ、他の数百名とともに軍第一キャンプに連行された。

全国ストライキ評議会のメンバーのうち何人かははだかにされた。

「トラテロルコ地区で銃撃戦。死者の数は未だ不明、負傷者約二十名」『エクセルシオル』紙、一九六八年十月三日木曜日

上空に信号弾の光が走るやいなや、四階の一室から白手袋の私服警官のかたまりが飛び出してきて、演壇にいた全員の上に覆いかぶさり、床に押し倒した。奴らは学生を引きずって一室に押し込んだ。警察関係者でなければ誰も自衛できなかった。

アルトゥロ・フェルナンデス＝ゴンサレス

（ＩＰＮ化学工業・鉱業学科）

なかには二二口径のピストルを持っている学生もいた。だが、軍用機関銃Ｍ－１を前にして、二二口径のちっぽけなピストルで何ができるって言うんだ……それでもピストルが手元にあったら発砲するところだった。虐殺の光景を目の当たりにして、悔しさと無力感の感覚はそれほど強かったんだ……トラテロルコみたいに何千人もが暮らす団地でも、狩り好きやら競技者やらを合わせたとして、せいぜい四十丁くらいの武器にしかならないだろう。それではあまりに微力だ。たとえ二二口径のライフル銃が二十丁あったとしても、軍と警察の重装備を前にそんなものが何になると言うんだ？

ディオニシオ・サンタナ（ノノアルコ－トラテロルコ団地住民）

もしピストルを持っているような学生がいたら、まだ持ってるなんて愚の骨頂だ。そんなもの、できるだけ早く捨てたほうがいいんだ。

エシキシオ・デラペニャ（ＩＰＮ化学工業・鉱業学科）

今日の午後、暴力的に解散させられた集会の弁士だと軍から目された市民が、チワワ棟の中央玄関の前で、はだかにされ両手を壁について、兵士に監視されていた。

チワワ棟の幅広の階段では、母親の死体の両側で、六歳にもならない幼児が二人、すすり泣いていた。弾を胸に受けた四歳の女の子のことが話題になっていた。報道通信数社の記者らが、民間人の遺体が二十体にのぼることを確認した。

二十一時五十分になっても軍がトラテロルコ街区を統制しつづけていた。

サルバドール・ペレス＝カスティージョ（IPN機械・電気工学科）

現場では、機関銃から四五型ピストル、三八口径銃や九ミリ型など、さまざまな銃器が目についた。

ミゲル＝アンヘル・マルティネス＝アヒス（記者）「チワワ棟、午後六時」『エクセルシオル』紙、一九六八年十月三日付

軍がフル稼働していた。あらゆる種類の武器を駆使していた。二十台余りのジープに重機関銃を搭載し、狙撃隊に統制されたあらゆる区域に向かって発砲していた。

ホルヘ・アビレス＝R（編集員）「数時間にわたるテロリストと兵士の激戦」『ウニベルサル』紙、一九六八年十月三日付

多くの兵士が互いに撃ちあい、負傷しあったにちがいない。包囲網で民衆を追い詰めるときに弾丸があらゆる方向に流れたからである。

フェリックス・フエンテス（記者）「万事、十八時三十分に始まった」『ラ・プレンサ』紙、一九六八年十月三日付

次第に混乱が極みに達していき、当局の部隊は互いに銃撃しあっているようだった。

フィリップ・ヌーリィ「不可解な状況下、猛威を振るった流血の銃撃戦、一晩中つづく」『ル・フィガロ』紙、パリ、一九六八年十月四日付

我々のなかの誰ひとりとして、嫌疑とは裏腹に、いかなる銃器も用いはしなかった。

レクンベリ拘置所で囚人学生五十七名が署名作成した声明文より（『エル・ディア』紙、一九六八年十月七日付に掲載）

ソクラテス＝A・カンポス＝レムスは一月六日、新聞各紙に対してこんなことを言明した。UNAM理学部でのCNHの会議において、「安全保障部隊」創設の合意に達していたこと、そしてそれは次の五人からなる司令部のもとに構成される五部隊である（ギジェルモ・ゴンサレス＝グアダルド、ヘスス・ゴンサレス＝グアダルド、ソステネス・トルデシージャス、ラウル・アルバレス、フロレンシオ・ロペス＝オスナ）ということだ。ソクラテスはこうも言った。これらの部隊は実際は突撃隊である。各

部隊は責任者あるいは司令官一名と六名の武装メンバーからなる。部隊のメンバーの一部の名前しか知らないが、それらはホセ・ナサール、カネスコ、カントゥ、パロミノ他数名である。これらの部隊形成の目的は、トラテロルコの集会に参加した人びとを守ることであり、機動隊員や兵士が到着して集会を解散させようとしたらただちに、彼らに対し、とくに機動隊と軍の司令部がいると思われる集団に対して砲火を開くことだった。そのような目的のために安全保障部隊には火器が供給されていた。その火器はチワワ州農業学校の同志を通じて入手したもので、三八口径のピストル二十丁、M-1口径のライフル銃二丁、二二口径の自動小銃二丁、三〇・〇六口径のライフル銃一丁、〇・四五口径のピストル二丁だった、と。

フェリックス・エルナンデス＝ガムンディ（CNH）

ヒルベルトは軍のキャンプでこういった。「我々はつねに主義主張で武装しているのだ。十月二日もそれ以外の武器は何もなかった。あるのは熱望と理想のみだった。しかし政府にとっては、それが銃弾より危険だったんだ。弾一発で殺せるのは人間ひとりだが、革命思想は数百、数千の人びとを覚醒させることができる」。

ラウル・アルバレス＝ガリン（CNH）

ノノアルコ‐トラテロルコ地区の三文化広場を囲む建物群で、軍は火器五十七丁、薬莢二千二百本とその他の兵器を発見した。

こうした兵器は、先週の水曜日にチワワ棟から群衆に向かって銃撃した犯罪行為によって、軍や警察の介入を余儀なくした人間たちが、アパートの部屋や屋上その他いろいろな場所に放置したものだった。

驚くばかりの兵器の集積が、昨夜、軍の第一キャンプで新聞記者の前に示された。その場にはあの流血騒動の夜に逮捕された教員のひとりであるアヤックス・セグーラ゠ガリードが立会い、武器のうちの一部を認識した。

発見された武器は以下の通り。小機関銃三丁、ライフル銃十四丁、散弾銃五丁、カービン銃四丁、口径の異なるピストル三十一丁、薬莢計二千二百本。

その他、薬莢充填機、火薬計量秤、鉛融解の坩堝、連結された架杖《さくじょう》二対、梱包機、ヘルメットの計器、プリズム双眼鏡数台、「モトローラ」という商標のポータブルラジオ一台、受信機それに送信機も確認された。


「三文化広場付近の建物で回収された兵器群」

『エル・ナシオナル』紙、一九六八年十月七日付

軍キャンプで妻と子どもたちの写真を見せられ、軍関係者らの望み通りのことを告白するよう仕向けられたのだ、とアヤックスは我々に話した。その通りなんだと思う。

革命の話になると我々は武装蜂起する考えを起こす、と現体制は信じている。体制側は、我々がそうすると決めつけていること——すなわち秩序転覆のための蜂起——に対抗しようとして、そんなことを信じて疑わないのである。

ルイス・ゴンサレス＝デアルバ（CNH）

ホセ・レブエルタスからマルガリータ・ガルシア＝フローレスへの往復書簡。『メキシコの文化』（『シエンプレ！』特集版）第三八一号、一九六九年五月二十九日号

軍隊へ。教室は兵舎ではない

一九六八年十月二日の集会での垂幕

ホセ・エルナンデス＝トレド将軍は後になって、大規模な流血騒動を引き起こさないように、大口径の武器は使わないよう軍に命じた、と言ったんだ。このことは『エル・ディア』紙が（十月）三日に報道した。何て奴だ！　かろうじてやらなかったことといったら、空軍を介入させて、三文化広場に爆弾の二、三発を落とすことくらいだったんだ。その証拠に、チワワ棟にはバズーカ砲の跡があるし、政治集会に来ていた仲間の多くは戦車が発砲するのを目の当たりにしたんだから。

ファン＝マヌエル・シエラ＝ビルチェス（UNAM商・経営学部生）

政府の見解は、「狙撃手」の関与を示すための唯一の根拠として、エルナンデス＝トレド将官がその日の「作戦」で負傷する結果となったことを主張しつづけている。ところが、その根拠を崩す重大な詳細情報があるんだ。第一に、トレド将官は背中に傷を負った。弾が当たったとき、外務省の建物の傍にいて、三文化広場へ向かって歩いていたことを考えると、銃撃は自分の後衛から、おそらくは自分の率いる兵士たち、あるいはむしろヘリコプターのどちらかからなされたと推測される。ヘリコプターはそのとき動きを失って追い詰められた群衆に空から機関銃を掃射して、虐殺に加担していたんだ。第二に、そのとき使われた弾の口径は、ベトナム戦争で海兵隊だけが用いていた新型兵器のAR18型銃に相当するということが、この仮説を裏付けている。他方、トレド将官が負傷した状況はまだ正確には判明していないが、射撃音はどこか近くの建物から聞こえてきたという前提と、誰が発砲したのか定かでないという事実からは、一人ないし数人の専門の狙撃手の存在を想定せざるを得ない。そしてきっと、よく訓練されていて、最初の瞬間から射撃を命中させられると確約できるような、後衛が完璧に守られているそんな部隊だったにちがいない。広場近くの建物のアパート全室が軍と警察によって念入りに調べられたが、言われたようなタイプの武器は発見されなかった。このことは、オリンピア部隊のメンバーが、接近してきた、あるいはそのときすでに広場にいた軍にも発砲していた事実と符合する。

トラテロルコ事件に関与したオリンピア部隊は、兵士と若手士官からなっていました。その人員は連邦区司法警察、連邦司法警察、連邦公安部、連邦財務警察のいずれかに属していたんです。

ヒルベルト・ゲバラ＝ニエブラ（CNH）

バレリオ・オルティス＝ゴメス（弁護士）

私たちは遅れて現場に着いて、演説台の正面下にあたる広場の空き地に陣取りました。近くだったからCNHのメンバーをたくさん見かけました。弁士の一人が、IPNのサント・トマス・旧アシエンダ・キャンパスまで行進するはずの予定は、兵士が大挙して出動しているので中止する、と言いました。「もう皆、帰宅してくれ。挑発行為は一切するな！　全員、落ち着いて帰るんだ！」集会はごく短時間で終わったようにすら感じられました。すると突然、空に信号弾の閃光が走りました。皆、後ろを振り向いて何なのか確認しようとしました。そしてもう一度演壇に視線をやったら、弁士の傍らに白手袋の男たちの姿が見えました。弁士たちはマイクを通じて叫びました。「走るな、空砲にすぎないから」。ところがその時、白手袋の一人が群衆に向かって、あるいは私たちの後ろにいた兵士に向かって発砲したんです。するとパニックが拡がって、人びとは走りだしました。私はまだそのときは人びとを制止しようとしていました。「どうして走るの？」ってね。気づいたら、チワワ棟を支えている大きな柱のひとつの後ろにいました。怖かったんじゃなくて、腹が立ったので私は走らなかったんです。私を柱の方へ押しやったのは娘でした。柱の後ろに娘と私はじっと身を守っていました……実のところ、集会に行ったのは娘に付き合うためだったんです。孫たちがもう高校生なので、いろんな集会に出ていましたのでね。銃声が聞こえだしたとき、若者たちが塀から下の方へ折り重なって落ちるのを見ました。互いに押しつぶされそうだったにちがいありません！　機銃掃射が広場の空き地全体を総なめにしていました。そして若者が何人か、花屋だかプレゼントの小物を売る店だか、何かの店から——見に行きたかったけれど、身がすくんだものでね——、私たちに向かって叫びはじめました。「奥さんたち、入ってください」。私が依然として怒りに満ちて柱にしがみついていて、言われたとおり反応しなかったので、若者が　人出てきて私の首に腕を回して背後から引っぱり上げたかと思うと、私はその店まで抱きかかえて連れて行かれたんです。ところが、機関銃の閃光がまた走って、その直後、私は脚に軽い衝撃を覚え、出血しだしました。爆弾の破片でした。もし脚に命中していたら、脚が吹っ飛ぶところでした。若者の一人がシャツを脱いで、それを引き裂いて私の膝上部分に包帯を施してくれました。痛みはまったく感じませんでした。出血だけを感じてたんですが、それも糸の引くようなものでした。娘が私の傍らにいたので、若者たちは娘に言いました。「お母さん怪我してるから、ここから救出しなければ」。

店の中には、子ども、若者、女性などが百人ほどもいて、みんな床に伏せていました。私たちも床に伏せました。身を守りながらそこにいること二時間——私なんてもう足が痺れていました——、チワワ棟の下にあるその店の裏から兵士が入ってきて、ライフル銃で私たちを威嚇しました。皆が、子どもや女性がいるから撃たないように、と懇願しました。すると、兵士たちは私たちを立たせて、全員を徹底的に調べました。その結果、そこにいた人間は誰も武器を所持していないことがわかりました。武器なんてひとつもありませんでした。兵士は私たちを店から出して、男女別に分けました。そのとき、私の娘がある伍長に言いました。

「母は怪我しているんです」

「担架を持ってこよう」

私は二人に言いました。「歩けるわ」

救急車まで歩いて行きました。

赤十字病院に着いたときには兵士なんていなかったんですが、十分後にはもう、病院を占拠していました。医師たちは憤慨していました。「兵士がここにいる理由などない！」って。兵士たちは人びとから供述を取り、勾留しはじめました。ドクターが、私にたっぷり包帯をしてくれた後、こう言いました。

「階段から逃げてください。あなたが何か供述する筋合いなんてありませんよ。それより、ここに居続けたら勾留されるかもしれません……明日にでも医者にみせて、傷の処置をしてもらうんです。今のところはそれでだいじょうぶですよ。傷口の消毒はしましたからね……」

その医者も他の同僚も、赤十字への軍人の侵入に憤慨していました……。病院を出て、娘と私は家へ戻りました。その後の数日間、新聞で、学生は武装していて軍の弾圧を挑発したと報道しているのを読んで、すごく頭にきました。学生が武器を所持していたなんて嘘ですよ。だって、百人程も共に避難していた店の中で、誰ひとり武器なんか持っていなかったんですから。

マティルデ・ロドリゲス（母親）

いったい、あそこで何してるんだ。無差別発砲しているじゃないか。

群衆の声

「出して、外へ出たいの！」
「突っ伏して。伏せてと言ってるんです！」

十月二日、トラテロルコでのレオナルド・フェマットの録音の一部

こんなことは、テレビ番組の「コンバット」で観ていたことですよ。現実に目にするなんて思ってもいませんでした。

マティルデ・ロドリゲス（母親）

救急車に六人が乗り込んでいました。私は乗せてもらえませんでした。背の高い医師に——そのときのことはくっきりと覚えています——私はこう言われました。「あなたは怪我してはいません。怪我人は大勢いて、しかも重傷ですから、その人たちに場所を譲ってあげてください！」でも、私は母を一人にする気は毛頭なかったので、赤十字の救急車の外で立ち尽くしていました。すると、べつの医師が来たので頼み込みました。

「どうか、お願いですから、母が連れて行かれる所まで付き添わせてください。後部のどこか隅っこのほうにでも座りますから……お願いです」私は泣きだしていました。「できるだけ場所はとりませんから」。

すると、医者は言いました。

「奥の方まで詰めて、そこで動かないでください。でも急いで。早く乗り込んでください。今すぐ……」

私は隅っこに跪きました。救急車には、被弾して指がぶらさがっている娘さんがいました。その人自身の話によると、電話をかけようとしたら兵士が発砲してきたそうです。担架のひとつに横たわっていたべつの若者は、ひどい呻き声をあげていました。私に鎮痛剤を求めてきましたが、私は看護婦でも何でもありませんから、手をとってあげただけでした。腹部に銃弾を受けていました。もう一人は、うつ伏せになっていました。背中を銃剣で切りつけられていて、もう瀕死の状態でした。母は脚の怪我にもかかわらず、落ち着いていることができました。そうやって私たちはトラテロルコを脱出したんです。

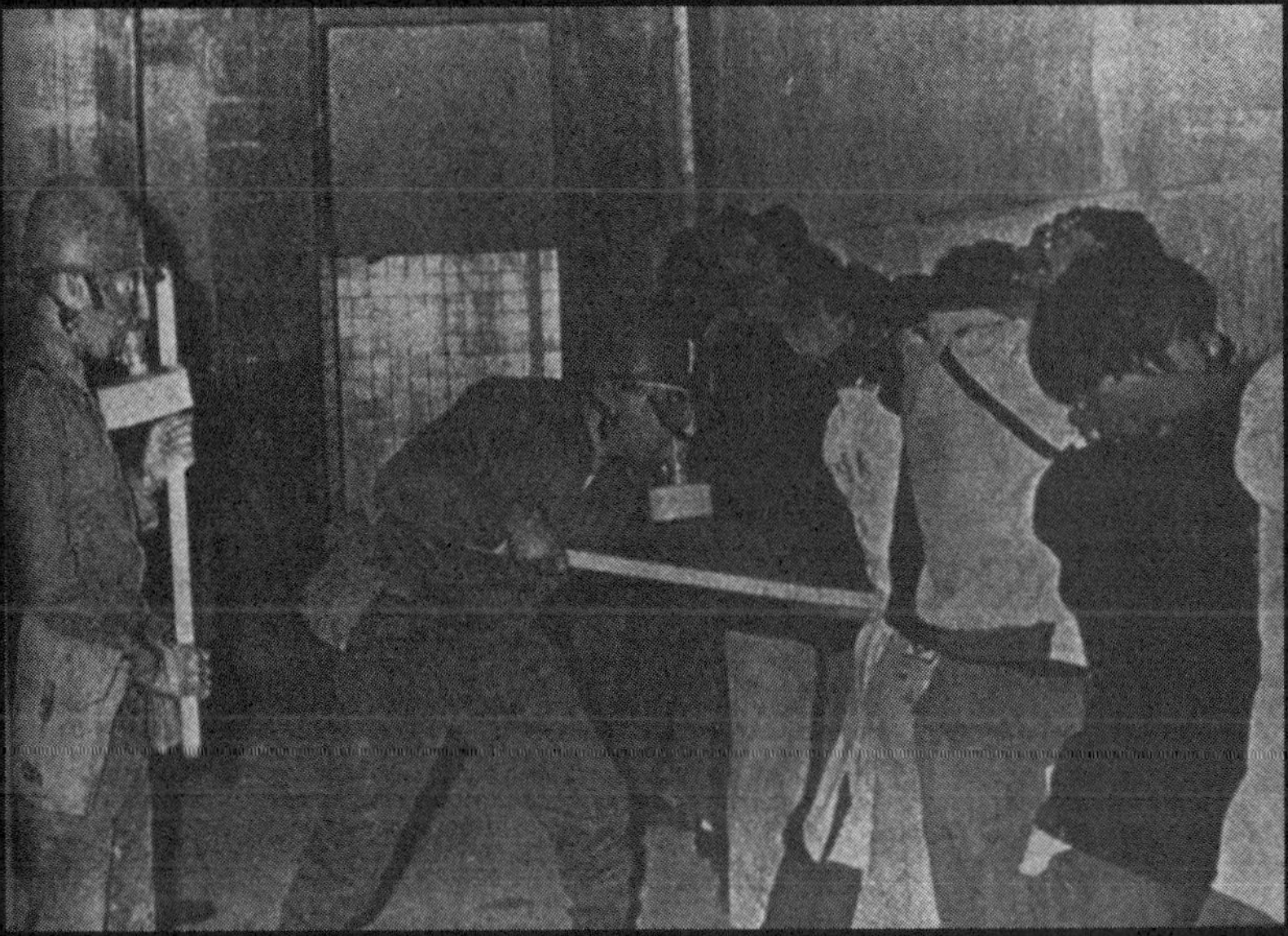

僕らは、口をきかないように、何があっても両手を下ろさないように、と釘を刺された。防毒マスクで武装した男たちにボディ・チェックをされ、びんたを喰らい、その後壁に押し付けられた。

こんなことは、テレビ番組の「コンバット」で観ていたことですよ。現実にまのあたりにするとは思いもしませんでした。

赤十字で母は素早く処置室に連れて行かれました。私は院内の様子を一部始終見ていました。片脚を負傷した兵士が担ぎ込まれましたが、受け入れてもらえませんでした。というか、たぶん、赤十字は軍の病院じゃないので兵士は他へ行きたがったのかもしれません。私は暫く外にいましたが、心配でたまらなくなって、母を捜しに処置室の中へ入って行きました。びっくりしたのは、どの小部屋でも——皆、扉が開いていて、カーテンは開けてありました。無駄にすべき時間はないのであって、人に見られることなんて誰も気に止めていませんでした——見えたかぎりの負傷者の、全員ではなくとも殆どがうつ伏せ状態にあって、背中、臀部、脚の裏側を負傷していました。ということは、どの人も後ろから銃撃されたということです。背中から。走って逃げようとしていて、そんなふうに狙われたんだと思います。私の母の傷だって、脚ですが、やはり裏側ですもの。

アナ＝マリア・ゴメス＝デルナ（母親）

三文化広場にあった犠牲者の遺体は、軍の妨害により、写真撮影が不可能だった。フォトジャーナリストらは、一枚でも写真を現像しようものならカメラを没収する、と脅迫されていた。

「昨夜、死傷者多数出る」

『ラ・プレンサ』紙、一九六八年十月三日付

赤十字の職員たちが到着して、ノックしたわ。

「怪我人はありませんか？　怪我人はどこですか？」と叫んだ。

メチェと私は、扉を開けて血まみれの白衣の男性を見たとき、いったいどうしたんだか――私は医者の妻で、自分自身、医学部で二年間学んだから、血を見るのには慣れているのよ――その瞬間、私たちはスカートにまつわりついている子どもたち四人といっしょになって泣き叫びだしたの。

「ここから出たいんです。出して、出して。あなたが出してくださるか、さもなければ私たち、バルコニーから身投げするしかないんです」

赤十字の人は私たちをなだめようとしたけど、どうにもならなかった。

「どうか、ここから出してください。ここから出してください……」

私たちがあまりに死に物狂いなのを見て、その人は私たちを連れ出してくれることになったのよ。

「わかりました。私にできることはあなたがたを兵士に引き渡すことですよ」

それを聞いて私たちの悲鳴は度を増した。子どもたちも大声をあげてたわ。

「兵士にですって、とんでもない！　一般人を殺しているのが兵士だっていうのに！」

「いや、兵士のところへ行くほうがいい。私といっしょに来てください」

大急ぎでスーツケースをひとつ取り出し、そこにパジャマばかりを詰め込んだ――これには後で気づいたんですけどね。このときまでにメチェの娘のひとり、セシに困ったことが始まっていた。突然、激しい蕁麻疹《じんましん》が出だしたのよ。銃撃が聞こえるたびに、あの子の蕁麻疹はひどくなった。みみず腫れのようになったの。あの子は泣きはしなかったけれど、もっぱら私の服にぴったり張りついて、べそをかいていた。私たちは階下へ降りた。一階は兵士でいっぱいだったわ。救急士が一団に近づいていって、そのうちの一人に言った。

「伍長さん、大佐に声をかけてください」

伍長が姿を消すと、その間に銃撃音が一発聞こえた。と同時に、兵士たちは私たちを壁へ押しつけて、人垣を作って覆い尽くした。私たちの傍には、CNHの募金缶を抱えた例の娘の他に、ごく若い女の子二人がいて、その子たちはそれ以降私たちにくっついて離れようとしなかった。銃撃が止んだとき大佐と思しき人物が来て、救急士がその人に言った。

「大佐殿、この婦人たちをここから出さねばなりません。でなければ、じき担架で運び出さなくてはならなくなりますから」

大佐はこう答えた。

「ヒステリー女たちなんか気にしててどうするんです？　……怪我人を救助しにいってください！」

大佐は悪態をついた。救急士が動こうとしないので怒鳴った。

「ヒステリー女の救出なんか止めて、負傷者を助けに行くんです！　私の言うことが聞こえないんですか？　……あなたがた、奥さん、自分のアパートへ戻りなさい！」

子ども四人が泣き出した。

「そう言われたっていやです。ここにいたらあなたに殺されるとしても、アパートには戻りません。だって、どうやって人が殺されているか見てたんですよ。血の海をご覧なさい、見てみなさいよ……」

私たちはまた大声をあげはじめた。子ども四人は泣き出して、しまいにはヒステリーの光景。想像できるでしょう。すると、大佐は言った。

「アパートに戻らせるのはあなたがたのためを思ってのことですよ。私の任務どおり機動隊員に引き渡せば、ボディ・チェックをされて刑務所に連行されるんですよ。それがわからないのですか？　それよりアパートに戻ったほうがいいですよ……」

「アパートには戻りません。ここで殺してくれたっていい。お好きなようにしてください。でもアパートには戻りませんから」

すると、幼いセシリアが私にこう言うの。あの子のおかげで私たち助かったんだと思うわよ。「マルガリータ、死んだ人たちはどこにいるの？　死んだ人は見たくない」そして、とてもかわいらしい声で続けた。「死んだ人、見たくないから、その傍を通るときはマルガリータ、私の顔を覆っていてくれる？」

何であんなこと言ったのか、自分でもわからないけど、

「銃弾じゃなかったのよ。花火だったの。花火の音、知ってるでしょう？」

すると、大佐は私たちに声をかけた。

「よろしい、来なさい。出してあげましょう」

兵士のひとりがスーツケースを持ち上げ、私たちは外へ出た。女三人、子ども四人、私たちにくっついた少女二人。大佐は私たちに付き添って広場を横断して、ノノアルコ通りで解放してくれた。通

りに着くと、そこにいたべつの兵士たちに言った。

「この人たちはここから脱出させる」

私たちが機動隊員に包囲されていた通りを横切ると、ひとりが叫んだ。

「どこへ行く？　戻りなさい……」

包囲の輪に閉じこめられたので、メチェが連中に言った。

「何が『戻りなさい』よ？　あっちでは追い出されるし、こっちでは戻れと言われる。それじゃあ、ここに留まるしかないじゃないの」

べつの隊員が告げた。

「兵士の連中がこいつらを解放したんだ」

機動隊の包囲が解かれ、私たちはそこを通過できた。家に着いたら夜の十一時頃だった。人類学校の生徒と教師たちが、仲間を捜そうと集まりはじめてた。すぐに分隊が結成されて、皆で姿の見えない仲間の名簿作りをした。長男はまだ帰宅してなかったわ。

マルガリータ・ノラスコ（人類学者）

赤十字の看護士たちが修道院の裏手で、負傷者のうち誰を搬出するか選別したり、負傷者を死者と別にしたりしていたわ――チワワ棟の前で活動していたから見てたのよ――。すると、ある瞬間、射撃が彼らにも命中して、私たちの面前で看護士の女性がひとり、そして男性のうちのひとりも倒れた。

その様子を私たちは見ていた。あれほど耐え難いものはなかったわ。赤十字の人たちの怒りも心頭に達していた。

メルセデス・オリベラ゠デバスケス（人類学者）

二十時十五分過ぎのレジェス゠ラソの報告によると、「アントニオ・ソロルサノと目される赤十字の救急士が銃弾を受け、重体で収容され、数時間後に赤十字病院において死亡した」。

「死者二十六名、負傷者七十一名。狙撃隊が軍隊に向かって発砲し、トレド将官負傷」『エル・エラルド』紙、一九六八年十月三日付

機動隊員の集団が救急車の出動を妨害したため、事件現場に派遣するのを二十一時四十五分に中止した、と赤十字病院も発表した。赤十字になされた説明は、機動隊員らは病院を守り、負傷者が逃亡するのを防ぐために配置された、というものだった。

医師、救援部隊長、救急士他、赤十字の人びとは、不正な侵攻であると同時に職務妨害であるとして抗議した。この事態は、赤十字は中立の団体であると謳っているジュネーブ協定に対する違反である、と彼らは主張した。

「武力衝突での死傷者暫定名簿」

『ノベダデス』紙、一九六八年十月三日付

赤十字は二十一時頃緊急業務を中断していたが、国防省参謀本部の指示によって、二十三時三十分、業務を再開し、トラテロルコ地区へ向けて救急車を何台も出動させた。

当局の説明によれば、赤十字の救出作業が中断された理由は、「救急治療室への部外者の立入り」を阻止し、当局が負傷者からの事情聴取を行うためであった。

「トラテロルコ地区で銃撃戦」
『エクセルシオル』紙、一九六八年十月三日付

救急車を。お願い、同業者でしょう、救急車を呼んで。

〔『レウロペオ』紙特派員〕オリアナ・ファラチが、『エクセルシオル』紙の記者、ミゲル＝アンヘル・マルティネス＝アヒスに向かって。「オリアナ・ファラチ、銃弾で負傷した有名記者」
『エクセルシオル』紙、一九六八年十月三日付

恋人と私は屋上まで、十階ほど階段を駆け上りました。息切れや疲れなんてちっとも感じた覚えがありません。人が階段でつまずくのを耳にはしましたけど。屋上に着いてみると、十四、五歳の少年

が私たちの前を使用人部屋のあいだを縫うように走っているのが目に入りました。その子は銃剣で突き刺されました。

エンリケタ・ゴンサレス＝セバージョス
（初等教育教員養成学校教員）

死体公示所で……検死によると犠牲者の大部分は……銃剣の刺し傷によって……一部は、至近距離からの火器発砲によって死亡したことが明らかとなった……警察医の目を引いた三つの事例があった。頭蓋骨に受けた銃剣の傷によって死亡した十三歳位の少年……二例目は、背中に銃剣の一撃を受けて死亡した老女……三例目は、左の脇腹に銃剣の傷のある若い女性。その傷は腋の下から臀部にまで及んでいた。

「犠牲者の身元確認、悲痛」
『エル・ウニベルサル』紙、一九六八年十月四日付

銃剣——侵略者の武器——それを我々の子どもたちに振るうよう命じたのは誰か？

八月二十七日のデモ行進で、第二ボカシオナルの垂幕

赤十字、緑十字、軍中央病院の救急車が、あちこちの通りから同時にトラテロルコ街区へ入って来

はじめた。それは二十時三十分過ぎのことだったわ。

信頼のおける情報提供者によれば、兵士は十人以上の集団を見れば漏らさず銃剣をかざしつづけている。

十九時頃のこと、学生がひとり、銃の殴打を受けて倒れ、銃剣でとどめを刺されたのを、AMEX（メキシコ通信）の記者が目撃した。それはアジェンデ通りとノノアルコ通りの十字路の一角でのことだった。

マルガリータ・ガルシア＝フローレス（UNAM広報部長）

軍が出動したのは、集会が終わりかけた頃、リーダーのひとりが群衆に向かって「ポリテクニコのサント・トマス・旧アシエンダ・キャンパスまで予定していたデモは中止するのが妥当と判断した」と呼びかけた直後のことだった。

フェリックス・フエンテス（記者）「万事、十八時三十分に始まった」『ラ・プレンサ』紙、一九六八年十月三日付

それは残酷な場面が数々見られた。そのひとつに、記者が団地の一棟の四階に立っていたとき目の当たりにしたものがある。男性がひとり、「幼い娘がベビーサークルの中にいるんです」と叫んで、アパートの内部へ走った。胸に凶弾を受けて倒れこむのが見えた。少し後、われわれは女児を無事救出

し、母親に手渡したが、母親は夢遊病者のようだった。凄惨な神経性ショックの犠牲者だった。

ホルヘ・アビレス＝R（編集員）「トフテロルコ、戦場と化す。数時間にわたるテロリストと兵士の激戦」『エル・ウニベルサル』紙、一九六八年十月三日付

「なぜ、叩くんですか。もう学生証を見せたのに」

「そうだ。だからこそ、おまえを叩くんだ、間抜け野郎」

正直に言って、恐怖を感じた。誰からもあんなふうに殴られたことはなかったから。兄さんに向かって叫んだけど、返事はなかった。その後、その兵士が——切れ長の目で白い肌の奴だった——武器はどこにあるのか、と僕に訊いた。武器なんて持ってない、と答えた。そいつともうひとりの兵士が首筋を摑んで、僕を壁の隅に押しやった。そこにはすでに捕まって所持品調べを受けている仲間が大勢いた。そこで例のブロンドの兵士が相棒に言った。

「連中のひとりでも歯向かったら、一発見舞ってやれ」

僕はおとなしく壁に寄りかかることにして、動いたってしようがないと思った。

イグナシオ・ガルバン（サン・カルロス美術学校生兼ラ・シウダデラ製陶工房研修生）

それまでになく私は彼を見つめた。青い血管の浮き出た蝋のようなとても白い手、二十一という実年齢より大人に見えるからと、「伸ばしといて、伸ばしといて」と言っては剃らないようにといつも頼んでいた山羊髭。窪みに沈んだ青い目（彼はいつも悲しそうな表情をたたえていた）。すぐ傍に生温かい彼の身体を感じた。二人とも雨でずぶ濡れだった。何度も雨の降った地面に伏せたから。それなのに、両肩に彼の腕の温かさを感じていた。そのとき、付き合いだしてから初めて、私は彼に「いいわ」と言った。兵士が解き放ってくれたら、一緒になるって。結局のところ、人間遅かれ早かれ死ぬのだもの。思い通り生きたいし、今なら喜んで言える、いいわ、ええ、そうよ、あなたを愛してる。あなたが望むことなら何でも、私もそうしたいわ。そうよ、そうよ。今や私こそそうしたい、そう……

マリア＝デルカルメン・ロドリゲス
（イベロアメリカ大学スペイン文学専攻）

弟のイグナシオが殴られだしたとき、僕を呼んでいるのが聞こえたから、兵士のひとりに訊いた。

「なぜ殴るんだ？　あいつも学生なんだ」

すると、兵士はこう言った。

「そう言われてもな。どうしろって言うんだ？　おまえが行って守ってやれよ……」

そう言われたときには呆れたよ。

「何で守ればいいんだ？」

「まあ、こっちへ来い！」

僕が入っていくと、兵士に摑まれた。ジャンパーのポケットにソビエトのサーカス一座のワッペンを持っていたから、それは何かと訊かれた。

「ソビエトのサーカス団のだ」

男はそれには何も答えず、尋問を続けた。

「じゃあな、ここの集会でおまえは何をしていたんだ？」

答えずにいたら、命令された。

「ひざまずけ」

一方の膝だけついた。

「違う。両膝をちゃんとつくんだ……両手を揚げろ」

そのとき思った。こいつは僕に許しを乞わせようとしているのか、それとも何なんだ。

「どこに蹴りを入れてほしい？　脇腹か？」

「やめてくれ。そんなとこ、やられたらたまらん……」

少なくともみぞおちを蹴られることくらいは予想していた。次に、背中に銃尾の殴打を食らった。僕は身をよじった。髪の毛を摑まれて立ち上がらされた。身体を折り曲げると髪を摑んでは起き上がらされ、腹、胸、背中、肩を銃尾でさんざん殴られた。すると殴打の強さ加減はもうどうでもよくなってきて、ひっきりなしに繰り返し殴られることのほうが怖くなった。罵声を浴びせられた。「そら、いくぞ。人殺し呼ばわりなんぞもうさせないからな」……連中のひとりで、そのうちの長と思しき男が、突っ立ったまま見ていた奴らに向かって命じた。

「ほら、何を待っているんだ？」

僕ら学生だけが殴られた。いちばんひどい仕打ちを受けたのは、ＵＮＡＭとポリの学生だった。記録を取られる際、僕らの鞄から宣伝ビラが見つかった。

「なんで、そんなもの持ってるんだ？」

「今しがた、渡されたんだ……」

「違うだろう。配り回ってるんだろう……」

「いやだ、いやだ、もう殴らないでくれ」と仲間が慈悲を乞うと、余計に殴られるだけだった。

全員が両手を揚げて並ばされ、そのうち長髪頭は分け隔てられた。ひとりがひざまずかされ、銃剣で髪の束をざっくりと切られた。弟のイグナシオも刈り込まれるだろうと思った。アーティストで長髪だから。僕らは他の連中の並ぶ列に加わるよう命じられた。

「あっちで御陀仏になるんだな、覚悟しとけ」

そして、ピニャタ(6)を割るかのように殴られたんだ。

カルロス・ガルバン（ＵＮＡＭ図書館経営学・古文書学専攻）

ＣＮＨが全員捕まった！

「別れのご挨拶だ」そう言って、彼らはピニャタ割りのごとく我々を叩きのめしだした。

我々は両手を上げて並ばされ、長髪の人間は隔離された。ひとりの若者が頭を押さえつけられ、銃剣でその髪をぶつ切りにされた。弟のイグナシオも芸術家で長髪だから、刈り込まれるだろうと僕は思った。

アンドレス・ペレス=ラミレス（ＩＰＮ機械・電気工学科）

奴らはあざ笑っていた。「学生なんだってな、おまえ？」僕は銃尾でものすごい一撃を食らって、気を失うかと思った。でもそのとき、僕の中にある反応が起こった。その場で倒れこんだら、もう二度と起き上がれないだろうと思ったからだ。「殺される」そう思うと、何かとても強い力が湧いてきて回復できたんだ。内心こう言っていた。「よし、こんなことで死んでたまるか」。僕が望んでいたのはただ、兄さんにひと目会って別れを告げることだった。死ぬ覚悟はできている。誰でもいつかは死ぬんだから。でもこんなふうに死ぬのはいやだ。「おまえにはな、着いたらすぐガソリンでその毛を丸焼きにしてやる」そう言われた。僕らは機動隊の小型バンに乗せられた。車中で軍曹が激怒して、僕や他の仲間に言っていた。

「何てこった、見たことか。今ごろ親や恋人と茶でも飲んでる代わりに、この騒ぎの中にいるんだからな……だが、おまえらの親に責任があるんだ。叱りつけるどころか、発破をかけてるんだからな。『そう、集会に行きなさい。そう、行けばいい。もちろん行きなさい』とな。悪いのは親だ。おまえらのリーダーがおまえらを助け出そうとしてみたところで、そんなことできるもんか……」

どこをどう通って連れて行かれたのか、わからなかった。軍曹はずっと喋り通しだった。いちばん頭にきていた理由は、「おまえたちのおかげで、もう二ヶ月間も兵営暮らしだ。こんな若僧のくせに」だった。話しているうちに興奮して、ついにはこう叫んだ。「これは序の口だからな、くそったれども。じきに第一キャンプで本格的な目にあわせてやるからな」。

長広舌をふるった。僕らに政府を倒すことができると思ったら大間違いで、彼らにも機関銃があるのだ、と。こうもまくし立てた。「俺たちがおまえらに何をしたって言うんだ？　何で俺たちを攻撃するんだ？　俺たちに向かって『殺人鬼！……』と叫びやがる。俺たちは政府に雇われている身だ。政府を守らねばならん。大学の事件のせいで、俺たちは日給を差し引かれたんだぞ」。それに、悪政だと思えば、自分たちだってこういう運動を先頭切って起こすところだ、とも言った。これは全部、バンの走行中に聞かされたことだ。だが、僕らはどこへ連れて行かれるのか知らなかった。三分間ほど停車した。すっかり暗くなっていて、まわりに見えるのは樹木ばかりだと気づいたのはそのときだった。降りろと言われるのだろうと思ったが、そんな気配もなかった。機動隊員があと二人乗り込んできてバンは走りだし、彼ら同士で話しはじめた。僕らは山積みに詰め込まれ、皆殴り倒されていた。手はつねにうなじに回していなければならなかった。そうして「四辻の闘牛場」[7]の近くにある軍第一キャンプに着いた。僕らは車から降りたくなかった。皆、糞尿をもらしていたんだ。押し出され降ろされた。一旦キャンプに入ると、ある中佐がこう言った。

「皆さん、手は下ろしてください。ここは紳士の集まる所ですから……」

イグナシオ・ガルバン（サンカルロス美術学校生）

双方に死者を出して嘆くという悲痛を避けるために、〔学生の〕親御さんに対し、わが子を制御するよう、呼びかけを行います。親御さんがたは我々の呼びかけをご理解くださると思っています。

国防相マルセリーノ・ガルシア＝バラガン将軍の言葉〔記者へスス・ロサノ〕「自由は君臨しつづける。国防相、状況を分析」『エクセルシオル』紙、一九六八年十月三日付

私たちは全員がグループに分かれて中へ通された――サンティアゴ・トラテロルコ教会の前のその一隅には五百人以上もいたと思う――。そして両手をうなじに置き、教会の正面まで歩くよう命じられた。そのときひとりの大佐から、私たち女性は雨傘を持っているのなら捨てるように、男性はベルトをはずすように促された。皆、言われた持ち物を差し出した。私たちはその場に長い間立ちっ放しにされた。一時間経ったとき、人びとは疲れはじめて、何人かは許可を乞わずに地面に座り込んだ。神の助けか、なかにピーナッツ売りが二人いて、同じように捕われていた。お腹がすいていたから、売り物を皆で食べ尽くしてしまった。夜の九時になっていて、雨がずいぶんと降ったあとだった。

人びとは声をかけ、お喋りを始めたわ。なぜこうなったのかとか、弾圧や〔政府との折衝の〕問題についてね。そして、私は外国人だと気づかれて、こう言われた。「あなたは必ずここから出してもらえますよ。でも私たちは勾留だ」。そして皆、私に自宅の電話番号を教えだして、受話器を取ったら「パブリートはだいじょうぶ……パコはだいじょうぶ……マリサはだいじょうぶ……ロサはだいじょうぶ……エドゥアルドはだいじょうぶ」とだけ言ってくれるようにと指示した。誰しも、多数の死者と大量の

負傷者がいることに気づいていた。搬出するのに時間がかかってたから。もっと後になって、午前三時頃だったわ、軍の医師が、その時点までで七十名以上の死者が出ていると言っているのを耳にした。そして、こう付け加えたわ。「……間違いなく、もっといる」。

クロード・キジュマン（『ル・モンド』紙特派員）

息子の遺体を他の人と同じように行方不明にはさせませんからね！　私に対してはそんなこと通用しません！　たとえ死んでしまっているとしても、たとえ死者の中に埋まっているとしても、私はあの子に会いたいんです！

エルビラ・B＝デコンチェイロ（母親）

今日午前二時前、チワワ棟の死者二名の家族が、遺体の引渡しを要求していた救急車に対して、これを拒絶した。

ラウル・トレス＝ドゥケ、マリオ・ムンギーア、アンヘル・マドリー、ルイス・マジェン、ホセ＝R・モリーナ、シルビアーノ・セデーニョ＝R「三文化広場で流血の銃撃戦」『オバシオネス』紙、一九六八年十月三日付クエック、つまりレオバルド・ロペス＝アレチェ――奴の死は無念すぎる――と僕は、サンティアゴ教会の東側に抑留されていた。そこに朝の五時までいた後、サンタ・マルタ・アカティトラ〔刑務所〕の第四号室に連れて行かれた……十月三日の午後六時、係官が数名、逮捕者の身元確認にやってきた。八時にはもう、軍第一キャンプに着いていた。そこに三日間音信不通でいた。僕は完全にひとりにされたが、それをありがたいと思った。人としゃべるのは苦手なんだ。ひとりでいるほうがいい。ものごとを考えるから。孤独でおかしくなる人間もいるけど、僕はおかしくなるほど長くはひとりでいたことはない……軍第一キャンプに来て十三日後、こんどはレクンベリのH房に入った。

ラウル・アルバレス＝ガリン（CNH）

サンタ・マルタ・アカティトラの所長が、もうこれ以上囚人を送り込まないように、もう収容しきれない、どこに入れればいいのか……と言ったと聞いたよ。学生七百人がここへ連れて来られたから、もう収容する場所もなかった。十月二日の四、五日前、第四号室が空にされた。ということは「埋葬広場」での弾圧は、計画的に秘密裡に準備されていたんだ……それにもかかわらず、それだけ大勢の若者に見合う監獄を用意していなかったということだ！

デメトリオ・バジェホ

（サンタ・マルタ・アカティトラ刑務所囚）

死者は誰も知らないどこかへ連れ去られた
市内の刑務所は学生で満杯となった

ホセ＝カルロス・ベセラ（詩集『石の鏡』より）

それまで〔父が〕泣くのを見たことはありませんでした。突然老け込んだ顔に愕然としました。血のような真っ赤な目――血が目にのぼったんです――、目の下のたるみ、紫色の目の隈。まだ火薬の強く匂う今朝方〔見た父の顔〕……私にそうと気づかれないように、というか泣いてたまるかと堪えながらも、一晩中泣いていたのだと思います……喉を詰まらせてむせび泣いているのをしっかり耳にしたんです。でも慎みと羞恥から、誰か他の人の嗚咽だと思うことにしました……午前五時でした。鏡のような水溜りが見えました。今や兵士は私たちを敬遠しているようでした。私たちの姿が見えないかのような振りをして前を通りすぎていきました。朝〔の空気と景色〕は、十月はいつもそうであるように、洗われてくっきりして見えました。私は父を見つめなおしました。もうずいぶん深くなった皺の間を大粒の涙が流れていました。「落ち着いて、父さん。泣かないで、落ち着いて」。

エルバ・スアレス＝ソラナ（UNAM政治学専攻）

いやよ、あんな体験の後ではどんなインタビューにも絶対応じたくないわ。銃撃されて、時計を奪われて、チワワ棟の床で出血したまま放置され、自国の大使館に電話をかける権利も拒否された……

イタリア代表はオリンピック大会の出場を辞退してほしいわ。最低そのくらいはしてもいいはずよ。私の事件は国会で取り上げられて、世界中がメキシコで起こっていること、この国を支配する民主主義がどんなものかということを知ることになるわ、全世界がね。何て野蛮なの！　私はベトナムにも行ってたから、はっきり言える。ベトナムでは銃撃、爆撃の間（ベトナムでも爆撃する地点は信号弾で知らされる）バリケードも避難所も、塹壕も穴も何でもあって、走っていって身を守ることができるのよ。でもここでは、避難の可能性なんてこれっぽっちもない。その逆だわ。私は地面にうつ伏せで放り出されていたから、爆弾の破片から身を守ろうとしてバッグで頭を覆うつもりだった。するとそのとき、警官が私の頭から数センチの所に銃身を差し向けた。「動くな」。私は周囲で地面に銃弾が突き刺さるのを目にしていた。警察が学生や若者の髪を摑んで逮捕している様子も見ていた。多くの怪我人と大量の血を見たあげく、私自身撃たれて、血の海に四十五分間も放置されていた。私の傍にいた学生が繰り返し言ってたわ。「勇気を出して、オリアナ。がんばるんだ」。「私の国の大使館に知らせてください。大使館に知らせてください」という要請を警察はまったく相手にしてくれなかった。皆、拒否したわ。でもとうとうひとりの女性が「私が報せるわ」と言ってくれた。

今日、飛行機で発つ姉に電話をかけたわ。ロンドン、パリ、ニューヨーク、ローマにもかけた。今朝、エックス線撮影に連れて行かれたとき、何人かの記者に、トラテロルコで何をしてたのかと訊かれた。何をしてたかですって？　仕事に決まってるじゃない。私はプロの記者よ。CNHのリーダーたちと接触したわ。〔学生〕運動は今、あなたがたの国で起こっているいちばん興味深いことですもの。

学生たちが金曜日に私のホテルに電話してきて、十月二日水曜日の午後五時に三文化広場で大集会があると言ったの。その広場は行ったことがなかったし、考古学上の重要地点だということは知ってたから、一石二鳥だと思ったの。だから出かけた。メキシコに着いたときから、警察の弾圧に対する学生闘争に関心があったの。国内の新聞報道にも驚いたわ。この国の新聞は何てひどいの！　小心で憤慨する力もない！　オリンピックも何もあったものですか！　この病院で安静が解けたら、すぐに出国するわ。

オリアナ・ファラチ
（『レウロペオ』紙特派員、フランス病院の病室にて）

武力衝突が始まって数分後、ニュース配信テープが事件に関して全世界に向けて外電を送りはじめた。その結果、わが国にとって取り返しのつかない、計り知れない害がもたらされた。

「死者二十六名、負傷者七十一名。狙撃隊が軍隊に向かって発砲し、トレド将官負傷」『エル・エラルド』紙、一九六八年十月三日付

さらに一時間経った。団地棟の明かりは消えていて、窓辺には人っ子ひとり見えなかった。そう、ひとりだけ、奇妙にも五階で窓ガラスを磨いている女性がいた。後になって、多くのアパートが、暗

闇の中で床に伏せて避難している人で溢れていたと知った。広場にいた私たちの目前で、次々と逮捕者、それもとくに若者が両手をうなじに回し兵士に押されながら通って行った。兵士たちは彼らの腰を銃尾で殴りつけていた。若者のなかには服を脱がされている者がいて、団地棟の屋根テラスに全裸で抑留された。三文化広場は一帯が怪我人と死者で覆い尽くされていた。そのなかには子どももかなりいた。私はもうほとんど怖くはなかった。そんなふうに死ぬのはばかげていると思うだけだった。その場でそう語り合っていた者は多かった。

クロード・キジュマン（『ル・モンド』紙特派員）

壁に向かって若者が男も女も裸にされた。そして、そのまま警察の護送車と機動隊の小型バンに乗せられ、軍第一キャンプに連行された。

ロドリゴ・ナルバエス＝ロペス（UNAM建築学部生）

できることなら、そいつを殺してやりたかった。少なくとも機関銃の引き金に置いている指を切り落としてやりたかった。機関銃の掃射音が頭にこびりついてしまった。その後何日間も、街中を歩いていて耳に聞こえてくるのは、機関銃の掃射音ばかりだった。

ハイメ・メルカード＝リベラ（UNAM口腔外科専攻）

サンティアゴ・トラテロルコ教会の後ろで
和合の三十年に加えてさらなる
和合の三十年
さらに、大量の鋼とセメント
それもこれも、幻影の国の祭典のため
そのうえ、あらゆる演説も
機関銃の口から出た

ホセ=カルロス・ベセラ

私たちはそうしてそこに座り込んで待つことになった。そして夜の十時に銃撃が再開したけれど、いったいどこから飛んでくるのかわからなかった。教会の裏手から発砲しているような気がした。十一月二十日通りか九月十六日通りかよくわからないけれど、もっと遠くの建物からも。私たちはその場に全員野ざらしだった。そのとき、もう一度パニックが起こった。なぜなら、それまでいた教会の角より正面のほうがずっと容易に弾が飛んできやすかったから。女性たちが恐れおののいて、大声をあげて扉を叩き、教会の中に避難できるよう開けてほしいと懇願しはじめた。「教会の扉を開けてください。私たち、殺されます。怪我させられます……開けてください……私たちだってメキシコ人です」。扉は決して開かなかった。私もとても怖かった。だって、軍は一般の人びとに発砲していたので、私たちに対して撃ってこないわけはないと思ったから。狙撃手のことがもっぱら話題になっていた。たぶん、実際にいたんだろうけど、窓から発砲しているような人間は見かけなかったし、トラテロルコにはゲリラの中核がいると思わせるような集団も目にしなかった。でもとにかく、いろんな方向に銃撃していたから、私たちは怪我をする可能性が十分にあった。警察と軍の前で難なく行き交っている白手袋の若者たちを私、見たわ。

何千人もの人がいた。八千か一万人もいたかもしれない。数字をあげることはできないけど、周りでピストルを捨てようとしたりする人なんて見かけなかったわ。もし持ってたとしてもね。たぶん、団地棟には攻撃されたとき銃かピストルを持ち出した人がいたかもしれない。それはあり得るわ。泥棒に入られたり襲われたりしたら誰でも同じことをするでしょう？　でも、トラテロルコの団地棟の内部には本格的に武装した人はいなかった。あれほど大勢の兵士が死亡したのは、軍関係者が挙行した作戦自体に原因があるわ。総勢が互いに銃撃しあうようにさせた、巻き込み戦術のことよ。

この二度目の銃撃戦は夜の十一時頃まで続いた。私たちは午前三時近くまで、教会の正面に居つづけた。そのとき、私たちはもう一度両手を首に回すよう命じられ、教会の横にある古い修道院の中へ連れて行かれた。私たちはそこに動物のように押し込まれた。人びとは、全員が逮捕されるだろうけれど、私は外国人だから脱出できるだろうと言いつづけていた。見回りにやって来た軍の医師に私は言った。

「私はここに偶然いるにすぎません。このすぐ傍にある鉄道員組合会館へ影絵を見に行くところだったんです。そこで家族と落ち合うことになっていたんです。ご面倒ですが、家族が心配しないように私の自宅に〔ここにいることを〕知らせてくださいませんか？」

私はその人に、自分は新聞記者で、私のような人間に一部始終を目撃されるのは望ましくないだろうと思うとも言った。フランス大使館に電話をしてほしいとも頼んだら、大使館に知らせる必要はないけれど、家族には電話をしておくという返事がかえってきた――それはたしかに果たしてくれた、言っとくべきよね――。だって、その人のとり計らいのおかげで、私は朝の七時にトラテロルコを出ることができたんだと思ってるから。

出るとき、教会の反対側を通った。そこにはまだかなりたくさんの人がいたわ。でも、池というか、貯水槽の近くで、もっとたくさんの逮捕者の姿を見た。軍医が先導してくれていた。その頃になってもまだ、時々少しだけれど至る所で銃声が聞こえていた。ノノアルコ通りには戦車が詰めかけていた。でも、その他の通りではまったくいつもと変わらない車の流れに見えた。三文化広場とその付近は真っ暗だったので、通りがかりの人は、五千人、一万人もの人間が押し込められているとはきっと思いも寄らなかったにちがいないわ。友人がひとり、集会に出かけていた誰かを捜しに外務省に来たの。すると彼は、もう誰もいないし、皆帰宅した後だと言われて、事態にはまったく気づかなかった。

軍用車に乗り込んだとき、何もかも普段の生活に戻っていくのが信じ難く思えた。まるでトラテロルコの一件など起こりもしなかったようだった。運転手に行く先を尋ねられた。車の横には通行人がいて、こちらを見向きもしなかった。車のクラクション、タクシー、自転車をこぐ人、すべては何ごともなかったかのように街に溢れていた。

クロード・キジュマン（『ル・モンド』紙特派員）

いつも通りの状態、外の生活の平静さが、私にとっては平手打ちだった。

エルビラ・B＝デコンチェイロ（母親）

トラテロルコを出ると、何もかも恐ろしいほど、人をばかにしたような、普段そのものだった。何ごとも平穏のまま過ぎていっているなど、考えられないことだった。それにもかかわらず、日常生活は何もなかったかのように続いたのよ。何せこの国の人間はあまりに無気力でだらしないものだから。私たちはタクシーの中にいた。国立芸術院の前まで来たとき、トロリーバスが一台炎上していて、何かあるといつもできる野次馬の人だかりが見えた。すると、私は一種のヒステリー発作のようなものに襲われて、叫びだした。「トラテロルコで人が大量殺戮されてるのよ！」とか何とか。タクシーの運転手はびっくりして発進し、またそんなことをしたら次の角で降りてもらう、と私たちに警告した。

マルガリータ・ノラスコ（人類学者）

その子たちを家に送り届ける途中、車に乗ってて、マルガリータが赤信号で停車中に新聞売りの人を見つけた。窓からその人のシャツを摑んで訊いたの。

「トラテロルコで起こっている虐殺について新聞に何か書いてある？」

「いや、何にも。書きゃあしませんよ。そんなこと、新聞に載せると思うんですかい？」

「それじゃあ、会う人みんなにあなたが言ってまわるべきよ……」

そして窓から頭を出して、叫びはじめた。「人が大量に殺されてます……恥ずべき殺人行為です！」これをタクーバ通りとサン・フアン・デ・レトラン通りの交差点で叫んだのよ。新聞売りの後方に、兵士が四、五人いて、角で炎上しているトロリーバスを包囲していたのに気づいていなかった……無駄な抵抗でしょう？　でも、そうせずにはいられないことってあるでしょう。マルガリータを制止することはできなかった。彼女の気持ちはよくわかるわ。だって、私は自分の子どもたちをすでに手元に取り戻していたけど、彼女はそうじゃなかったんですもの。


メルセデス・オリベラ＝デバスケス（人類学者）

僕は家に帰って、落ち着いて考えてみた。明日になれば、民衆が武装蜂起するぞ！　明日になって知れ渡れば、革命が始まるんだ！　だけど、何ごともそのままで誰も行動を起こさないのを見たとき、それまで味わったことのないほど深いショックを受けた。

エンリケ・バルガス（IPN化学工業・鉱業学科生）

これから何が起こるんだ？　教えてくれよ。何が起こるんだ？

エウロヒオ・カスティージョ＝ナルバエス
（第一ボカシオナル生）

三文化広場で起こった不可解なできごとに説明を求めるとすれば、それはまさに支配階級が権力を維持するための必要性にあったと言える。しかし、トラテロルコ事件についての論理的な解釈を披瀝してみても、突発した非理性的世界を矮小化することはできない。何も起こりはしなかった、責任はどこにもないし、あるはずもない、と主張しようとする願望が、虐殺行為よりもひどい、筋の通らない形で湧き上がっている。

カルロス・モンシバイス「前後賞と残念賞」『メキシコの文化』第四五三号、『シエンプレ！』一九七〇年十月十四日号の付録

後になって、エメリーは、軍が広場に侵攻してきたとき自分もそこにいたのだと僕に言った。ごく近くから発砲され、猛烈な一斉射撃を何度も浴びたそうだ。だが、一跳びでひとりの若者の死骸の傍に倒れ込んだんだ。発砲されつづけたけれど、弾は皆、死骸に当たっていた。

ラウル・アルバレス＝ガリン（CNH）
『一九六八年の日々と囚われの歳月』より引用

私は家の扉を開けた。
「カルリートスは？」
「まだなのよ。何もわからないの」
その瞬間、人生で最悪の夜が始まった。

マルガリータ・ノラスコ（人類学者）

棟の演壇では、混乱がじきに絶望に変わった。そのときには何もかも明らかだった。あれは偽装攻撃だったんだ。オリンピア部隊は武器を僕らに向けてきた。そして、下の広場で逃げ惑っていた群衆に大量の砲火を浴びせた。小銃や機関銃の音は、群衆と我々自身の絶叫に混ざって、耳を聾するほどになった。

「上だ！　上だ！」弁士が演説を打っていた、あのチワワ棟四階の広いテラスで、出口を探して走りながら、僕を含めて何人かが叫んだ。

ついに、あるアパートの一室が、わずか数名にとっての仮の避難所となった。僕らより運の悪かった他の連中は、もうすでに凶弾のもとに倒れてしまったか、今にもそうなるところだった。軍はあらゆる方向に射撃していた。アパートの中では、立って歩くことはとてもできなかった。銃弾が窓ガラスとカーテンをぶち抜いて壁に突き刺さっていた。漆喰や他のいろんな物体の破片があちこちに降ってきて、身体に当たった。

チワワ棟六階のそのアパートで、僕は警官に逮捕された。

パブロ・ゴメス（UNAM経済学専攻）

トラテロルコの団地棟のうち、コンスタンティーノ通りに面している建物の十一階で、男性の死体を見た。頭を撃たれて死んでいた……通報しようと思って走って下へ降りたら、路上で若い女性に出会った。名前はヘオルヒナ・エンリケスだと言った。泣いていた。まったくの物見遊山でトラテロルコに行ったところ、左足を撃たれてしまった。「好奇心につられて」だったそうだ。電話をかけることができたんだろう。家族が迎えに来て、車で連れてったから。大急ぎでね……トラテロルコにいた人びとは皆、兵士に捕まらないように、家族、親戚と連絡をとろうとしていた……そのとき通報するのが怖くなった。その男性はもう完全に死んでいた。

マヌエル・パチェコ＝イノホサ（UNAM哲文学部生）

目の前の壁に血痕があった。大量で、まだ滴っていた。手をやって、その上に置いてみた。手を引っ込めようとしたら、粘り気を感じた。ネバネバだった。するとそのとき、なぜだかわからないけど、吐き気を催した。

ソフィア・ベルムデス＝カルビージョ

（UNAM商・経営学部生）

誰がこんなことを命じたんだ？　誰がこんなこと命じることができたんだ？　これは犯罪だ。

射撃地点でのファン・イバロラによる録音テープの声

銃尾で殴られるのはまだがまんできる。辛抱できないのは、唾を吐きかけられることだ。

マウリシオ・サビーネス＝カンダノ（第一ボカシオナル生）

壁に向かえ、バカヤロウども。さあ、今から革命とやらを味わわせてやる！

CNHのメンバーに対する「白手袋」の罵声

振り向くな、でないと頭をぶっ飛ばすぞ！　振り向くな！　顔を壁に向けろ！

CNHのルイス・ゴンサレス＝デアルバに対する「白手袋」の怒声

地面に伏せて。伏せてと言ってるんです！

ファン・イバロラの録音テープより

外務省のビルには弾痕がたくさんあります。職務室は完全に空になったわけではありませんでした。

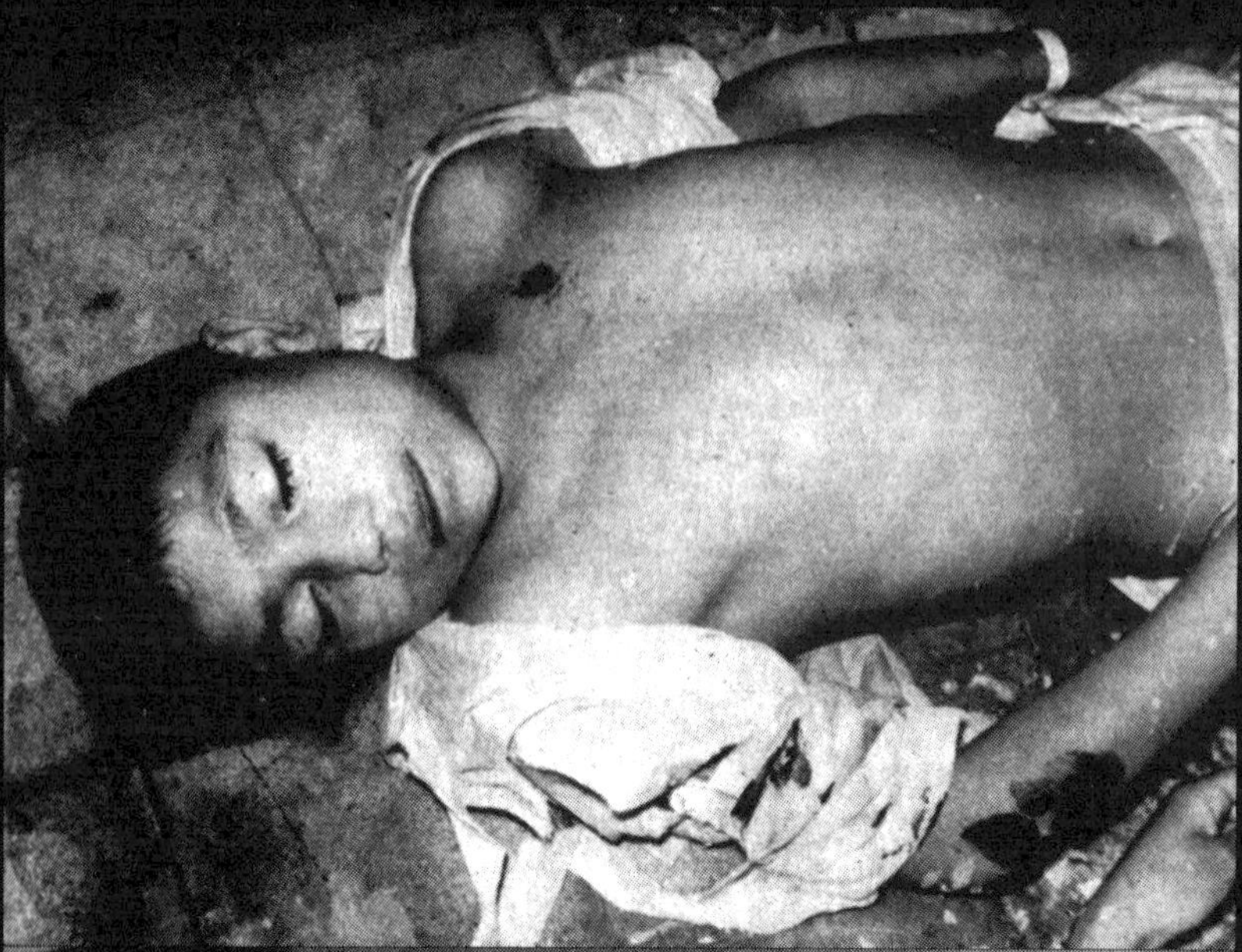

誰がこんなことを命じたのか？　こんなことを命じることができたのは誰なのか？
これこそが重罪である。

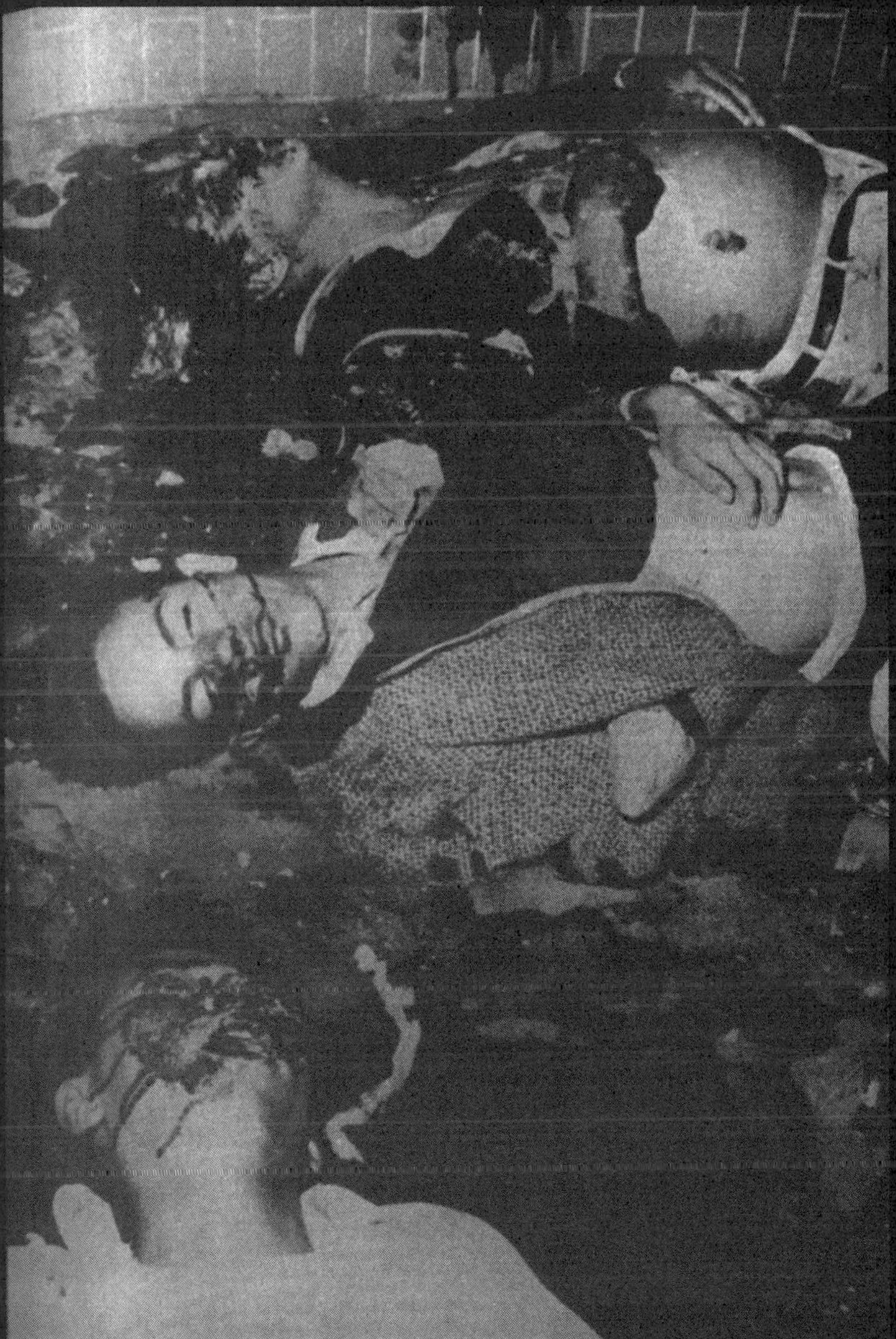

夜間勤務の職員が数名、警官や兵士に助けられてビルから出られただけでした。

唯一とれた警戒態勢は、ビル内の電気を消すことくらいでした。避難できなかった職員は、窓際から遠ざかってじっとうずくまっていました。電話に応答するときには床を這っていきました。外務省のオートバイ急使であるマヌエル・ランディンは銃弾で負傷しました。

アドルフォ・アラニス（外務省職員）よりメキシコ通信社への情報提供

トラテロルコのチワワ棟六一五号室から、頭部に銃弾を受けて死亡した十五歳の少年が搬出されました。

アグスティーナ・ロマン＝デファルコン（ノノアルコ‐トラテロルコ団地の住民）

「起きて、奥さん……」

その女性は力を振り絞ったが、だめだった。

「半身不随なんですか？」僕は訊いた。

「いいえ、とんでもない。脚がどうなったのか、わからないけど、動かせないんです」

「立ち上がれるように手を貸しますよ……」

「あっ痛！　せっかくですけど、やっぱりけっこうです……最悪の気分なんです。身なりはむちゃくちゃだし、ほら、スカートなんかこんなになっちゃって……見ないでね……」

「ご心配なく、見ませんよ……そんなこと何でもありませんよ。それより、ここに居残るわけにはいきませんよ……がんばってみてください。僕、見ませんから……」

老婦人は膝をつこう、脚を伸ばそうとした……そのとき、見えたんです。膝の上まで血まみれだった。

「奥さん、榴霰弾《りゅうさんだん》による怪我を両脚に負ってるんですよ！　担架の人を探してきます！　怪我人に担架をお願いします！」

そのときになってはじめて、その人は泣きだした。六十歳を越えていたと思う。

リカルド・エステベス＝テハダ（UNAM医学部生）

私は第四歩兵隊員で、階級は第二軍曹です。ラモン・アリエタ＝ビスカラ大佐の指揮下におります。十九時ごろ、軍のバスに乗り込むよう命ぜられ、トラテロルコ団地に出動してきました。現地に到着すると、バスを降りて団地敷地内に入って行きましたが、どこから入ったのか覚えていません。歩いて前進していたとき、火器の発砲音を何度も耳にしました。どれも複数の棟の高い所から発していて、私や部隊のほかの隊員に向かってきましたから、仲間とともにジグザグで進もうとしました。でも、走っていたとき、携えていた銃の弾が一発暴発してしまい、私は右足を負傷しました。その後、私は救急車に乗せられ、軍中央病院に運ばれました……以上のことはすべて、調査局にある供述書の第五四八三二／六八号に記載されています。

ヘスス＝マリーノ・バウティスタ＝ゴンサレス
（軍キャンプ在住の第四歩兵隊第二軍曹）

その女性は、胸の裂けんばかりにむせび泣いていていた。

カルロス・レムス＝エリソンド（靴店「カナダ」従業員）

学生が商店やチワワ棟の放棄されたアパートを略奪した、などと人が言っているのを聞くと、とても腹が立ちます。強奪に及んだのは学生たちではありません。それに対して、白手袋の警官やら兵士の一部は、まさにショーウィンドウを壊して、持っていた袋を満杯にしていったんです。保証できますよ。私、見たんですから。

アンヘリーナ・ロドリゲス＝デカルデナス（母親）

アルベルトは友だちのエミリオと集会に出かけました。広場の隅にいて、弁士の演説を聴いたり、集まった人びとに見入ったりしていました。自転車を乗り回したり追いかけっこをしている子どもたちもいました。きっと団地に住んでいる子どもたちでしょう。弁士のことなど眼中にないようでした。楽しい遊びを中断するだけの十分な理由ではなかったのでしょうね。アルベルトとエミリオは早くに着きました。音響機器がもう準備されているのに気づきました。いつものように「聞こえますか。一、二、三、テスト中、テスト中……聞こえますか。一、二、三、テスト中、テスト中……」と、マイクを試していたからです。しばらくして退屈してきたので、「もう帰ったほうがいいな」とさえ思ったんです。すると突然、銃撃戦が始まって、デモ参加者は皆、地面に突っ伏しました。エミリオはアルベルトの上に折り重なりました。二人はそんなふうに身を投げ出しました。銃撃音が止んだとき、アルベルトは親友に言いました。「立て、行こう。おまえ、重いぞ。立てよ。エミリオ、行こうぜ！」アルベルトは上体を起こしました。すると、エミリオの身体が地面に転がりました。死んでたんです。アルベルトは政治には無関心でした。でも今は、ショックが大きくて、友人の被弾とトラテロルコでの多くの死に対する憤慨に突き動かされて、これからは政治に参加し、行動を起こし、抗議したいと言っています。

ガブリエラ・シルバ＝デゲレロ（母親）

雨でびしょ濡れになったプラカードや垂幕の下に、二つの遺体がありました。

ロサリオ・アセベド（UNAM心理学専攻生）

このたびの犠牲者たちがきちんと治療を受け、家に帰され、釈放によって謝罪されますように。

マリア＝ルイサ・メンドサ（作家・ジャーナリスト、ノノアル

コ‐トラテロルコ団地クアウテモック棟住民）

……聞いた？　人が姿をのぞかせる窓という窓に向かって兵士は発砲したのよ……だから、マルガリータがカルリートスを捜そうと顔をのぞかせるたびに、アパートの窓に向かって銃撃掃射が起こった……後になって、銀色に近い赤毛の髪に黒っぽいスカーフをまとったから、少しは安心してのぞけるようになったけど。

メルセデス・オリベラ＝デバスケス（人類学者）

トラテロルコ住民の多くが救助隊を作ろうとしました。でも身の安全が確保できず、行動を起こしても一時的にすぎませんでした……まだときどき銃声が繰り返し聞こえていました。

セシリア・カラスコ＝デルナ（トラテロルコ住民）

早朝、第三分署にさらに四遺体が運び込まれ、同署に収容された遺体の総数は十四から十八に増えた。身元が判明しているのは現在までのところ、レオナルド・ペレス＝ゴンサレス（公教育省職員）、コルネリオ・カバジェロ＝ガルドゥーニョ（UNAM付属第九プレパラトリア生）、ヒルベルト・オルティス＝レイノソ（IPN化学工業・鉱業学科生）、ルイス・コントレラス＝ペレス、ホセ＝イグナシオ・カバジェロ＝ゴンサレス、アナ＝マリア・レジェス＝トゥチェー。加えて、銃弾で負傷した十三、

戦車は何日もトラテロルコに残留した……それは戦場の光景だった……

その一方、死傷者を捜す夥しい人があちこちに見受けられた。第3分署でのみ、30の遺体が公開されたが、市内の各種病院にはもっと多くが収容されていた。

四歳の少年も、チワワ棟六一五号室から搬出され運び込まれた。ルベン・レニェロ病院では、四名の死者が収容されているとのことで、そのうちの一名は病院の前に車から放り投げられたものであった。

『オバシオネス』紙、一九六八年十月三日付

ノノアルコ‐トラテロルコの武装事件で、大小さまざまな口径の弾丸が一万五千発ほど撃たれた。

ある警官の証言

それまでの時と違って、デモ参加者が投げていた数百の火炎ビンが優れたものだったことは確かだ。

べつの警官の証言

この事件が片付けば、もう軍を脱退しますよ。この件は、両方の側にとってますますひどくなっている。軍が大学都市を占拠してからというもの、問題は著しく深刻化しました。この先どうなることやら。

パラシュート部隊の中尉

事態はじつに複雑です。指令では射撃に対抗するのみということですから、四方八方に発砲するわ

けにはいきません。ここに来たときからずっと、われわれは大型武器で銃撃されつづけています……生きていくのは大変だ。おわかりでしょう。食べるためには稼がなきゃなりません。残念ながら指令に服さねばならんのです。後退すれば、自分の仲間に誤って銃殺されてしまうんですから。

第十九歩兵隊軍曹

ここでは動くだけで銃撃される。狙撃手が配備されている。通行を許可されるかどうかわからないが、民間の救急車団が送り込まれる必要がある。救急車たることを示すためにサイレンをけたたましく鳴らして、急行してもらわねばならない。

ミゲル＝アンヘル・マルティネス＝アヒス（記者）「チワワ棟、午後六時」『エクセルシオル』紙、一九六八年十月三日付

機関銃で武装した兵士が動くものすべてに発砲するんです。とくに、付近の建物の窓辺で動くものにはことごとく。兵士の特務班が私たちの手から、腕に怪我を負っていた六十がらみの男性をもぎ取りました。どこへだか連れて行ってしまいました。これにはとても腹が立ちましたよ。

ロレンソ・カルデロン、アルフォンソ・ガルシア＝メンデス、ビセンテ・オロスコ（ノノアルコ－トラテロルコ団地の住民）

落ち着いた語り口の通告だった。「同志諸君に伝える。計画されていたデモは中止された。繰り返して言う。カスコ〔IPNサント・トマス・旧アシエンダ・キャンパス〕へのデモは行わない。中止された。数分のうちに全員解散とする。理由はカスコへの行進は行わないことにしたからである」。群衆は緊張の中にも落ち着いていて、自然に湧き起こった同意と支持を表す叫び声や口笛で応えた。ところが突然、機関銃の閃光と殺意に満ちた銃剣の出現で、それらの声は凍りついたんだ。

軍事行動のことなど、僕らは話題にしたこともなかった。僕らが問題にしていたのは、いつも別のことだった。闘争が全国的性格を帯びてきたとき、僕らは旗をかざして一度ならずソカロになだれ込み、政治的自由、弾圧の中止、実質的なストライキ権、政治犯の釈放といったことを要求した。僕らは団結していたし、もっともなことを主張していたんだ。

回答は肯定的なはずがなかった。しかしそれにしても、要求事項の解決と殺人を厭わぬ弾圧との間で、政府は後者を選んだんだ。

パブロ・ゴメス（UNAM経済学専攻）

第三分署は警官で包囲されていた。中へは入れない。でも夫は近づいていって、彼らの同僚にあたる、ある人物について尋ねたの。ISSSTEの彼の患者の中に、その分署の職員がいたことを思い出したから。その人が呼ばれて、夫に気づいたから、夫はその人にわけを話した。息子がトラテロルコ映画館に行ったきり消息が途絶えているので私たち夫婦は気が気でないこと、分署には死体が収容されていると聞いているので見せてもらいたいこと。

「じゃあ、お通しできるかどうか、上司に聞いてきます」

少しして姿を現し、言った。

「それではどうぞ、お入りください。どうぞ……」

私が動転して泣いているのを見て、その警官は言葉を継いだ。

「いや、ドクター、あなたがおひとりでお入りください。あなたなら慣れておられますから」

夫は蒼くなって戻ってきた。

「どうしたの？　あの子はいた？」

「いや、いなかった……」

「よく見た？」私は言った。

「何を言うか！　決まってるじゃないか。さあ、行こう！」

外に出ると、夫は私たちに、床に転がっている遺体を数えたら二十二だったと語ったわ。後で新聞には二十体だと報道されてた。夫はその中に妊婦を見たので、近づいていって胎児がまだ生きているかどうか確認しようとした。すると、私たちに同行していた人類学校の学生が夫に声をかけた。「でも先生、母親は五時間以上も前に亡くなったんですよ」「そのことに気づいたのは――夫は私に言った――、近づいていって触れたときだった。しかし、最初に目にした瞬間には本能的にそんなふうに反応したんだ」。午前一時に私たちは再びトラテロルコの現場に入ろうとした。行き着くことができたのはレフォルマ大通りの側からだけで、クイトラワック像の前の角にいた警官のうちひとりが、私たちに向かって言った。

「軍第一キャンプに大勢連れて行かれましたよ」

私たちはそちらへ向かった。でも、誰もいないと言われた。軍キャンプの正門でも、サイドの通用門でも、兵士たちから言われた。「ここには誰もいない、ここには誰もいない、ここには誰もいない……」

マルガリータ・ノラスコ（人類学者）

レニェロ病院は、近親者に会いたがっている人びとが院内に入ることは、警察が遮断しているため事実上不可能である、と発表した。


「武力衝突での死傷者暫定名簿」

『ノベダデス』紙、一九六八年十月三日付

死者はどこかへ運び去られ、
市中の刑務所は学生で満杯になった

ホセ＝カルロス・ベセラ

中佐以下、他の士官たちが、我々を宿舎に入れるのに六十まで数えはじめた。僕は六十番目で、弟が後ろに残された。弟は次の六十人の集団に数えられて、べつの宿舎に入れられた。我々は一列に並ばされ、各自名前を記録されていった。年齢調査が始まり、ほぼ全員が若い男性だった。例外的に、妻と娘を連れていた男性、少年四人、外国人三人――映画制作用の機材とテープレコーダーを持っていたからカメラマンだと思う――、十三―十五歳の怯えきった少女三人がいた。

宿舎には二列に並んだ二段ベッドがしつらえてある。両側に十五のベッドが並んでいるのだが、鉄製の二段ベッドで、六十人が収容可能だ。僕は最初に入室して、そこで掃き掃除をしていた兵士――軍の囚人だった――に、トイレはどこかと訊いた。まずしたことは、身分証明書を粉々にして便器に捨てることだった。もっとも痛めつけられるのは学生だと聞いていたから。宿舎では皆、口々に話しはじめた。僕は、いたって落着きのない性分なので、あっちこっちで話を聞いてまわった。話の輪に次々と加わったんだ。子どもを残してきたのでヒステリックに叫んでいる女の人が入れられていた。

「子どもたちを車の中に置いてきたんです。子どもたちを車の中に置いてきたんです。子どもたちが閉じ込められたままなんです。子どもたちを残してきたんです。子どもたちが……」。中佐がひとり入ってきて言った。

「いいですか、皆さん。静粛にしてください。ここでは皆さんの身に何も起こりません。各自、ベッドに落ち着くように」

女の人は叫び通しだった。士官は、どうか自制するように、女性は保健室へ移動してもらうから、云々と言った。すると、泣き出したのは件の男性の妻と娘、それにまだ本を抱えていた三人の女子学生だった。どこの学校の生徒なのか、と僕が訊くと、ある私立高校生だとのことだった。学校の名前は忘れたけど。恋人を連れていた太っちょの男がその娘を抱きしめた。けれど、皆引き裂かれた。奥さんも、三人の女子学生も、その恋人女性も。

「さあ、どうぞ。女性は保健室へ移動してもらいます」

夫である男性が説明を求めると、中佐は——どんな表現だったかよく憶えてないけど——風紀を乱すからというようなことを口にした。「ここにいてもらうわけにはいきません」とね。家族にしがみついて泣きながらも、意に反して女性たちは保健室に連れて行かれた。そこにはすでに女性が三人いた。しばらくして士官らが戻ってきて、あの女性たちに同行していた者は誰かと尋ね、その人たちを連れ出した。外国人も出してもらった。彼らがどうなったかは僕らには一切わからなかった。僕らは兵士に訊いた。

「もう僕らを出してくれるんじゃないのか？」

彼らは嘲り笑うだけだった。

「僕らを連れ出しに来てくれたんじゃないのか？」

「いい気なもんだ。今にてこ入れに来てくれるぜ」

囚人兵のひとりが僕に言った。

「じきにマットレスを持ってきてもらえるぞ」

僕はそいつの言葉を本気にした。しかし、与えられたのはダンボール紙で、それも数人分にすぎなかった。僕らは並ばされ、怒鳴られた。

「それ、おまえらのボックス・スプリングだ」

といっても、僕にはあたらなかった。トイレの横にあるロッカーに、僕らは新聞紙や漫画本や小学校の教科書を見つけた。そこで、小学校の教科書を枕にし、新聞紙をマットレス代わりにした。最初の晩は、打撲の痛みで眠れなかった。夜十二時頃、口髭をたくわえた恰幅のいい准尉が入ってきて、僕らと話をした。僕らは、これからどうされるのか、いつ釈放されるのか、と訊いた。

「心配するな。君たちが運動と無関係なんだったら、何も悪いことは起こらないし、逮捕歴の記録も残らん。しかし、祖国に対する反逆罪のために必ずや銃殺されるのはCNHの連中だ……」

士官が何人か入ってきたので、僕らは皆、出してもらえるんだと思って立ち上がった。けれど、点呼しに来ただけで出て行った。明け方の四時頃、扉が開いて、もう六人、若いのが投げ込まれてきた。僕らよりもっとひどく殴られていた。ひとりは左側の顔面に血が固まってこびりついていた。他の連中は全身ずぶ濡れで、頭を殴られて血を流していて、裸足だった。裸にされ、そのままの状態で雨の中、両手を揚げて四時間立たされていたんだ。その後——銃撃のためにトラテロルコで水道管が破裂したとき——一室に閉じ込められて、そこはどんどん水浸しになっていった。僕らは皆、身の上に起こったことを話しはじめた。ほとんどの者が盗みに遭っていた。兵士に持ち物を取り上げられた者もいれば、秘密警察官から同じ目に遭った者もいた。とにかく、誰もが現金を盗られていた。なかには、警官は然るべく扱ってくれたし、殴られることもなかったのに比べて、殴ってきたのは軍の奴らだった、と言う者がいたが、まったく逆のことを言う者もいた。軍の連中は丁重に扱ってくれたが、警官はそうではなかった、とね。だから、僕らは最悪の目に遭ったんだと思う。だって、軍隊と警察の両方に身柄を拘束されて、どっちにも殴られたんだから。朝七時に点呼のため並ばされた。十時頃に、鍋を準備し朝食を配る係の士官と囚人兵が来て、宿舎の端から端まで並ばされた。ひとりずつ皿とコップを受け取った。夜になって、判事らがやって来た。僕らはどこの学生かと尋ねられ、両親指の指紋をとられ、正面と真横の写真を撮られた。つまりは、すっかりブラックリストに載せられたんだ。それが終わるとまた閉じ込められた。

「そのまま休んでいればよろしい」

カルロス・ガルバン（UNAM図書館経営学専攻生）

軍第一キャンプでは一切合切拒否された。午前二時頃、側面の扉のひとつ――三番入口だと思う――、いちばん奥にある扉のうちのひとつで、尋ねてみた。「どうぞ、お願いです。ここにいるのなら……ここにいるってわかってるんでしょう……伝言を届けてくれてもいいでしょう……お願い、ここにいると言って……」。しつこく頼み込んだけれど、ノー、ノー、ノー。兵士たちは首を横に振るばかり。そのうえ、車が近づいてくるたびに薬莢を切っては狙いをつけていた。突然、軍用車が一台到着して、私服姿の男がひとり降りてきて言った。

「オリンピア部隊の者だ。今、仲間が来るから、そこの連中を追い払ってくれ」

そこで、兵士のひとりが命じた。

「今すぐ、ここから立ち去るんだ」

「街路にいるだけなのに、何で立ち退かなきゃならないんですか？」

そしたら、ライフルを突きつけて言った。

「これにもの言わせるぞ」

私たちは車に乗り込んで、その場を離れた。今にして思えば、捕えた若者をもっと連れて来ようとしていて、それに気づかれたくなかったのよ。そこから検察庁に行ってみると、翌日の朝八時頃には名簿が出回りはじめるはずだと言われた。もう午前四時を回っていたので、家に戻って待ち時間をやり過ごすことにしたわ。

午前六時になっても、息子は家に帰ってはいなかった。私たちには何もわからなかった。唯一わかっていたことは、死者のなかに混じってはいないということだった。大病院を尋ねてまわって、子どもの写真を渡しては、死傷者の間を捜してもらっていたんだから。それに夫が他の医師と連絡を取りつづけていた。そんなわけで、死者のなかにも負傷者のなかにもいないのなら、捕えられているんじゃないかと私は恐れていた。午前七時に軍キャンプにまた行ってみた。でも、誰もいないと言われただけだった。午前八時になって、今度はもう一度検察庁に行ってみて、名簿を閲覧しようとした。でも無駄だった。検察庁では誰の身柄も収容していないと言われた。軍キャンプでも、連邦公安部でも、同じことを言われるばかり。とどのつまり、どこにも誰もいないということになった！　そこで、一旦家に戻って、どこへ行くのか知らせておくことにした。国防省に行こうと思っていた。家に着くと、娘が迎え出て、若い子が電話をかけてきて、息子はチワワ棟の誰もいなくなったアパートの一室に隠れているとのことだと伝えてくれた、と言うの。私たちはチワワ棟に急行した。メチェが自分の家がどうなったか見たいという理由をつけて、住人だと証明する書類を見せたので、夫とメチェと私の三人は中に入った。チワワ棟に着いたのは九時頃だったと思うわ。兵士がうようよしていたけれど、それでも私たちは一軒々々ドアをノックしだした。どのアパートにいるのか見当がつかなかったから、ひとつの階から次の階へと全部のドアをノックしてまわった。私は叫んでた。「カルロス、カルリートス、カルリートス、どこにいるの?」だんだん絶望してきたわ。「返事して、カルロス。応えてよ、カルリートス。私よ……私よ、カルリートス……」。私の後ろを兵士が三、四人付いてきていたけど、そんなことどうでもよかった。息子を生きて取り戻せたら、もうそれだけでもうけものだと思っていた。

マルガリータ・ノラスコ(人類学者)

マルガリータの錯乱は物凄かった。私たちは一晩中、あの子を捜しまわった。そしてヒステリーの極めつけは——と言ってもいいわ——翌日来た。電話で、あの子がチワワ棟のアパートの一室にいるとの知らせが入った後のことで、私たちにはどの部屋なのかわからなかった。そのとき、私は恐ろしい光景を目の当たりにした。マルガリータだけじゃなくて、大勢の、わが子を捜し求める母親の姿だった。二歳の子まで含めた幼い子どもたちから、マルガリータの息子のように中学生位の子どもたちまでね。マルガリータは正気を失って、ドアからドアへ叩いてまわって叫んでいた。「カルリートス、私よ！　開けて！」カフカ的世界だった。当然、あの子がいたとしても開けるはずがなかった。

メルセデス・オリベラ＝デバスケス（人類学者）

……銃弾から身を守ろうとする無防備な人びとの、不安極まりない逃げ惑いの走り。何百人もの逮捕者の無言の叫び。救助しコーヒーを振る舞い、負傷者の頭に包帯を巻き、自分の命を賭してでも怪我人を守ろうとするノノアルコ－トラテロルコ地区住民の英雄的行為。そして挙句の果て水道も断水し、おまけに眠れぬ夜を過ごした後の灰色に沈んだ朝……母親がひとり……「カルリートス！」と叫びながら、廊下と階段をわが子を捜して泣きじゃくり、訊いてまわっていたんです。

マリア＝ルイサ・メンドサ（作家・ジャーナリスト。ノノアルコ－トラテロルコ地区クアウテモック棟住民）

朝になって五時頃、家族全員で役割分担を決めました。夫は検察庁へ、ペペはあちこちの警察分署へ、チェロと私は病院と遺体安置所など、とにかく怪我人や死者がいそうな所へ向かうことにしました。双子のルベンとロヘリオは仕事に出かけ、私たちからの連絡を待つことにしました。赤十字病院で私は、地下にある遺体安置所に下りていく勇気があるかと訊かれました。〔赤十字は国軍通りのセアーズ〔百貨店〕の前にある〕私は応えました。

「そんな勇気のない母親がいると思いますか」

担当者がひとり、私に同行してくれました。エレベーターで地下へ下りました。娘はその場に残りました。「ここで待ってなさい」。遺体安置所に入ると、その人はボタンを押して木枠箱を引き出しはじめました。最初に目にした箱には、十七歳位の青年の死体がありました。顔面は紫色になっていました。顔の一部が欠損していたので、歯と、私の子どもたちには皆ある顔のほくろで確認しようと思いました。この死体には顎と歯数本しか残っていませんでした。ひと目見たとき、ピチじゃないかという気がしました。どの死体もわが子のように思えたんです。どの死体を見ても、わが子のうちの誰かのように映りました。でも、確かめようとして、残っていた唇の肉を開いて歯を調べてみたら、どれもうちの子ではありませんでした。ピチは前歯がかなり離れているけど、どの遺体もごくぴったり並んだ前歯だったし、あの子なら、金の被せがしてありますから……トラテロルコから運ばれてきた他の死体も出してきてくれましたが、どれもちがいました。多くは女性の遺体でした。でも私が捜していたのは男性の遺体だったので、あまりそれらには注意を払いませんでした。一人だけ憶えているのは、四十五歳位で髪を赤く染め、オレンジ色のブラウス姿の女性です。

私たちはまた一階に戻り、係官に、いったい後はどこへ捜しに行けばよいのか、訊いてみました。

「バルブエナ地区の病院の災害外科へ行ってみてください」

途中、チェロと私はひと言も口を利きませんでした。災害外科には怪我人しか収容されておらず、会わせてももらえませんでした。それに、私の挙げた特徴に該当する人物はひとりもいませんでした。

私は絶望しきって、どこに行けばもっと死体があるのか、とまた訊きました。すると、ルベン・レニェロ病院だが、あそこでは皆、勾留者の身分だから何も教えてはもらえない、と言われました。後になって、五十八名の学生負傷者がいて、死者はいない、とわかりました。検察庁調査局の若い係官に、息子二人の写真を渡すと、戻ってきてこう告げられました。

「あそこにはいません。写真に似た人物はひとりもいませんでした」

どこへ行っても、死者か怪我人を捜す人の波でした。次はラ・ラグニージャ地区近くの第三分署へ行きました。行ってみると、あたりの通りには煙が充満していて、濃い霧が出ているかのようでした。それはバスが一台炎上していて、大量の煙を発しているためでした。警官に、第三分署に入れるかと尋ねると、そのうちのひとりが入れると応えました。

「お入りなさい。思い知るといい」

そこで、私は並びました。列をなさねばならなかったので。五人ずつ中へ通されました。私は娘に言いました。

「チェロ、待ってて。あなたは入らないでおきなさい」

廊下を進んでいって、とても寒い一室に着きました。そこは、赤十字の部屋より寒く感じられました。そこで最初に目にしたのは、十二―十五歳位の七つの遺体でした。でも、その子たちはすでに身元が確認されていました。だから集団から隔離されていたのです。第一印象がそれだったので、遺体はそれだけかと思いましたが、部屋じゅうを眺めまわしてみたら、三つの石の板が目に入り、その上にはダムダム弾で頭部を損傷した鉄道員の遺体が三つありました。首に巻いたバンダナと青いデニムのシャツとでそうだとわかったんです。その下には他にも遺体がありました。まず目に止まったのは妊婦で、ダムダム弾で腹部が破裂していたため、胎児の身体が跳びだしていました。後になって、夫のコスメに訊きました。「なんで、あんなことがあり得るの？」「ダムダム弾だからさ」との応えでした。少し離れた所に、オリンピックのコンパニオン・リーダーだった長い黒髪の美人を見つけました。穏やかな表情でしたが、胸部が裂けて花が開いたように内臓の赤みが大きく開いていました。彼女はきっと私より寒がっていると思えたので、私はセーターを脱ぎ、投げかけました。腹部から下は一糸纏わぬ姿だったので、局部が人目に曝されているのが気の毒でなりませんでした。他にも死体が――十二体以上――ありました。山積みになっていて、鉄道員ばかりでした。警官に尋ねました。

「なぜ、鉄道員ばかりなんですか？　学生は？」

「奴らはここへは運ばれていません」

「じゃあ、どこにいるんですか？」

「それなら軍第一キャンプへ行ってください」

その分署で私は、ひとりの中佐に軍第一キャンプへはどうすれば入れるのか尋ねました。返事はこうでした。

「無駄ですよ、奥さん。行きなさんな。あそこじゃ、何も教えちゃくれませんよ。行くだけ無駄です」

なすすべもなかったので、私は錯乱状態で分署を出ました。歩いて歩いて、ただ歩きつづけました。

寒気を催すおぞましい夢を見ているんだと思いました。レフォルマ大通りに沿って建物の壁に寄りかかりながら側道を歩きつづけました。ナェロの姿すら目に入ってはいませんでした。横にいることさえ感じてはいませんでした。私たちはひと言も口を利きませんでした。あの娘は何も訊きませんでした。レフォルマ大通りから家まで歩きました。コスメが帰宅しましたが「何も」、ペペも「何も」収穫はありませんでした。

知らせを受け取るまでに二週間かかりました。窓辺で長時間待ち呆けていたのを忘れません。吐き気がしていました。衰弱し絶望しきっていました。頑丈にできてるんですけどね。あまりに落ち込んでいたので、二週間ろくに食事を摂りませんでした。実際、家族全員がそうでした。水分だけで生きながらえていました。決して食卓につくことはありませんでしたね。二週間目に、ピチをレクンベリのH房に見つけだし、証拠不十分で釈放されました。エドゥアルドの居場所は、息子のロヘリオの職場に、軍第一キャンプにいるとの情報が寄せられたことでわかりました。生きてたんです！　私は精神的外傷を負ったんだと思います。そうじゃないほうがおかしい位です。エドゥアルドがレクンベリに移されたとき、私はあの子の恋人といっしょに会いに行きました。二人のうち一人だけが数分間、H房に通してもらえるとのことだったので、彼女が私に言いました。

「お母さん、どうぞいらしてください」

それまでにいろいろ体験したことで、私には度胸がついていたんだと思います。だって、レクンベリに入れられたエドゥアルドがモグラみたいに牢屋から階段を下りてくる様子は、死ぬまで忘れられないほどショックな光景ですからね。階段の柵に摑まって、私が「エドゥアルド、ここよ！」と叫んだその声だけを頼りに、私だとわかったんですよ、あの子。こうやって柵に摑まって下りてきたのは、ひどく殴られていたから、そしてメガネがなかったからなんです。声だけに頼っていました。あの子は四歳のときからメガネをかけなきゃならなくて、ほとんど見えないんです。度の強い、分厚いレンズです。だから、みんなから「梟《ブオ》」と呼ばれてます。

私は極度の鬱状態に陥って、気慰めにその頃たくさん詩を書くようになりました。これ、見てください。

鉄格子

看守よ、鉄格子をもっと狭めるがいい
狭めつづけるがいい
どれほど狭めようとも
自由への渇望を
つかまえておくことはできないだろうから
天に向けても
鉄格子を置くがいい

思想が飛んでいってしまって
悔しい思いをせずにすむように

ある朝、大統領が目の手術を受けると新聞で読んだとき、風刺詩を作りました。

医者は　光を奪う人間に
光を授けようと躍起になる
あの輩にはドクニンジンを少しばかり
与えるほうがいいのではないだろうか

他の詩もお見せしますわ。どこかに載せてもらおうというんじゃなくて、いいかどうか判断していただきたいので。私の名前、公表してくださいよ。公表してくださって結構。あんなことを目の当りにしたんですもの。あれ以上のことなんて起こりえません。息子はすでに囚われているんですから。これ以上、私が何をされるというんですか？

セリア・エスピノサ＝デバジェ（小学校教員・母親）

死体は軍第一キャンプに運ばれました。同僚の男性会計士が、母親の死体を引き取りに行ったら、母親は危険な扇動家だったと署名するなら渡す、と言われたそうです。彼はそのとおり書きました。言われたとおり。でも、彼のお母さんは偶然トラテロルコに居合わせただけの老女だったんですよ。

マリア＝デラパス・フィゲロア（公認会計士）

タクーバ署——第九分署——は、第一ボカシオナル生のギジェルモ・リベラ＝トレス（十五歳）の遺体を受理したと報じた。当直の調査担当官は、その若者はまだ存命中に軍中央病院に運び込まれたが、そこで亡くなった後、遺体が同署の死体安置室に移送されたと発表した。

その一方、第三分署は二時十分に、それまでに受付けた遺体の数は十八にのぼると発表した。同時に、以下の遺体について身元が判明したということも公表された。公教育省職員のレオナルド・ペレス＝ゴンサレス、UNAM付属第九プレパラトリア生のコルデリオ・ガルドゥニョ＝カバジェロ、IPN化学科四年生のヒルベルト＝R・オルティス＝レイノソ、所属不明のルイス・コントレラス＝T、三十六歳会社員のホセ＝イグナシオ・カバジェロ＝ゴンサレス、アナ＝マリア・トゥチェー。

赤十字は死者四名を収容していると報じた。少年二名、救命士のアントニオ・ソロルサノ＝G、女性一名。

バルブエナ病院の救援所は、トラテロルコ近辺で救助されたセシリオ・デレオン＝トレスという人物の死亡を報じた。

二十三時には第三分署の死体安置室に、赤十字と緑十字の救急車によって十四体が運び込まれていた。その中には女性が三人含まれている。二十三歳位の若い女性、三十五歳位の妊婦と、もうひとりは四十歳位。三十歳を越えている男性二人がおり、残る九体は学生と思われる。そのうち身元が確認できたのは、三、四人だった。しかし、法的手続きが行われるまで、誰の名前も明かされないであろう。以上が調査担当官の発表内容であった（その後、さらに四体が運び込まれた）。

一方、国防省は第四十四歩兵大隊の伍長パブロ・ピンソン＝マルティネスの死亡を報告した。今日未明の零時四十五分までで、本社記者からの報告によると、トラテロルコの惨劇で、総じて死者二十五名、負傷者七十名以上が出ている。

「武力衝突での死傷者暫定名簿」
『ノベダデス』紙、一九六八年十月三日付

〈死者〉

赤十字：マヌエル＝テレスフォロ・ロペス＝カルバジョ、アントニオ・ソロルサノ＝Gおよび身元不詳者三名、五十五歳位の女性、十八歳から二十五歳位の若い女性二名。

軍中央病院：ペドロ＝グスタボ・ロペス＝エルナンデス（伍長）

ルベン・レニェロ：カルロス・ベルトラン＝マシエルあるいは身元不詳者。この人物は病院の玄関に車から投げ込まれた。

バルブエナ：セシリオ・デレオン＝トレス

第三分署：身元不明の十八遺体

「トラテロルコで流血の衝突」
『エル・エラルド』紙、一九六八年十月三日付

赤十字の救急車、三、四、六、九号車、緑十字の七十一号車、社会保険庁の一台によって、昨夜、三文化広場から十四遺体が回収された。いずれも火器による怪我を負っていた。

それらの遺体は、親族による身元確認がなされない限り、第三分署の安置室に収容された。それらは、プロの狙撃手の複数集団が行った射撃による、罪無き犠牲者だったと思われる。狙撃手らは、ノノアルコ-トラテロルコ団地のチワワ棟から人に向けて無差別に発砲していた。

五体だけが身元確認できた。確認された死者の氏名は、アナ＝マリア＝レヒナ・トイヘル（年齢二十歳位で、ポリテクニコかUNAMかは不明であるが医学部一年生）、ヒルベルト・レイノソ＝オルティス（二十四歳位で、ポリテクニコ化学工業学科四年生）、コルネリオ・カバジェロ＝ガルドゥニョ（UNAM付属第九プレパラトリア生）、ルイス・コントレラス＝ロペス、ホセ＝イグナシオ・カバジェロ＝ゴンサレス（三十六歳）。

他の遺体は身元確認できるものを所持していなかった。

〈軍病院〉

軍中央病院は、二十四時に、兵士のパブロ・ピンソン＝マルティネスが死亡したと伝えた。その兵士は左後頭部に弾丸を受け、右側頭部にそれが貫通していた。三八口径のダムダム弾のようであった。第四十四歩兵大隊に属していた。

「両者合わせて死者二十九名、負傷者八十名以上、逮捕者一千名」『エル・ウニベルサル』紙、一九六八年十月三日付

〔オリンピック競技大会の〕エスコート役代表の名は、レヒナといいました。とても美人で若く、女性エスコート役全員が着用していたあの縞模様の制服を身につけていました。

ソコロ・ラスカノ＝カルデラ（小学校教員）

亡くなった若者たちの霊は美と光をたたえていた。彼らはメキシコを、正義と真実の住処にしたいと願っていたのである。貧困と虚偽から解放された美しい国を夢想していた。抑圧され忘れられた人びとが自由とパンと教育を得られるよう希求した。彼らは、子どもの沈んだ目、若者の不安、老人の失望を敵とみなしていた。おそらく、彼らの中には将来有望な学者、教師、芸術家、エンジニア、医師の卵が含まれていたことだろう。それが今となっては辱められた皮膚の下で働きを失った肉の塊でしかない。彼らの死に、我々の胸は痛み、メキシコの国民生活には恐ろしい傷跡が残った。

その夜についての記述は、たしかに輝かしい歴史のページではない。しかし、現在は若者であるが

これから先、今のおぞましい日々の記録を著するであろう人びとによって、決して忘れ去られることはあり得ないのだ。それならばきっと、亡くなった若者たちの夢は現実となるであろう。あの美しく若い女性、医学部一年生でオリンピックのエスコート役代表だった女性の夢は。彼女は凶弾に倒れた。動かなくなった目を見開いたまま、四ヶ国語を操っていた唇はただただ黙していた。いつの日か、三文化広場には彼ら全員を記憶に刻んで追悼のランプが建立されることだろう。そして若者たちがランプの灯をともしつづけるだろう。

ホセ・アルバラド「亡くなった若者たちへの弔辞」
『シエンプレ！』第七九九号、一九六八年十月十六日号

アントニオ・ソロルサノという若者の死亡が報じられた。赤十字の救命士とのことであった。しかし、致命傷を負った時点では救命作業に携わってはいなかった。同様に、いずれも身元不明の女性一名（五十五歳位）、青年一名（十七―二十二歳位で学生とみられる）、男性一名の死亡も伝えられた。

「学生の状況。銃声はチワワ棟から発していた、クエト語る。秘密情報員三名も負傷、うち二名は重傷」『エル・ディア』紙、一九六八年十月三日付

他方、赤十字から提供された情報では、負傷者五十四名が治療を受け、そのうち四名が死亡、身元

が確認されたのは殉死した三十六歳の救急救命士、アントニオ・ソロルサノ＝ガオナのみであるとのことであった。同氏は負傷者のひとりを救出しようとしていたとき、機関銃の掃射を受けたとみられる。

「狙撃隊がトラテロルコで軍に向かって最初の銃撃。将官一名と軍人十一名が負傷、兵士二名と市民二十名余が最悪の抗争で死亡」『エル・ソル・デ・メヒコ』紙（朝刊）一九六八年十月三日付

エスコート役代表のレヒナには恋人がいたわ。知ってる？　お父さんは医者で、たしかドイツ出身よ。だからレヒナはあんなにたくさんの言葉ができたのよ。お父さんのおかげでね。そのために彼女はエスコート役の代表に選ばれたわけ。あの日、すごく嬉しそうにしてたわ！

マリア＝イネス・モレノ＝エンリケス（イベロアメリカ大学生）

赤十字は四十六名の負傷者を収容していると報じた。ほぼ全員が銃弾によるもので、重傷者も含まれていた。しかも、負傷して運び込まれた四名が病院で死亡したとも伝えられた。身元は確認されていない。

「トラテロルコ地区で銃撃戦。死者の数は未だ不明。負傷者約二十名」『エクセルシオル』紙、一九六八年十月三日付

翌日になると、そしてその後の数日間というもの、治安がめっきり悪化しました。行方不明者が何千人もいるのに、何の情報も得られませんでした。ただならぬ、矛盾をはらんだ噂が空気を不穏にし、極端な緊張状態を誘発していました。病院では一日中、人だかりができ、人びとは何度も負傷者名簿を見直し、遺体を確認しようと安置所をまわっていました。刑務所の出入口や司法機関の庁舎で、勾留者名簿の出るのを何時間も待っていました。強度の不安な雰囲気に加えて、憤りの感情が弾圧によって生まれ、それは、近親者のことを尋ねてやってくる人びとに対して警察職員の取る横柄な態度のせいで、ますます強まりました。ラウルの消息が、十一日経っても皆目つかめず絶望して、夫と私は新聞に、連邦検察庁検事総長宛ての意見広告を載せました。

マヌエラ・ガリン＝デアルバレス

（数学者・ＵＮＡＭ工学部教授）

裸足の女性がひとり
黒いレボソ(8)を頭から被り
死んだ息子の引渡しを待っている
二十二歳のポリテクニコ生
脇腹に標準Ｍ‐１ライフルでやられた
真っ赤な穴があった

望まぬ措置を取らねばならないことは、できれば避けたい。しかし、必要とあらば、そんな措置も取ります。すべきことなら何でもします。行き着くべきところまで到達するつもりです。

グスタボ・ディアス＝オルダス大統領
（一九六八年九月一日第四次教書から）

トラテロルコのあの夜の闇で失われたものを回復することが、国にとって不可欠である。兵士を兵営に戻すこと、囚人を釈放し刑務所を空にすること、そして国民の意気を新たにすること、それがこの暗黒期の至上命令である。メキシコが陥っているこの争いには勝者などないのだ。

フランシスコ・マルティネス＝デラベガ「我々の国はどこへ向かうのか？」『エル・ディア』紙、一九六八年十月八日付

皆、七十二時間後には出られると思っていたから、釈放されないので絶望しだした。あそこで十日十晩が過ぎた。神経過敏と恐怖とで、僕はほとんど眠れなかった。入口のすぐ傍の寝台が当たった男の人がいた――この人はペプシ・コーラの工場で働いていた――。その人も眠れなかったので、僕にこんなことを話して聞かせてくれた。夜になると、午前三時頃に、懐中電灯を持った係官が数人、寝

台から寝台へＣＮＨのメンバーを捜してまわっているというんだ。思うに、僕らは皆すでに調書を取られ、写真も撮られていたから、先に逮捕されていたＣＮＨの連中に僕らの写真を見せて、「この中で知っているのはどいつだ？」とか「どいつがこの件に関与しているんだ？」とか尋問していたんだろう。あるとき、僕らは全員トイレに入れられて、宿舎の電気が消された。トイレには係官がいて、そこの灯りだけが点いていた。僕らはひとりずつ呼ばれはじめ、係官に訊かれた。

「どこで逮捕された？」

「どこって、トラテロルコです……」

「あそこで何をしていたんだ？」

「何って、集会に行ったんです……」

「何時に逮捕された？　銃撃戦の前か後か？」

「ええっと……その……後でした」

「パラフィン検査はもう受けたか」

「いいえ」

「よし、もう行って寝ろ……検査は明日する。他の連中と同じように先に受けてるべきだったんだ」

そんなふうにして、一人ずつチェックされた。しかし後で噂されていたことだが、後ろの方の暗がりにソクラテスがいて、知っている人間がいるかどうか見ていたらしい。トイレに呼ばれて入ると、たしかに係官のひとりが顔を押さえてきて、横向きにしたり、反対方向へ向けたりした。そして第五ボカシオナルの教師という人が入ったときは、このときは引き留められたね。

「どれどれ、先生、ちょっと待ちな……」

「そうだ」係官がその人に言った。「おまえは教員連盟のメンバーだな」

「いいえ」とその人は答えた。「何も知りません」

「じゃあ、何かのデモや集会に行ったことはあるか？」

「ええ、はい、行きました」

「それで、その場で仲間に出会ったか？」

「ええ、というのも、同僚に会うのはよくあることですから」

「で、そのうちの誰かがおまえのことを密告しはしなかったか、どうやってわかるんだ？」

「いや、そんなこと、想像もつきません……たぶん誤認でしょう」

「それじゃあ、行って休め。ただし、夜間に名前を呼ばれたら、祈っといたほうがいい。教員連盟のメンバーは銃殺されるからな」

そこで、その先生はそこにいたあるエンジニアのところへ行って、娘の写真を渡して、自分の身上に何かあればどうか家族に知らせてくれるようにと頼んだ。その後、横になってただただ休もうとした。だが、その後ドアが開くたびに、僕らは皆起き上がっては見やった。その人は寝台で休んだまま、自制しようと懸命だった。


イグナシオ・ガルバン（サン・カルロス美術学校生）

政府が、オリンピックが間近に迫っているときに、学生にいかなる考えがあったとしても、反乱が続くことなど許すはずがないということはわかります。世界の目がメキシコに注がれていました。どうにかして、何が何でも学生を制止しなければならなかったんです！　ヨーロッパじゃあ、多くの観光客が予約をキャンセルしはじめています。学生たちは空威張りと騒動とでオリンピック大会を台無しにしようとしていた。自分たちの個人的目的やまったく局地的にすぎない要求のために、国際的性格を持つオリンピックを利用しようとしていたんですよ。外国からの特派員が詰めかけていて、彼らはいつも、扇情的で目立つニュースを報道したいと待ち受けているんですから。学生は図に乗ってやりたいように暴れたわけです。彼らは外国人記者に対して、自分たちがとても大胆であることを示したくてならなかった。だから、記者にデモを見に来るよう促したり、集会に参加させたりしたんです……私にはメキシコ政府の行動がよくわかります。私だってその立場にいたら、同じことをするしかなかったでしょう。

ダニエル・ギアン
（海上保険会社社長、フランスからのオリンピック訪問客）

学生紛争で繰り返された流血事件に深い危機感を覚え、大いに心を痛める者としては、国民の死に値するほどの外交上の義理やスポーツ行事などあるのか、そして、残忍な暴力が振るわれているというのに平和精神の祭典が行われうるのか、と自問せずにはおれない。

人統領閣下、世界中の国々に対してどうやって友好の握手を差し出せるのですか ?
私たち国民に対してそうすることを拒むあなたが。

アルベルト・ドミンゴ「残虐な暴力が自らの祝宴を張った」『シエンプレ！』第七九九号、一九六八年十月十六日号

要するに、学生たちはオリンピック大会から耳目を奪いたかったんすよ。

ロラ・ドルカベロ（フランスからのオリンピック訪問客）

オリンピックを開催できるようにと学生が殺されているのなら、オリンピックなど行われないほうがましだ。どんなオリンピックも、歴代のオリンピックを合わせても、学生ひとりの命には値しないのだから。

イタリア人陸上競技選手（第十九回オリンピック大会イタリア代表メンバー）『オバシオネス』紙、一九六八年十月三日付

何もかも丹精こめて準備がなされた。巨額のお金が使われた。どんな細部も手抜きされることはなかった。各競技の入場券にも趣味の良さが光っている。案内板、パンフレットやプログラム、ポスター、エスコート役のスーツや広告、果ては風船にいたるまでのデザイン。各競技の実施時間の厳密さ、絶妙の運営組織、だからこそ残念でならないんです。第十九回オリンピック大会が血に染まっていることが無念でなりません。

ベアトリス・コジェ＝コルクエラ
（グラフィック・アート専門家・図案デザイナー）

銃撃戦が始まると、軍は、単なる学生集会ではなく武装蜂起を制圧しているかのように行動した。逮捕件数は千五百を超え、逮捕者の扱いは配慮に欠ける非情なものだった。多くの人間が――男も女も――裸にされ、壁に投げつけられ、長時間両腕を揚げた状態で立ちっ放しにされた。三日木曜日の朝刊に掲載された写真は、兵士の一団が笑いながら、捕えられた若者の髪を切っているという、不当かつ屈辱的な行為を映し出している。

アルベルト・ドミンゴ「残虐な暴力が自らの祝宴を張った」
『シエンプレ！』第七九九号、一九六八年十月十六日号

汚れた服は家で洗うものだ。それを学生は全世界のオリンピック代表の前で行うとともに、国内政治に干渉するために、外国代表の存在を利用しようとしたんだ。

ダグラス・クロッカー
（博物館学芸員、オリンピック大会への米国人訪問客）

オリンピックをボイコットしたいなどとは、我々は断じて言わなかった。九月十四日に、内務省の

事務次官が文書で通達してきた。我々の意図がオリンピックの阻止や妨害にあるのならば、政府はオリンピックが挙行されうるために、持てる法的手段を行使する、と。我々はたしかに、オリンピックに反対しているのではないと宣言していたのに。八月二十九日にも声明を出し、翌三十日にそれを『エル・ディア』紙に掲載した。我々の運動はまもなく始まるオリンピック大会とは何の関係もなく、国際的性格を持った活動の邪魔をするようなことは望んでいない、というものだった。

ヒルベルト・ゲバラ＝ニエブラ（CNH）

あるとき、もう疲れ果てていたときだった（前に言ったように、CNHの会議は十時間でも続くんだったから）、アヤックス・セグーラ＝ガリードが声明文を出してきて、翌日公表することを提案したんだ。あいつは自分の学校が金を出してくれると言った。我々は、まず読んでくれと言った――言っとくけど、午前五時のことだ――。最初の部分を少し聞いて、すぐに承認した。その文書は、数週間前にすでに議論されて承認済みの、CNHでの先の合意に関連していた。世論に対して、オリンピック大会の開催に我々は反対してはいないことを示そうとしたものだった。しかし、アヤックスの声明文には、我々学生が市の清掃を行い、案内役を買ってでる、果ては建物のガラスを洗い、靴磨きをする、とまで書き添えられていた。その部分は読み上げられなかったんだ。そのわけは、僕が立ち上がって、こう言ったからだ。「同志諸君、その声明は三週間前にここで承認したものと同じだ。また議論しなおすことはない。掲載すればいい」。そして新聞に出たんだ。翌日になって、各紙に掲載されたそれに目を通したときには、髪が逆立つほど驚いた。袋叩きに遭うのを覚悟で総会に行った。そして、思ったとおり、こき下ろされたよ。当然だ！　仲間は頭にきていて当たり前だった。最初は何らかの嘘か申し開きを編み出そうかと思った。だがついに、評議会の会議がどんなだったか、そのためにいかにそんなばかげた内容を承認してしまったのか、総会出席者に話して聞かせることにした。信じてもらえるのならよし、そうでなければ致し方ないじゃないか。僕の話を聞いた後、皆は僕の自己批判に理解を示してくれた。

ルイス・ゴンサレス＝デアルバ（ＣＮＨ）

スポーツ行事としては、我々はオリンピック開催に反対してはいなかったんだ。だが、経済的事象としては反対だった。わが国は貧しすぎる。オリンピックは、どれほど逆のことが喧伝されようとも、回復しようのないほど厳しい財政的出血を意味していた。ロペス＝マテオス〔前大統領〕は、わが国の現実にまったく相応しくない自己顕示欲に基づく狙いから、そんな公約を結んだんだ。

グスタボ・ゴルディーージョ（ＣＮＨ）

体制への不満を表明した学生たちが、当然のごとく干渉しようとするおせっかいな教師やら役人から受けた、雄弁な説得を悉く集約してみたら……おもしろいだろう。それら落ち着き払った、小言の多い大人たちは、暴力的きわまる弾圧によってもたらされた、有無を言わせぬ秩序であっても、それを強く支持し、崇高な愛国精神に驚くほど充ち満ちている。それだから、当然予想されたことだが、学生運動と攻撃の的とされたその指導者たちがオリンピックに関して取った姿勢を、彼らは正しく認識しようともしなかったのだ。〔学生たちの〕過ち、行き過ぎ、「諸外国の闇の利害」[9]に対する従順さ、それらを指摘することに神経を集中させていたために、非の打ち処のない大カトー[10]のような、体制派の大人たちは、無責任に「興をそぐ」まねをしないようオリンピック期間中は停戦するという、若者の方針を見逃すか無視したのだ。

フランシスコ・マルティネス＝デラベガ「叛乱者たちの平和精神」〔コラム〕「街角で」より。『エル・ディア』紙、一九六八年十月二十三日付

メキシコに在住する米国人ビジネスマンや技術者二万五千人からの圧力に敏感な政府は、強権を発動する対応を決めた。刑務所を満杯にしたら、スタジアムが空になる危険があるとは思い至らなかったのだ。

アルベール＝ポール・ランタン『ル・ヌーヴェル・オプセルヴァトゥール』誌、一九六八年十月七日号

メキシコじゃあ、対話はこんなふうにやるのかい？　撃ち合いで？　これじゃあ、〔革命期と同じで〕

パンチョ・ビジャが今もやりたい放題してるってことだ！

アンドリュー・ファルトン
（実業家。第十九回オリンピック大会への米国からの訪問客）

対話は成立した、大統領閣下は教書の中で、ＣＮＨと名乗る団体が提起した六項目すべてにお答えになった、その他の基本的関心と重要性を秘めたテーマにも触れられた、そう私は評価しています。まちがいなく、そのうちの最重要テーマは、メキシコの高等教育の再編成に関するものです。それゆえ、対話は成立したのであって、メキシコで最高の演壇から、厳かに、最多の聴衆を前にして――目前の議員やプレスはもちろん、テレビとラジオの放送を通じ、そして翌日には国内の紙上で――、大統領閣下は、周知のように、提起された問題点すべてに回答するやり方で対話に応じられたのです。

ルイス・エチェベリア＝アルバレス内務相「内務相の発言――ディアス＝オルダスは九月一日の教書において、学生との対話を行った」（記者ルベン・ポラス＝オチョア）『ラ・プレンサ』紙、一九六八年十月三日付

ＣＮＨのリーダーたちがトラテロルコで死んだって？　最悪なのは、罪のない連中が殺されたって

いうことだ。

アルバロ・モンロイ＝マガーニャ（指物師）

民主主義的な制度が本当に進展していると信じて疑いもせず、メキシコの政治・社会システムの中にわずかの遺漏や誤りしか見出していなかった人びとは、トラテロルコのできごとによって、自分たちの根本的な価値観を全面的に見直さざるをえなくなったんです。

エレナ・キハーノ＝デレンドン（初等教育教員養成学校教員）

裸足だった男が、軍第一キャンプで兵士のひとりに、スリッパでもないかと尋ねたら、ブーツを見つけてきてくれたんだが、大金を要求された。一銭も持ってなかったそいつにブーツを買ってやろうと、皆でカネを出し合った。すると、そいつは僕らに言った。

「みんな、感謝のしるしに、ハラベ・タパティィオ(11)を踊るよ」

僕らはメロディを口ずさみはじめた。タララー、タララー、タラララ、タララー、タララー、タララ、タララー、タララー、タラララ、タララー、タララー、タララー……そいつはその場でサパテアード(12)のステップを踏んだよ。

イグナシオ・ガルバン（サン・カルロス美術学校生）

深刻な教育危機を示すもっとも明白な証拠に、わが国の政治の要職にある人びとは皆、大半が高等教育機関を卒業しているにもかかわらず、無知蒙昧だという事実がある。

ラウル・アルバレス＝ガリン（CNH）

「いやあ、俺はただの好奇心で行ってみただけだ」「ただ好奇心で」。バカヤロウどもが！　それしか言うことがないのか！　見たことか、好奇心につられたりするから、こんなとこへ引っ張ってこられたんだ！

軍第一キャンプで、宿舎の逮捕者七十名に対するある係官の罵声

指紋を取られることになって、大勢だったから、僕は兵士としゃべりはじめた。そいつはまくし立てた。

「それ見たことか、おまえらは自分が何をしてるかもわかってないんだ。まさか、チェ・ゲバラが率いるような体制がいいと思ってるのか？　チェ・ゲバラに大統領になってほしいとでもいうのか？」

「いや、そんなことはない」

悪い印象を与えないように、僕は相手の機嫌をとった。思ったんだ。こんな奴と議論するのはばかげている。

「おまえらはまちがってるんだ。なんでチェ・ゲバラなんかに大統領になってもらいたいんだ？」思った。このお方はチェ・ゲバラはもう死んでることすら知らないんだ。明らかに、兵士には何も教育がなされていないんだ。

カルロス・ガルバン（ＵＮＡＭ図書館経営学専攻生）

いったい、何なんだ、こいつらは！　死人にまでパラフィン検査をしやがった！

ラモン・セニセロス＝カンポス（学生）

実のところ、十月二日以後は、公的な抗議はほとんど起こらなかった。あるいは人びとは恐怖に怯えていたのだ。トラテロルコでの集会に参加した教員と学生は、十月三日、『エクセルシオル』紙に意見を載せた。人間としての心の底からの憤りを表明することしかできない、しかし事件の唯一の責任者は制服姿と変装姿の官憲だった、学生・労働者・農民・家族連れ・一般大衆など、その場にいた市民の側からは一切の挑発行為はなかった、という内容だった。やはり『エクセルシオル』紙上、十月四日、病院勤務医の「就業拒否インターン連合」が、トラテロルコで平和裡に集会を開いていた民衆への、この不当な襲撃に対する国民の憤りに与する、と宣言したと同時に、抗争が完全に解決するまで、ＣＮＨへの支援の表れとして、全面的かつ無期限の就業拒否を続行する決定を再確認した……十月五日にはこれも『エクセルシオル』紙に、「識者・芸術家・作家会議」が抗議文を載せた……しかし、CNHは組織の枠組みが弱体化してしまっていて、政治的分解の明らかな徴候をきたしていた。警察が、メンバーのうち「自由の身にある」者を追跡し襲撃していた。そうした理由で、大衆の憤慨と不満は、対抗する政治行動へとは誘導され得なかったんだ。CNHが「オリンピック期間中の停戦協定」を一方的に通告したとき、数多くの共闘セクターが孤立してしまって、事実上、防御の可能性もない状態で、当局から激しく攻撃されるばかりだった。結局のところ、大混乱をきたしてしまったんだ！

フェリックス＝ルシオ・エルナンデス＝ガムンディ（CNH）

映像は人を欺けないと思います……私はニュース報道も写真も見ました……

オクタビオ・パス

私の印象では、人びとはまったくの不意打ちを食らって、石のように硬直してしまったんだと思うわ。いまだに何が起こったのかわからずにいる。なぜなのか？　背後にあったものは何なのか？　責任は誰にあるのか？

もっとも注意を引かれたことは、一週間後、オリンピック大会が少なくとも表面的には平穏な空気の中で何ごともなかったかのように開催されたということ……他のどんな国であっても、内戦に突入するに足ると思われることが、ここではトラテロルコ事件の後、数日間緊張が走った以上のことは何も起こらなかった。
私自身はトラテロルコの体験で恐怖に怯えきっているので、今でもときどきあれは現実だったのかと自問するほどなの。トラテロルコ事件に関する倫理的判断を下しているんじゃないの。唯一私に言えることは、わからない、ということ。なぜ？　なぜ沈黙が守られているのかも、わからない。個人的には、見た限りで言えば、この国のシステムには大きな欠陥があると思う。あるとき、大学教授から言われたことがあるわ。「ここでは我々は皆、官吏だということをお忘れなく」って。どうも、誰しもがシステムの中に取り込まれていて、それがメキシコの問題のひとつなんだと思うわ。

クロード・キジュマン（『ル・モンド』紙特派員）

ああ、もう仕方がない！

ホセ・バスケス（雑貨店「ラ・ノルテーニャ」店員）

そうだ、もうひとつ話があった！　最後に、釈放されることになって全員が列を作っていたときに、そこの所長が訓示を垂れたんだ。これほど大勢の人間が苦しむことをお望みにならなかったマルセリーノ・ガルシア＝バラガン将軍に感謝するように。今回の事件は二度とこんな騒動に関与しないための戒めとするように。いつでも気軽に来てほしい。「いつでも気の向いたときに、サッカーをしたり運動をしに来ればいい。ここは君たちを歓迎する」とか何とか、言われた。しかし、あんなことを経験した後で、いったい誰があそこへ遊びになど行きたがるか？　皆、ただちに拍手した——大部分はもちろん、軍キャンプから一刻も早く出るために——が、僕はしなかった。後ろにいた男が握手を求めてきて言った。「よくやった。そうあるべきだ。君は従順な羊じゃないのが気に入った」。

「拍手する理由なんかない。あの男の言うことはあいつが勝手に思っていればいいことだ。僕には同意できない」

同意できないのは、あの所長の言うことには同調できないからだ。僕には自由は大切なものだ。歌を作るときには自由を主題にする。諦めてはいるよ。それはそうだ。でも、いつも何かをしようという希望は持っている。たとえほとんどの曲が挫折や人生の苦悩ばかりを問題にしているとしても。車で家路についていたときのことで、憶えていることについても話すと、何人かはまだ（自由になった興奮さめやらず）軽口を叩いていたから、ひとりが怒りだした。「ふざけるんじゃない。また軍キャンプに戻されるぞ」。そいつらは喜び勇んでいたが、大部分の連中は僕も含めて怯えていた。ひどく意気阻喪してあそこを出たんだ。

イグナシオ・ガルバン（サン・カルロス美術学校生）

唯一、組織的な呼応を示したのは、市内の主要病院の医師たちからなる闘志に満ちた団体「就業拒否インターン連合」だった。当然ながら、闘争を続けていたセクターに弾圧は集中した。「連合」は十月十二日、公衆衛生省が、ストライキをしている医師への奨学金給付を打ち切ると発表したことを報じた。並行して、警察が「連合」の幹部を追っていて、何人もが行方不明になっていた。そのうちのひとりがマリオ・カンプサノだ。

フェリックス＝ルシオ・エルナンデス＝ガムンディ（CNH）

教員と学生の一部には、困惑しきった反応が見えた。

パウラ・ゴメス＝アロンソ博士

マデロに対するビクトリアーノ・ウエルタの一九一三年の軍事反乱以来、トラテロルコの十月二日ほど私たちに傷跡を残した事件はかつてありませんでした。あれほど私たちを汚し、仰天させたできごとはありませんでした。私たちは口中を血、それも死んでしまったただいじな人の血の味で満たされてしまったんです。

イサベル・スペリ＝デバラサ（母親）

私は学生の行動には同意できませんが、率直に言って、政府はやりすぎたと思います。

ホルヘ・オルギン＝アンドラーデ（銀行員）

十月二日、我々は生まれ変わった。その日は、いかに死ぬかを決める日ともなった。つまり、真の正義と民主主義のために闘って死ぬのだ、と。

ラウル・アルバレス＝ガリン（CNII）

トラテロルコ以後、僕は別人になった。良い方に変わったのか、悪い方に変わったのかわからないが、トラテロルコが変えた今の自分のままで死ぬだろうと思う。

マヌエル・ゴンサレス＝パルマ（IPN化学工業・鉱業学科）

あとどれだけ生きるかわからないが、生きているかぎり、トラテロルコの時間を決して忘れることはないだろう。

ルイス・グティエレス＝ラソ（IPN化学工業・鉱業学科）

前は政治には興味がなかった。でも今は、ある。ひどく頭にきているから。

エンリケ・スニガ＝フローレス（第九ボカシオナル生）

そのうえ、我々は学生に対して、鎮まるよう繰り返し求めてきたのであるから、今度は当局側にも同じことを強く要望しようではないか。国全体がトラテロルコで傷ついたのだから。

フランシスコ・マルティネス＝デラベガ「我々の国はどこへ向

かうのか？」『エル・ディア』紙、一九六八年十月八日付

翌日そのためにチワワ棟に戻るのは、何かこう……何と言えばいいのか……今もって正確には言葉で表せない、もやのかかったような気持ちだった。わが家は機銃掃射の痕が生々しく、ひっくり返され、まだ火薬の臭いが残っていて、入口に兵士がいる。私の傍には警官がぴったりついていて、何を持ち出すか見張っている。そして床のあちこちが血に染まっている。そんなアパートに戻ってみたんだから……

そりゃ、とにかく……またトラテロルコのそのアパートに住んでいるわ。銃弾の穴はふさがれて、壁は塗り替えられたし、すっかり化粧直しされてまた前のようになったし、もう誰も何も憶えちゃいないから……いえ、ほんとはそうじゃないわ、正反対よ。ここには毎日のように貴重な投書が送りつけられてくる。その内容は、学生運動への反対表明と、具体的には、トラテロルコにある学校を皆、社会の脅威だから閉鎖するよう、私たちが公教育省へ行って求めるべきだ、というものよ。

メルセデス・オリベラ＝デバスケス（人類学者）

市の職員が
生贄の広場で
血の潟を洗い流す

オクタビオ・パス

その頃ほどよく泣いたことはありませんでしたね、私たち女は。まるで涙の威力でトラテロルコのありとあらゆるものを洗い流そうとするかのように。目に映る光景も、塀も、縁石も、血に染まった石のベンチも、あちこちの片隅に残る大量出血の死体の痕も……でも、涙の威力で脳裏に焼きついた像が洗われるなんて、嘘です。すべては記憶に残っています。

ペルラ・ベレス＝デアギレラ〈母親〉

その後の数日間は私たち、メルセデスのアパートへ行って兵士をいらつかせるのが病みつきになってしまった。何かと面倒を持ちこんで、この用件で来ました、次はあの用件で来ました、と言っては押しかけた。心底恨んでいたのよ。兵士たちが新聞の報道記事を読んでいるのを見ると、慇懃無礼に「あら、あなたがた字がお読みになれたんですの？」と言ってやった。

一度電話をかけに下へおりていったとき、棟の角にある公衆電話で兵士たちが列を作っていたので、同じようにごく丁寧だけど無礼千万に、私たち言ってやった。

「私たち市民もこれ使っていいですか。それとも、もっぱら公安当局の方々のためだけのものなんでしょうか？」

すると、たぶん皮肉に気づかなかったのか、私たちも使えるという答えが返ってきた。私たちも並んだら、私たちの目の前で彼らのうちの一人の番がきて話しだした。それを耳にすると、にわかに兵士も人間なんだと思えたわ。こんなこと言ってた。「あのね、今は帰れないんだ。いつここから出られるかわからないんだよ……さあ、あの子を電話に出しておくれ。頼むよ。声を聞きたいんだ」。子どもが電話口に出たようだった。その人、こう訊いてたもの。「どうしてた？　いい子にしてたか？　パパだよ……」という具合に、誰しもがわが子に言う甘ったるい言葉よ。そのとき、メチェと私は顔を見合わせて、彼らも私たちと同じ人間なんだ、と発見したも同然だった。何しろ、トラテロルコでの十月二日の体験からは、そうではないという印象をもっぱら与えられてたから。

マルガリータ・ノラスコ（人類学者）

たとえ外観が新しくされようとも、掃き清められようとも、何がなされようとも、私はもうトラテロルコに住みたくありません。戻ってみたら、口の中に血の味がしたんですよ、想像してみてくださ い。広場を歩いたら、死者の山から漂う血の熱く塩っぱい味が喉にひっかかる感じがしました……血はもう乾いていて、黒味がかっているということはわかっていますけれど、私には三文化広場の石の隙間に流れ込んで、石に、テソントレ（火山岩）に浸透してしまったように思えるんです。テソントレさえ踏みにじられた血に見えるんですよ……だから、ここには住めない……娘と私で広場をひと回りしたら、娘は叫びつづけていました。「ほら、母さん、ここに戦車がいたのよね」「ここで人がたくさん死んだのよ」「壁の弾痕が埋め尽くされて、塗り替えられてるわ」「エレベーターはもう動いてるわ」

……私は娘に言ったんです。「もうこれ以上、トラテロルコのこんな姿を見ていられない。行きましょう、早く。ここから離れましょう」。

カタリーナ・イバロラ゠デカブレラ
（ノノアルコ‐トラテロルコ地区住民）

メキシコじゅうが血なまぐさい。

エウラリオ・グティエレス（〔革命動乱期のさなか、〕アグアスカリエンテス会議によりメキシコ臨時大統領（一九一四・一一・一——一九一五・一・二〇）に指名された人物）

やっとのことで、このノノアルコ‐トラテロルコに自分のアパートを買ったのよ！　たとえ、マルセリーノ・ガルシア゠バラガン将軍が金モールの軍服姿に身を固め、バズーカ砲で武装した軍を率いてここから追い出そうとしに来たとしても、私は絶対にここを離れないから。ここはちっぽけだけど私の自由になる空間だし、私の塹壕よ……いや、ちがうわ。ちょっと、塹壕はやめとくわ。私の塹壕とは書かないでね。ここに爆弾や手榴弾を貯め込んでいると思われてしまうから。それどころか、台所のナイフすら切れが悪くて役立たないのが実際なんだから。

マリア゠ルイサ・メンドサ（ジャーナリスト）

〈教区の貧者〉

トラテロルコ教区のフランシスコ会司祭たちのところへ、私、十月二日に死傷した若者たちの母親グループを代表して行ってきた。あそこでこそ死者のミサを行ってもらいたいと言ったの。すると、こう言われた。

「申しわけない。しかし、その日に追悼ミサを司式できる者はいません。他のミサで予定が詰まっているんです」

「神父さんはこちらで連れてきますから。ただ、ここで十一月二日にミサを行いたいんです。ここでわが子たちが命を落としたんですから」

すると返事は、

「時間もないんです」

「それじゃあ、ここはメキシコで唯一、四六時中予定の詰まっている教会ということになりますね。普通は足りないのは司祭なんですから」

「だめなものはだめです。ここはその日、ミサで満杯ですから」

「それでしたら、ミサでなくても結構です。朝のお祈りか、お気持ち次第のことでいいんです。ただ、私たちの大切な死者を称えて何かをしてくだされば」

「そう言われましても、お気の毒ですが何もできませんね」

「じゃあ、その日教会の片隅に死者をまつる祭壇を作らせてください」

「悪いのですが……それもできません」

「でも、母親グループはここに祭壇を作りに来たいと願ってるんです。私たち、諦めさせようとしたんですけれど、どうしてもそうしたいと言うんです。ですから、もし十一月二日に何か起これば、あなたがたの責任ですからね」

「申し訳ありませんが、許可を与えるわけにはいきません」

「わかりました。じゃあ、だめだとおっしゃるのなら、母親たちを私、ここへ連れてきます。皆、キリスト教信者です。私はカトリック信者じゃないんで、あなたがたが説明してあげてください。でないと、後で司祭の悪口を言っているなんて言われますから。ですから、あなたがたがご自身であの人たちに理由を説明してくださるほうがいい」

「よろしい。連れてきてください。説得しましょう」

翌日、全部で三十人ほどが話しに行った。死んだ学生二人の母親たち、死者の兄弟姉妹、近親者、数人の学生。その人たちをフランシスコ会の修道院次長のもとへ連れて行くと、時間がなくて、しかもサンティアゴ・トラテロルコのような教会で祭壇を作る許可を出すことはできないという説明が始まった。献灯の煙で壁が汚れるし、教会の壁は四世紀の年月を経た年代物だ、とお決まりの話だった。母親のうち、ひとりが抗議文句を口にしはじめて、はじめは低かったけれど、やがて凄味を増した叫び声で全員を縮みあがらせたので、議論する気で行っていた私たちは黙り込んだ。その人は、教会すら自分たちに背を向ける、簡単な祈りすら捧げようとしてくれない、と言ったものだから、神父は少し心が痛んだようだった。

「特別ミサを行うことはできませんが、教区の貧しい人びとのために一日に四回ミサをしていますから、よければ、なくなった若い人たちをその一部とみなしてミサに含めることはできますが」

私たちはすぐに承諾したわ。教区の貧者とみなされて結構だ、と。

「それでは、封筒に貧者の氏名を書いて、お布施を一ペソなりとも入れてもらいます」

神父たちの態度に頭に来ていたので、私たちは死者の名前を書いて、それぞれの封筒に一ペソだけ入れて、それ以上びた一文も出す気はなかった。新聞に載った死者——女性、学生、子どもを含む三四名——の名前だけを私たちは書いた。どの新聞にも報道されていた身元不明の死体については書かなかった……残念ながら、十月二日のトラテロルコでの死者の完全な名簿はついに作成できずじまいだった。

十一月二日に掲載されるよう、全部の新聞社に訃報を私たちは持参した。そこには十月二日の死者に対し深い追悼の意を表すと記し、死者の氏名を列挙した。各紙の編集長は——何とかして手元に渡るようにはした——掲載を拒否した。

十一月二日当日、青い目の女性が——とても勇気のある人だわ——サンティアゴ・トラテロルコのフランシスコ会士のひとりに近づいていって、職場の労働組合が亡くなった息子のために花輪を用意してくれたので、否が応でも教会内に置かせてもらう、と言った。それを壁に立てかけただけで、それをきっかけに墓石の下からもかと思えたほど人があちこちから現れて、献灯を点しはじめた。三文

死者の日の十一月二日、三文化広場で我々はセンパスーチトルの花と灯明を捧げた……大勢の兵士が監視していたが、突如として何千もの灯明が点され、木々の間から人びとが現れて、十月二日にトラテロルコで虐殺されたわが子のために祈りはじめた。

女性団体からの支援もあった。（垂れ幕には「メキシコ女性全国連合」の名称が。）

化広場じゅうの至るところに、花と献灯で祭壇が作られた。私もセンパスーチトルの花束を持って行った。重装備の機動隊員が広場だけじゃなくて、団地全体にいたわ。外務省前に停まってた車には、秘密警察官がたくさん乗り込んでた！　トランシーバーを手に歩き回ってるのもいた。足元には死者へのお供えのカードがいっぱいあった。「犯罪的に虐殺されたトラテロルコの犠牲者のために」と書かれてたわ。「女性連合」のとてもかわいらしい草の十字架を見つけた。こう書いてあった。「十月二日の私たちの犠牲者へ」。その十字架の傍には銃剣で突き刺された若者を描いた厚紙もあった。

マルガリータ・ノラスコ（人類学者）

私は息子を殺されました。でも今は、あなたがた皆さんが私の子どもです。

セリア・カスティージョ＝デチャベス（母親）一九六八年十月三十一日、大学都市の広場で学生に対して

十二月八日、私たちはジャンを埋葬した。葬儀を終えて、もうどこへ行くわけでもない、果てしなく長く思える家路の途中、母が車窓の外を見て、空にヘリコプターを見かけた。私たちも皆、その音を聞いた。そのときの母の顔と恐怖の叫びは生涯忘れられることはないだろう。

「ヘリコプターよ。神様！　またどこかでデモをやってるのよ」

E・P

頭をかすめるようにすぐ上空を飛んでいたそのヘリコプターに、私は怖くなった。不吉な鳥みたいに見えた。

マリア＝エレナ・セルバンテス（小学校教員）

今日十七時十五分、約四千人の学生と親がトラテロルコの三文化広場に集まり、ＩＰＮのサント・トマス・旧アシエンダ・キャンパスに向けてデモを開始しようとしていた。
装甲車や攻撃に小回りの利く小型戦車などが三文化広場の周辺を巡回していた。
連邦公安部員、連邦区司法警察ならびに秘密警察の警官も、同地区で待機中である。
学生と私服警官との間の緊張は明らかであるが、現時点まではどちらの側からも武力介入や暴力の様相はない。

プレスの共同声明

ヘリコプターが一機、緑色の信号弾の光を発したのは、午後六時十分のことだった。軍は前進し、出口をすべて塞いだ。

ラウル・アルバレス＝ガリン（ＣＮＨ）

十八時十分に発射された緑の信号弾四発が合図だった。私服姿のオリンピア部隊員に対して、今日の午後、トラテロルコ地区でデモをしていた学生や労働者へ発砲を開始せよとの合図だった。

マルガリータ・ガルシア＝フローレス（UNAM広報部長）

教会の上空を二機のヘリコプターが飛んでいた。空から緑色の光が降るのを見た。反射的に聞きなれた発砲音を耳にした……銃撃が激しさを増すと当然のごとく軍が現れた。

ロドルフォ・マルティネス（報道写真家）「写真家たちは銃撃戦をどう見たか」『ラ・プレンサ』紙、一九六八年十月三日付

驚くな、逃げるな。挑発だ。行くな、同志諸君。走るな、走るな。走るんじゃない、落ち着くんだ、皆……

エドゥアルド・エスピノサ＝バジェ、通称「ブオ」（CNH）

みんな死骸ですぜ……

『エル・ディア』紙記者、ホセ＝アントニオ・デルカンポに対する、ある兵士の呟き

事件の歴史記述（1968.7.22-12.13）
——学生によるオーラル・ヒストリーの証言事実に基づく——

一九六八年七月

二十二日（月曜日）

IPN付属第二ボカシオナルとUNAM付属イサアク・オチョテレナ高校の学生が対立。争いの起源は複雑だった。引き金となったのは、ラ・シウダデラ地区に常々集まっている不良少年集団で、地名に因んで「シウダデラ団」とか「蜘蛛軍団」と呼ばれている一派であったと言われている。衝突はイサアク・オチョテレナ高校で起こり、その構内は被害を受けた。

二十六日（金曜日）

二つの集団行動が起こる。ひとつは全国技術・工学系学生連盟（FNET）が組織したもので、第六ボカシオナルへの一群の警察官の介入に抗議するためであった。もうひとつは、キューバ革命記念日を祝おうとして左派集団が組織したものである。最初のデモは――組織者側によると――整然と進行した。唯一の例外は、革命記念塔にさしかかったところで、ある集団がデモ隊をファアレス通りの方へ進路変更させようとして割って入ったときのことだった。デモがIPNのサント・トマス・キャンパスまで到達したところで、別の学生集団が抗議行動をより効果的にするためにソカロまでデモを続行しようと提案した。そこで、デモ隊はイダルゴ大通りから市の中心部に入り、サン・ファアン・デ・レトラン通りからマデロ通りへと進んだ。最初に警察との衝突があったのは、パルマ通りとマデロ通りの交差点だった。その時点から、運動は首都の中心部全域に広がった。哲文学部のルイス・ゴンサレス＝デアルバを含む学生数名によると、不可解にして奇妙な一致なのか、それともほんとうに偶然だったのかは疑問であるが、街角のゴミ箱には石が入っていて、投石に使われるのを待ち受けていたかのようだった。いったい、いつから首都の住民はゴミ箱に石を捨てるようになったのだろうか。

二十七日（土曜日）

エドゥアルド・デラベガ＝アビラとその他の共産党メンバーが、前日に起こった党中央委員会事務所への官憲の立入りに抗議。彼らはメリダ通り一八六番地の共産党事務所で検挙され、以来勾留中である。

二十八日（日曜日）

IPN経済学科において、UNAMとIPNの学生代表間で、以下の要求が満たされるまでストライキ運動を展開することが決議された。

＊FNET、UNAMの「応援団部隊《ポラ》」、MUROの解体
＊右の諸団体およびPRIに属す学生メンバーの大学からの退学処分
＊負傷した学生と死亡者の家族への賠償
＊勾留されている学生全員の釈放
＊機動隊および弾圧を行っているその他警官組織の解体
＊刑法第一四五条の廃止

二十九日（月曜日）

UNAM付属第七高等学校《プレパラトリア》の学生がラ・ビガ大通りを封鎖し、警官二名を捕らえる。ノノアルコ・トラテロルコ地区で、IPN系第七ボカシオナルの学生もバスを占拠し、主要な街路を封鎖。第一プレパラトリアが運動に連帯し、無期限ストを打つことを決議。第二、第四、第七ボカシオナル各校も同調する。

三十日（火曜日）

サン・イルデフォンソ高等学校へのバズーカ砲撃。バロック芸術の傑作である扉が全壊。第二、

第五ボカシォナルの学生が多数負傷し、大量検挙される。国防相マルセリノ・ガルシア＝バラガンの発表は以下のとおり。「軍は零時四十分に出動した。ただちに全域を包囲し、学生を取り押さえたが、その大部分は負傷していた。午前二時頃には軍が事態を完全に掌握していた」。内務大臣エチェベリアは午前三時三十分に記者会見を行い、次のように発表した。「過激な手段でしたが、それはメキシコ革命の前進する道を逸らせようとする、卑俗でまったく子どもじみた利害から大学の自治を守るためであります。メキシコ革命の行く道は、そうした無邪気に過ぎる者たちの苛立ちの騒動や擾乱によって麻痺させられています。わが国は、他ではめったに見られないような自由に満ちた体制を維持しようと努力を傾けています。それは、あらゆる政治的傾向の独裁政権、あるいは混沌と暴力に支配されたいずれの国でも起こっていることとは対照的です。事件を企てたのは全国民主主義学生連合（ＣＮＥＤ）なのです」。

メキシコ市長〔＝連邦区庁長官。一九九七年までは大統領による任命職だった〕アルフォンソ・コロナ＝デルロサルは連邦区庁でのインタビュー会見で、ＦＮＥＴの代表者らに対しこう宣言した。「学生にあらざる扇動分子が大勢いることを我々は皆、承知しています。警官や機動隊員が学び舎に踏み込むことを常々誰よりも先に否定してきたのは我々だということを、私はあなたがたに示してきました。それは厳重に禁止されていますし、これからもその指示に変わりはありません。警察は学校を尊重すべきだと望んでいる学生の感情を害するようなことは、政府は考えてもいません」。〔しかし実は、〕強力な組織であるＦＮＥＴは、大部分がＰＲＩの監督下にあり、しかもその〔ＰＲＩとＣＮＨの間での〕

仲裁行動と〔学生運動勢力〕分裂の企図は、CNHから糾弾されたことをここで想起すべきである。）

八月

一日（木曜日）

「手は差し伸べられている」発言。大統領がグアダラハラで宣言。「公衆の平静を取り戻さなければなりません。手は差し伸べられています。その手が宙に浮いたままになるかどうかは、国民の決断次第です。あの嘆かわしく、恥ずべき出来事は私にとって心痛に耐えないことです。主張の相違をこれ以上深めるのは止めようではありませんか。もちろんのこと私自身も含めて、全国民の叡智を働かせ、自己愛・自己主張をこの際、わきに措くことにしようではありませんか」。

五日（月曜日）

IPN教員が、学問と教養が自由な人間に対して授けられることを目指し、IPN教員委員会「民主的自由を守る会」の結成を教員総会で決議。加えて、教員、学生、市民の即時釈放、刑法第一四五条の廃止、弾圧責任者の処罰、機動隊の解散、教育現場の尊重を要求。同総会は、学生間に分裂をきたすとしてFNETを非難決議。

八日（木曜日）

CNHの全国的組織化。UNAM、IPNの各学部・学科、各地の教員養成学校、エル・コレヒオ・デ・メヒコ、チャピンゴ農業学校、イベロアメリカ大学、ラ・サール大学、地方の諸大学が加わり、全国規模となる。ＣＮＨの名で六項目の要求書を発表。

十三日（火曜日）

ソカロに向けての最初の大規模抗議デモ。ＩＰＮ、ＵＮＡＭ、各地の教員養成学校、チャピンゴの学生、教員、一般人あわせて十五万人が参加。デモはＩＰＮのサント・トマス・キャンパスを出発し、ソカロに至る。「教員同盟」がデモを統率し、整然と実施される。バジェホの釈放ならびに政治囚の釈放が要求され、「誠実な指導者は政治囚に等しいということか！」という叫びが上げられた。

十五日（木曜日）

〔ＵＮＡＭの〕大学評議会が二十一名からなる委員会を通じて学生の要求を支持。リカルド・ゲラ教授〔哲学博士。ロサリオ・カステジャノスの夫〕の言によると、ＵＮＡＭ創立以来の歴史的会議であった。（一九六八年九月四日付『シエンプレ！』誌七九三号に掲載）

十六日（金曜日）

緊急集会、「チラシ配り」の分隊活動など始まる。「芸術家・有識者会議」が運動に賛同する。

二十二日（木曜日）

内務大臣ルイス・エチェベリア、「この遺憾きわまる問題がなぜ起こり、拡がったのかを解明することを目的とした、率直かつ冷静な対話」を提案。

ＣＮＨは、対話が報道機関、テレビ、ラジオに対して公開されることを要求。

二十三日（金曜日）

教員と学生は、ラジオ・テレビによって同時中継され、報道記者が同席するという条件さえ守られるのであれば、対話を受け容れると再度主張。また、対話は国立公会堂、大学都市の校庭、IPNのサカテンコ・キャンパス、あるいは第五ボカシオナルとサント・トマス・キャンパスのうち、両大学のいずれかの施設で行われるよう提案。

二十四日（土曜日）

メキシコ〔首都圏〕電力会社労働組合が以下の声明を発表。「CIAのような（いかなる政治色のものであれ）部外者の潜入を拒否する点で、我々は学生に同意する。CIAは、メキシコには共産主義者が溢れ返っているという作り話をでっち上げようとしている」。同組合はまた、「当局と融通性に富む正真正銘の学生たちとが交渉を始めること」が緊急に必要であると表明した。

二十七日（火曜日）

大規模デモ。三十万人が国立人類学・歴史学博物館前からソカロへ行進。若者らはファアレス、ビジャ、サパタ、イダルゴ、エルネスト・ゲバラ、バジェホの肖像を掲げていた。

ソクラテス＝A・カンポス＝レムスが、政府との公開対話は〔九月〕一日、大統領教書発表当日、ソカロにおいて午前十時に行われるよう要求。ソカロの旗柱に赤と黒の〔組合運動のシンボル〕旗があげられる。ソクラテスは警護の人員が残ることも提案。午前一時、軍、警察、消防隊が出動し、ソカロから人々を退去させた。

二十八日（水曜日）

ひきずりおろされた国旗に対する償いの儀式を連邦区庁が組織し、多数の役人がソカロに動員される。

二十九日（木曜日）

工学博士エベルト・カスティージョ教授（教員同盟）が、虐待を受けた後、次のように表明した。「私が被った暴力は、それを命じた人物たちの犯した重大なる過ちです。……私にあるのは思考判断の力のみであり、それ以外には何の武力もありません。……憲法の効力が回復されねばならないのです」。

九月

一日（日曜日）

グスタボ・ディアス＝オルダス大統領、第四次教書を発表。「文化は自由がもたらす見事な産物です……」。同じことを一九六四年、グアダラハラ大学でも述べた。

七日（土曜日）

ＣＮＨの召集で、トラテロルコにおいて二万五千人の集会。

九日（月曜日）

学長〔ハビエル・バロス＝シエラ〕が授業再開を要請。「教書において、大統領は学生の要求に対して満足のいく回答を示された」と述べる。

十三日（金曜日）

沈黙の大行進。

十五日（日曜日）

エベルト・カスティージョ博士、UNAMキャンパスで独立記念の「叫び」をあげる。IPNにおいても祝典が行われた。

十七日（火曜日）

CNHは、対話が書面形式で行われ、大量に流布される形式を容認したが、すでに運動は正真正銘、民衆の社会運動に発展しており、抗議のみならず、憲法の認める諸権利の回復を求めていた。

十八日（水曜日）

軍が大学都市に侵攻。

十九日（木曜日）

学長が抗議。「大学都市の軍による占領は過度の暴力行為であり、我々の学び舎にはこのような処遇を受けるいわれはない」。

二十四日（火曜日） 学生と警察の間で長い熾烈な激戦が交わされた後、軍がIPNのサント・トマス・キャンパスに侵攻。負傷者、死者、検挙者を多数出す。

十月

一日（火曜日） CNHは授業再開を拒否。軍が大学都市から退去。CNHはノノアルコ‐トラテロルコ団地の三文化広場で大規模集会を開くことを発表。

二日（水曜日） **「トラテロルコ事件」勃発。**

五日（土曜日） ソクラテス＝A・カンポス＝レムスの供述により、多くの政治家や有識者の運動との関連が暴露される。

九日（水曜日） UNAMの施設である〔チャプルテペック公園内の〕「湖の館」で、CNHの一部メンバーが講演を行う。「オリンピックのための停戦」の期間中（十月十二日から二十八日まで）、デモも紛争も起こさないことを宣言。

二十六日（土曜日）

軍第一キャンプに勾留されていた学生六十七名が釈放される。

三十一日（木曜日）

事件後初めての集会がＵＮＡＭで開かれる。死亡したある学生の母親が七千人の前で話す。

十二月

四日（水曜日）

学生、授業に復帰。

十三日（金曜日）

この日を皮切りに様々な場所で五百名が逮捕された。そのなかにはティタ、ナチャ、そしてヘラルド・ウンスエタ〔ジャーナリストであるとともに共産党の党員弁護士〕を擁護したとして共産党のロドルフォ・エチェベリアらがいた。

訳注

第Ⅰ部　街頭に打って出る

（1）メキシコ市の中心部には歴史的出来事や英雄とされる人物の名前を冠した通りが多い。ここに登場する通りの名前には、十九世紀独立後の自由主義改革や外国勢力の侵攻に対する愛国心に由来しているという共通点がある。事件直前のデモ行進時、学生たちはこのルートをとって「ソカロ」（第Ⅰ部訳注3）に到達したのである。

（2）アステカ王国はスペイン人に征服されるまで、湖上の島に首都テノチティトランを築き、付近の都市を武力で制圧していた。島の北に栄えていたのが商人の町トラテロルコであった。征服後、そこにあったピラミッド神殿の上にサンティアゴ教会が建立され、そこに隣接して二十世紀後半に団地群や外務省の近代的なビルが建てられた。そのためトラテロルコの広場は、古代、植民地時代、現代の歴史の歩み、あるいは先住民、スペイン人、両者の生物学的・文化的混淆の結果生まれたメスティソの文化を象徴しているとして「三文化広場」と呼ばれることもある。

（3）十六世紀にスペイン人によって破壊されるまでアステカの神殿の建っていた場所で、現在では別名「憲法広場」ともいうメキシコ市の中心広場。大統領府である国立宮殿や大聖堂が立ち並ぶ。

（4）橙色のマリーゴールドの花。十一月一日の「死者の日」から二日の万霊祭に、墓地や家の祭壇に必ず飾られる。

（5）メキシコ市にある国立工科大学 Instituto Politécnico Nacional（ＩＰＮ）のこと。ポリテクニコを短縮した「ポリ」はその通称。

（6）全国学生ストライキ評議会 Consejo Nacional de Huelga.

（7）未決囚を収容していたメキシコ市の拘置所の通称。

（8）国立芸術学院 Instituto Nacional de Bellas Artes の略称。
（9）Demetrio Vallejo. 一九五八年の全国鉄道員ストのリーダー。五九年以来、獄中にあった。
（10）メキシコ国立自治大学 Universidad Nacional Autónoma de México のこと。頭文字のＵＮＡＭをとって「ウナム」と呼ばれている。
（11）ここでは、旧メキシコ・シティ（現在の都心四区）を核とし、連邦区 Distrito Federal（D. F.）およびその周辺の都市化地域を含む首都圏を指している。首都名は国名と同様、メヒコと呼び慣わされている。
（12）制度的革命党 Partido Revolucionario Institucional. 前身である国民革命党（ＰＮＲ）が一九二九年に結成されて以来、政権党であり続けていた。
（13）メキシコ労働者連合ＣＴＭ（Confederación de Trabajadores de México）の代表格らが資本家側についていた状況を指す。
（14）プレパラトリア Preparatoria と称し、ＵＮＡＭへの進学を希望する学生のための高等学校にあたる。
（15）憲法において、風紀紊乱を引き起こしたことを理由に市民の逮捕を正当化する条文であり、この条文の廃止が六八年運動の発端のひとつであった。エチェベリア政権になって廃止された。
（16）「暴れ馬を巧みに乗りこなす男たち」を指す言葉から、資本家パトロン側についている組合リーダーたちのこと。
（17）正確には連邦区庁長官といい、一九九七年までは大統領による任命職だった（以後は選挙による）。
（18）一九八八年の大統領選まで、あるいは二〇〇〇年にＰＲＩが政権失墜するまでは事実上、現役大統領によってその後継者に指名されたに等しい意味を持つ候補者が存在した。
（19）優れた心臓外科医で左派のチャベス学長の失脚を狙った当局が、「ポロ」と呼ばれる似非学生を使って辞任に導いたのが実際であり、決して「勝利」と呼んで歓迎されるべきものではなかった、と教員たちは考えていた。
（20）この教師は、マフィアのごとき勝利者集団の古株学生と学生運動推進派との違いを判別しておらず、若者は大半が未熟だと信じて疑わないようにも見受けられるが、内心、若者に現状維持を奨励する教育を授けてきたことへの自嘲が滲んでいる。
(21) Agustín Lara (1900-79). ベラクルス州トラコタルパン生れの作曲家・詩人。「グラナダ」、「マリア・ボニータ」等々、多くの歌謡曲を世に出した。
(22) IPNに進学するための高等学校のことをボカシオナル Vocacional と称す。
(23) Luis Cueto Ramírez. 連邦区司法警察庁長官。
(24) メキシコ市北部のチャピンゴ村に開校された国立農業専門学校。一九七四年にチャピンゴ自治大学に改称された。
(25) Ernesto (Che) Guevara (1928-67). アルゼンチンに生れ、医学を学んだ。メキシコで亡命中だったフィデル・カストロ(後出)と出会い、キューバ革命でゲリラ活動を指導し、革命政府の要職でも活躍した。六六年ボリビアに赴き、革命の実践に着手したが殺害された。
(26) Gustavo Díaz Ordaz (1911-79 グスタボ・ディアス=オルダス). 当時の大統領(任期一九六四—七〇)のこと。
(27) Louis Althusser (1918-90). フランスの哲学者。『甦るマルクス』『資本論を読む』によって、マルクス理論の現代的再生を試みたとともに、フランス共産党員としての理論的発言も多く残している。
(28) メキシコ市の北に位置するイダルゴ州の町。
(29) メキシコ市に一九四三年に開学されたイエズス会系の私立大学。卒業者には実業家が多く、現大統領ビセンテ・フォックスもこの大学に学んだ。
(30) Herbert Marcuse (1898-1979). ドイツに生まれ、ナチスの迫害により米国に帰化した哲学者。
(31) スペインの植民地政府の副王宮だった国立宮殿のことで、歴代大統領が執務をとる場所。
(32) Emiliano Zapata (1879-1919). メキシコ革命動乱期の農民運動の指導者。
(33) Francisco Villa (1877-1923). 革命動乱期に大土地所有者の多い北部で軍事的活躍を果たした貧農出身の伝説的英雄。パンチョ・ビジャとして知られる。
(34) El Colegio de México. メキシコ大学院大学。

(35) Federación Nacional de Escuelas Técnicas. 全国技術・工学系学生連盟。

(36) Movimiento Universitario de Renovadora Orientación. 水面下で政府から支援を受けていた極右派の学生集団。ＰＥＦＩも同様。

(37) Othón Salazar. 全国教員運動の中心人物で小学校教員。

(38) Comisión Nacional de Subsistencias Populares（ＣＯＮＡＳＵＰＯ）の当時の理事長は、後にメキシコ市長や農務大臣の重職を歴任した、汚職で悪評高き Carlos Hank González だった。

(39) メキシコ革命後の農地改革によって導入された土地制度において、一定の範囲の土地利用権を国から与えられた農民の集団組織およびその土地を指す。

(40) Heberto Castillo. 世界的に高名な建築工学博士で、労働党ＰＭＴ、社会党ＰＳＭを結党し、後に民主革命党ＰＲＤから上院議員となり、何度も大統領候補に選ばれた人物。六八年には投獄された。生涯、政治信条を曲げず、ＰＲＩに与することはなかった。

(41) Víctor Flores Olea. 政治学部長の後、デラマドリ政権において外務副大臣を務めた。

(42) Miguel Hidalgo y Costilla（1753-1811）. メスティソやインディオの先頭に立って、スペイン王室とペニンスラール（本国人）の支配からの独立運動を起こした司祭。

(43) José María Morelos y Pavón（1765-1815）. イダルゴの独立運動を引継ぎ、明確な構想によってこれを推進した。

(44) 赤、白、緑のメキシコの国旗。

(45) Víctor Rico Galán. 反政府ゲリラを組織しようとした廉ですでに投獄されていた。

(46) Benito Juárez（1806-72）. オアハカ出身の先住民で初めて大統領となり、十九世紀の自由主義改革を推進した人物（十五年間にわたって政治の中枢で活躍。大統領として選出された任期は一八六七—七二年）。

(47) Confederación Nacional de Estudiantes Democráticos. 全国民主主義学生連合。地方各州の高等教育機関に対して連邦区のＣＮＨが運動の普及と連帯を呼びかけたのに呼応して結成された団体。

(48) 革命期のエピソードを、ギターを中心にアコーディオンやハーモニカの伴奏で、広く好んで歌う楽曲。

アデリータは、戦場へ兵士に同行して前線で武器をとって闘ったり、銃後で調理や看護など多岐にわたって活躍した「ソルダデラ」と呼ばれた従軍女性の典型像。カナネアには米国資本の銅山会社があり、そこの労働者は一九〇六年大規模なストライキを起こしたことで知られる。

(49) Centro Nacional de Comunicación Social AC.「すべての人に声を」というコンセプトをもとに、教会や農村共同体の草の根活動との対話を重要視する団体。人権、多様性、民主主義、持続可能な発展の分野で活動している。

(50) *Venustiano Carranza.* メキシコ革命において護憲派の首領として武力闘争を収束させ、制憲議会を開き現行の一九一七年憲法を制定した大統領(任期一九一七—二〇)。

(51) 当時のUNAM学長。学生虐殺事件の後、政府に抗議し辞任。

(52) UNAMの広大なキャンパス全体を指して「大学都市(CU)」と呼ばれる。

(53) José Agustín (1944-). 作家。ロック音楽やドラッグ体験等、当時流行したヒッピー文化に共鳴し傾倒した。

(54) *Día de los Niños Héroes.* 一八四七年、米国がメキシコ市を占領しかけたときに最後まで抵抗を繰り広げた士官学校生の死を悼み、その勇気を称える記念日。

(55) Abel Quezada (1920-1991). 土木エンジニアであったと同時に、機知とユーモアに富み、愛国と風刺の精神にも満ちた絵画作品を残した。ジャーナリストでもあった。

(56) 当時グアナフアトとミチョアカンの州境に売春宿を営み、意に従わない女たちを殺しては庭に埋め、ポキアンチスと渾名された実在の犯罪者姉妹たちの長姉を指して「ラ・ポキアンチス・マヨール」と呼んでいた。Jorge Ibargüengoitia, *Las muertas* はこの話を小説化したものである。

(57) 機動隊を痛烈に皮肉り批判するために学生が書いたもの。

(58) 復活祭前の、灰の水曜日から聖土曜日までの、主日を除く四十日間。

(59) メキシコ革命記念日の名を冠した政府の病院。一九一〇年の同日、サン・ルイス・ポトシ計画に基づいてフランシスコ・マデロのもとにディアス再選に反対する各層が決起した日。

(60) Fidel Castro (1926-). キューバの政治家。一九五九年、バティスタ独裁政権を倒し、ラテンアメリカで最初の社会主義革命を実現させた。国家評議会議長。

（61）Fidel Velázquez. 四十年間以上にわたってＣＴＭメキシコ労働者連合の最高権力者として君臨し、政府要人と深く結びついていた人物。

（62）当時、政府が狂犬病予防接種キャンペーンを野犬を手始めに行っていたことにかけて。狂犬病を指す言葉には激怒の意味もある。

（63）メキシコのスペインからの独立を求めて、一八〇八年九月十六日未明、中部のグアナフアト州においてイダルゴ神父が「メキシコ万歳、グアダルーペの聖母万歳、独立万歳」という叫び声をあげたという史実に因んで、毎年独立記念日の前夜に大統領を筆頭に、各州市町村ごとの長が政庁のバルコニーなどから同じ「叫び」をあげ、その下の広場に集まった国民がいっしょになって叫びながら祝う。政治的独立が達成されたのは一八二一年のことである。

（64）Tepito は市の中心部にある古くからの下町で、密輸品などの青空市が立ち、隣接する La Lagunilla（後出）も大衆居住区であり、どちらにも公設市場があって賑わっている。その北側に位置し、高層団地が数棟立ち並び、先スペイン期の遺跡、植民地時代の修道院、三文化広場、外務省の建物があるのが Tlatelolco である。

（65）ＩＰＮが本部を置くキャンパスのある場所の地名。

（66）ソカロの北に位置し、マリアッチの数多の楽団が一晩中流しをして賑わう広場。誕生日の本人を連れた一行が繰り出して、好みの曲をリクエストしたり、パーティ会場への出前演奏を注文したりする。

（67）国立工科大学で定番となっている応援の掛け声。

（68）有名なマリアッチ曲の歌詞の一節と、現場の実況とを掛け合わせている。

（69）当初、料金が一ペソであることからこう名づけられた乗合タクシー。経路が決まっている。

（70）ラ・コンチータ教会界隈の長屋に住んでいたためそう呼ばれた。因みにその近くにＵＮＡＭ付属第六プレパラトリアがあるため、学生と混同されることを狙っていたのは明らかである。

（71）José Revueltas（1914-76）. 作家・政治思想家。学生運動ではＵＮＡＭで指導していた。

(72) 一般家庭ではトウモロコシの粉と牛乳で作る飲み物であるが、囚人に出されたのは水で溶いたおもゆ状のものだったと思われる。
(73) 掌にパラフィン紙を当てることで火薬がついていれば反応するため、直近に銃を使用したかどうかを調べる検査。
(74) Valentine Campa. 共産党員として、バジェホの鉄道員労働運動に参画し、投獄された。
(75) CNC(全国農民連合) から独立した農民組織だったが、再びPRIに迎合した。
(76) G・ガルシア＝マルケス『百年の孤独』の舞台となっている町。雨季の単調な日々を象徴している。
(77)「オリンピア大隊」という大統領警備隊のこと。私服姿で学生に混じり、軍のこのときの総指揮官をまず狙い撃ちし、弾圧の騒ぎを混沌に陥れたとされる。内務大臣エチェベリアの術策であったとされる。
(78) メキシコ料理には、いろいろな種類のトウガラシをベースに多岐にわたる材料を混合して作られる種々の煮込みソースがあり、肉類の料理に用いられる。モレにはチョコレート、ピーナッツ、ゴマ、アニス、クローブ、干しブドウ等々が、ピピアンにはカボチャの種が加えられる。
(79) マヤ文化圏・ユカタン郷土料理のひとつで、これも何種類ものトウガラシとハーブを混ぜたソースをかけた豚肉の蒸し料理。
(80) これらはどこにでも生育するので貧しい人びとにとって親しみ深い野菜類。
(81) José Martí (1853-95). キューバの詩人・思想家・革命家。キューバとラテンアメリカの解放運動に生涯を捧げ、「キューバの使徒」と呼ばれた。十五年間の亡命生活を過ごした米国のラテンアメリカ進出を逸早く帝国主義と規定した。
(82) ミゲル・レオン＝ポルティーヤ編『インディオの挽歌——アステカから見たメキシコ征服史』山崎眞次訳、成文堂、一九九四年より、「第十五章　征服挽歌」を参照。

第II部　トラテロルコの夜

(1) Rosario Castellanos (1925-74). メキシコ・チアパス生れの作家・文芸批評家。ラテンアメリカにおける後のフェミニズムの高揚に大きな貢献をなした。『バルン・カナン』（一九五七）、『家族のアルバム』（一九七一）など。

（2）*Postdata* (1970). トラテロルコの弾圧事件から二年後に発表されたパスのエッセイで、『孤独の迷宮』（*El laberinto de la soledad*, 1950）の補足でもある。

（3）メキシコらしい民族衣装姿のウェイトレスと郷土料理を売り物にするチェーン店のレストラン。

（4）国立交響楽団の当時の指揮者。

（5）Instituto de Seguridad Social al Servicio de los Trabajadores del Estado の頭文字。政府系労働者社会保障公団。

（6）カーニバルやポサーダ（ヨセフとマリアが宿を探し求めて歩いたことを偲んで、クリスマス前九日間に行われる寸劇）、誕生日パーティなどで、菓子などを壺（今では厚紙製になっている）に入れて色とりどりの薄紙で飾りを施し、星や人形の形にしたもので、これを吊るして囃歌を皆で謳いながら、交替々々で目隠しした子どもたちに棒で割らせるもの。

（7）メキシコ市の北のはずれ地点にあり、地方からメキシコ市に至る街道筋の北の玄関である。現在はドームの闘牛場となっている。

（8）女性が頭や肩を覆う大判のショール。先住民女性は今でもこれで赤ん坊をくるみこんで身体の前か後ろに抱え、仕事をこなす。

（9）国際的な共産主義やその思想に立つ哲学者などの影響を指している。

（10）Censorius（大）, Marcus Porcius (B. C. 234-149). 古代ローマの政治家、雄弁家。峻厳な監査官として有名。カルタゴを消滅させることを主張し、奴隷制を奨励した。

（11）グアダラハラの民俗舞踊。男女が組んで、男性はソンブレロを被り、女性は長いスカートの裾を翻し、マリアッチの伴奏で足を踏み鳴らして踊る。

（12）踊りで床を靴底で打つ技。

事件後三十年に寄せて

汚辱の歴史《イストリア》

――メキシコ一九六八年十月二日、学生二百五十名虐殺の物語《イストリア》

エレナ・ポニアトウスカ

一九六八年の世界

一九六八年は、ヴェトナムの、ビアフラ〔ナイジェリアの内戦〕の、マーティン・ルーサー・キング牧師および（兄のジョン・F・ケネディ米大統領暗殺につぐ）ロバート・ケネディ上院議員暗殺の、黒人解放運動の、ブラック・パンサーの、ソ連のチェコ侵攻により喪を強いられた「プラハの春」と、これに対し多数のチェコ人が示した英雄的行動の（同じ頃ポーランド人も自分たちのドゥプチェク〔「プラハの春」の指導者〕を欲していた）、「ピース&ラヴ」を掲げるヒッピー運動の年だった。しかしな

がら、メキシコにとって、一九六八年にはたったひとつの名前しかない。「トラテロルコの夜」という名しか。それは十月二日、国軍と非公式部隊《パラミリターレス》が手を下した若者二百名以上の虐殺を意味する。

ホー、ホー、ホー・チ・ミン
ディアス＝オルダス、チン、チン、チン

ヴェトナム民主共和国国家主席ホー・チ・ミン〔在任一九四五―六九〕といえば、今日ではいささか忘却の隅に追いやられている感はあるものの、一九六八年当時の学生たちにとってはチェ・ゲバラに劣らぬカリスマを備えた、魅力あふれる指導者だった。ヴェトナムに対する米国の侵略戦争はバークリーの学生たちの徹底拒否に遭い、一九六三年以来、抗議の街頭デモは引きも切らなかった。米国の若者は、「フリー・スピーチ」（バークリー在住のイタリア系教員、マリオ・サビオが始めた運動）、教育の内容をめぐる学問の自由、あるいは思想信条の自由のためにだけ闘っていたのではなく、政府や企業が彼らにあてがおうとしている「ビッグ・ビジネス」（とりわけ軍需産業）の、人間を潰す歯車のような企業の営みに加わることを否定し、約束されていた将来を拒絶したのである。彼らは髪に黄色の花をさして――そういえば、敵味方の角突き合いが長引くとともに、彼らの髪の毛も伸びていった――、強力な国家機構と対決した。大学前では、花飾りをつけたバークリーの若者たちが、入隊したばかりの兵士を引き止めては訴えた。「行くんじゃない。これは皆殺し《ジェノサイド》だ」。そして、兵士に向かって微笑み

ながら、二本の指をかざして勝利のVサインを送った。「ピース&ラヴ」のサイン、支配者層《エスタブリッシュメント》を激怒させたあのサインである。

反逆したのは米国の学生だけではなかった。全世界の若者が手を宙に突き上げた。堅く握り締めた拳もあれば、勝利のVサインもあった。社会に対し声を大にして要求すべきことが彼らにはたくさんあった。親が自分たちに譲り渡そうとしている世界はどんな世界なのか。卒業後は何をすることになるというのか。消費社会がいったい何をもたらしてくれるというのか。ほんとうに自分たちは大量生産の歯車の一部になりたいのか。ヨーロッパでは、若者の展望は悲痛だった。大学を卒業しても職はなかった。いったい、どこで雇ってもらえばよいのか。

そんな不安と不満の渦巻くなか——ヴェトナム戦争は一九五四年から七五年まで続いたことを銘記しておかねばならない——、世界のいくつもの国で、既成の社会秩序、ひたすら現状を維持する体制、政党、政府などに対する大規模な拒絶反応、そして〔武器をとらない〕市民的不服従の呼びかけがわき起こった。一九六八年五月のパリでは、第二次世界大戦の英雄として戦後も絶対的威信を維持していたシャルル・ドゴール将軍（大統領在職一九五九—六九年）が、学生集会に警官隊を送り込んだ。パリの日常生活を麻痺させ、舗道の敷石を剥がしてバリケードを築き、〔パリ大学〕ソルボンヌ校の壁に主張を書きつけ、受講を拒んでいた学生たちに、懲罰を加えたのである。ドゴールはまた、学生がなぜ、「赤いダニー」と呼ばれたユダヤ系ドイツ人リーダー、ダニエル・コーン＝バンディを信奉するのか、わけがわからないとも非難した。その翌日、いつものように大規模デモを組織し、街頭を埋め尽くした学生たちは、何度も繰り返しこう叫んだ。

Nous- sommes- tous-des- juifs- allemands.

「我々は皆、ユダヤ系ドイツ人だ」。我々は皆。戦争にまとわりつく独仏対立の意識を水に流し、若者たちはひとつになっていた。体制への拒否感は若者全体から発していた。フランスでは卒業後の機会の欠如とドゴールおよびその政府が学生運動の抗議の論点だったのに対して、メキシコでは、与党PRI、政治の腐敗、大統領とその閣僚、機動警官隊、「社会風紀の紊乱」「犯罪結社」「公道襲撃」などと称するばかげた名の罪(十月二日の大虐殺に先立つこと二ヶ月も前、一九六八年七月から八月にかけて、捕らわれの身となっていた学生たちは、サルバドール・マルティネス＝デラロッカ、通称ピノのように、こうした罪で告訴されていた)、そしてルイス＝トマス・セルバンテス＝カベサデバカの存在、これらが六八年の運動の起爆剤だった。小説家ホセ・レブエルタスはこれを「純粋さゆえに昂揚した運動」と呼んだ。

メキシコにおける学生たちの要求

学生たちはいったい何を求めていたのか。何を要求していたのか。アンカラ、バークリー、ベルリン、ベオグラード、マドリッド、プラハ、リオ・デ・ジャネイロ、東京、ワルシャワ――各地で学生運動がわき起こった。しかし、一九六八年十月二日、首都の三文化広場に虐殺という幕を下ろしたメキシコの運動ほど、血なまぐさく残忍な結果に終わったものはどこにもない。

メキシコでは、学生たちの掲げる要求は了見が狭いと難ずる教員たちもいた。学問のあり方をめぐる要求事項がひとつもない、カリキュラム改善も、教育の質的向上も、文化・科学の振興も何ら問題にされていないし、人びとの生活条件やUNAMとIPNの発展に関しても何も盛り込まれていない、と。しかしながら、政治的にはきわめて具体的な内容を持っていた――警察の治安部隊、人呼んで「機動隊《グラナデロス》」を解体するよう要求していたのだから――。フランスの六八年運動では、学生大会の討論がいつ果てるとも知れないつかみどころのなさを見せ、大学を、食う、寝る、謀る、はてはセックスまで、何でもできる場にしてしまうことこそ革命児たる者の申し分ないあり方とされていたが、それとは対照的に、メキシコの学生たちの政治的要求はきわめて具体的だったのである。

メキシコは少しのミスも許されぬ状況にあった。国全体がグスタボ・ディアス＝オルダス政権（一九六四―七〇）の制御不能なしろものとなりつつあった。それも、よりによってオリンピック開催を目前に控えて。オリンピック大会というものが初めて第三世界（ドゴールの生み出した概念）の一国を会場に、実現されようとしていた。メキシコ市は、オリンピックの表の顔を一年弱のうちにたちまち出現させた。スタジアム、オリンピック村、各種スポーツ施設。そしてオリンピックを一新する着想まで編み出された。メキシコがその精神においていかに豊かであるかを顕示するため、パブロ・ネルーダ（チリ）、エフゲーニィ・エフトゥシェンコ（ソ連）、ニコラス・ギジェン（キューバ）、オクタビオ・パスら多くの大詩人の出席を得て、文化オリンピック大会を催すことになったのである。パスは、メキシコが世界にどれほど知的貢献をなしているかの証明として、当時大使を務めていた任地インドから帰国することになっていた。しかし、選手を迎え入れる施設が続々と建ってゆく裏には、貧困、裸足の人びと、栄養失調で腹の膨れた子どもたち、食べるに事欠く農民たち、これまでもこれからも忘れられた人びとにとって敵対的な社会とそれを横切る階級間の深い溝、どんな見せかけでも取り繕うつもりの政府の残忍さが隠れていた。メキシコは模範的国家であり、ラテンアメリカの未来はひたすらわが国の進歩と安定にかかっているのだ——朕は政府なりのPRI＝政府《プリゴビエルノ》は世界にそう示さんとしていた。第十九回オリンピック大会にどれほど莫大な費用をつぎ込もうとも、いずれは我々の利益に適うのだ、なぜなら資金を大事にしたい投資家は、「信頼できる安定した国」としてメキシコを選んでくれるはずだから。ところが……

オリンピックは要らない！革命を望む！　オリンピックは要らない！革命を望む！

ああ、何と愛国心はないうえに、妨害ばかりする青二才ども！　学生蜂起の続いた一四六日間は熱く烈しい日々だった。蜂起に参加した者たちはその日々を決して忘れはしまい。大学は学生の庇護者たる役割を立派に果たした。実際学生たちは、教室に起居し、廊下に眠るほどで、そのため、何ごとかに参加しているという充実感や同志の結束は至るところに溢れていた。男も女も、それまでの、またそれからの人生のどの時期より輝ける日々を送っていた。これ以上すばらしい日々が彼らに訪れることなどあるはずはなかった。「アメリカ大陸の解放区UNAM」と叫ぶ若々しい声が、拡声器を通して響いていた。九月十八日、軍が大学都市を占拠し、教員学生五百名の逮捕に及んだことは万人を激昂させた。政府に直談判しては彼らの擁護に回ってきたハビエル・バロス=シエラ学長を学生たちは取り囲んで、軍から守った。一方、IPN《ポリ》当局はついぞ学生たちをそこまで擁護することなどなかった。ポリの学生たちは、UNAM地区〔メキシコ市街区南端に位置〕よりはるかに貧しい北部方面に住んでおり、そのため警察当局の逮捕やしつこい嫌がらせにいっそう身をさらしてもいたというのに。

逮捕や投獄にもかかわらず高まっていた学生たちの達成感は、一九六八年十月二日午後六時十分、三文化広場に潰える。そのとき、銃撃の雨が降り始め、二百五十名以上が死亡したのである。この数字は英国の『ザ・ガーディアン』紙が発表したもので、オクタビオ・パスによっても六八年を論ずるその著『後記《ポスダタ》』上に引用され、また三十年後の今日、『ラ・ホルナダ』紙の記者、デイビッド・ブルックスとジム・カーソンによっても裏づけられている。

「トラテロルコの夜」

一九六八年十月二日の水曜日、午後五時。一万人近い老若男女がトラテロルコの三文化広場に集まっていた。軍、警察、機動隊が部隊を大々的に展開するのを見てとると、リーダーたちは集会の解散を決定し、広場に面する団地の「チワワ」棟四階から群衆に向かい、帰宅するよう訴えた。午後六時十分、ベガという名の学生が、デモの中止を告げたときだった。ヘリコプターが一機、広場の上空を旋回し、緑色の信号弾三発を落としたのだ。最初の発砲音が続けざまにこだまし、人びとは走り出した。

「同志諸君、走るんじゃない。走らないで。空砲だ。落ち着くんだ」。

皆ちりぢりになって、逃げ惑った。大勢が広場で転倒した。一斉射撃と機関銃のタタタタッという掃射音が、三文化広場を地獄に変えた。日刊紙『ル・モンド』の特派員クロード・キジュマンによると、軍は何千人という若い男女を取り押え、両手を揚げさせたまま雨の中に放置した。

二千人が逮捕された。家族は消息もつかめず、わが子を捜して病院から死体安置場へと駆けずり回った。メキシコの報道機関が挙げた公式の死亡者数は、二十九名から四十三名に増えた。新聞各紙には有無を言わせぬ命令が下った。「これ以上の報道は無用」。私が日刊紙『ノベダデス』に書いた記事はどれもこれも没にされた。全国学生ストライキ評議会のリーダー二名に招かれ、当日トラテロルコの集会に居合わせて負傷したオリアナ・ファラチ〔イタリア紙『レウロペオ』の特派員〕へのインタビューさえも。彼女を「フランス病院」に訪ねてみると、床にあってすら憤慨していた。イタリア議会の重要人物に電話をかけ、イタリア代表団のオリンピック参加を取り消すよう、怒鳴らんばかりに要望しているところだった。やっと私の質問に応じてくれた。「何て野蛮なの！　私はヴェトナムで取材したこともあるから保証できるけど、ヴェトナムでは発砲や爆撃が続く間――ヴェトナムにおいても爆撃目的を信号弾で示すということが行われている――、防空壕やら塹壕、マンホール壕やら、ともかく走って逃げ込む場所があったわ。ここじゃ、逃げる可能性は微塵もなかった。とんでもない、まるで逆。広場がまさしく罠場になってしまってて、そこで無防備の群衆に向かって発砲したのよ。あれだけたくさんの人にどうやって逃げろというの」。

「私は地面に伏せていたの。石やガラスの破片をよけたくてバッグを頭に被ろうとしたら、警官が頭から数センチのところにピストルの銃身を突きつけて『動くな』と言ったのよ。周囲で、弾丸がいくつも広場の石床にめり込むのが見えた。警察が学生や一般の若者の髪をつかんでどんなにひどく引きずり回して、あげく逮捕するかも見た。怪我人をたくさんこの目で見たわ。大量の血も。そしてついには私自身も撃たれて、自分の血の海につかって四十五分間もそのままだったの。私の傍にいた学生が『しっかり、オリアナ。気を確かに』って繰り返してた。『大使館に知らせて。私はイタリアのジャーナリストよ』って何度頼んでも、警察はさっぱり相手にしてくれなかった。拒否されつづけて、やっとある女性が『私が通報してあげます』と言ってくれた」。

オリアナ・ファラチを招いた若手ジャーナリストのロドルフォ・ロハス゠セアは、銃撃が始まるや彼女に覆いかぶさって守ったため、M‐1ライフル銃で撃たれて臀部と大腿部を負傷した。ただ、跳ね返った弾だったのでまだしも幸運だった。さもなければ脚が粉々に砕けていただろう。オリアナは腰のあたりに被弾した。二人は広場に多数の死体が転がっているのを目撃した。ロハス゠セアが傷の痛みをこらえて書いた現場からのルポは、ずたずたに切り裂かれた。新聞は事実をあるべき姿で報道しなかった。志高い例外を除き、検閲が数多の良心を黙らせたのである。

メキシコ現代史の分水嶺

その日以来、我々の多くが自分自身を覗き込み、我々は何者であったのか、我々は何を求めていたのか、と自問するようになった。そして悟った。我々はそれまで、ある種潜在的にして日常的な恐怖の中に生きていた。我々はその恐怖を押さえ込もうとしたけれど、もう既に限界まで膨らんでしまっていたのだ。我々は人びとの惨めな生活、汚職、社会を覆う嘘の存在を知っていたし、名誉はカネで買えるということも知っていた。しかし、いくら何でも、群衆に向かって発砲せよ、着剣して群衆を追いまわせ、などと命令して恥じない政府だとは、思ってもいなかった。その結果残ったものは、トラテロルコの血塗られた敷石、逃げ惑う人びとの足から脱げ落ちた靴、機関銃の連射を受け穴だらけになった鉄扉のままエレベーターが昇降する団地群、三年の投獄とチリへの亡命生活二年間[1]によって人生を断ち切られてしまった若きリーダーたち、喪に服す遺族、身も凍りつく体罰に辱めを受けた何千何万というメキシコ人たち。

大虐殺が原因となって、私は、若者たち、母親たち、父親たちの声を引き受け書き留めた。「いいですけど、名前は変えてください」「お話はしますが、私の素性は書かないでくださいね」と若者たちは言った。拘置されたリーダーたちと幾人かの母親を除き、声の主たちの名前を私は心の奥深くしまい込んだ。そのために三十年後の今日、誰が誰なのか定かでなくなる危険も承知のうえで。たくさんの人びとが話すことを拒んだ。オリンピック大会要人のエスコート役だったレヒナ・トイヘル＝クルーガーは、一度見たら脳裡を離れないほど無惨な姿を雑誌『シエンプレ！』に掲載され、多くのメキシコ人に衝撃をもたらしたが（うちのひとり、作家のアントニオ・ベラスコ＝ピニャは自作のなかで、死後に復活して新しい時代を開き、ポポカテペトルとイスタクシワトルの両火山に火だねを入れる、秘教的な巫女の役回りをレヒナに与える）、家族はジャーナリストとのいっさいの接触を拒んだ。父親――ドイツ系だった――が、背中を舐めるように六発もの弾を受けた二十一歳の娘の屍を引き取った。病院に収容された何百人ものほとんどは、背中、臀部、腿、脚に傷を負っていた。袋小路と化した広場から出ようと躍起になっていたとき、軍は彼らを背後から銃撃したのだった。

この悲劇は多くのメキシコ人の生涯を分断することとなった。十月二日以前と以後とに。一九六八年は、血と銃口をもって、我々に消すことのできない痕を残した。一九六八年は全世界で若者の不満が爆発した年である。他にも多くの学生運動があったが、メキシコのそれほど暴力に見舞われた例はよそにない。集中砲火が戦闘さながら二十九分もの間続き、人生の途についたばかりの若者たちが命を奪われた。

若者を殺すことは、キボウヲコロスことである。

あの学生蜂起から三十年を経た今日、銃撃は止んだのだろうか。もちろん、否である。政府軍に占領されているチアパスをはじめ、暴力がわが物顔にふるまうメキシコ市の路上でも。一九六八年の学生蜂起は、この国にその後台頭する幾つもの「純粋さゆえに昂揚した運動」の嚆矢だった。マルコス副司令官とそのサパティスタ先住民軍の存在が然りであり、チアパスの男たち女たちが身をもってそのことを証明している。

虐殺は誰のせいで起きたのか。一九六八年当時、槍玉に挙げられたのは、CIA、無責任な冒険主義的左翼、権力闘争の恨みを抱く政治家、共産主義者《アカ》、とさまざまだった。モスクワからの指令による共産党の陰謀ではないかと囁かれもした。三十年後の今日に至っても、政府軍の記録文書は封印されたままであり、二〇〇七年にならなければ開示されまい(2)との噂が流れている。トラテロルコの夜に死んだ人びとの正確な数は、おそらく永久に明らかにならないのかもしれない。しかし、我々の耳には、ある兵士のもらしたひとことがこれからもずっと響きつづけるのだろう。『エル・ディア』紙の記者ホセ＝アントニオ・デルカンポに向かって、兵士は短くも事態を明快に語った。

「みんな死骸ですぜ……」

一九九八年十月

訳注

（1）学生運動の政治犯たちが七一年に釈放された後亡命したチリでは、一九七三年九月十一日、ピノチェト将軍が主導するクーデタが起こり、アジェンデ社会主義政権が崩壊したためである。

（2）メキシコでの次回大統領選挙は二〇〇六年（任期は六年間）であり、その結果既存の体制に異を唱える候補者が勝利し政権交代が実現してはじめて文書の開示が起こり得るのであって、さもなければそのような可能性はごく低いと考えられるため。

訳者あとがき

本書はElena Poniatowska, *La noche de Tlatelolco* (Ediciones Era, 1971) の全訳である。エレナ・ポニアトウスカ（一九三二― ）は、メキシコで最も敬愛され、また欧米でも高い評価を得ているジャーナリスト・作家であり、その代表作たる本書が日本では単著として最初の紹介となる。

一九六八年十月のその夜、出産後まだ間もない身で自宅にいたポニアトウスカは、学生運動家である友人の女性たちから、トラテロルコでの惨劇の知らせを受けた。エレベーターの扉は機関銃で蜂の巣にされ、広場には戦車が何台も陣取っている、という。翌朝、三文化広場に駆けつけたとき目にしたものは、壁の血糊、広場に散乱する靴や身の回り品、そして帰らぬわが子の消息を求めて彷徨う母親たちだった。水の汲みだしをする団地の住民たち（前日の午後から電気と水が切断されていた）によると、一晩中ヘリコプターのプロペラ音と銃声と爆発音が絶えなかった。その場の情景は思わず目を覆わずにはいられないほど凄まじかったにちがいないが、ポニアトウスカは記者魂に取り憑かれてしまった。住民の証言や行方不明となった人びとについての情報を集めはじめ、まもなく投獄された人びとにインタビューを行うに至り、二年に亘って刑務所に通いつめ、事件の当事者たちのあまたの声に耳を傾けることに徹した。それらは、学生の冷静な状況分析――といえども虐殺事件の真相は当時混沌として推測の域を出なかったのであるが――と自己批判や、学生を支援していた教員・知識人の深い嘆きに満ちた慟哭から、体制の採った謀略に対する憤怒の叫びや、ただ現場に居合わせただけで投獄と拷問の憂き目に遭い、憤懣やるかたない労働者の怒りまで、ありとあらゆる声。牢獄の外では、学生の親たち、ホワイトカラーのサラリーマン、兵士、市井の人びととの声までを集めた。本書はその並外れた取材の結晶である。それらを縫うように、プラカードの謳い文句、政府要人の演説、詩篇などが配置されている。こうして、事件から約二年後の一九七一年、本書が刊行された。大胆な取材と筆致に由来する脅迫や検挙の体験には堅く口を閉ざす筆者であるが、その覚悟の深さには計り知れないものがある。

全編を通じて、運動を主導した学生たち、主体的に運動に加わった労働者や一般市民、支持あるいは批判の目で運動を注視していた様々な立場の人びと——その証言や意見表明の記録と、政府の公式見解とがコントラストを醸し出している。それらの言葉を介して、読み手は事件がもたらした恐怖と信じ難い体験とに圧倒され、魔法の水晶玉を通してその政治社会的背景や重層性までをも覗き見ているかのような感覚に囚われる。いっさいの解釈を控えているにもかかわらず、証言の連鎖からは、この運動に内在していたありとあらゆる矛盾や対立関係をも同時に察知できる仕組みになっている。事件に先駆けて起こった労働者や農民の運動、地方の諸大学にふりかかっていた弾圧、それらと首都の学生運動が結びつき、高まりを見せていく過程も明らかにされる。そして突如として大虐殺が繰り広げられることになった真相を、読者に行間から読み取らせようとするのだ。すなわち、最初に発砲したとみられる狙撃隊および群集の中に紛れ込んでいた私服警官——その正体は大統領警備隊だった——が軍に「応戦」の口実を与えたのだが、その背景には、大統領後継をめぐる権力抗争も隠されていたことが仄めかされる。

平和裡の学生集会を無差別に武力で鎮圧しようとした、かくも専横にして人道にもとる政府の暴挙を白日の下に曝す本書が刊行されるに至ったのは、不公正を断じて許さぬ著者の決意と勇気の賜物であるに違いない。しかしその一方で、事件当時、内務大臣として弾圧の最高責任者であったL・エチェベリアが、七〇年に大統領に就任し、ポピュリズム改革路線と「分配を伴う開発」を標榜していたからこそ、本書の出版を容認することで自己正当化を図っていたとも十分に考えられる。実際、本書は七一年、優れた文学者を称えるハビエル・ビジャウルティア賞に選ばれたが、ポニアトウスカは受賞を固辞し、「死者を表彰するつもりではあるまい」との抗議文を大統領に送ったのである。

メキシコに限らず、権力により封印され、覆い隠され、公然と議論することの憚られる事件、時代、テーマは歴史上厳存している。しかし今日、一九五〇年代から七〇年代にかけてラテンアメリカ諸国で頻発した当局による思想弾圧——冷戦以後米国政府による統制の手に呼応した為政者たちが振るった弾圧、そしてそれがさらに発展した「汚い戦争」——の責任者を審理する動きが、とりわけ南米のチリ、アルゼンチン、ウルグアイにおいて進展しつつある。あるいは中米のグアテマラに見られるように、外部の人間が真相究明の調査を進めるのではなく、虐殺を被った共同体の内部から自らの体験を再構築し、歴史的記憶の回復を通して過去と対峙し明日を築こうとする闘いも続けられている。『トラテロルコの夜』はそうした闘いへの手がかりとして世界でも先駆的な仕事であり、メキシコ現代史の分水嶺と位置づけられる「六八年」の歴史的真実を知りたいと願う内外の若者たちにとり、初版から三十年以上を経て今なお、まず最初に繙くべき書である。メキシコではすでに五七版を重ねるまでに読み継がれ、早くから英語、フランス語、ドイツ語、ポーランド語、デンマーク語、オランダ語などに翻訳されている。

訳出にあたっては、一九七五年に初版の出た英訳版 *Massacre in Mexico*（手元にあるのは九二年発行の第二版）をも参照した。ただし、単なる言葉の置き換えである場合が多く、疑問点を明らかにするには必ずしも参考にはならなかった。英語版の冒頭にはオクタビオ・パスが七五年に序文を寄せている。パスによれば、本書は、学生運動を急襲した政府による凄まじい弾圧に、何らかの解釈を加えようとしたものではなく、「歴史が冷めてしまい、生きた言葉が文献史料になってしまう前に著された、歴史のクロニカ（記録）」であり、歴史の目撃者が発した声の「コラージュ」なのである。書くことの技は、その内に、聴く技をすでに会得していることを含んでいる。優れたクロニスタであるためには、さらに、他者の存在を認識し受容する感性が要求される、とパスは語る。なるほど、本書においてポニアトウスカは聴き手／編者に徹し、さまざまな人がさながら次々とひとりでに登場し語りかけているかの印象を与える。しかしその陰では、当事者たちの証言——一つひとつの断片——を分類し、配列し、時を行きつ戻りつさせたり、対照的なものを併置してみせる、いわばシナリオ・ライターの役割を絶妙に果たしてもいるのである。

ここで著者の生い立ちと作家としての全体像に触れておきたい。

エレナ・ポニアトウスカは、ポーランド最後の国王（スタニスラス・ポニアトウスキ　在位一七六四—九五）の玄孫にあたるポーランド系フランス人を父に、メキシコ革命の混乱を避け、フランスに生まれ育った名家出身のメキシコ人を母に、戦間期のパリで生まれた。その人生は、父の出征に伴い九歳のとき移住したメキシコとの出会いを機に、社会的に弱者とされる人びとと深い関わりを結ぶようになる。まずもって彼女がスペイン語を学んだのは、祖母の屋敷に仕える家事使用人たちとの交流を通じてであった。ガールスカウトに入隊すると、貧困層居住区での奉仕活動に励み、そこに連帯感や相互信頼の精神を見出した。一方、のちに米国の修道院付属学校に学び、宗教と結びついた寄宿生活を送ったことで、無垢な人びとの篤い信仰心を敬うようになった。

学業を終え帰国した一九五三年、有力日刊紙『エクセルシオル』の記者としてジャーナリズムの道に入り、各方面の文化人にインタビューを行う一連の記事を手がけた。後年、それら膨大な取材記事は *Todo México*（『メキシコのすべて』）と題するインタビュー集にまとめられ、逐次出版され続けている。五七年からは「メキシコ作家塾」に奨学生として学び、取材を介して手にした「声」をもとに、読者に対して社会問題への関心を喚起することに徹する道を選んだ。この頃、のちに『サンチェスの子供たち』（一九六一）で注目を浴びることになる米国の人類学者オスカー・ルイスの下で執筆・編集業の助手を務めた経験は、その後の著作活動に大いなる影響をもたらしたと思われる。

その名をクロニスタとして定着させた本書『トラテロルコの夜』に続き、彼女は、長時間・長期間に亘る聴き書きの積み重ねと綿密な取材調査に基づくエッセイ集『沈黙は強し』(*Fuerte es el silencio*, 1980) をまとめあげた。今でこそ「オーラル・ヒストリー」はひとつのジャンルとして認知されつつあるが、彼女の仕事は常に、何ごとかがはっきりと形を成す以前の実践としての直観的豊饒さを湛えている。巨大化するメキシコ市周縁部に農村から流入する極貧層の日常と定住を目指す闘い、路上で物売りをして生きる子どもたち、トラテロルコ事件再考、五〇年代の鉄道員全国ストライキ、「政治犯」として捕らえられ失踪した青年たちの母親による抗議行動、一夜にして土地を占拠し、居住区を作るパラカイディスタたちの草の根組織の活動――縦横無尽に織り上げられた「沈黙」には、著者自身の洞察と発言が従来のルポ作品より前面に押し出されている。また、これと対をなすエッセイ集『何も、誰も』(*Nada, nadie*, 1988) では、八二年の経済破綻がもたらした混乱に拍車をかけるかのようにメキシコ市を襲った大地震(一九八五)、その悲劇に立ち向かう住民の連帯とこれを支える市民社会の成熟を称え、政府の無能ぶりを暴き批判した。

メキシコ市の南、チマリスタックに位置する、こじんまりと居心地の良い彼女の家には、これまでに数え切れない学生運動家、スト挙行中の労働者、解雇された女工、政治的行方不明者となったわが子の消息を追い悲嘆に暮れる母親……メキシコ中からさまざまな人が訪ね、相談ごとを持ち込み、快く迎え入れられてきた。エレナ・ポニアトウスカというひとりの華奢な貴婦人がいかに幅広い層からの深い信頼を得ているることか。彼女の家を出入りする人びとの波は、権力から蔑ろにされる人びとを無条件に支持し、社会の不公正を糾弾する彼女の生き方を集約していると言えよう。また、社会の底辺にのみ眼を向けるのではなく、「女性の社会的役割の拡大という目標を全面的に支持し、役に立てる活動があれば喜んで仲間に加わる」と語るポニアトウスカは、欧米の大学でも頻繁に、女性作家のための/についてのワークショップやセミナーを主宰し続けている。とりわけ、メキシコ系米国人《チカーナス》との国境を越えた交流を深め、墨米スペイン語圏において女性作家の新世代を育成してきた。こうして、「沈黙は不正との共犯、不正への加担である」との一貫した信念と行動力が、女性ジャーナリスト初の「全国ジャーナリズム賞」（一九七九）受賞をもたらし、今ではその道五十年余となった。社会の不正を許さずに切り込む、インパクトに満ちたそのジャーナリストとしての仕事ぶりは、メキシコの人びとの信頼と喝采の的なのである。

しかし、ポニアトウスカの持ち味は、決してジャーナリズムに限られたわけではない。読者の心に迫る、野心的な小説《フィクション》作品を次々と生み出してもいる作家なのである。作家としての端緒は、短篇『リルス・キクス』（*Lilus Kikus*, 1954）がメキシコ文壇の重鎮ファン＝ホセ・アレオラによって認められ、彼の創始した『プレセンテス』叢書の第一巻として出版されたことだった。この作品は彼女自身の幼少期から思春期を下敷としており、その日常生活が好奇心溢れる少女のまなざしと風刺精神に彩られ活写されている。その描写には巷でよく耳にする庶民的な言い回しが満ち、陽気な調子と一見無邪気な文体の中に、社会や権威に対する鋭い批判が滲んでいる。

祖国として自ら選び取った国（六九年に国籍取得）の実情に、報道の仕事を通じて通暁するようになっていった六〇年代末以降、愛するメキシコの民衆をテーマとする「文学」作品をものしていき、被抑圧者あるいは社会的弱者の証言の単なる収集とモンタージュではなく、ノンフィクションとフィクションの間を自由に行き交う作風を生みだしていく。「私は何ごとにも好奇心が旺盛だけれど、より強く惹かれるのは貧しい人びとです。その声こそ、私に養分を与えてくれました。彼らの悲喜こもごもを綴るのが私の社会的使命だと思っているのではありません。彼らに与える以上のものを私は彼らから受け取っているのですから」という言葉に、創作意欲の根源をみることができよう。

ポニアトウスカは、メキシコ屈指の文学賞「マサトラン賞」を二度授与されている唯一の作家である。

最初の受賞作となった『生き抜いて』（*Hasta no verte Jesús mío*, 1969）は、メキシコ革命で貧農派として従軍し、前線で複数の役割を担った「女性兵士《ソルダデラ》」のひとり、ヘスサ・パランカレス（仮名）の六〇年代までの生涯を、本人の証言をもとに再構成した歴史小説である。二十余年をおいて二度目のマサトラン賞に輝いた作品が『ティニシマ』（*Tinísima*, 1992）だった。メキシコで開花したイタリア人写真家・共産主義活動家ティナ・モドッティについての大部な伝記小説である。膨大な資料の渉猟と探し当てた生き証人へのインタビューに基づき、芸術と政治活動と愛によって魂と肉体を翻弄されるひとりの卓越した女性の四十六年の生涯を、まるで本人が乗り移ったかのように、その生きた時代精神を織り込みながら描ききった。二〇〇一年には、スペインのアルファグアラ出版社がプロ・アマを問わずスペイン語圏全域の作家を対象に匿名で作品を募る年次文学賞において、彼女の『天空の牡牛』（*La piel del cielo*）が最優秀作品賞を受賞した。彼女の従来のテーマとは一線を画したこの作品（科学者がこの国で志を達することの難しさが主題である）が成し遂げた快挙は、まさに作家としてのポニアトウスカの資質を裏付けるものとなった。

　ジャーナリズムと文学とは、ポニアトウスカの作家人生の両輪をなしてきた。両輪の轍がさし示す先にある「証言文学」は、彼女自身の分析によると、口頭で証言を集める方法、歴史的事実の参照、フィクションの手法、ニュー・ジャーナリズム（ノーマン・メイラー、トルーマン・カポーティ、トーマス・ウルフらが生んだ、ジャーナリズムと文学を融合させる手法）、それらすべてを組み合わせたものなのである。作品の持ち味は、掬い上げた「声」の行間に潜むほのかにして巧妙な注釈の織り込みにある。

　彼女には五十点を越える著書があり、それらの多くがそれぞれいくつもの言語に翻訳されている。彼女の論考を収めた内外の論集は数知れず、実に多くの作家・写真家の著作・作品集に序文を提供してもいる。ポニアトウスカの旺盛な好奇心と創造精神は、読者の心を永遠に摑んで離さないだろう。

本書邦訳版を編むにあたり、メキシコ現代史に親しみの薄い読者諸兄にも事件の背景を理解していただきやすいように、O・パスによる英訳版への序文を冒頭に配置し、本編の後に著者が一九九八年、トラテロルコ事件三十年後に寄せて著したエッセイを掲載することにした。また、原書では口絵としてまとめて収められている写真を、邦訳版では内容に応じて適宜本文中に配置した。証言者たちとの一体感を味わっていただくために役立つとしたら幸いである。なお、原書にはいっさい注は付されていないのであるが、訳注と訳者による短い補足を、それぞれ（1）（2）……と文中の〔　〕で示した。

最後に、メキシコの六八年学生運動の重要性は、その戦略や成果ではなく、それへの政府による弾圧が社会全般に引き起こした政治意識の覚醒にあった。政治腐敗を隠蔽するPRI体制は六八年以後も完璧なまでに堅持されたが、愚直に真相究明と免罪の終焉に向けて努力を重ねてきた人びとや、広く人権擁護と民主化のために闘い続ける人びとの存在を忘れてはなるまい。この点については稿を改めて問うこととしたい（『環』第23号、二〇〇五年十月、藤原書店刊をご参照いただきたい）。

このたび本書の日本語版が出版されることになったきっかけは、二〇〇〇年六月――PRI体制終焉を実現させた大統領選挙のひと月前――、日本ラテンアメリカ学会および国立民族学博物館の招聘により著者が初来日を果たしたことだった。早稲田大学の畑惠子氏のご紹介を得て藤原書店をお訪ねした折、メキシコにおける「一九六八年」の意義に注目された社主の藤原良雄氏が、本書邦訳出版の労をお引き受けくださった。遅々として進まぬ訳業にもかかわらず、つねに温かく辛抱強くご支援くださった藤原氏と適切な助言を授けてくださった担当編集者の刈屋琢氏に、この場をお借りして心より感謝申し上げます。

二〇〇五年八月

北條ゆかり

附 メキシコ近現代史年表 1909-2000

＊印はメキシコ以外のラテンアメリカ諸国を示す

西暦	メキシコ/ラテンアメリカの出来事	世界の出来事
一九〇九	F・マデロ、P・ディアス独裁打倒を掲げて『一九一〇年の大統領継承』を出版、メキシコ革命の端緒となる	
一〇	独立百周年。マデロ「サンルイスポトシ綱領」を発表。全国蜂起を呼びかけ	日韓併合条約
一一	ディアス、フランスに亡命。マデロ、大統領に就任	
一二	E・サパタ、モレロス州で「アヤラ綱領」発表	中華民国成立
一三	マデロと副大統領ピノ=スワレスが暗殺され、ウエルタ将軍暫定大統領 V・カランサ、「グアダルーペ綱領」発表し、護憲運動開始	
一四	米海兵隊、ベラクルス港占領。革命諸勢力が「アグアスカリエンテス会議」で目標の違いを鮮明にし、P・ビジャ派とサパタ派が擁立したE・グティエレスが暫定大統領となり、諸勢力は再び内部分裂し内戦状態へ ＊米、ハイチを保護国とする	第一次世界大戦勃発（〜一八）
一五	カランサ、ベラクルスで護憲派巻き返しを図る。米、カランサ政府を承認	
一六	米のビジャ懲罰隊、メキシコ北部に侵入。カランサ、制憲議会召集 ＊米軍、ドミニカ共和国を占領	
一七	カランサ、大統領に（〜二〇）。革命憲法公布	ロシア革命
一八	メキシコ労働者地域連合（CROM）結成 ＊アルゼンチンのコルドバで大学改革闘争発生	
二〇	A・オブレゴン、大統領就任	国際連盟発足
二一	公教育省設置。バスコンセロス公教育相による壁画運動	
二四	P=E・カジェス大統領就任	

二五	＊ペルーでアメリカ人民革命同盟（APRA）結成	
二六	＊米軍、ニカラグアに駐留（〜三三） カトリック教会による宗教行事の停止とクリステロスの乱（〜二九） ＊ニカラグアでサンディーノ指揮下、反米武装闘争開始（〜三三）	
二八	オブレゴン、大統領再選直後に暗殺（革命動乱期収束） ＊ハバナでの第六回米州諸国会議で米の干渉政策批判強まる	
二九	国民革命党（PNR）結成	世界恐慌始まる（〜三二）
三〇	＊ブラジルで三〇年革命、ヴァルガスが政権掌握	
三三	メキシコ農民総連合（CCM）結成	ヒトラー、権力掌握
三四	L・カルデナス政権発足（〜四〇）。農地改革法公布、大土地の収用と共有地払い下げの推進	
三六	メキシコ労働者総連合（CTM）結成 ＊ニカラグアでソモサ一族の独裁体制始まる（〜七九）	スペインで人民戦線政府樹立、内戦始まる（〜三九）
三七	鉄道の国有化	日独伊三国防共協定締結
三八	石油資産の国有化 国民革命党（PNR）がメキシコ革命党（PRM）に再編 ＊チリで人民戦線政府成立	日本、国家総動員法制定
三九	国民行動党（PAN）結成	第二次世界大戦（〜四五）
四〇	M・アビラ＝カマチョ、大統領就任（〜四六）	
四二	米と、移民に関する二国間協定「ブラセロ計画」締結	
四四	＊グアテマラで独裁者ウビーコ追放、アレバロによる改革	
四六	メキシコ革命党（PRM）が制度的革命党（PRI）に再編 M・アレマン、大統領就任（〜五二） ＊アルゼンチンでペロン政権成立	国連第一回総会。世銀発足
四七	＊米州諸国、米州相互援助条約（リオ条約）調印	IMF業務開始

四八	＊米州機構成立	
四九		中華人民共和国成立
五〇	＊グアテマラでアルベンス政権成立、改革強化	朝鮮戦争
五一		サンフランシスコ講和会議
五二	メキシコ市南部に大学都市が完成 A・ルイス＝コルティネス、大統領就任（〜五八） ＊ボリビア革命	
五三	女性参政権成立	
五四	＊グアテマラでアルベンス追放の反革命軍事クーデター	
五五	＊アルゼンチンで反ペロン・クーデター、軍政発足	第一回アジア・アフリカ会議（バンドン会議）
五八	A・ロペス＝マテオス、大統領就任（〜六四） 鉄道労組がゼネスト、翌年二月、軍が出動し鎮圧	
五九	国家公務員社会保険庁（ISSSTE）設立 ＊キューバ革命成る	
六〇	電力産業国有化 ＊米州機構のキューバ非難決議に対し、「第一次ハバナ宣言」発表	
六一	＊ニカラグアでサンディニスタ民族解放戦線（FSLN）結成 ＊米州機構総会で「進歩のための同盟」発足	ベオグラード会議（非同盟諸国会議）開催
六二	モレロス州のサパティスタ運動旗手、ルベン・ハラミジョとその家族暗殺 建築家マリオ・パニが中心となり、ノノアルコ‐トラテロルコ団地群建設着工（六六年竣工） ＊キューバ、米州機構除名、「第二次ハバナ宣言」採択。「ミサイル危機」	
六三		ケネディ大統領暗殺
六四	G・ディアス＝オルダス、大統領就任（〜七〇）	国連貿易開発会議

六五	＊ブラジルで軍事クーデター チワワ州シウダー・マデラで兵営攻撃。メキシコにおけるゲリラ運動の起源となり、後に「九月二十三日同盟」発足 ＊ドミニカ共和国の革命に米海兵隊が武力侵攻し鎮圧	米、北ベトナム爆撃開始
六七	ゲレロ州の農村教員ルシオ・カバーニャス、「貧民党」結成し、ゲリラ戦開始 同右、ヘナロ・バスケス、「全国革命市民連合」結成 ＊ラ米核非拡散条約（トラテロルコ条約）署名	米で黒人解放闘争が激化
六八	**トラテロルコで学生弾圧事件（十月二日）**。メキシコ・オリンピック開催 ＊ペルー、パナマにクーデター起こり、軍事政権発足	全世界的に青年中心の反乱 ソ連軍チェコ侵入
六九	選挙法改正、十八歳以上に選挙権	米でニクソン政権発足
七〇	Ｌ・エチェベリア、大統領就任（〜七六）。反体制派とみなす人物に対する弾圧「汚い戦争」始める ＊チリでアジェンデ人民連合政権成立	
七一	ロス・アルコネスによる「六月十日事件」	
七三	＊アジェンデ政権、ピノチェト率いる軍事クーデターにより崩壊	
七五	国際婦人年世界会議開催	ベトナム解放
七六	Ｊ・ロペス＝ポルティーリョ、大統領就任（〜八二） 二二年間固定されていた通貨ペソが五〇％余切下げられ、変動相場制へ移行	
七七	大規模石油開発始まる ＊パナマ・米国間で新パナマ運河条約調印	ベトナム軍、カンボジアに軍事侵入 米でカーター人権外交開始
七八	ロサリオ・イバラ＝デピエドラ、「政治的理由による投獄、迫害、亡命、失踪問題究明委員会」を発足させ、犠牲者家族と連帯し組織的抗議行動開始 共産党合法化	

七九	＊ニカラグアで革命政府成立	イラン、イスラム革命
八〇	＊キューバで大量亡命事件 ＊ペルーで民政復帰 ＊エル・サルバドルでファラブンド・マルティ民族解放戦線結成	ソ連軍、アフガニスタン侵攻 イラン・イラク紛争、戦争に発展
八一	カンクンで南北サミット開催	ポーランド軍政 米でレーガン政権発足(〜八九)
八二	グアテマラ難民がチアパス州に避難 対外累積債務処理の破綻、モラトリアム宣言、金融危機で銀行国有化 M・デラマドリ、大統領就任（〜八八） ＊グアテマラ民族革命連合結成	
八三	チアパスで先住民主体の「サパティスタ民族解放軍」（EZLN）結成 ＊中米紛争の平和的解決をめざすコンタドーラ・グループ結成 ＊米、対ニカラグア経済制裁措置発表 ＊ニカラグア最大の石油貯蔵所を反革命ゲリラ（コントラ）が爆破 ＊米、中米革命牽制の軍事演習を繰り返し、グレナダ侵攻 ＊チリで反軍政大集会　＊アルゼンチンで民政移管	エイズ問題化する
八四	メキシコ人権アカデミー・人権センター誕生 ＊各国で債務危機、債務国会議で「カルタヘナ合意」採択 ＊チリでピノチェトの即時退陣を求める国民抗議行動、大量検挙 ＊ニカラグア政府、中米和平案受け入れ表明、米政府は反対表明 ＊エル・サルバドルで大統領と解放勢力の会談実現 ＊ニカラグアで革命後初の大統領・制憲議会選挙でFSLN圧勝	
八五	メキシコ市で大地震、死者一万人超 ＊ウルグアイで一二年ぶりに民政移管　＊ブラジルで民政移管	ソ連、ゴルバチョフ共産党書記長就任

	*米、ニカラグアへの経済制裁発表、国連安保理の非難決議案に拒否権行使、両院でコントラ援助法案可決 *ラ米一四カ国、中米紛争の平和的解決求めて「リマ宣言」発表 *ニカラグア大統領、国連で米の国家テロを非難 *チリで大規模軍政抗議デモ	
八六	GATTに加盟 *チリで「市民会議」が軍政の終結要求 *ラ米八カ国が米にコントラ援助中止を要求する共同声明、中米五カ国が和平協定の意思表明「エキスプラス宣言」を発す。米は、国際司法裁判所による国際法違反判決と国連安保理の再度の非難決議にも拘らず、両院でコントラ一億ドル援助を承認	ソ連でチェルノブイリ原発事故
八七	大統領選挙をめぐってPRI分裂。離脱したC・カルデナスらが左翼グループとともに国民民主戦線（FDN）結成し、民主化運動高まる	
八八	C・サリナス＝デゴルタリ、選挙不正疑惑（大統領在位～九四） *ニカラグア、サンディニスタ派とコントラの停戦協定	ソ連軍、アフガニスタンより撤退
八九	民主革命党（PRD）結成 石油公社（PEMEX）労組の書記長逮捕 外資法改正、外資導入を大幅自由化。公営企業の民営化促進 *米軍、パナマに侵攻し、ノリエガ将軍を拘束	ベルリンの壁、崩壊。米ソ首脳が冷戦終焉を宣言
九〇	国家人権委員会設立 *メキシコに債務削減構想（ブレイディ・プラン）適用、以後他の累積債務国にも広がる *ニカラグア、国連監視団の下で総選挙実施、チャモロ親米政権成立	イラクのクウェート侵攻で湾岸危機 東西ドイツの統一
九一	憲法第二七条改正（農業共有地《エヒード》の払い下げ制度廃止と譲渡・売却の自由化）	湾岸戦争勃発　ソ連邦解体
九二	カトリック教会に法人格を認める憲法改正	EC加盟国外相、欧州連合

	北米自由貿易協定（NAFTA）を締結 ＊エル・サルバドル政府とゲリラ間の停戦合意 ＊「新大陸発見五百年」記念行事と抗議運動が各地で起こる ＊グアテマラのリゴベルタ・メンチュウ、ノーベル平和賞受賞	（EU）条約（マーストリヒト条約）に調印 地球環境問題の議論活発化
九三	アジア太平洋経済協力会議（APEC）加盟	
九四	NAFTA発効。EZLN、チアパスで武装蜂起 経済開発協力機構（OECD）加盟 E・セディージョ、大統領就任（〜二〇〇〇） 金融危機	
九五	金融セクターの救済策としての預金保護基金（FOBAPROA）の拡大と公的負担増大により、金融セクターの自由化・外国金融機関への門戸解放 ＊南米南部共同市場（MERCOSUR）発足	世界貿易機関（WTO）発足
九六	政府とEZLNの間で「サン・アンドレス合意（先住民の権利と文化に関する協定）」成立 ＊グアテマラ、和平協定により内戦終結	
九七	中間選挙でPRI、連邦下院の絶対多数を失う。PRDのカルデナスがメキシコ市長に当選	
九八	＊ピノチェト元チリ大統領、「無実の人を大量処刑した人道上の罪」によりイギリスで逮捕	
九九	＊パナマ運河返還	EU単一通貨「ユーロ」誕生
二〇〇〇	大統領選挙で国民行動党（PAN）候補V・フォックスが勝利しPRI政権を倒す（任期は〇六年まで）。公約の中には、民主化促進、汚職追放、貧困削減、EZLNとの交渉再開等と並んで、エチェベリアの訴追をめぐる特別検察室設置を掲げていた	ロシア大統領選挙でプーチンが当選 南北朝鮮首脳、平壌で初会談 米、ブッシュ大統領選辛勝

著者紹介

エレナ・ポニアトウスカ

(Elena Poniatowska)

ポーランド最後の国王の末裔として,1932年パリに生まれ,42年母方の祖母の待つメキシコへ移住。53年ジャーナリズムの道に入り,以来半世紀余,ノンフィクションとフィクションの間を自由に往還しながら,現代メキシコの知的文化と大衆文化双方の価値と問題を余すところなく描き出してきた。79年,女性初のメキシコ「全国ジャーナリズム賞」受賞。
著書に『生き抜いて』(1969,マサトラン賞)『沈黙は強し』(1980)『何も,誰も』(1985)『ティニシマ』(1992,マサトラン賞)『天空の牡牛』(2001,アルファグアラ社年次最優秀作品賞)他多数。

訳者紹介

北條ゆかり(ほうじょう・ゆかり)

滋賀大学経済学部助教授。ラテンアメリカ史専攻。コレヒオ・デ・メヒコ歴史学研究所客員研究員を経て,大阪外国語大学大学院修了。共著に『メキシコの女たちの声』(2002)『ラテンアメリカの女性群像』(2003, 以上行路社)『嗜好品の文化人類学』(2004,講談社)他,共訳書にロペス=アウスティン『月のうさぎ——メソアメリカの神話学』(1993,文化科学高等研究院)『ラテンアメリカの歴史——史料から読み解く植民地時代史』(2005,世界思想社)他。

トラテロルコの夜《よる》 メキシコの1968年

2005年9月30日　初版第1刷発行©

訳　者　北條ゆかり
発行者　藤原良雄
発行所　株式会社 藤原書店

〒162-0041　東京都新宿区早稲田鶴巻町523
電　話　03 (5272) 0301
FAX　03 (5272) 0450
振　替　00160-4-17013

印刷・製本　中央精版印刷

Printed in Japan
ISBN4-89434-472-6

月刊
機
2005
9
No. 163

一九九五年二月二七日第三種郵便物認可　二〇〇五年九月一五日発行（毎月一回一五日発行）

発行所　株式会社 藤原書店©
〒一六二-〇〇四一　東京都新宿区早稲田鶴巻町五二三
電話　〇三・五二七二・〇三〇一（代）
FAX　〇三・五二七二・〇四五〇
◎本冊子表示の価格は消費税込の価格です。

編集兼発行人
藤原良雄
頒価 100 円

百年先を見通した後藤新平に学び、いま何をなすべきか考える！

「後藤新平の会」、遂に誕生

昨秋より後藤新平生誕百五十周年記念大企画「後藤新平の全仕事」の刊行を開始し、各方面から予想以上の反響を戴き、着々と読者が広がってきています。この間、少なからぬ方々から、今の時代にこそ後藤新平のような人物が必要だ、とのご意見も戴きました。それを受け、後藤新平の仕事に関心をもつ人々が出会える「場」を作るべく、有志一同はこのたび「後藤新平の会」を創立しました。後藤の業績を正しく評価していくための研究活動を行ない、その遺産を継承し発展させてゆく、ゆるやかな結合体を考えております。

編集部

● 九月号 目次 ●

百年後の世界を見通した「後藤新平の会」、遂に誕生！

後藤新平の示した近代的モデル

鈴木俊一

鈴木俊一です。

本日は、後藤新平の会の設立、誠におめでとうございます。

私は、旧内務省、その後自治省に勤務したあと、東京都知事を十六年、務めました。後藤新平は、東京市長、そして内務大臣をしています。時代は違うし、当時とは制度も違うのですが、後藤新平は、私と同じような世界で仕事をした人という感じがあります。

私は、都知事在任中、都営地下鉄十二号線、現在、大江戸線と言っていますが、この地下鉄の建設や、臨海副都心の開発、都庁の新宿移転などに取り組みました。

▲鈴木俊一氏

これらのプロジェクトの実行にあたっては、後藤新平が関東大震災の復興にあたったときの姿勢に学ぶところが多かったように思います。

後藤新平の事業には、今は大変でも、歯を食いしばって困難な事業に取り組み、次の世代のためにいいものをつくっていくという姿勢があります。私も同じ気持ちだったので、後藤新平の気持ちがよくわかります。

後藤新平は、調査課をつくったり職員研修所をつくるなど、縦割り行政の弊害をなくすことに努めました。八億円プランをつくるなど、長期計画をもとに計画的に行政を実行しようとしました。私も、長期計画、総合実施計画を策定して、都民に対してあらかじめ仕事の道筋を示すように努めました。

後藤新平は、わが国の行政の進め方について、一つの近代的なモデルを示した人だと思います。今、後藤新平の業績について広く語り合うことは、現代の日本にとって非常に意義のあることだと思います。

後藤新平の会の発足を心からお祝いし、会の発展をお祈り致します。おめでとうございます。

（すずき・しゅんいち／元東京都知事）

文明の創造者、後藤新平

粕谷一希

後藤新平というのは本来政治史からはまともに相手にされない存在でした。『朝日新聞』の論説主幹、池辺三山は「後藤新平というのはキ印だ」と言っていますし、原敬も、政治家としては実にわきが甘い、あれではとても総理大臣になれないといって、軽蔑したという感じのことを記している。

▲粕谷一希氏

ところが、ひょっとすると原敬よりも後藤の方が仕事をしたかもしれないと現代人に思わせる。それは単なる政治家ではなく、文明の創造者だからだろうという気がします。鉄道、道路、通信、放送、あるいは都市計画、とにかく文明というものの全体を理解し、社会のインフラをどうするかに徹底している。

本会では、単に彼のことを学ぶだけではなく、今の日本でどうしたらああいう文明の創造が、人材登用ができるのか、そして世界戦略を持てるのかを考えてみたい気がします。

いまエリート教育をまた改めて言い出しておりますが、私は学校秀才だけでは世の中やっていけないと思います。後藤はその学校秀才を、一番その能力に合ったように使った。また活躍の舞台を与えた。非常に若くして大変責任ある仕事を後藤によってさせられている。それが、僕は人材登用の真骨頂だと思っています。

もう一つ、後藤は非常に広い視野で世界を見ている。例えばアメリカのビアードを呼ぶ。これは東京の都市計画と関連しますが、単にそれだけではなくアメリカを理解するための非常に優れた戦略的な方法だったのではないか。また、革命ロシアのヨッフェとの接近にも、背後に後藤の世界戦略があったのではないか。

少なくとも本日は単にシンポジウムではなく、これを起爆剤に今の日本にこういった機運をもっと盛り上げられないかというのが私の念願であります。どうぞよろしく。

（かすや・かずき／「後藤新平の会」代表幹事）

「後藤新平の会」発足記念シンポジウム

報告「21世紀と後藤新平」

――人材登用と世界戦略――

日本の新しい展開を考えるために――〈後藤新平の全仕事〉の刊行がつづくなか、「後藤新平の会」が発足し、設立記念シンポジウム「21世紀と後藤新平――人材登用と世界戦略」が、さる七月二十三日、東京千代田区プレスセンターで開催された。

はじめに、同会代表幹事・粕谷一希氏（評論家）が『正伝 後藤新平』（最新刊第五巻）の入念な編集を評価したあと、「後藤の仕事は全て遠大な文明観に基づいており、今後の日本を考える起爆剤になる。本会への支援を願う」と挨拶した。

御厨貴氏（東大教授）の司会でシンポジウムに移り、パネリスト五氏の問題提起で始まった。**増田寛也氏**（岩手県知事）の「地方分権と人材育成」では、後藤の〝自治三訣〟が地方分権の基本精神となるもので、リーダー像としても後藤はモデルとなり得ると述べた。**三砂ちづる氏**（津田塾大教授・疫学）の「公衆衛生と人材登用」では、後藤の『国家衛生原理』が現代の公衆衛生概念の核心を示すものとし、彼が衛生をフィールドワークで考えたことに注目。**下河辺淳氏**（元NIRA理事長）の「近代日本のインフラ整備」では、後藤新平は自分の心の支えであり、その都市計画もただのインフラ整備でなく、文化融合のイメージが基になっていたと問題提起した。次いで、**苅部直氏**（東大助教授）の「植民地経営と人材登用」では、民情重視の植民統治についても統治された側から語られる必要がある、人々の持つ自治精神に期待する後藤だが、権力というものの捉え方が楽観的ではないかと述べた。**森まゆみ氏**（作家）の「東京の都市改造計画」では、意外な人間のネットワークの中で見ると後藤像がますます深まるとした。

休憩後の討論は、御厨氏によって、後藤の「国家―自治団―個」という三層構造認識を中心に進められ、活発に展開した。

なお、シンポジウム終了後の懇親会では、鈴木俊一氏（元東京都知事）が、施策実行に当たって後藤新平から学んだことを語り、辻井喬氏（作家・詩人）が、後藤の外交における的確な判断力にふれるとともに、後藤関係図書は経営リーダーに読まれるべきと語った。（編集部）

※本会の全記録は、『環』25号に収録予定

「後藤新平の会」発起人

〔五十音順〕

青山　佾（作家、元東京都副知事、明治大学大学院教授）
生田正治（日本郵政公社総裁）
岩見隆夫（政治評論家、毎日新聞東京本社編集局顧問）
植松治雄（日本医師会会長）
梅棹忠夫（人類学者、国立民族学博物館顧問）
梅原　誠（シチズン時計社長）
及川正昭（水沢市立後藤新平記念館館長）
大村　智（北里研究所理事・所長）
大宅映子（作家）
小倉和夫（国際交流基金理事長）
小沢一郎（衆議院議員）
粕谷一希（評論家、都市出版相談役）
勝俣恒久（東京電力社長）
加藤丈夫（富士電機ホールディングス相談役）
加藤登紀子（歌手）
河﨑武蔵（後藤新平息）
川本三郎（評論家）
草原克豪（拓殖大学副学長）
後藤健蔵（後藤新平孫）
榊原英資（慶応義塾大学教授）
佐々木隆男（胆江日日新聞社社長）
佐野眞一（ノンフィクション作家）
椎名素夫（前参議院議員）
篠田正浩（映画監督）
下河辺淳（元ＮＩＲＡ理事長・国土事務次官）
新村　拓（北里大学教授）
鈴木俊一（元東京都知事）
高橋光夫（水沢市長）
中馬清福（信濃毎日新聞社主筆）
辻井　喬（作家、詩人）
鶴見和子（社会学者、上智大学名誉教授）
鶴見俊輔（哲学者）
中田　宏（横浜市長）
中村桂子（ＪＴ生命誌研究館館長）
西澤潤一（首都大学東京学長、東北大学名誉教授）
箱島信一（朝日新聞社相談役）
塙　義一（日産自動車名誉会長）
平野眞一（名古屋大学総長）
福田康夫（衆議院議員）
藤原作弥（元日本銀行副総裁、日立総合計画研究所社長）
藤原良雄（藤原書店社長）
松岡滿壽男（前参議院議員、〔財〕満鐵会理事長）
松田昌士（ＪＲ東日本会長）
三浦　宏（岩手日報社社長）
御厨　貴（東京大学教授）
森繁久彌（俳優）
安田　弘（安田不動産顧問）
養老孟司（北里大学教授、東京大学名誉教授）
吉田直哉（演出家、文筆家）
吉田瑞男（水沢市・後藤新平顕彰会会長）
李 登 輝（台湾・前総統）

「後藤新平の会」ご入会のご案内

■活動内容 ……………………………………………

【定例行事】・年一回の公開シンポジウム
・年二回の「会報」発行

【年 会 費】5,000円（個人）／50,000円（法人）

【事 務 局】藤原書店内

■入会方法 ……………………………………………

ご希望の方は、郵便局の振替用紙に入会ご希望の旨をお書き添えの上、下記の郵便振替口座番号までご送金下さい。

［振替 00100-4-537717　後藤新平の会］

▲I・イリイチ（1926-2002）

手にした骸骨男の笛の音に合わせて踊る骸骨たちの群れとして表現されるようになります。わたしの目の前にあるのは、歴史上はじめて、自然の力として理解されるようになったものの擬人的な表現であるということ。と同時に、それはもはや、人が誕生して以後、命あるかぎり終生抱えていなければならない本質的な制約として理解されることはなくなったということです。この時点から、力としての死が、そのような気味の悪いしかたで表現されるようになったのです。

生命が世界の超越的な基礎となった八〇年代

七〇年代には、この自然的な力としての死という観念が、しだいに、その反転物へと、つまり、一生命としての生命へと転化していくのがわかりました。生命は、死のように抽象的なしかたで擬人化されるのではなく、受精卵や青い地球として、あるいは、医師がその生命の敵――死――から守らねばならない患者の姿として表現されるようになったのです。

その後八〇年代になって、わたしはますます一生命と称されるものが実体性の影を帯びるようになったという認識、あるいは、それが物質的なものになったという認識を抱くようになりました。生命が世界の超越的な基礎となったこと、それゆえにこそわれわれはこの世界で「〔複数形の〕生命」について語ることができるということでした。生命はまがいものの神となり、受肉してわれわれの罪を贖《あがな》ってくれた神を否認するものとなったのです。

そして、この九〇年代において、わたしの嗅覚も本能も、さらには理性も、わたしにこう告げているのです。すなわち、われわれはいま一つの歴史的な敷居、ないしは分水嶺の上に立っており、宗教心の新たな段階に移行しようとしているのかもしれないと。

わたしがここで言っているのは、世界の被造物性をことさらに強調し、受精卵であれバラであれ、それらを被造物として語る一方、その創造者については一顧だにしない場合の、存在のしかた、語り方、指示のしかた、知覚のあり方のことなのです。被造物、あるいは生き物ということばは、つまり信仰の対象たることば〔神〕から切り離されました。それゆえ、会話の中で、とりわけエコロジーの領域に属する会話の中で、被造物について論じられる場合、神や創造者については、それがあたかも合理的な仮説であるかのように語られることがますます多くなっているのです。

　わたしは五年前に、「生命なんて糞くらえ！」と発言して、そこに同席した一五〇人の聖職者たちを驚かせました。わたしはそのことばを、公式に、かつ厳粛な呪いのことばとして口にしたのです。ところが、いまやわたしはそのときよりも二重、三重に力を込めて、こう言わなければなりません。つまり、「仮説としての神なんて糞くらえ！」と。かの聖域、すなわち、それらを通じて生命が――無である生命が――姿を現す、青とピンクの二対の聖域とは、そうした聖域が成立することによってまさに準備されるのは、神というものを、やむをえずあたかも実在するかのごとく、そこに存在するかのごとく扱う必要がある者とみなすような世間の風潮であるということです。

「今を、いきいきと生きよう」

「われわれは未来をもたない」ということを知っておくことは、意味をもち感覚に訴えることばと明晰判明な観念を用いて思索や考察をおこなうために必要な条件だと思います。明日というものはあるでしょう。しかし、それについてわれわれが何かを言えるような、あるいは、何らかの力を発揮できるような未来というものは存在しないのです。われわれは徹底的に無力です。われわれは、芽生えはじめた他者との友情をさらに拡大していく道を探ろうとして、対話をおこなっています。そして、その場合の他者とは、自己の無力さや、われわれの結合された無力さをともに味わいうるような他者なのです。わたしは一個の原子でもなければ、一個の美でもありません。世界を一個の全体としてとらえる以上、人間の時代は終わった、あるいは、とっくの昔に終わっているという事実から目をそらそうとするのとは対極的な雰囲気を生みだすことができるのは、いまこの現在を、それが世界を救うのに役立つからではなく、美しいものであるからこそ祝福しうるようなセンスです。そうした饗宴の場では、自覚的に、生命に対置されるかたちで、いきいきと生きることこそが祝福されているのです。

　われわれが転換を遂げる方法は一つしかありません。それは、いまこの瞬間〔自分が〕こうしていきいきと存在していることを深く楽しむことであり、お互いにそうすることをすすめあうこと、しかも、できるだけ裸の〔ありのままの〕姿でそうすること、つまり、裸のキリストにならって裸の姿でそうすることなのです。

正気を失っていないかぎり、わたしが責任を負うことができるのは、自分がそれに関して何かをなしうるようなことがらだけです。責任というのは、長い間法律の世界で使われてきたことばです。法的概念としての責任は古くから存在していました。〔これに対して〕一般概念としてのそれ、あるいは漠然とした倫理的概念としてのそれは、比較的最近のものです。それはある独特なタイプの倫理にほかなりません。すなわちそれは、自分が責任を負っているものに対して、自分は何かをなしうるという信念と結びついた、独特な倫理なのです。こんにち、ある種のデマゴーグたちはもちろん、哲学者たちも、人びとはこれこれのことがらに対して責任を負うと説いているわけですが、そうしたすべてのことがらに対して、何か効果的な、意味のあることを誰もがなしうると考えるとすれば、それはまったくの幻想にほかなりません。それは、わたしのいう新たな宗教心の基礎をなす考え方としてうってつけのものであり、それによって、人びとはかつてないくらい支配されやすく、管理されやすい存在になるのです。

それゆえわたしは、〔人びとに〕「今を、いきいきと生きよう」と呼びかけます。あらゆる痛みや災いを抱えつつ、この瞬間に生かされてあることを祝福し、そのことを自覚的、かつ儀礼的に、また、率直に楽しもうと呼びかけるのです。わたしには、そのようにして生きることが、絶望や宗教心――あの非常に邪悪な種類の宗教心――に対する解毒剤になると思われるのです。（談）

（訳・高橋和哉）

（Ivan ILLICH／思想家）

※『生きる意味』より収録（構成・編集部）

一九六八年十月二日、メキシコで何が起きたのか？　メキシコ民衆のバイブル、遂に完訳。

歴史の目撃者の声の「コラージュ」

――『トラテロルコの夜』英語版に寄せて（一九七五年）――

O・パス

歴史の目撃者が発した声の「コラージュ」

一九六八年の学生運動と、それを突如として終わらせた、政府による凄惨な弾圧は、メキシコの人びとを深く動揺させた。その結果生じた政治的、社会的、倫理的危機はいまだに解かれてはいない。エレナ・ポニアトウスカの『トラテロルコの夜』は、これらのできごとを解釈しようとしたのではない。理論あるいは仮説という類のものをはるかに越える何か、すなわち、筆者が呼ぶように「歴史の目撃者が発した声」の「コラージュ」なのである。一編の歴史記述《クロニクル》――それも、歴史が凍りつき、生の言葉が文章化される前に、我々に歴史を示してくれるクロニクル〔スペイン語ではクロニカ〕である。歴史記述家《クロニスタ》にとって、耳を傾ける術を弁えていることは、筆が立つことよりさらに重要なことですらある。こう表現するほうがよいかもしれない。書くことの技は、その内に、聴く技をすでに会得していることを含んでいる、と。それは、繊細にして至難の技である。なぜなら、鋭い耳を要するばかりか、偉大な倫理的感性、つまり他者の存在を認め、受容できるかどうかが問われるからである。作家には二通りある。自分自身の内なる声に耳を傾ける詩人と、周辺世界の数多の声つまり他者の声に耳を傾ける小説家、ジャーナリスト、歴史家と。エレナ・ポニアトウスカはまず、メキシコで最も優れたジャーナリストのひとりとして名を成した後、まもなく完璧なまでに劇的な短篇と、すぐれて独自性あふれる小説の書き手として広く迎え入れられた。彼女の描く世界は、突飛な諧謔精神と幻想によって支配されており、そこではごく普通の日常の現実と不気味で思いもよらない現実とを切り離している境界が曖昧でぼやけたものになる。本書の中で氏は、話を聴き、歴史を刻むために他者が語らなければならないことを再生するうえで、並外れた能力を発揮している。本書は歴史の物語であると同時に、きわめて想像力に富む、言語の妙技なのだ。

熱烈な証言録

本書は熱烈な証言録である。しかし、一方に傾いたものではない。熱烈であるのは、不公正を前にして冷淡な客観的姿勢を保ちうるとしたら、それは一種の共犯となるから。本書の最初から最後まで隅々にみなぎる激情は、公正さを求める激情、学生たちのデモと抗議を奮い立たせたのと同じ、燃えるような理想なのである。学生運動そのものと同様に、本書は特別の命題に支えられているわけではない。厳密な思想的方向性を提案しているのでもない。それどころか、その底に脈打つリズムは、鮮明にして抒情的かと思えば、薄暗く悲劇的でもあり、命そのものの律動である。

▲「軍は国民を守るためにある、襲うためではない」
ソカロ（憲法広場）に向かう大規模抗議デモ

　冒頭の雰囲気からは楽しげな熱狂と陶酔が伝わってくる。学生たちは街頭に打って出ると、集団行動、直接民主制、同胞愛の意味を発見する。こうしたものだけを武器に、彼らは弾圧と闘い、短期間で民衆の支援と忠誠を勝ち取ってゆく。ここまでのところ、エレナ・ポニアトウスカのこの物語は、若者世代の市民としての覚醒を語っている。ところが、上り調子のこの集団的白熱状態のストーリーは、ほどなくして陰惨な含みを帯びはじめる。すなわち、これら若者が象徴する希望の波と高邁な理想主義は、屹立する権力の壁を前に砕け散り、政府は残虐で暴力的な軍勢力を放ったのである。ストーリーは大虐殺に終わる。学生は為政者との公開対話を求めていたのに対し、後者は抗議の声を悉く黙らせるまでの暴力で応えたのである。それはなぜなのか。この虐殺の裏にあった理由は何なのか。メキシコ人はこのことを一九六八年十月以来自問しつづけてきた。その疑問が解かれたときはじめて、この国はその指導者と政治システムに信頼を取り戻すことができるのだろう。そうでなければ、メキシコは国としての自信回復を望めまい。

目隠しの男たちが作る歴史

ごく当初から学生たちは政治行動に特筆すべき才能を顕した。その運動に新しい息吹をもたらす方法として直接民主制というものをすぐさま発見した一方で、それを根本的源泉であるメキシコ国民全体との緊密な接触のもとに維持した。舞台裏での権力者間の取引と、政府重鎮の間で腐敗し共謀するリーダーによる陰での糸引きに慣れきった国で、学生は政府と公開対話を持つことを主張した。彼らの要求の控えめにして穏健な本質は、「民主化」という言葉で要約することができようが、それは一九一〇年以来メキシコの民が心の底から切望してきたことだった。ところが、彼らの行動は本物の現実だったのだが、解釈は想像上の産物に過ぎなかった。彼らの多くは、一九五八年の鉄道員の運動と十年後の自分たちの運動の間には、直接の関連があると信じ込んでいた。しかし、そのために両運動間の目的と戦術の違い、そしてとりわけ、異なる階級構造を見落としていた。それゆえ、二つの事件の全く相異なる意味を認識していなかったのである。

メキシコ政府の態度は許し難いものですらあった。それは信じ難いほど盲目的で、聞く耳を持たぬものだった。メキシコ国の大統領および正式な権限を擁する政権党はメキシコ全体の権化であり、彼らこそがメキシコの過去、現在、未来なのだ。制度的革命党（ＰＲＩ）は多数派政党なのではなく、満場一致そのものなのである。彼らに対する軍の攻撃は政治的行動であっただけではなく、いわば宗教的天罰の性格を帯びていた。神の復讐、懲戒罰、激怒した父なる全能神の教訓だったのである。この姿勢には深い歴史的ルーツがある。その起源は、この国のアステカ時代と植民地時代の過去に求められる。それはさらに、男性優位主義《マチスモ》のべつの表現、とりわけメキシコの家族およびメキシコ社会における父親の卓越性の表われでもある。一口で言えば、一九六八年のメキシコでは、男たちがいま一度、目隠しされた状態で歴史を作ったのである。

露呈したもうひとつのメキシコ

一九六八年運動の背後には、夢からの、本物の繁栄と社会的調和という幻想からの、突然の目覚めがあった。一九五〇年頃には、政治的安定、高い人口増加率にもかかわらず絶え間ない経済成長、目を見張る完璧なまでの公共事業プロジェクト、層の厚い中産階級の誕生、定職就業人口の増大と労働者階級の生活水準上昇、社会を覆う安穏の雰囲気、とあたかも各々のどの社会層にも完全なる意見の一致をみているかのような雰囲気が充満していた。一九六八年、この見せかけの合意は粉みじんになり、突如メキシコのもうひとつの顔が露呈した。憤慨する若者男女の世代と、四十年間国を支配していた政治システムに激しく反対を唱えた中間層である。一九六八年の騒乱は、発展した社会層と称されうるメキシコ社会の都市に住む中間層、全国人口の半分近くを占め、過去二、三十年間にますます急速な近代化を遂げた層の中で、深い亀裂を突如として暴露した。しかし、近代的で発展したメキシコの内部危機は、学生運動がその裏に隠れていたものを露わにしたとき、いっそう劇的で決定的な重大性を呈したのである。つまり、露呈したのは、もうひとつのメキシコ、何百万人という絶望的なまでに貧しい農民と、都市に移住し今日の新・根無し草（都会の砂漠をさまよう放浪者）となった失業者の大群だった。

一九六八年運動にはいかなるイデオロギーもなかった。政治システムの麻痺と少数者にしか恩恵を与えない「開発」政策への強い不満こそが、国を「民主化」しようという学生の呼びかけに都市住民層の大部分が即座に呼応した理由である。メキシコにおいて民主主義の伝統を構築してゆくことは、経済発展や、真の平等に到達するための闘いと同じくらい重要かつ緊要な課題である。

真の解決策は、ＰＲＩとは全く違った、他の選択肢を生み出すことだ。「民主化」は今も、正当な要求、かつ差し迫った課題なのである。変革を熱望する集団は、自らの民主化、すなわち自由な批判と討論を自らの組織内部で常習化するよう、一歩を踏み出すことから始めるべきであろう。

（訳・北條ゆかり）

（Octavio Paz／詩人・批評家）

※全文は『トラテロルコの夜』に掲載

「資本主義の多様性」をめぐる最必須文献、完訳決定版！

五つの資本主義

山田鋭夫

収斂か多様性か

一九九〇年代以降、ITや金融を中心としてアメリカ経済が復活し、この「強い」アメリカに倣うべきだとの声が大きくなった。二〇〇〇年代に入ってからは、政治力や軍事力を背景としてアメリカが、自国の利害・価値観や制度・システムを世界に押しつける姿が目だってきた。呼応して日本でも、バブル崩壊後の長期停滞のなか、日本型経営や日本型経済システムは死んだ、これからは強くて効率的なアメリカに倣って「構造改革」や「民営化」を進めるべきだ、との大合唱が起きている。

各国は本当に、アメリカ的な市場主導型経済に向かって均一化し収斂しているのだろうか。アメリカは見習うべき先進的モデルであって、各国はその後追いをすべきなのだろうか。そうでなく、各国はいずれも、大きく「資本主義」や「市場経済」ではあっても、その社会経済システムや価値観は多様であり、アメリカ型とは異なる資本主義モデルが健在なのではなかろうか。近年の研究の結果、資本主義の多様性が見えてきた。

二類型か多類型か

アメリカ型を相対化する試みは、これまで主に独米対比という形でなされてきた。「アングロサクソン型」に「ライン型」を対置したM・アルベール、「自由な市場経済」に「コーディネート（調整）された市場経済」を対置したP・ホール／D・ソスキスなどが代表だ。いずれも、市場競争・個人主義・短期利益のアメリカ型とは異なって、もう一つ、非市場的協調・コンセンサス重視・長期利益の資本主義類型があり、それがそれなりによい経済的成果をあげていることを明らかにした。

ということは、アメリカ経済は唯一先進的なものでもないし、見習うべき唯一の模範でもないということである。二類型論はそれを示して鮮やかであったが、では、非アメリカ型ということで、例えばドイツと日本を、あるいはスウェーデンと日本を同じに括れるのだろうか。もう少し緻密な分類がほしいし、実証をふまえた類型化が必要だ。それに応えたのが、レギュラシオン学派のアマーブルである。本書『五つの資本主義』では、「**市場ベース型**」（アングロサクソン諸国）、「**アジア型**」（日韓）、「**大陸欧州型**」（独仏など）、「**社会民主主義型**」（北欧諸国）、「**地中海型**」（伊西など）という五つの資本主義モデルが説得的に示される。

▲B・アマーブル（1961- ）

経済的均衡か政治的均衡か

資本主義のモデル的多様性の奥には、制度の多様性がある。市場競争、労働、金融、福祉、教育などの面で、各国はさまざまな制度を作っているが、それら諸制度はまことに多彩である。では制度とは何か。そして制度の形成・維持・改廃はどのようにしてなされるか。近年の主流派制度理論は、制度を諸個人のゲームの均衡点として、経済主義的に捉える。

だが、制度とは、そのような平等・同質の諸個人によるゲームの所産などではなかろう。とりわけ制度の変更などの局面では、「郵政民営化」問題を引き合いに出すまでもなく、制度は異質な諸集団間の同盟と対立と妥協の所産としての、意図的・政治的なデザインの結果としての相貌を露わにする。制度の形成や変革はすぐれて政治的な過程なのである。こうしてアマーブルは、「政治（経済）的均衡」としての制度を理論の提起する。

資本主義の多様性の根底には、各国社会に根ざした「政治」や「妥協」の多様性がある。グローバリゼーションやアメリカン・スタンダードが叫ばれる今日、本書は日本経済の針路を考えるためのよき羅針盤となる。

（やまだ・としお／九州産業大学教授）

響き合う共鳴盤

『社会思想史研究』第29号、今月刊行！

寺田光雄

社会思想史学会の創立から三十年近くになる。様々な専門分野の思想史研究者の学際的集まりとして結成されたが、長い間その学際性が有効に働いてこなかった。近年ようやくそれを有効に機能させせようとする気運が生まれてきた。それだけ思想史研究の学問世界での位置や役割が明確化するものと思う。『社会思想史研究』に新たに研究動向欄を設け積極的に位置づけてきたのもその一つの表明である。

今年のNo.29の目次を下に示した。研究動向も書評も一見バラバラな対象や論理次元のものを扱っているかに見えるかも知れないが、各分野でのリアリティ追究は相互に共鳴盤を響かせている。特集枠は編集委員会が示した一つの響きで、日本の「戦後啓蒙」に絡む思想史研究を見直してみた時に顕在化する問題群をここに看取できる。

また主に若い研究者の原稿からなる公募論文には時に新しい時代感覚も垣間見られる。

社会思想史研究　第29号

［特集］**産業社会の倫理と政治**〔思想史の方法論的視座を問う1〕

社会思想史学会編　　A5判　208頁　2100円

〈公募論文〉「生産力」から「生産倫理」へ――大塚久雄の言説の変遷と経済史的背景　恒木健太郎
フーリエの商業批判についての一考察……篠原洋治
市場的交換の観念体系……小島秀信

〈研究動向〉唯物論と自然主義をめぐって――二〇〇四年のマルクス……植村邦彦
帝国の歴史的遍在と政治思想史の言説空間……森政稔
討議と承認からの境界設定――批判的社会理論の今日的展開……日暮雅夫

〈書　評〉『現代日本思想論――歴史意識とイデオロギー』（安丸良夫著）……細見和之
『フリードリッヒ・リストと彼の時代――国民経済学の成立』（諸田實著）‥原田哲史
『近代啓蒙批判とナチズムの病理
――カール・シュミットにおける法・国家・ユダヤ人』（佐野誠著）――……宮本真也

〈公募論文〉人類教の二つの解釈……長谷川悦宏
諦念としての歴史哲学――ジョゼッペ・フェッラーリの歴史理論……伊藤綾
〈戦後世代人間学〉とマックス・シェーラー――カント的人間像の復権‥‥桐原隆弘

〈研究動向〉問い直される教育の歴史表象と歴史認識
――比較教育社会史研究の最近の論議――……増井三夫
進　化――生物と社会と……宇城輝人

〈書　評〉『プーフェンドルフの政治思想――比較思想史的研究』（前田俊文著）……生越利昭
『トマス・リード――実在論・幾何学・ユートピア』（長尾伸一著）……只腰親和

子守唄は「鎮魂歌」

——シンポジウム「子守唄よ、甦れ！」報告——

西舘好子

「あなたにとって、子守唄は何なのでしょうか？」

締めにあたっての私の質問に、パネラーのお一人、脚本家の市川森一氏は、

「鎮魂歌でしょうか」

と強烈なパンチを返してきた。

強烈な（！）と感じたのは、鎮魂歌は死者の魂を鎮める為の唄、これから生きる子の為に唄われる子守唄と同一でいいのだろうか、一瞬クラリとしたからである。しかし、瞬時にして私の頭の中の回線は「そうなのだ」という答えをはじき出していた。

▲市川森一氏

さる七月十六日、東京青山ダイヤモンドホールにて『別冊「環」⑩子守唄よ、甦れ』の刊行を記念し、パネラーに小林登氏、中川志郎氏、赤枝恒雄氏、藤村志保氏、羽仁協子氏、市川森一氏を迎え、シンポジウム「子守唄よ、甦れ！」が開催された。

会の冒頭、女優の藤村志保氏は、叔父である人とその孫との最後の別れ方を語ってくれた。家にあって、病死に臨んだ老人は、暮らしの中でごく自然に子供たちに「死」を見せてこの世から去っていった。

▲藤村志保氏

多分、老人の唄った唄は、見送った子供たちにとって優しい思い出と共にその子にとっての永久の子守唄となるだろう。

そんな「死」と「生」の光景は私達の日常のどこを探しても見つからない。

いったい隣合った死から目をそむけ始めたのはいつからなのだろう。

死ぬ為の生き方を強要された戦前戦中、そして全く逆行して物欲と我欲に徹した末にやってきた現代《いま》、欠落しているのはたしかに、いつかは自分もこの世から消えていくという、人間の「根」に対しての対処や考えかもしれない。

子守唄こそがひょっとすると、いつの時代にあっても生をも鎮めるもの、「鎮魂歌」なのかもしれない。

性急に、あまりに性急に生きぬこうとしている私達。純粋で温かな暮らし、正直でつつましくていい、小さな幸福の流れに身を委ねられることを日常としたいというパネラー全員の希いがくみ取れる子守唄のシンポジウムだった。

（にしだて・よしこ／日本子守唄協会代表）

リレー連載　いのちの叫び　80

輪廻

堀　文子

　零下二十度にもなる軽井沢の冬。大地に身をひそめていた森の生きもの達は春の光りに一せいに目を覚ます。凍りついた岩のように固い土を割って緑を吹き出す芽吹きのすごさは毎年の春の驚きだ。か弱い草にひそむあの命の力は何度立ち会っても息を飲む迫力だ。

　冬枯れの森も春の芽吹きから新緑へ、そして夏の繁りが全山を緑で埋める。一時も休まず今年の務めを果した森が実を落としたあと草原を紅葉で埋め、先を争って散り去って行くあの潔さ。森の下草の生き方も立派だ。可憐な草達は自分の出番を決してたがえず、毎年同じ時に花を咲かせ実を結び務めを終えると次の花に席をゆずり居座ることなく姿を消して行く。どんなに名残りおしがっても振りむきもせずかき消えて行く草達の命の終りは見事だ。どの一瞬もきらめく程の美しさを見せながら現れては立ち去る物言わぬ植物の流転の姿は、残り時間が少なくなった私の心に年と共に感動の分量をふやすのだ。

　四十雀《しじゅうから》の子育てを見た。ひっきりなしに雛の待つ巣に虫を運ぶけなげなこと。誰の力も借りず小さな嘴で精巧な巣を作り、産み落とした卵を自分の体温で暖めるのだ。かえした雛に餌を運び続け、吾が子の巣立ちを見届けたあと恩もきせず森に立ち去る親鳥の立派さは涙をさそう。

　冬が近づき命を終える日が来ると、樹々は緑の葉を紅葉に染めかえ散って行く。死の時を告げる神の指図に従って全山の樹が一せいに葉を落とすけんらんたる森の終焉は、この世の美の極致だと思う。潔く死を迎える自然の姿には老残の醜さがない。裸になり無益な消耗をさけ冬に逆らわず仮眠する植物の智恵は見事だ。美しく地面を埋めた落葉は、やがてつもる雪の下で発酵し次の春の命の糧となる。

　森の自然の中で私は、草木と呼吸を共にし、生まれては死ぬ永劫の命の輪廻を司る神の英智の完璧さに打たれながら、日々を送っている。

（ほり・ふみこ／日本画家）

リレー連載　いま「アジア」を観る　31

アジア概念の脱構築

黒田壽郎

ヨーロッパの東に位置し、トルコのイスタンブールを起点として始まるとされる広大なアジア。判然としているのはこの起点ぐらいで、あとの奥行きは地理的な拡がり任せといった「アジア」という概念は、そのままその性質を告げるものである。雑然と混乱し、均整を欠く乱調そのもののアジア。多種多様な要素が混然と並存し、しかも西側からの圧力に押しひしがれていた時代のアジアは、文明の水準が低く、主体性の欠如した地域とみなされてきた。事実〈西欧の世紀〉と呼ばれるここ数世紀を通じて、政治、経済的覇権を誇った欧米世界は、思想、学術の点でも揺るぎない堅固たる砦を築き上げ、そこからアジア理解に関しても支配的な影響力を及ぼしてきた。

今なお国際的な覇権を誇っているのは、文明の差異的な独自性に目をふさいだままの、欧米起源の方法的制覇に依存する発展論である。例えば現在進行中の、小さな中心を強化するだけで、膨大な周辺部を貧困に曝すグローバリゼーションの流れは、差異を無視し、同一律を活用するだけの力の集中に専ら依存している。しかしこの平板な方式が、遅かれ早かれ、大きな困難に逢着せざるをえないことは疑いがない。資源の浪費による環境破壊ばかりでなく、貧富の格差の増大に伴う社会問題の深刻化は、生活のサスティナビリティー《持続可能性》そのものを確保するためにも、すべての人々に経済的な尺度だけでは測れない生き様そのものの多様さ、独自性を求めている。その際に最も必要とされるのは固有の文化的アイデンティティーに他ならない。それに当たって欠かすことのできないのは、外部から与えられた受身で、曖昧なアジアではなく、自ら主体的に選び取るアジアの発見であろう。数多くの文明を産みだし、多様な枠組みの下で長らく社会的安定を保持してきた、アジアが隠し持つ叡智は、さし迫った文明の危機を乗り越え、自らのサスティナビリティーを維持するための貴重な示唆を与えずにはいないのである。（くろだ・としお／国際大学名誉教授）

Le Monde

■連載・『ル・モンド』紙から世界を読む 31

「思想の自由」と「労働法」

加藤晴久

日本の「経団連」に相当するフランスの団体の名称は、一九九八年以降、Medef（メデフ）、つまりMouvement des entreprises de France「フランス企業運動」。「運動」と称しているところに、フランスの経営者たちの自己認識のありようがうかがえる。

メデフは全国七十五万の大中小企業がつくる業種別、地域別の組織の連合体であるが、七月五日、一九九七年以来会長を務めたE-A・セイエールに代わる新会長を選出した。これがかつてない出来事として注目を集めた。

まず、選挙で決まったこと。従来はボス同士の水面下の駆け引きで候補者がしぼられ、執行委員会で追認されていた。今回は全国大会の場で五五〇人の代議員が三人の候補者について投票して決めた。

次に、いきなり二七一票を集めて当選したのがローランス・パリゾなる女性だったこと（メデフは、代議員中女性はたった十八人という、男性支配の世界である）。しかも、四十五歳の若さ。そして、なかなかの美形。パリ政治学院出身の才媛。三十一歳で経営不振の世論調査会社を買収して立て直し、〇二年には家具製造会社を父親から引き継いだ辣腕の経営者。

といっても実は、前者は従業員二一〇人、後者は一九〇人の中小企業。しかしこの点がまた革新的なのだ。これまでは大企業、しかも、第二次産業、つまり鉄鋼・機械等、もの作り業界出身の会長が通例だったのが、第三次産業、つまり銀行、保険、流通業界、いわば「虚業」の世界の支援を受けて当選した。『ル・モンド』も社説で「真の文化革命」、「政治的意味」も大きいと評した（七月七日付）。

さて、パリゾ女史が吐いた警句として有名なのが≪La liberté de pensée s'arrête là où commence le droit du travail.≫「思想の自由は労働法が始まるところで止まる」。経営者にとって邪魔なのは労働法規。これの「近代化」、つまり規制緩和が自分の任務だ、という次第。骨の髄から「ネオ・リベラル」派なのだ。秋以降のフランスの労使関係は波乱含みか？

（かとう・はるひさ／東京大学名誉教授）

triple 8 vision 52

ベケットの息遣《いきづか》い

吉増剛造

考え込んでいるベケット。書いているときのベケット。おそらく、無意識に、しっかりと、紙に刻《きざ》み込むようにしているのだろう、手元をみるとはなしにみていると、指に加えられているらしい、劇作家サミュエル・ベケット(*Samuel Beckett* 1906～1989)の手指(てゆび)のちからが、雑誌の特集ページの扉に、宝貝を添えての再撮影なのだが、……、〃再撮影のとき〃と出逢って、……それがはっきりと感得させられ、印象に残る。〃印象に残る、……〃といいながら、書き手もまた、〃印象を造り出そう、……〃と、あるいは、〃印象が生まれてくるときの空気感のようなもの〃を、花の芯を嗅ぐような仕草で、身心の傍(かたわら)に添えようとしてもいたらしい、……。(夏休み。お盆休みで『機』も一ヶ月のお休み。その「時」もまた、ここ＝この紙上に顕って来ていたのかも知れなかった、……)ベケットの肖像の傍(かたわら)に、そっと、宝貝を添えて、……というよりも〃ハナを活(い)けるように〃して添えていた、……そうしておいて、しばらく、泡(ほー)と、茫(ぼー)と、疱(ほー)と、何処とも知れぬ何処かを休むように仕向けていたのかも知れなかった。そこを、面白い、何者かが通って行ったらしい、……。何だったのだろう、浮かんで来たままに書き留めてしまうと、それは、息継《いきつ》ぎのない息《いき》、息継《いきつ》ぎのない呼吸《こきふ》だった、……。

八戸を本拠として刮目すべき演劇運動を持続している *Moleculer Theatre* (主宰、豊島重之氏)が、「ベケット東京サミット」という催しを計画し、〈ベケットより出でて、ベケットに出でよ〉というコロックがあり、鵜飼哲、宇野邦一、港千尋、近藤耕人氏とともに参加をしていた(2005.7.14～18 於国際交流基金フォーラム)。名高い『ゴドーを待ちながら』(*Waiting for Godot*, 1954)をさえ観たことのない門外漢でわたくしはあったのだが、一目みた晩年のテクストの〃恐るべき(……と直観された)象形の息遣い〃、……たとえば *On.Say on.Be said on.Somehow on.Till nohow on.Said nohow on.* ではじまり *Nohow less.Nohow worse.Nohow naught.Nohow on./ Said nouhow on.* で終るベケット最後の作『*Worstward Ho*』における、*O*、*On*、*No*、がもたらす、さあ、どういおう、頭蓋の骨の間(あいだ)の呼吸《こきふ》、――に、この機会にふれてみようと思い切って参加をしていた。夏のお休みに茫(ぼー)とあらわれたこの宝貝も、*Ho* か *Bo* か *O* の化身とその呼吸(こきふ)、……。それを添えた仕草は、誰のだかもう、判らない。はじめは刊行されたばかりの上下二巻の大冊『ベケット伝』(白水社、ともに九八〇〇円)の次の個所に、吃驚し、驚喜し、この〃吐く息〃キーツ＝ベケットや、よし、……と綴りはじめて、不図、気づく。濃《こ》いこの夏も、うずくまって考え込むかのようだ。

(好きなのは)キーツの、うずくまって考え込むようなところだ。ロケの上にしゃがみ、花びらを押しつぶし、唇をなめ、両手をこすりあわせながら「最後のしたたりを何時間も数えている」。ぼくは誰よりもキーツが好きだ、彼はこぶしでテーブルの上を叩いたりしないからね。あの崇高なまでの甘美さと、しっとりとしたなめらかな濃い緑の豊かさがいいね。それに倦怠も。「寂として息を大気に吐く」。したたりを何時間も数えている、……この夏の誰か、……。(よします・ごうぞう／詩人)

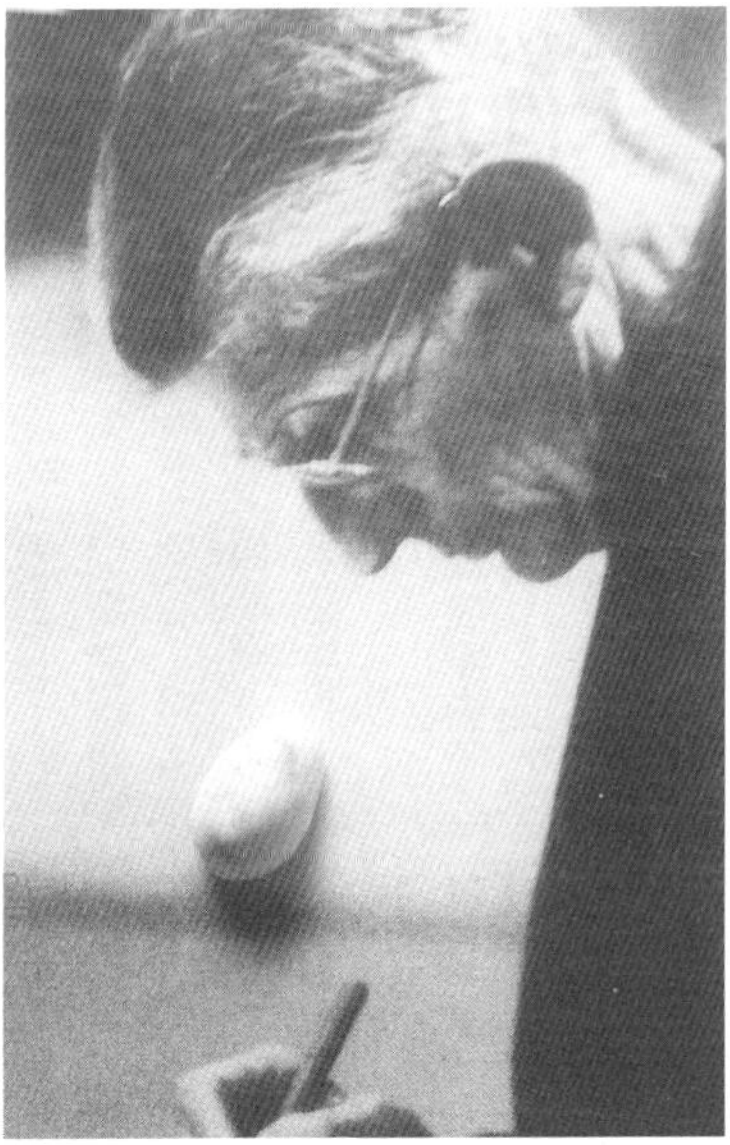

連載　思いこもる人々　53

皆のいのち
沖縄戦の真実を告げる
三木健氏の深い声

岡部伊都子

初めて沖縄へ行ったのは、一九六八年四月、婚約した木村邦夫氏が、沖縄戦で戦死させられた現地に行ったのでしたが、その時、琉球新報社の記者三木健氏ともお目にかかりました。石垣島生まれで、西表島《いりおもてじま》炭坑夫に心痛め、筑豊炭坑へ上野英信氏をたずねていらしたように思います。

これまで『民衆史を掘る』『西表炭坑夫物語』『宮良長包――「沖縄音楽」の先駆』『八重山研究の歴史』ほか多くの著書があり、現在は琉球新報社副社長、ラジオ沖縄取締役会長といった要職でいらっしゃるのですが、長年、誠実にして歴史真実を深く考察、心をこめて書かれてきました。

その三木健氏の新著『戦場の「ベビー!」――タッちゃんとオカアの沖縄戦』(ニライ社刊)を開いて読み始めると忽ち吸い込まれます。

「いまからちょうど六十年前のことです。/日本とアメリカが、戦争をしていました。/この物語の主人公タッちゃんは、/四歳《よんさい》のとき、戦争にまきこまれました……。」

平穏な農家の子タッちゃんはオトウが日本軍の兵隊としてビルマ(いまのミャンマー)に行っているので、オカアと二人で暮らしていましたが、アメリカ軍の攻撃が近づくと女も少年少女も防空壕や砲台作りに追われていました。そして那覇はアメリカ戦闘機から爆弾を落とされ丸焼きになりました。タッちゃんは壕の入口で寝ていて雨にうたれ病気になってしまいます。

オカアは軍の食料にもってゆかれるブタや家畜、畑仕事をしなければならず、弱っているタッちゃんは泣いていました。一九四五年四月一日、アメリカ軍は沖縄本島に上陸し南北にむかって攻め進みました。オカアの弟は十九歳の兵隊、オカアとタッちゃんに別れを告げます。

タッちゃんの家は日本兵によって焼かれ、逃げさすらう避難民となりオカアは捕らえられたのですが、ガマに残してきたタッちゃんのところへ行かなければ……と必死で「ベビー!　ベビー!」と叫んだのです。

ぜひ、この一冊を読み、「沖縄戦でどんなに住民が苦しめられたか」事実を知って下さい。

(おかべ・いつこ/随筆家)

連載

閑人

帰林閑話　130

一海知義

「閑人《かんじん》」という漢語は、ふつう「ひまな人」と訳されている。しかし「明日は忙しいが今日はひまだ」というような意味で「ひま」なのではなく、本来「今日も明日もひまだ。毎日することがない」、そういう人、すなわち失業者、退職者、さらには隠遁者のことを、閑人という。

さて、マルクス経済学者河上肇は、五年の刑期を終えて出獄、特高警察監視の下、「閉戸閑人」と号して漢詩を作っていた。

この雅号には、自分から戸を閉ざしたのではなく、当局によって無理やり家に閉じ込められて、することのない人間、という抗議の意味も含まれていた。

出獄後三年目（昭和十五年）、五言律詩一首を作り、その後半にいう。

髪あるもまた僧の如く
銭なきもなお貧ならず
人は生計の拙《まず》さを嗤《わら》うも
天は恵む　四時の春

このさいごの二句、はじめは、

平生　勤苦の後
天は許す　閑人と作《な》るを

と作ったのだが、さて、結びの句としてどちらがよいか「今に及ぶもなお取捨に迷う」と自注でのべている。

「閑人」という語を含むこの句、実は河上肇が傾倒していた陸放翁の次の句を踏まえている。

細思すれば造物何に由《よ》りてか報《むく》いん
閑人と作《な》して此の生を過ごさしむ
（「舟中夕望」）

閑人として余生を送らせてくれた造物（すなわち天）に対して、どんなお礼をすればよいのか。

この放翁の句、さらにさかのぼれば、白楽天の次の句にもとづいている。

仏は容《い》れて弟子と為し
天は許して閑人と作す

中国の詩人たちは、閑人であることを表面は楽しんでいるふうに見える。しかし退職はおおむね強制によるものであり、「閑人」という語には、本来何ほどかの自嘲と抗議の気味が込められている。

（いっかい・ともよし／神戸大学名誉教授）

(迦陵頻伽はミャンマーではカラウェイと呼ばれる／ミャンマー、ポパー山：タウンカラ山頂)

連載・GATI 68

卵の中でさえずる迦陵頻伽《かりょうびんが》

―― 鳴き声がとりもつ親鳥と雛鳥の愛情交信／「対なすもの」考 ❷ ――

久田博幸
(スピリチュアル・フォトグラファー)

澁澤龍彦の絶筆、『高丘親王航海記《たかおかしんのう》』は彼の少ない小説作品のなかでも幻想的な鳥獣たちに彩られている。実は物語の大半が夢の出来事なのである。主人公の高丘（岳）親王は平安時代初期に、仏門に帰依して空海に就いたのち入唐し、その後も天竺《インド》をめざしたが、旅半《なか》ばで遷化《せんげ》した。没したのは今の羅越国《シンガポール》辺りというが定かではない。明治二十九～三十年にかけて、岩本千綱《ちづな》が高丘親王の墓碑捜索のためシャム《*タイ》・ラオス・安南《*ベトナム》を巡り、『三国探検実記』を著している。

小説の終幕《ラストシーン》に登場する霊鳥「迦陵頻伽」は極楽浄土に住む半人半鳥で、『阿弥陀経《スカーヴァティーヴィユーハ》』には六種の化《け》鳥《ちょう》の一種として描かれる。妙音鳥《みょうおんちょう》とも呼ばれ、卵の時からすでに妙《たえ》なる微《み》妙音《みょうおん》でさえずるといわれる。

中川志郎氏（元上野動物園長）に興味深いお話を聞いた。駝鳥《だちょう》や鶴の雛《ひな》は孵化前の卵の中で既に鳴き始め、親鳥もその雛に語りかけるように鳴いて互いの存在を確認しあう、という。いわゆるこれらの本能的な営みは、「迦陵頻伽」の仏説が単なる寓話《つくりばなし》ではなく、古代人《びと》が自然の生き物と共生するなかの、ごく普通の常識だったのかもしれない。

七・八月新刊

戦後の日本の形を作った七年間の真実

環　学芸総合誌・季刊【歴史・環境・文明】Vol.22

〔特集〕**占領期再考**――「占領」か「解放」か

御厨貴／五百旗頭真／伊藤隆／入江昭／小倉和夫／中馬清福／大塚英志ほか

〈小特集〉**敗戦と占領はどう受けとめられたか**

徳富蘇峰／柳田国男／吉田茂／折口信夫ほか

竹内浩三、遺稿新発見　小林察／稲泉連ほか

〈小特集〉**A・G・フランク氏を悼む**

武者小路公秀／本多健吉／川勝平太ほか

〈小特集〉**中国の反日デモをどう捉えるか**

国分良成／馮昭奎／王敏／金子秀敏ほか

〈連載〉鶴見和子／榊原英資／子安宣邦／石牟礼道子

菊大判　三八四頁　二九四〇円

強者の論理を超える

曼荼羅の思想

頼富本宏＋鶴見和子

数の論理、力の論理が支配する現代社会の中で、異なるものが共に生きる「曼荼羅の思想」の可能性を徹底討論。

カラー口絵四頁

B6変上製　二〇〇頁　二三一〇円

作家、編集者、出版関係者、必読の書！

作家の誕生

A・ヴィアラ　塩川徹也監訳

辻部大介・久保田剛史・小西英則・千川哲生・辻部亮子・永井典克訳

「職業作家」「商業出版」の誕生の歴史。

A5上製　四二二頁　五七七五円

「マンガのきらいなヤツは入るべからず」

竹内浩三　楽書《らくが》き詩集　まんがのよろづや

よしだみどり編　オールカラー

天性の詩人の詩、画、マンガを再構成。

A5上製　七二頁　一八九〇円

「人々は銘々自分の詩を生きている」

金時鐘詩集選

境界《きょうがい》の詩

猪飼野詩集／光州詩片

〔解説対談〕鶴見俊輔＋金時鐘

「日本語で書かれた文学の中で独特の位置を持つ」（鶴見俊輔）

A5上製　三九二頁　四八三〇円

沖縄はいつまで本土の防波堤、捨石か

ドキュメント　沖縄　1945

毎日新聞編集局　**玉木研二**

沖縄戦の一日一日に、本土の動きを重ね肉薄する、同時進行ドキュメント。

写真計84枚収録

四六判　二〇〇頁　一八九〇円

明治の"サムライ"が生涯秘めた悲恋

サムライに恋した英国娘

男爵いも、川田龍吉への恋文

伊丹政太郎＋A・コビング　九月刊

金庫に隠された金髪と、百通の恋文。

四六上製　二八八頁（口絵四頁）　二九四〇円

中国人歌手による民間交流の初の成果

〈中国語対訳〉

シカの白ちゃん

九月刊

岡部伊都子作

李広宏訳　CD&BOOK

翻訳・朗読・作詞／作曲で構成された名著。

A5上製　一四四頁＋CD2枚　四八三〇円

「詩の原点。詩の根源。」

〈石牟礼道子全集・不知火〉（全17巻・別巻一）

11 水はみどろの宮ほか　エッセイ　1988-93

「わたしたちは詩の発生に立ち会った」

〔解説〕**伊藤比呂美**　〔第8回配本〕

A5上製　六七二頁　八九二五円

百年先を見通した男の全生涯！

〈決定版〉正伝　後藤新平

内容見本呈　（全8分冊・別巻一）

鶴見祐輔　一海知義・校訂

5 第二次桂内閣時代　一九〇八〜一六年

近代日本のインフラを全面整備！

四六変上製　八九六頁　六五一〇円

女性の愛に導かれ成長する青年の物語

〈ジョルジュ・サンド セレクション〉（全9巻・別巻一）

1 モープラ――男を変えた至上の愛

小倉和子訳＝解説

サンド、至上の恋愛小説の完全訳！

四六変上製　五〇四頁　四四一〇円

読者の声

歴史学の野心〈ブローデル歴史集成Ⅱ〉■

▼待ち望んでいた刊行を喜んでいます。アナール学派の重要文献に加えて、アルチュセールの未刊行書籍の翻訳・刊行を鶴首してお待ちしています。

（福岡　**藤澤健一**）

別冊『環』⑩　子守唄よ、甦れ■

▼民俗学を老後の楽しみに勉強しています。子守唄も地方風土を知る上で興味津々です。いろいろな角度からの考察がされ、参考になりました。（千葉　**川中仁一**　75歳）

「アジア」の渚で■

▼アジア共同体でなく、アジア協同体でありますよう。詩人が尊敬される社会を！

（東京　美術館勤務　**鍵岡正謹**　62歳）

▼いい本でした。詩人の魂が揺れ揺られ、ことばがふわりと着地したり、羽毛のように漂ったり、ポトリと落ちてきて……。まずは、いま、この横たわる海をよろこべと、太い声を聞く。

（神奈川　**山下保**　50歳）

▼いろいろと良い勉強になりました。

（岐阜　**千葉胤孝**　84歳）

絆■

▼読後感じた二つの驚きは、これが三十年前に交換されたものなのに藤本氏の主張が現在でも全く色あせるものでないこと、又、当時の御夫妻が二十代であったということです。藤本氏のまともな主張が、その後広がりを見せることなく、さらにお金中心の世の中になってきていることに、自分自身の生き方を含め、いろいろ考えさせられました。本書一七〇頁、吉本隆明著からの引用「こうせねば……」とあわせて三三四頁「自分の日常を固定して考えないで状況の変化に即応……」という部分、とても共感しました。新婚時代の会話がこのような形で残っていることは、うらやましくもあり楽しく読ませていただきました。

（神奈川　主婦　**内川弘美**　53歳）

▼とても感動をおぼえました。

（大阪　**赤畑博**　65歳）

▼夫婦の結びつきの強さに敬服しました。人間性を高めるのに役に立つ書籍を一冊でも多く出版されることを望みます。

（富山　**菖池修三**　61歳）

中世とは何か■

▼「中世」は歴史学者に論争を起こす程興味のあるものらしい。日本の「中世」では原勝郎以後論争が絶えない。ヨーロッパの中世では宮崎市定は、ヨーロッパは近東より数百年以上おくれたと述べた。彼の言ではアジアより文化のおくれたヨーロッパの「中世」を、ル＝ゴフがどう描くかと興味を持って読み始めた。読み終わったら、又書きます。

（神奈川　**大西外史**　85歳）

▼前略、J・ル＝ゴフ著『中世とは何か』読了しました。先ず①非常に良く、立派に作られた書籍である事に感心しました。造本、装丁、紙質等すべての具備すべき出版物の長所・美点を完備している事。②特に、口絵二十一葉の図版が全部、良く選び抜かれた優れたもので、これらの図一つ一つを見ることで、西洋とか宗教とか、キリスト教とか教会とかが担っている奥深いものを痛感させられる。③訳文が卓抜・流麗、しかも平易な文章が最後まで。ペース・密度を落とさず書き通されている事。④注が非常に丁寧・適切であり、大変に有益であった事等、非常に数多くの点で驚く程に、良く、立派に纏められ、作られた本で

あると感心したので、一筆呈上いたしました。小生は全くの門外漢ゆえ、内容の個々については判りませんが、読了後、やや若干の物足り無さを感じましたが、それも厳密な意味での学術・専門書ではないので、それはやむを得ないと考えます。又、日頃、藤原書店が日本における非常に良質な出版物を刊行されている事に注目して居りましたので、改めて敬意と賞賛を一言申し上げ今後のご活躍をお祈りします。又訳者の方のご苦労を感謝します。

（千葉　桂英二）

▼〝中世〟ヨーロッパの真の姿が、また、キリスト教の真の姿が良く解った。

（埼玉　大学教師　**池田恵**　62歳）

※みなさまのご感想・お便りをお待ちしています。お気軽に小社「読者の声」係まで、お送り下さい。掲載の方には粗品を進呈いたします。

書評日誌（六・一～七・三）

㊟書 書評　紹 紹介　記 関連記事
TV 紹介、インタビュー

六・一　紹 読売新聞（夕刊）「別冊『環』⑩　子守唄よ、甦れ」（「よみうり寸評」）

六・二　紹 島原新聞「別冊『環』⑩　子守唄よ、甦れ」（「子守唄は『いのちの讃歌』」／「松永伍一・市川森一・西舘好子さんら」／「学校でやらねば駄目」／「大人たちのためにも必要」）

六・三　書 週刊読書人「ゴッホはなぜゴッホになったか」（「ゴッホ　芸術のための殉教者」／「ナタリー・エニック著『ゴッホはなぜゴッホになったか』（藤原書店）を読む」／「特異性がたどった道筋」／「宗教と芸術との関係について考えさせられる」／篠原資明）

記 東洋経済日報「『アジア』の渚で」「シンポジウム『アジア』の渚で」（「東アジア共同体作りを」／「韓国の詩人高銀さん来日」／『文化が政治・経済をリード』／「南北作家会議を準備」／「韓日関係は進展――高銀さん」）

六・五　紹 東京・中日新聞「聖地アッシジの対話」

六・七　紹 熊本日日新聞「『アジア』の渚で」「シンポジウム『アジア』の渚で」（「韓国民主化運動と民族統一に懸ける詩人・高銀氏に聞く」／「普遍的共感による『世界』を」／小野由起子）

紹 東京新聞（夕刊）「別冊『環』⑩　子守唄よ、甦れ」

紹 エコノミスト「日露戦争の世界史」（「榊原英資の通説を疑え」／「アジアをめぐる世界戦争」／榊原英資）

六・八　紹 東京新聞「別冊『環』⑩　子守唄よ、甦れ」（「筆洗」）

六・九　紹 毎日新聞「『アジア』の渚で」（「詩歌の現在　六月」／「新たな悲劇に抗する詩を」／酒井佐忠）

六・一三　紹 毎日新聞「岡部伊都子作品選・美と巡礼」「古都ひとり」「女人の京」「玉ゆらめく」（「岡部さんの随筆集完結」）

六・一五　記 朝鮮新報「『アジア』の渚で」「シンポジウム『アジア』の渚で」（「六・十五共同宣言　民族統一と世界との共生」／「『「アジア」の渚で』刊行記念　南朝鮮の詩人・高銀氏が講演」／「心震わす即興詩（「大同江のほとりで」）の朗読」／「〝歴史は往き来して作られる〟」／金潤順）

六・一七　記 東京新聞「絆」（「あの人

に迫る」／『未知』追い求め歌い続けた四十年」／「若い世代との共演刺激に」／「育児に振り回され逆に情熱わく」／「男たちの心に風を」／森村陽子)

六・一九　㊢書　日本経済新聞「飛行の夢」(「Sunday NIKKEI α」／「日本人の空への冒険、克明に」／芳賀徹)

六・一九～七・一〇　㊢書　東京・中日新聞／北海道新聞「『アジア』の渚で」(「詩的直観と経験の英知」／四方田犬彦)

六・二〇　㊢記　読売新聞(夕刊)「サルトルの世紀」(「サルトル生誕一〇〇年　上」／『行動する哲学者』柔軟な人間観」／松本良一・待田晋哉)

六・二一　㊢記　読売新聞(夕刊)「サルトルの世紀」(「サルトル生誕一〇〇年　下」／「読者とのかかわり求めた思想」／松本良一・待田晋哉)

六・二三　㊢記　朝日新聞(夕刊)『アジア』の渚で」(「詩の存続のカギ　朗読にみる」／「韓国の詩人高銀さんにきく」／由里幸子)

六・二三～七・七　㊢記　共同通信社配信『アジア』の渚で」「シンポジウム『アジア』の渚で」(「海通してアジア連帯を」／「世界が喝采する統一を」／「韓国の代表的詩人高銀さん講演」／「アジアの連帯呼びかけ」)

六・二五　㊢書　週刊ダイヤモンド「中世とは何か」(「今週の逸冊」／「なぜ利子が許されるようになったか」／「歴史家がやさしく語る等身大の中世」／井上義朗)

六・二七　㊢記　読売新聞(夕刊)「シンポジウム『子守唄よ、甦れ』」(「よみうり抄」)

六・二八　㊢紹　朝日新聞(夕刊)「別冊『環』⑩　子守唄よ、甦れ」(「注目！　今月の論考」／「社会」／内藤いづみ)

六月号　㊢書　経済論集　第55巻第一号「杉原四郎著作集Ⅱ　自由と進歩――J・S・ミル研究」(舩木恵子)

㊢紹　家庭の友(増大号)「聖地アッシジの対話」(「Books & Movie」)

七・一　㊢記　朝鮮新報『アジア』の渚で」(「本のプレゼント」)

七・三　㊢紹　東京新聞「サルトルの世紀」(「筆洗」)

㊢紹　京都新聞「サルトルの世紀」(「サルトルの思想再評価の動き」／「生誕一〇〇年、新訳や評伝」／「日本を照射、若い人へ刺激に」)

㊢書　毎日新聞「歴史学の野心」

七・七　㊢記　朝日新聞「吉増剛造氏サイン会」(「東京国際ブックフェア」／「過去最多の六五〇社出展」)

㊢記　朝日新聞「後藤新平の会」「後藤新平の会設立記念シンポジウム『二一世紀と後藤新平』」(『後藤新平の会』設立記念シンポ」)

七・一〇　㊢記　読売新聞「別冊『環』⑩子守唄よ、甦れ」「シンポジウム『子守唄よ、甦れ！』」(「顔」／「子守唄の復活を訴える　西舘好子さん」／『子供の将来に決定的な影響』／永井一顕)

㊢書　奈良新聞『アジア』の渚で」(「日韓代表する詩人の対談」)

七・一〇～一二　㊢書　共同通信社配信「飛行の夢」(「人々の意識変容させた機械」／武田徹)

七・一六　㊢紹　日本経済新聞「サルトルの世紀」(「文化」／「サルトル今も新鮮」／「戦争から少年のいじめまで変わらぬ社会状況」／「生誕一〇〇年、再評価進む」／浦田憲治)

㊢記　朝日新聞(夕刊)「環22

号」（「23歳で戦死 詩人・竹内浩三 新たな遺稿か」／「知人宅から詩・短編小説など」／「教練の様子や兵営の寒さ……淡々と」／池田洋一郎）

七・一七 ㊎ 日本経済新聞「環15号」「C・D・ラミス『時、金、そしてメトロノーム』」（「Sunday NIKKEI α」／「半歩遅れの読書術」／「経済成長」／「二〇世紀の常識に切り込む」／中村達也）

(書) 日本経済新聞「マーラー 交響曲のすべて」（「行間から聞こえてくる『音楽』」）

(書) 信濃毎日新聞「反時代的思索者」（「ふるさと長野の本」）

七・一七～二一 (書) 東京・中日新聞／西日本新聞／北海道新聞／県民福井「飛行の夢」（「大空かけた栄光と闇を活写」／永瀬唯）

七・二二 (記) 東京新聞「後藤新平の会」「後藤新平の会設立記念シンポジウム『21世紀と後藤新平』」（「情報コーナー」／『後藤新平の会』設立記念シンポ」）

七・二三 (記) 読売新聞（夕刊）「別冊『環』⑩ 子守唄よ、甦れ」「シンポジウム『子守唄よ、甦れ！』」（「ヒトには子守唄が必要だ」／永井一顕）

七・二四 (書) 朝日新聞「サルトルの世紀」「生誕一〇〇年 最後の文化英雄、再評価の試み」／中条省平）

(書) 日本経済新聞「サルトルの世紀」（「Sunday NIKKEI α」／「この一冊」／「時代体現した人物の全容、情熱的に」／西永良成）

(書) 読売新聞「サルトルの世紀」「巨人の冒険と失墜」／野崎歓）

(紹) 信濃毎日新聞「サルトルの世紀」（「書評委員一〇人が選んだ 夏休みの一冊」／出口康夫）

(書) 毎日新聞「飛行の夢」（「大空への欲望という〝トリビア〟」／藤森照信）

七・二六 (記) 東京新聞「E・トッド関連記事」（「即興政治論」／「女におしゃれ 子どもにゲーム 男にはエロを」／「テロを止める方法は？」／鹿島茂・高田昌也）

(紹) 図書新聞「飛行の夢」（「読書アンケート」／石原千秋）

七・三一 (紹) Yomiuri Weekly「世紀の恋人」（「今週の七冊」）

(書) 読売新聞「反時代的思索者」（「本よみうり堂」／「唐木順三への満腔の思い」／橋本五郎）

(書) 朝日新聞「歴史学の野心〈ブローデル歴史集成Ⅱ〉」（「『大きな歴史』を構想した思索の道筋たどる」／青木昌彦）

七月号 (記) 現代詩手帖『アジア』の渚で」（「レポート」／「高銀――『酔う力』としての人称」／野村喜和夫）

(書) 思想「帝国以後」（「普遍主義の帝国とその影としての周縁」／五野井郁夫）

(書) 大原社会問題研究所雑誌「福祉実践にかけた先駆者たち」（室田保夫）

(紹) WEDGE「中世とは何か」（「BOOK WORLD」／「五紙書評・気になるナンバー1」／「ヨーロッパ中世は『暗黒期』ではなかった」／龍

(紹) 中学教育「生きること学ぶこと〈新版〉」（「分野別・いま読んでおきたいブックリスト四〇」／「私のすすめる三冊」／国谷裕子）

(紹) 書標「飛行の夢」（「新刊案内」）

一〇月新刊

「日韓関係」の歴史から未来を切り拓く

環 学芸総合誌・季刊 【歴史・環境・文明】 Vol. 23

［特集］「日韓関係」五百年

〈巻頭詩〉金時鐘
〈鼎談〉高銀＋吉増剛造＋今福龍太
〈座談会〉小倉和夫＋小倉紀蔵＋姜尚中＋高崎宗司
〈寄稿〉伊藤亜人／子安宣邦／姜錫元／木村直也／西川誠／中野目徹／崔文衡／長田彰文／金應教／太田修／金昌禄／裵重度／鄭敬謨／黄皙暎／石坂浩一／李御寧／鄭甲寿／姜信子／仲尾宏／金哲央／井上厚史／上垣外憲一／浦川和也／藤井賢二／波佐場清／玄順恵／朴一／姜誠
〈小特集〉「なぜいま、水俣に産廃か」
「水俣産廃反対声明」／石牟礼道子／緒方正人／宮北隆志 ほか
〈寄稿〉ドゥーデン／ヴァルテール／杉原四郎／パス／北條ゆかり／辻部大介
〈連載〉鶴見和子／榊原英資／子安宣邦／石牟礼道子

才能惜しまれつつ急逝した思想史家の遺稿集

坂本多加雄選集（全2巻）

坂本多加雄
［序］粕谷一希 ［解題］杉原志啓

I **近代日本精神史**
［月報］御厨貴・北岡伸一・西尾幹二・山内昌之

II **市場と国会**
［月報］猪木武徳・梶田明宏・中島修三・東谷暁

歴史・思想に関する博覧強記、民衆や日常へのしなやかな感性、独特の瑞々しい文体で、「近代日本政治思想史」の豊饒なる世界を、初めて現代に甦らせた思想史家の決定版遺稿集成。

人類と微小世界の関わりの歴史を活写

人と細菌の歴史

P・ダルモン
寺田光徳・田川光照訳

古代から人類は、肉眼では捉えられない微小世界とどのように関わってきたか？ レンズの発明から顕微鏡の考案、細菌による感染症から衛生概念の発達、ワクチンや予防接種に至るまでの人間と細菌の歴史を、物語的な筆致で鮮やかに描写。

未来を生きる子どもたちのまなざし

大石芳野写真集 子ども

――戦《いくさ》世《よ》を生きて

化学兵器（ベトナム）、虐殺（カンボジア）、不発弾（ラオス）、民族浄化（コソボ）、荒廃（アフガニスタン）、そして、放射能汚染（チェルノブイリ）。戦争・災害の世に生まれ落ち、心身に深い傷を抱えながら、未来を生きる子どもたちのまなざしを活写。

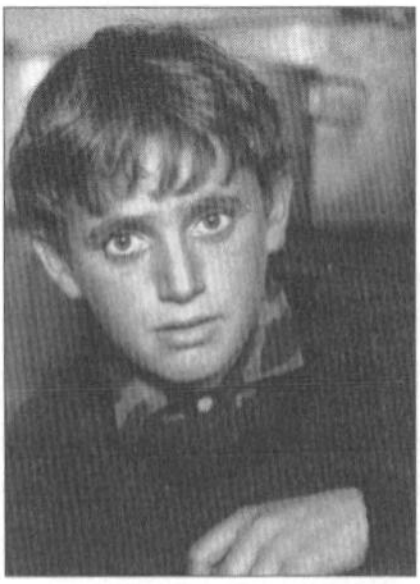

9月の新刊

タイトルは仮題

生きる意味＊
「システム」「責任」「生命」への批判
I・イリイチ／D・ケイリー編　高島和哉訳
四六上製　四六四頁　三四六五円

トラテロルコの夜＊
メキシコの一九六八年
E・ポニアトウスカ／北條ゆかり訳
［序］O・パス
四六上製　五二八頁（口絵八頁）　三七八〇円

五つの資本主義＊
グローバリズム時代における社会経済システムの多様性
B・アマーブル／山田鋭夫・原田裕治ほか訳
A5上製　三六八頁　五〇四〇円

サムライに恋した英国娘＊
男爵いも、川田龍吉への恋文
伊丹政太郎＋A・コビング
四六上製　二八八頁（口絵四頁）　二九四〇円

〈中国語対訳〉
シカの白ちゃん＊　CD&BOOK
岡部伊都子作・李広宏訳
A5上製　一四四頁　四八三〇円

近刊

〈社会思想史研究〉29号
［特集］**産業社会の倫理と政治**＊
A5判　二〇八頁　二一〇〇円

学芸総合誌・季刊
『環 歴史・環境・文明』㉓ 05・秋号＊
〈特集・「日韓関係」五百年〉

坂本多加雄選集（全2巻）＊
［序］粕谷一希　［解題］杉原志啓
I　近代日本精神史
II　市場と国家

別冊『環』⑪　サルトル生誕百年記念出版
ジャン＝ポール・サルトル
澤田直／F・ヌーデルマン／若森栄樹他

大石芳野写真集＊
子ども──戦世を生きて

人と細菌の歴史＊
P・ダルモン／寺田光徳・田川光照訳

7月の新刊

学芸総合誌・季刊
『環 歴史・環境・文明』㉒ 05・夏号＊
〈特集・占領期再考──「占領」か「解放」か〉
菊大判　三八四頁　二九四〇円

竹内浩三楽《らく》書《が》き詩集＊
まんがのよろづや
よしだみどり編
A5上製　七二頁　一八九〇円　全カラー版

曼荼羅の思想＊
頼富本宏・鶴見和子
B6変上製　二〇〇頁　二三一〇円

作家の誕生＊
A・ヴィアラ／塩川徹也監訳
A5上製　四三二頁　五七七五円

『〈決定版〉正伝・後藤新平』（全8分冊・別巻一）
5　第二次桂内閣時代　一九〇八～一六年＊
鶴見祐輔／校訂・一海知義
四六変上製　八九六頁　六五一〇円

〈ジョルジュ・サンド セレクション〉1（全9巻・別巻一）
モープラ──男を変えた至上の愛＊
小倉和子訳＝解説
四六変上製　五〇四頁　四四一〇円　［第4回配本］

8月の新刊

ドキュメント **沖縄 1945**＊
毎日新聞編集局　玉木研二
四六判　二〇〇頁　一八九〇円　写真計84数

金時鐘詩集選　**境界《きょうかい》の詩**＊
猪飼野詩集／光州詩片
［解説対談］鶴見俊輔＋金時鐘
A5上製　三九二頁　四八三〇円

〈石牟礼道子全集 不知火〉11（全17巻・別巻一）
水はみどろの宮 ほかエッセイ 1988-1993＊
［解説］伊藤比呂美　［第8回配本］
A5上製布クロス装貼函入　六七二頁　八九二五円

好評既刊書

サルトルの世紀
B-H・レヴィ／石崎晴己監訳
四六上製　九一二頁　五七七五円

反時代的思索者
唐木順三とその周辺
粕谷一希
四六上製　三二〇頁　二六二五円

＊の商品は今号に紹介記事を掲載しております。併せてご覧戴ければ幸いです。

書店様へ

▼いつもお世話になっています。▼各紙誌で五月以降の新刊の書評が相次ぎ、好調な売行です。「朝日」（七・三一）で『**歴史学の野心**』（ブローデル歴史集成II）を青木昌彦氏が絶賛。経済学の研究者やビジネスマンに購読者が広がっています。また、六月刊『**サルトルの世紀**』は、「朝日」「読売」「日経」（七・二四）の書評で絶賛。『**反時代的思索者**』も「読売」（七・三一）と「毎日」（八・七）、さらに『**飛行の夢**』は「日経」（八・七）「読売」（八・七）の他、共同・時事配信での各ブロック紙で書評。それぞれ引き続きの大きなご展開お願いします。▼七月東京で開催された『**子守唄よ、甦れ**』（別冊『環』⑩）刊行記念シンポジウムが、10／1(土)NHK衛星放送で放送されます。在庫ご確認ください。▼ブルデュー『**ディスタンクシオン I**』の十六刷出来。小社創業時からのロングセラー。『**同 II**』と併せて棚の定番。在庫のご確認を。（営業部）

『シカの白ちゃん』刊行記念

岡部伊都子氏著『〈中国語対訳〉シカの白ちゃん』の訳者である李広宏氏は、日本・中国両国で活躍するテノール歌手でもあります。中国語対訳の刊行を記念して、リサイタルを開催します。

〈『中国語対訳　シカの白ちゃん』刊行記念〉

李《り》広《こう》宏《こう》 リサイタル

〈出演〉**李　広　宏**（歌）

辻紅子《つじあかね》（ピアノ）／**石川益光**《ますみつ》（司会）

〈特別出演〉**岡部伊都子**（随筆家）

〔日時〕二〇〇五年九月三十日（金）
午後六時半～（開場午後六時）

〔場所〕府民ホールＡＬＴＩ（京都市）

〔参加費〕三〇〇〇円（当日三五〇〇円）

＊お問合せ・お申込は藤原書店まで。

出版随想

▼お盆を迎えると故郷《ふるさと》が何故か恋しくなったり、亡き人のことを思い出したりする。日本人の古来からの慣習なのだろう。今もこの頃になると、休む会社も殆どだし、子供連れで帰郷する家族も少なくない。

▼今年の盆は、詩人の金時鐘氏にかっての〝猪飼野〟を案内してもらった。この半世紀ずうっと気になっていた所だ。その夢がついに実現した。在日朝鮮人の人々が住む集落で、その地域全体が朝鮮一色となっている所である。ここから金時鐘をはじめ作家の梁石日《ヤンソギル》や「スクリーンのない映画館」で有名になったマルセ太郎……も出ている。朝鮮文化が根づいているこの地域は、今の韓国以上に「朝鮮」かもしれない。約一時間半位、駆け足で〝猪飼野〟を廻ったが、朝早くから日本人が多く市場におしかけ、大変な人いきれであった。これも、今の韓流ブームではないが、十数年前までの差別と偏見が徐々に払拭されてきた証かもしれない。町のはずれにお墓があったが、今も火葬になじまない多くの在日の人がいると金氏から聴くと、心が疼いた。しかし、この活気は、未来を拓いてゆく可能性を感じさせるものだと思う。

▼三年前に急逝した広松伝氏のことを想う。六十年代の高度成長の中、北原白秋の生地、水郷・柳川は窒息の危機に瀕していた。クリーク埋め立て工事の許可も国から認められ予算も決定した。その工事を中断させ、かつての美しい柳川に蘇生させたのが、広松伝である。市長に直訴し、翻意させたのである。勇気と熱意で。いつも人なつっこい笑顔で迎えてくれ、夜は、馴染みの居酒屋で有明海の珍魚を酒の肴に夜更けまで徹底的に飲んだ。翌朝は、彼所有の小さなボートで有明海の沖に出てタコ釣りとなる。すべての手配をやってくれ、客人の喜びを我が喜びと思う人。海から帰ってからは、漁師から板前に変身。鮮やかな手さばきで、今獲ってきた魚が、卓上にのる。又ここで、酒。いつも会うときまってこういう時間を過せた人。裸のつき合いが、自然にできた人だった。　合掌　（亮）